南明史

錢海岳撰

第十四册　列傳

卷一百九至卷一百二十

中華書局

南明史卷一百九

無錫錢海岳撰

列傳第八十五

隱逸一

楚壯士　朱之元　黄良　謝璣　季熙　陳瑎　程莘樂　金吕等　徐開吕　方時俊　何炎等　羅孚尹等　胡虞逸　吴琦　徐研　李若傑等　朱胤昌　楊炯伯　王琯　高勅　王晋錫　笪宗鏡　張士騶　讀體　周鼎昌　彭銓　鍾鼎等　湯泰亨　鍾龍期　史顯典　伊密之　宋之銃　陳丹等　吴國俊　于汝經　胡蛟之　徐一鵬　孔興伯　夏士豪　孫越　王錫襟　湯之孫等　如是　張逵　陳所學　夏芳鮮　薛畹　顔天表　鄭繼藩　夏疇　崔植　田治　季生　大健　秦旹霖　于美鍾　周士甲　劉元祥　馬宇陽　蔣清　賀迓衡　姜大瑠等　孫宏孝　荆象衡　于鑨　湯勵行　吴拱宸　鄔繼思　茅大用　楊龐　董虎山　沙一卿　彭遠　于鑛　馮宇昭　高東生　史元衮　鄧汶　孫太初等　祁天永　吴洪裕　潘紹顯等　儲福

疇等　黃麟聚　王士嶷　翟振龍　李亦人等　孫夢簡　史君奭　史潔珵　陳貞祥等　吳喬森等　任大烈
路迪　鄧秉貞　吳永祺　吳固本　王鳴九　路登庸等　何士林　儲弼明　李盛時　張天挺　惲于邁
張戭　巫大章　孫駿聲　黃章　李高桂　錢桂森　莊元登　卞焕文　唐獻恂等　許之溥　陳敬等　管默
思　徐純忠　徐臨等　靜子　大愚　張玉　周天游　葉大疑　華允訥　鄒元檄　陳昂　薛瑾等　周惠
申　王永嘉　秦德涯　錢仲選　秦德湛　邵應奎　辛陞等　李仍枝　樂莘等　張遜　秦孝維　陶一夔
王世楨　朱寅　楊維寧　許甲　身本　雌雌兒　打卦者　刺船髯　劉蓼雪　朱士烈　程如嬰
湯肇元　陳宗虞　徐登階　黃鍾　丁文瑗　徐孔芳　陸蘇　陳潔　陳景　程萬里等　葛天民　邢衡　陳
廷策　高愈簡　湯仲曜　夏世楨　季永禹　譚琦　劍庵　孝丐　侯溥　朱廷楫　趙時　韓馨　張奕
陸志熙　胡汝濬　王屏　劉羽儀　朱永譽　朱鶴等　周宸錫　吳時琚　陸燕喆　金璵　金瑞華　王永熙
顧熙　吳時德　顧大綱　蘇開　王德貞　沈頲　金汝瑚　葉向日　嚴祇敬等　夏髯叟　智旭　德濟
曹楝　張珍等　楊肇祉　顧國本　張我成　袁扉　王峋　蔣鉉　趙維垣　徐秉淳　吳筌　丁周召等　郭
庶　吳梅　夏九功　顧其蘊　陳匡國等　陳濟楨等　沈璜　陳鏞　王弘度　莫怡　丘三進　張舜臣　德
玄　大拙　顧伶　紙衣翁　唐老老　雪平　朱國章　徐元　龔廷煥　歸士瑄　時叡　朱爲紘等　陳
如鎏　陸鉞　鄒聞望　褚道濟　韓雪　王維寧　葛鼐等　周鑑　張立廉等　陸世鎏　魏文心　周鈿　文
萬春　李嘉慶　徐開法　吕天裕　陳用牧　周鐸　顧葉墅　顧蘭服　歸子裕　夏元圭　朱述善　方南龍

顧升輔　金逦　周楫　王掄春　吳元沖　諸士儼　朱汝礪　王泂　鄭伯昌　陳奇謨　葉宏儒　朱以寧
丘萬垓　方成龍等　曹夢元　朱尚　陳觀　蔡方熺　任騏等　顧沖　衛卷　本體　智水　錢琳　龐宇
俶等　黃光昇　吳允夏　鄒潔　徐錚　周宸錫　沈皇玉　吳文燦等　葉華　吳欽明　顧家爦　湯豹處
朱鎰　吳奇等　葉舒芑　炤影　**蔡海寧**　華山僧　哭道士　錢嘉泰　黃甘節　顧其康等　楊灝　施于
德等　王二麻　劉四公　**趙自新**　周杰　周敏成　華乾龍　金達盛等　陸羲賓　顧士槤　陳三錫　郭
士髦等　費參　朱金瑞　呂崧　陸世榆　陸發等　張于允　行悅　申艇　吳自惺　趙世鼎等　盛萬紀
封昞　蘇震　陸琳　朱湘　奚昌祚　沈卜琦　金汝鉉等　蘇湸　周詩　范光裕等　陳忠等　金氏傭　赤
足僧　明道人　**唐鉉**　弟鎔　徐纘高　周維熊　唐鳴求　陳爾振　龔志楷等　唐孟融　朱履升　徐開
何澗等　吳懋謙　沈楫　周兆龍　李世邁　潘懋穀　盛國芳等　徐佺　金癡　范啟宗　楊時儼　袁龢
等　徐崑璣　胡元諒　周楨　周規　謝球孫　周雅廉　盛翼進等　慧解　宏歇　郭開泰　王昌紀　孫芝
秀等　陸景俊　杜啟徵等　張勃　王本中　趙道人　孫彥朝　黃思誠　陳謨　黃隱君　馬靖　陸慶臻
袁天麟　沈穀　陶獨　**無名生**　瞿時行　顧鐸　謝良瑜　馬賓　張大來　謝承貴　姜生齊　姜雪蒼
彭了凡　王錫命　鄭㵟　王中美等　張奇帶　韓爾藝　彭滦　季來之　盧餤　劉仲一　吳世式　范可裕
石函玉　溥畹　李又白　錢岳　孫閎奎　保萬齡　李翀　江行芳　**馮一蛟**　無住　李生　宋蘇等
姜長榮　陳景星　徐明德　司應穀　陳明治　劉奮翀　孫光國　江之淵　董宗楊　王之藎　王捷　陸逖

高踰駢　王應中　武玄默　廟灣十老　李淦　徐州謩　祖嵩　孔尚則　吳邦倚　大樗　張景厚
史還厚等　朱燃　謝文衡　劉本灝等　楊端尚　蔣日章　方遠　弟勳　王國光　張翀　盛民光等　李
引年　周允升　張肇元　王正純　李東生　楊鴻烈　陳煥　任柔節　劉芳節等　李長庚　曹永鼎　徐履
方　張問政　譚策等　任之俊　潘世美　王加龍　石門　任天毓　徐自昇　王顯龍　黃應健　柯滙等
劉廷展　劉從周　陸品　錢若愚等　曹大復　尹君奇　韋尚賓　余有珩　段一定　鄭萬合　董中義等
方氏子等　昝弘祖　方應徵　蔣延祐　汪之順　范又蠡　任之爆　許雯　王彭年　劉漢　周康祀　鄧
廣森　張載　戴孟莽　胡吳祚　張廷玠　謝國楨　左銳　洪明瑞　馬之瑜　吳世宦　王繼統　夏承春
孫如蘭　曹維周　吳梅梛　陳文露　高映斗　劉餘芳　劉漢幟　馬開先　章于國　阮聖士　詹之申　章
乾端　吳莊　余孔敬　龍應鼎　周孔修　周室珍　周自新　張宏開　陳善　呂堦　張純仁　蔣汝煦　吳
一夔　吳亶明　賀朝官等　王學箕　强鵬鳴　俞一震　孫烈　孫鳴鳳　濮陽士京　梅枝起　麻三言等
吳一元等　查志成　陳眉　吳元功　包克剛　曹希冕　包應暘等　楊烜　大嵩　吳偉儒　胡殿邦　江
有衢　朱鴻祚　周萬年　戴玄鑑等　李一堂　方志勵　程衮　項士文　邵堯　項士國　吳昌祚　傅光斗
魯若參等　郝一楷　呂璜等　方一貫　章正之　王心睿　李嘉　陳錦褒　鮑師榜等　曹甸　桂定淮等
柯青等　王之璘　寧三晋等　江允鶚　寧侗　錢衡範　余璽等　戴君榮　陳自洵等　金學重　柯士藻
等　江桓　李蒼堂　鮑光義　陳淑思　采薇子　方允煥　汪弘淦　程櫝等　江國茂　程觀生　鮑登明

程自玉　吳雯炯　吳道配　余晟　汪溥　閔鼎等　吳周等　汪鯉　姚潛　吳快士　黃家祉　鮑正元　葉魯白　程文翊　羅正邦　黃律等　汪元履　汪宗孝　孫勝鼎　王甲　汪雲外　程一林　朱元泰　朱之讓等　巴文　王日省　程國俊　孫丕垣　吳文冕　曹鳴鶴　吳顯　董維嶽　胡之震等　戴元侃　查潛　余紹楨　吳雲　程宏遂　潘光卿　王環石　王文化　吳寅等　章佐聖　汪文錫　謝喆　舒斌　王楫　汪洪道　周士暹　胡恢先等　王樾　夏佺等　戈琮　夏君信　李應琴等　史大綱　行果

楚壯士，年未二十，質頹然甚弱也。崇禎十七年秋，奉母避亂南京。或叩其姓，曰：「我楚人也，姓楚耳。」問其名，曰：「我壯士也，名壯士耳。」家貧，不事生業，時乞食市上養母。市人笑其顛，壯士亦笑曰：「我顛也。」冬十月，京營大閱畢，壯士鼓掌大笑，笑罷大哭。走入場，場列石鼓二，各重四五百斤，挈而壘之，雙手挾二石鼓，周行場中數匝，還分列。再登堂，取架上刀可六七十斤，提場中盤舞。舞罷又大哭，哭罷又大笑。有言於馬士英者，召之。笑曰：「國賊耳！將取其血淬吾刀。」亡去。弘光元年春，趙之龍募勇敢，應之，頃匿去。張國維掌戎政，欣然謁轅門。有偉男子鬚眉戟竪，繡服錦幘，佩刀坐轅門主謁。壯士敝衣冠，足躡蹀破革舄，揖偉男子而進。偉男子顧而笑曰：「是頹然者，奚謁焉？」壯士奮起，取壁上勁弓二並握，一開二弓俱折，見者皆驚駭。偉男子竟不與晉謁，壯士忽發大哭，

取所折弦走。翌日，自經死功臣廟。

朱之元，字龍江，上元人。任俠好義。參左良玉軍，勸應楊嗣昌調，不聽，歸。良玉在九江，之元上謁，請受呂大器約束；餽米千石盡散饑民。馬士英聘之，不應。南京亡後卒。

同時應天諸屬多隱逸士：

上元黄良，字圯儒，崇禎十二年舉於鄉。上書高弘圖、姜曰廣，與阮大鋮忤，隱東流。

謝璣，字在之，諸生。負經世才。大飢，振活萬人。江浦警，立保甲鄉兵。上書史可法請罷四鎮。南京亡，去田宅，麻巾入寶陽山中。歲三月十九日，爲位號出聲。久之卒。

季熙，字瑞臣，去諸生，研易。

陳璿，字敬王，去諸生，隱攝山。精研理學，卒年八十六。

程莘樂，字任之，去諸生，倡建紫陽書院杭州。

金呂，字伊仲；管世富，字成宇；楊國士，字淑家；陳濬，字石鯨，皆去諸生。

徐開呂，字起渭，去諸生，醫隱。清招入幕，不應。

方時俊，字求仲，與何開遠著書吟咏。

何炎，字秀野；弟宣，字德亮，工書。

羅孚尹，字瑕公；何熽，字德溥；弟潢，字德坤，主事棟如子，不應試。子某，殉難。

胡虞逸，字澹喜，野服入山。

吴琦，字粲生，與王之仁善。之仁死義，周旋不避，後借軀報仇，髡鉗隱去。

江寧徐研，字季采，去諸生，爲室芙蓉山，詩酒終。

李若傑，字梁甫，諸生。史可法聘，未赴。南京亡，散家財，持蓋渡江，隱高郵。子霦，亦去諸生以從。

朱胤昌，字嗣宗，去諸生，課徒六合。侍郎李敬將薦之，力辭。後居儀真僧寺。

楊炯伯，字大郁，去諸生，貧不舉火，歌笑終。

王瑄，字玉吼，亦以逸民老。

句容高勑，一名登，字覲之，諸生。喜談經世，家饒好施。南京亡，奔走悲號死。

王晉錫，歲貢，不出。

笪宗鏡，字長人，以孝聞，能詩賦。

張士騆，字次隨，去諸生，卒年八十七。

讀體，字見月，本許氏，楚雄人。世襲指揮使。能山水，聞三昧，精戒律，至南直師之。隆武二年，主華山。會瑞昌王議瀝兵至，迎款盡禮。清將率數百騎搜山，劍戟如林，駢戮者

無算，血濺緇衣，讀體整威儀，緩步合掌，從容不改。清將異之，得免。
溧陽周鼎昌，字睿伯，崇禎六年舉於鄉。授徒養母。陳名夏素德之，當國力薦，不出。
彭銓，字于衡，歲貢。端雅好施，杜門。
鍾鼎，字玉鉉，諸生。選文斥魏忠賢，忤勢宦，爲所中。抗疏得直，改名鍾離楚，崎嶇閩、粵死。子楚石，亦死於兵。其孫以晟，字元亮，躬耕桃溪，内行純篤，高吟方孝孺集，間以歌哭，卒年八十一。
湯泰亨，字仁只，副貢。隱白盤山，門下甚盛。歲遇國忌，輒并食堅卧不起。卒年八十五。
鍾龍期，字子猶，副貢，隱芝山。
史顯典，字肇止，崇禎十七年歲貢，不仕。
伊密之，負才氣。國亡繫獄，得免。與傅以漸友；及入相，招之不出。
宋之銃，字稺宏，崇禎十七年選貢，爲僧廬山。
陳丹，字南士；蔣種芳，字覲明，皆去諸生。
溧水吴國俊，字覲光，從亡海上。妻鄭，不食死。
于汝經，字南陔，賣卜。

高淳胡蛟之，字印度，廪生。孝友。清歲薦，不應。

徐一鵬，字翔徵，諸生，盧象昇師，疏薦不出。弟一范，降清。

孔興伯，字元冑，增生。廬墓卒，年八十二。

夏士豪，字猶興，崇禎十七年選貢。清薦不出，杜門著書。

孫越，字凝之，去諸生，不入城市者四十年。令訪之，踰垣逃。卒年八十。

王錫襟，字可函，去諸生，著述。

湯之孫，字彦仍。陳名夏北歸，匿其家，交深；及相清，招之，不答。弟之典，字幼嘗，能詩，與夏雲、王明科隱。雲，字夢飛，去諸生。明科，字斐卿，崇禎十七年選貢。

如是，彰教寺僧，精禪理。崇禎時召大内説法，命禮五嶽名山。北京亡後，主揚州遺臣陳甲舍卒。

江浦張達，字木水，副貢。孝友古諒，不出。

陳所學，字行之，去諸生。椎碎家具，施屋爲道院，結茅三汊河。

夏芳鮮，字文猶，去諸生，授經。

薛畹，字楚仙，去諸生，畫梅。

顔天表，字弓父，去諸生爲僧，居高橋灣，沈湎詩酒。

鄭繼藩，字康侯，去諸生爲僧，名宏惇。

夏疇，字君錫，有文行，居沿溯樓，藏書數萬卷。

崔植，字培吾，詩酒隱娑羅園，不入城市二十餘年，卒年九十三。

六合田治，字古田，去諸生。

季生，佚其名。入山完髮。

大健，字蒲庵，主弘濟寺。

秦旹霖，字誠溥，丹陽人。諸生。以醫名，自稱大還道人。與張煌言弟秋水善。秋水亦遇異人授金針法。旹霖酒狂，笑駡無忌，每髮上指冠，聞者大駭。後西至流沙，南極安南、緬甸，浪遊萬里終。

于美鍾，字達夫，副貢入太學。劉孔炤荐其才。

周士甲，字元甫，去諸生，詩酒隱華甸。

劉元祥，字瑞甫，歲貢，詩酒隱湖濱。

馬宇陽，字夢白，去諸生，入幾社，研易。

蔣清，字容庵，去諸生，任俠，以書畫自娱。

賀逬衡，去諸生爲僧，名米衲。

姜大玿，字和仲，與毛翗長，皆川高才，去諸生。

孫宏孝，字仁甫，入詩酒社。

荆象衡，字南瞻。父偉，墊江知縣死難。奔喪負骨歸隱。

于鑨，字友石，副貢，善行書，好古。

湯勵行，字處柔，去諸生。

吴拱宸，字襄宗，丹徒人。崇禎九年舉於鄉，入茅山。

邑人鄔繼思，去諸生，賣藥。

茅大用，字順泉，以孝稱。去筆硯爲賈，白衣冠痛哭卒。

楊龐，字仁嘗，去舉業，以相人術遊四方，號六鶴居士。

董虎山，字雄威，與冷之曦友，故衣冠，處小樓。

沙一卿，字介臣，野服。

流寓彭遠，字望祖，江西人。去諸生，至鎮江，不知所終。

于鑛，字孝尼，金壇人。崇禎九年舉於鄉，幅巾終老。

邑人馮宇昭，字爾弢，選貢。馬、阮用事，不仕。當道訪之，踰垣逃。

高東生，字麓隱，去諸生，杜門著書。

史元衮，字補如，刲股療母。博學，去諸生。

鄧汶，字長魯。清舉德行、歲貢，不赴。詩酒。

孫太初，行遯。子聞宗，字肇周，工書畫。

祁天永，字無疆，張夬妻弟，從入閩。夬降，隱豸山爲僧，名王和尚，後入武夷山。

吴洪裕，字問卿，宜興人。參議正志子。萬曆四十三年舉於鄉。有別業曰蘭墅，爲一邑之勝。王穉登、董其昌從之遊，召客觴詠，醉吟陶詩。南京亡後卒。

邑人潘紹顯，字景純，郎中守正子。副貢。陳急策三條，特予優擢。間歸，薦不出。子廷瑜，字君欽，去諸生。

儲福疇，字九遊，副貢；尹天民，歲貢；許大就，字豈凡，副貢，酒隱。

黄麟聚，字勝生，選貢，爲朱國昌所拔。不入城市。

王士嶷，字以登，去諸生，有德行，杜門。

翟振龍，字起文，知兵。客四川，守成都有功。去諸生，山居。

李亦人，去諸生，長往，不知所之。子引先爲僧，入滇求之，不返。

孫夢簡，去諸生，教生徒，以紫陽學規爲式。邑令欲訪之，不可。

史君奭，字則召。妻周，延儒妹，泊然不涉。延儒遺科舉秘語，火之。去諸生，應貢不赴。

史潔珵，字玉璵，去諸生，傾家振卹。

陳貞祥，字孝緒；萬謙，字謙之；尹選，字非衆，皆去諸生。

吴喬森，字遷于，及吴悦可，皆去諸生爲僧。

任大烈，字嵩濤，不進取，吟哦三十年。

路迪，字惠期，副使文範子，騎射推萬人敵，交友天下奇士，入山四十餘年。

鄧秉貞，字予坦，去舉業。

吴永祺，字文剛，郎中鳴虞子，閉户讀書。

吴固本，字白涵，給事中士貞子，工琴。

王鳴九，字仲皋，以子祚榮死國難，居龍池。

路登庸，字惟孝；俞南吉，字迪時，與曹茂才、萬津微，皆隱采山。

何士林，字伯文，尚書士晋從兄，家封好義，兵荒火券，出財濟困。

儲弼明，字克仁，能文書。妾女死兵，悲憤長往。

李盛時，字中孚，武進人。崇禎三年舉於鄉。爲僧馬山，徵不出。

邑人張天挺，字介侯，選貢，工書。

惲于邁，字涵萬，恩貢，用推官不就，爲僧。

張戭，字魯倩，增生，善騎射，詩酒山居。

巫大章，廩生，刲臂療母，去妻子入天台山爲僧。

孫駿聲，字騰茂，尚書慎行族父，爲慎獨之學，去諸生爲僧。

黄章，字含仲，孝行。師吴鍾巒，去諸生，晚歲好詩。

李高桂，字太升，孝友端方，去諸生，居馬山，野服痛哭殉國諸賢。

錢桂森，字蟬生，去諸生，爲僧天台。

莊元登，字文鼎，去諸生，刲臂療母，母亡卒。

卞焕文，字孕靈，去諸生，飲酒悲歌。

唐獻恂，字君知；沈鼎鉉，光禄應奎孫；吴治思，字寒若，大學士中行孫，皆去諸生爲僧。

許之溥，字庶庵，巡撫鼎臣子，去諸生，陽狂，遊華山，墮崖死。

陳敬，崇禎末加南賦，以主運至京，疏極陳其弊，詔減尖六米萬餘石，他費率減什五，一時公卿重之。族人士本，以中書舍人使秦，偕往。國亡，與子士遴隱居。士遴，工書。

管默思，字咸和，爲人剛正，居馬山，閉户著述，詩多忌諱不傳。

徐純忠，字存峨，篤孝，杜門。

徐臨，字無疆；徐又彬，字仲玉，入山。

靜孑，能書，去諸生，爲僧上海浦灣。

流寓大愚，進士，爲僧天台，死於河。

張玉，字忍齋，傳爲弘光遺臣，隱馬山。

周天游，字紫海，臨桂人。學通天人，隱華山，後居平原董訥家。薦鴻博，辭歸嘗州。其子泣請返，曰：「豈昧吾志！」叱之去。

葉大疑，無錫人。南京亡，去諸生，棄妻子，野服居水中央，自題曰：「有天不戴逃方外，無地堪依住水中。」惟薛寀、馬大臨、强恂三進士，嚴培之、高抑兮、樂莘、湯季馨、黄元藻、繆微陽、唐郁如七諸生，往來其廬。

邑人華允訥，字介石，崇禎十五年舉於鄉，不仕。

鄒元檄，字羽臣，恩貢，賢良方正，從顧憲成、高攀龍遊，三抗疏劾楊嗣昌誤國。南京亡，與沈壽民入金華山洞。旋謁思陵，力田瑞安五雲山，狂歌酣飲。迭徵不出。卒年八十

二。

陳昂，崇禎十七年選貢，不仕。

薛瑾，字朗生，諸生。負才氣，爲有用學，嘗游關外漠北，航海歸。徵不赴。李頌梓其室曰「守齋」。仲子儀，諸生，不應舉。卒鄧尉山。

周惠申，字貞茲，尚書炳謨孫，竺學遠去。

王永嘉，太學生爲僧，名遠俊，字介石。

秦德涯，字來啟，馬世奇弟子，去諸生，詩酒賣卜。

錢仲選，字禹田，去諸生，嚴取予。張伯行延主東林書院。卒年九十一。

秦德湛，字以雪，諸生。學務實踐，居小樓不出户二十年卒。

邵應奎，字樂山，華允誠同學，去諸生，杜門三十年卒。

辛陞，字克羽；楊墀，字覲黼；繆振光，字維揚，皆去生。

李仍枝，副使應祥子，去諸生爲僧華藏，名本仁，字明潔。

樂莘，字子尹。父樂韶，字振之，去諸生，教授於鄉。家貧，推遺産於兄。友倪康侯饒財，寄以金，事定悉歸之。邑有被誣陷重辟者，密白其冤，得釋，其人以五百人爲壽，謝不受。莘，崇禎十七年貢生，受知陳山輝。山輝殉，其子過之，相對泣下，并出金以贈。

張遯，字素臣，篤志力學，幅巾方領，鍵户不出。

秦孝維，字善先，授經，廬墓三年。與龔廷祥友，屏跡斗山。

陶一夔，字廷典，隱藕蕩，讀書談道。

王世楨，字礎塵，陽狂，垢面敝衣，南遊羅浮卒。陳元孝葬其衣冠。

朱寅，字邃之，少師尹嘉賓，博覽羣籍。女歸胡甲桂，從至江右。甲桂將死，以妻及子溶時託攜之入山歸。

楊維寧，字紫淵，剛直好俠，精技擊，雙鞭各重五六十斤，疾舞水潑不入。爲園太湖管社山，蓄兵甲謀恢復。見事不可爲，率妻子偕隱，讀書吟詩，布袍草履，與漁樵爲伍。

許甲，輕俠重義，工筆札，爲僧惠山，名雲間。

身本，字野人，河南人。初姓謝，後去謝氏兩旁而以身爲姓，作告廟文，詞甚哀。於天文、地理、律曆、算數，皆神悟默契。所製占候測量器，巧絶人。從金敞遊，主無錫楊氏，畫龍自給。

雌雌兒，自言崇禎舉人，爲道士，往來無錫間，與黄毓祺友。衲衣外無他物，腰竹筒，從遊嵩江，棲空屋中。閉户獨坐，取竹筒。所爲多奇詭，人以爲妖，辭之，不知所終。

打卦者，不知何許人。永曆末來無錫蕩口。有華某者遇之，使打卦，辭旨精奥，類有玄解者。異而問其姓名，不答。邀至家，固問之，答殊傲，持具欲去。華强之坐，使子弟受業。打卦者顧嘻曰：「乞子豈足任臯皮哉！」不可；良久，乃許之。頃之，盜數百人侵華家，設計盡縛之。打卦者自館於華，贄幣不受，曰：「期取之異日。」一日，趣華以米四斛具飯，云：「有客至。」至則二僧，儀狀魁偉，操閩音。始見，拜伏起而肅立持侍；命坐，不敢坐；有問，則跽而對。打卦者語之曰：「止今豈可以昔比耶！可即去，勿再至。」固具食，僧袒衣大啖，俄頃而盡，起而爲别，皆飲泣。打卦者主華十二年。後值九日，打卦者與華遊隴畝，指一地曰：「後可葬我。」華以其言不祥，笑曰：「修短有數，吾盡明日矣。」華驚泣曰：「先生館有年矣，然終不獲一識里居姓氏。今日月淹迫，先生寧忍終無一言耶？」打卦者泣曰：「薄劣誠不足爲長者道。必欲識者，吾腰帶間藏有小佩囊，歿後可取視之。」翌日竟卒。啟之，果有小佩囊，中帛書徑寸，語皆隱約。玩之，蓋國姓故臣而隱憫以逃世者。僧當即其部將，故在顛沛，猶不失禮如此。華乃禮葬之。

臺灣亡，故將不甘左袵，一時披緇者數十人，姓名多失傳。

刺船髯，不知何許人。無錫陳甲將之杭，既買舟，見髯者獨身刺舟，偉狀貌，目光爍煜

射人。後一女，未笄，有殊色，坐而辟纑，意若不樂。甲數睨之，不敢問。至某地，將艤舟，有三牛浮沈岸下，不得艤。髯怒，持牛項痛毆之，提牧牛兒擲岸上數步，人譁，然望見皆辟易去。已而髯向市沽，甲竊問女，髯爲誰？女淒然不應泣下。甲亟問，曰：「妾良家子，從父母行泖湖，遇清兵，殺父母，掠舟中資及妻，將自殺，髯忽從葦中入舟，盡斬群兵，攜妾來。」曰：「毋恐，汝父母死，尚有親否？當歸之，不辱汝。」甲曰：「髯何以處女？」曰：「自妾入舟，髯者卧蓬櫓間，雖風雨無足苦，不以驚妾。其嘗所往來者甚衆，語刺刺，時而仰天，或俯畫地，亦不知其所云。飲酒輒醉，叫號久乃散去。夜時，登高阜望星斗出没，還舟浩歎，俯首不悦久之。」於時髯至，女勿復言。髯微知女言，目攝之。甲呼共飲，大醉，問姓名，弗言，已而嘆曰：「嗚呼天哉！生我莫能用，使伏匿，諱姓名，隱忍而就此。嗚呼天哉！」後莫知所之。

劉蓼雪，字蔓坡，江陰人。博學能詩文，重氣節。以諸生舉孝廉。南京亡，去妻子，遊直、浙圖恢復，二十年竟不成。自號曰盲蟲，言命苦如蟲，又盲無見也。一夕，忽發狂，貿然往回道路。相知者呼之，不應。嘗謁鍾山哭孝陵，淚盡繼血，猶不已。南京人聞有襤褸夫攜筐挈酒哭於享殿凡七日夜矣，爭往視之，皆不識。杜濬知之，曰：「此必盲蟲先生。」往見

果然，相持大哭歸。日痛飲於三山酒肆中。醉則仰天嗚嗚，或仆地展轉，如得大疾苦狀，或自批頰血流，或以頭撞柱，大呼：「老天殺我。」當壚者大駭，以爲祟附之也。年八十五，猶謁鍾山題詩，越日卒。

邑人朱士烈，字孟武，天啟四年舉於鄉。上路振飛十策，薦未及赴。

程如嬰，字晏如，選貢。當得令，不就，寺居。

湯肇元，字臣華，去諸生，孝友。

陳宗虞，字孝長，去諸生，任俠。妻張，死兵。

徐登階，字鳳南，去諸生，麻衣。

黃鍾，字呂侶，從顧憲成，高攀龍遊，篤行博學。去諸生入山，自稱覺浪丈人。言故國，涔涔泣下，呼天累日。無何，發狂疾，不飲食，或坐卧山頂夜不歸，或咄咄囈語如與神鬼晤對。一日，謂子曰：「不能久留世矣。」沐浴更衣冠，端坐卒，年八十八。從子毓祺。

丁文瑗，字季玉，諸生，黃毓祺友。不出户三十年。

徐孔芳，字樹原，去諸生。多門下士，曹玑師之。

陸蘇，字望來。八歲爲諸生，十一歲北京亡，哭七日。南京亡後，舉家舟居，風雨長號，久之啞不出聲。忽颶風，飄至朝鮮，與其邦人相唱和。遺命葬海島，曰：「毋使我魂遊中土

也。」

陳潔，字素人，去諸生，力田絶炊，不受人一錢，卒年九十八。

陳景，字樂山，傾財募五百人渡江，從陳潛夫，捷柳園，禽八斗秫。潛夫□□後，飲七日夜走，不知所終。

程萬里，字鵬九；沙萬里，字應鵬，去諸生，耕青山。

葛天民，本曰佑明，家雨新，隱青陽，死於兵。

邢衡，字孟平，躬行，仍故衣冠，卒年八十一。

陳廷策，字墀獻，精易理，入山。

高愈簡，字仲約，吟咏終。

湯仲曜，以文行稱，易名遠遁。

夏世楨，字友徵，結茅綺山，布袍氈巾，髮毿毿被領。

季承禹，字文石，城陷出，乃杜門不試。

流寓譚琦，字二雲，旌德人，有才藻。城陷，執免，隱祝塘。草書如懷素。

劍庵，傳以諸生爲將，力任千斤，爲僧江陰，名杲頭陀，通内典、詩文。

孝丐，南京亡，棹敝舟奉母江陰、無錫間，乞食以養。言多故國事。或曰此故大官也。

母死，不知所終。

侯溥，字公叔，靖江人。崇禎十二年舉於鄉，不仕。

邑人朱廷楫，字爾庸，孝親，學尚實行。周吉舉賢良方正。

趙時，字我用，南昌人。歲貢。隱靖江，授徒力田。

韓馨，字幼明，吴縣人。年七歲，書五人墓碑。以諸生貢太學，阮大鋮金帛招之，不應。以名挂復社，幾不測。南京亡，學禪作出世裝。有弟習科舉者，曰：「吾儕生大明世，食粟久，不可爲失節婦，貽子孫羞也。」馨卒以隱終。

邑人張奕，字綏子，待詔異度子，歲貢。

陸志熙，字宇鏡。

胡汝潛，字孟昭。

王屏，字樹侯，崇禎十七年舉於鄉，弘光元年選貢。

劉羽儀，字漸于，諸生，以周順昌事除名。倡義里中，兵敗，僧服鄧尉山。

朱永謽，字客卿，去諸生，居東山。清貢不赴。

朱鶴，字仲聞，去諸生，隱東山。子秉貞，字彦安，負才，去舉業，研天文壬遁。

周宸錫，去諸生，居東山。

吴時琚，字子奇，廩生。入山杜門，不語不笑。

陸燕喆，字大生，廩生。隱太湖鳩峯。

金璵，字與玉，去諸生。從金敞遊。教盧象觀子，爲之成室。

金瑞華，去諸生，陽狂。

王永熙，字景雍，大學士鏊四世孫。去諸生，好義。

顧熙，字元亮，孝事大母、曾祖母，好施與。居真珠隝，名士多就避地。

吴時德，字明之，居東山，去舉業，入秦淮社。過孝陵慟哭。

顧大綱，字君嘗，工射，與博徒酒人耕釣，緇素以老。

蘇開，字玄錫，弘光時爲官，入洞庭山開煤發家，奮身戟手指斥，被逮，送鎮江獄，脱歸而亡，去諸生。

王德貞，字五芝，母病刲股。嘗積錢一屋，國亡，廢制錢，鑄佛五軀。陽狂以歿。

沈頲，字朗重，治病多驗。清徵太醫吏目，不赴，爲僧。

金汝瑚，字宗器，有至性。南京亡，與父子兄弟，以死自矢，爲仇人所訐，免。

葉向日，字子升。八歲母疾，嘗糞。隱靈岩。

嚴祇敬，字日來；周東侯，字魯望；吴肅，字子方；王建，字延平；顧宗亮，字太沖，與朱子夏、許明長、張慶嘗、徐儀仲，皆入山。夏髯叟，重然諾。與徐枋交，周旋緩急。

智旭，鍾氏子。少好聖學，爲僧，主慧明寺。入清，退居靈峯，雲遊廣度遺老。凡見者，言下立悟。

德濟，字雲谷，本袁氏。事母孝，精儒佛，爲僧西山，與周茂蘭遊

曹棟，字隆吉，長洲人。父咸陽知縣應旌死難，間關萬里歸其骨。與從父應泰，布衣隱秦餘山。

邑人張珍，字夢熊，歲貢。坐卧一小樓。族子國學，字君習，殉南京。

楊肇祉，字昌孟，弘光元年選貢。

顧國本，字君寧，歲貢，有至行。杜門，日研經史。

張我成，字德仲，舉孝廉方正，隱東渚。

袁扉，字雪封。父母殁，廬墓。去諸生，遺産付弟，入深山，晨夕不給。

王峋，本名逢吉，字汝從，去諸生。醫隱，不入城市。

蔣鉉，字伯玉，捐資修南京城。張國維訪人才，薦程周祜爲將。後舉方正，不出。去諸

生。

趙維垣，字紫臣，去諸生，杜門不娶。

徐秉淳，字叔夷，去諸生，爲僧玄墓。

吳筌，字繹如，去諸生，爲僧無錫。

丁周召，與弟宏度，皆去諸生，衣冠山居。

郭庶，字三餘，去諸生，居崑山，與顧同谷唱和。

吳梅，字庾生，去諸生爲僧。

夏九功，字君叙，去諸生，孝弟。歲貢，不應。

顧其蘊，字大來，去諸生，研理學。

陳匡國，字均寧；史兆斗，字辰伯，皆去諸生。匡國，隱婁江上，課徒。

陳濟楨、陳濟思、陸康世、蔣元允，皆去諸生，孝行有文。

沈璜，字璧甫，任俠，爲袁崇焕上客，與妻死烏月山。

陳鏞，字元聲，負膂力，立團堡，晦跡死。

王弘度，字玄坦，醫隱。與徐枋交。

莫怡，字君和，徐汧弟子，孝友好施，隱玄墓。

丘三進，工書法，爲僧名正詒。何焯從之遊。卒年八十一。

張舜臣，字默全，布衣，隱山中。

德玄，字訥園，主玄墓。

大拙，號老奭子，爲僧角直。工書畫。時與人傷時密語，繼以歌哭。或曰嘗爲武官。卒年八十餘。

顧伶，有足疾，號顧躄脚。少及事申時行，每一度曲，舉坐傾倒，名籍甚。國亡後，金之俊以清相歸，招之，曰：「身獲事故相，年老矣，不能更事今相。」遂去其業，終身不入梨園隊。

紙衣翁，不知何許人。面目略可辨，行吴市中，剪紙爲衣，行則窣窣作響。日詣破廟中卧，卧起於兩袖中出崇禎大錢一，弘光、隆武錢二，置之高所而載拜，拜已，始就食。食亦不審其何所得。識者謂是弘、隆之遺臣耶，而姓氏竟弗傳。

同時唐老老，長鬚廣顙，若歌若哭，披髮百結，布被鶉衣。人與錢，不受。飢予米，則拜而受之。冬日，危坐長洲學前，以葦席棲息，歌秦聲。或曰唐府儀賓。李實、李模叩之，終日笑不答。一日，撲被去，不知所之。

雪平，不知姓名。或曰桐城方氏，自號方井井。國亡，至嘗熟，與乾元道人友布袍氈帽，盛夏不脱，髮鬖被領，狀貌奇古，如麋鹿不可接。時混迹市井，與俗子伍。遇士人，言誠意學，尤喜道氣節事，惟不自明何許人。後，子來勸之歸，五六日不得；見，訶而去。死葬鐵佛寺旁。

朱國章，字楚玉，常熟人。崇禎十七年選貢。

邑人徐元，字慧生，去諸生，有至性，爲香山、雒社之遊。

龔廷煥，字孟明，去諸生。土國寶三聘不出。

歸士琯，字朗星，去諸生，入臨社，翩翩不爲紈綺態。

時叡，字愚公，去諸生爲僧。

朱爲絃，字古音；管生花，字江彩；蔣廣生，字幼輿；周亮，字希陶；顧森，字西華；吴九章，字天球；張先軫，字桂初，與朱來士、錢泓、宋德寬、陳猷，皆去諸生。

陳如鎣，字子兼，隱桃源澗，不改衣冠，妻子凍餓死不顧。

陸鍼，字仲成，與兄銑齊名，貧病謝客。

鄒聞望，字名世，通天文地理。去巾衫爲醫，不入城市，卒年八十。

褚道濳，字休庵，通古今，有幹爲，史可法賓禮之。

郊。

王鐸與錫璠雅故，弟鑨，令崑山，延之不往。直指請見，謝之。弟䯄，字毅調，去諸生，隱北

葛鼐，字端調，崑山人。太嘗卿錫璠子。崇禎三年舉於鄉。與兄鼒相砥礪，不見一人。

王維寧，字古臣，好遊能畫，所至圖其勝。

韓雪，字千秋，刲股療祖父疾，隱於荒村。

邑人周鑑，字明遠，崇禎三年舉於鄉，不仕。

張立廉，字鴻一，崇禎九年舉於鄉。强起，力辭爲僧，足不履地者三十年。兄立平，字

邇求，名在復社。城陷，與立廉瘞屍數萬，去諸生爲僧。

陸世鎏，字彥修，崇禎十二年舉於鄉。弘光時銓選，湖山終老。

魏文心，字子元，崇禎十五年舉於鄉。隱湖濱，不入城市。

周鈿，字子圓，副貢，隱湖濱，不入城市。

支萬春，字彙昭，弘光元年恩貢。孝行好振卹。清起山林遺逸，不出。

李嘉慶，字完素，廩貢。崇禎中舉德行鄉飲，隱江村。

徐開法，字玆念，歲貢。不入城市。子乾學、秉義、元文，見清史。

吕天裕，字日甫，通兵法，能擊刺，以貢入太學。守城被執，逸去。

陳用牧，字子司，諸生貢太學。好振卹，卒年八十二。
周鐸，字漢仙，太學生，去舉業。
顧葉墅，字季皋，炎武從父，去諸生，爲僧徑山。
顧蘭服，字國馨，於炎武爲從父。永曆時投冠，去諸生，爲醫。
歸子裕，字元祉，去諸生，非力不食。
夏元圭，字景初，去諸生，孝友耿直，卒年八十九。
朱述善，字長庚，去諸生爲僧。妻周，死難。
方南龍，字豈潛，能詩，去諸生，卒年八十二。
顧升輔，字伊仲，去諸生教授，卒年八十七。
金遴，字仲宣，廩生爲僧。
周楫，字元珠，去諸生，隱吳淞，悲歌。
王掄春，字元之，去諸生，友愛杜門。
吳元沖，字函白，諸生，當貢不赴。
諸士儼，字莊父，去諸生，爲程朱學。
朱汝礪，字商石，黃淳耀弟子，去諸生。

王泂，字宛仲，負至性，去諸生，與朱用純以學道相勗勉。

鄭伯昌，字倩文。父之郊病，疽口吮之。顧錫疇、張采薦，未出。去諸生，教子弟。

陳奇謨，字君俞，不應周延儒招。去諸生，完髮三十年卒。

葉宏儒，字豈凡，朱集璜友，文章風誼，去諸生，居安亭。

朱以寧，字建侯，去諸生，著述。與張康侯、晋隱隱。

丘萬垓，字開遠，集璜友，去諸生，志聖賢之學。

方成龍，字奉泉；王琳玉，字冰觀；顧無一，字朴庵，皆去諸生爲僧。

曹夢元，字元徵，去諸生。

朱尚，字柔中，負經世才。崇禎十二年應詔上疏，忤旨繫獄。爲僧名明智。

陳觀，字行五，通古今。國亡，喪服哭，懸胸崇禎錢，麻冠白褶終。

蔡方熺，字涵之，侍郎懋德子。痛父不仕，窮不干人，歿無以殮。

任騏，字伯良；驥，字仲逸；駿，字叔閑，皆去舉業不試。

顧沖，字季宏，有大志，教授於鄉。

衛卷，字匪席，貧不受人餽，所交皆方外士。

本體，字遠庵，主天童。

智水，字鐵山，深研經史，兼有武略。南京亡，居崑山，日談忠孝事，於邑胸中。叩以姓名，不答。

錢琳，字仲雍，吴江人。崇禎三年舉於鄉。

邑人龐宇俶，字倘生，崇禎十七年選貢；繆時進，字景賢，崇禎十七年歲貢；吴國鑰，字叔大，恩貢；顧諟，恩貢，皆不仕。

黄光昇，字羲輪，太學生，書法晋、唐，尤長狂草。授徒。

吴允夏，字去盈，太學生，研理學。振飢埋屍五千餘人。

鄒潔，字去好，哭先帝，淚盡繼血。去諸生。

徐錚，字頫烟。清兵至，受創，去諸生。

周宸錫，字保生，去諸生，隱東山。不平見文詞，幾罹禍。

沈皇玉，字玉汝，著名復社，去諸生，居南潯，任俠。

吴文燦，字日章；顧慶逢，字汝奇；丁士俊，字籲卿；顧觀光，字賓客，皆去諸生。

葉華，終身不入城市。

吴欽明，字公安，力學，入天平山，徒傭自給。

顧家爌，字仲明，崇禎末應薦。自經獲救，爲僧。

湯豹處，字雨七，從陳奇瑜軍歸，琴書自娛。

朱鎰，字彥兼，爲道士。

吴奇，字似凡；吴坺，字雲生；潘蝙，字君倩，與史明盛，皆入山。

葉舒芑，字之豐，隱。妻錢，水死。

炤影，字指月，主江楓庵。與翁遜、徐介白、顧茂倫遊，名流以爲居停。

蔡海寧，一名仁溥，字指方，崇明人。南京亡，去諸生。家資百萬，盡散族人，孑身訓蒙江陰白石山。與華山僧交好。僧楚音，南京亡，來瓠子岡，捆屨爲生，不乞一文，人與之，不受；不與人言，人問，則大笑，人呼笑和尚。嘗共危坐空山，終日作耳語，語竟，相持大哭。又有道士，廬席帽山，冬夏一籜冠，麻履入市求食，得食必北拜祭，祭必哭。人問故，不言，固問之，則放聲大哭，人呼哭道士。一日，笑和尚邀海寧往訪，道士方哭祭中庭，聞之亦泣下，相對達旦。逾年，道士入終南山。又逾年，和尚他往，不知所之。海寧讀書自笑自泣，以醫活人，隱十餘年卒。

邑人錢嘉泰，字茹侯，崇禎十二年舉於鄉，好振卹。清起知縣，不赴。

黄甘節，字子素，去諸生，執殺兄仇，以醫自給。

顧其康，字錫之；施文起，字公振，去諸生。

楊灝，字章甫，爲僧嘉定竹林庵。

施于德，字孟達。弟于政，天長訓導；于德，操奇贏。互讓産，盡散財振卹。邑奴之變，從容呼僕，簡券還之，流涕不忍去。

王二麻，不知其名。寒暑髮鬖鬖然，敝衣行道中，以扇掩面，曰：「天如此，何忍視。」問之，泣不答。有田五百畝，人據之，不較，曰：「大地更主，何論尺土！」後不知所終。

劉四公，不著其名。傳爲魯王遺臣，事敗居崇明，好繪事清吟。

趙自新，字我完，太倉人。崇禎九年舉於鄉，隱嘉定封家村。有謝姓者告應舟山之召。及事洩，逮者至門，自新與弟方弈，徐斂手就縛，曰：「吾久辦此矣。」械至嵩江，絶食數日不死。至南京洪承疇所，自新昂首前曰：「身爲大明遺民，豈嘗須臾忘死哉！顧有其志，無其事，徒負虛名，竊用爲愧耳。」復鞫謝姓者，卒無實，得釋。歸句日卒。著作甚富。陳瑚、陸世儀皆其弟子。

州人周杰，字人暇，自新同年舉於鄉，亦同志，被執免。

周敏成，字政甫，萬曆四十六年舉於鄉，多計略。東事起，上書孫承宗，爲方一藻贊畫。

會周元忠以款事説一藻，力争不得，歸亡爲僧，年七十三。

華乾龍，字天御，崇禎十二年舉於鄉，與義師，事敗教授。

金達盛，字道賓；穆雲桂，字苑先；張源，字來宗，溥兄，皆去生隱。

陸羲賓，字鴻逸，多智勇，遁隱蔚村。

顧士樋，字殷季，諸生，傳其預主餉劉河。崇禎十七年大旱，與陸其儀走南京請折，不食民費一錢。年八十四。

陳三錫，字紹咸，請免總甲，退經吏。不入市，不應鄉飲。

郭士髦，字斯士。北京亡，自盡不果，去諸生，居茜涇。弟瀞，字人一，去舉業。妻朱與幼女，從容入海死。

費參，字省公，孝弟，徐石麒高弟，去諸生。

朱金瑞，字錫光，母病刲股，去諸生，爲僧寶樹庵。

吕毖，字貞九，去諸生，爲道士無錫。

陸世榆，字襄虞，去諸生，歌哭。物色者，以病力拒。

陸發，字濬初；張元治，字在田，皆去諸生。

張于允，字晋三，采從子，避地唐墅，水死。

行悦，字梅谷，主理安。
申艇，字虚舟，嘉定人，副貢，奉母。
邑人吴自惺，字玄恖，副貢，入山。貴人幣招，不往。
趙世鼎，字以調，歲貢。同許大達、陳拱辰，日飲墟墓間，人稱「三逸」。
盛萬紀，字無紀，去諸生，種梅。
封昞，字韜若，去諸生，爲醫。
蘇震，字震亨，黄淳耀弟子，以孝稱，去諸生。
陸琳，字子玉，居南翔，吟咏，去諸生。
朱湘，字子旭，淳耀弟子，去諸生，卒年八十九。
奚昌祚，字研修，去諸生，浪跡江湖。
沈卜琦，字一韓，有經世才，入孫元化幕，侍圜扉，歸其喪。去諸生，避地寧波，力勸謝三賓殉國，歸。
金汝鉉，字公調；施鳳鳴，字仲皋，居羅店，皆去諸生，不赴貢。
蘇滈，字眉起，孝友，麻衣長慟。
周詩，字復生，力學，去舉業，種梅。

范光裕，字宣夏，國楨子，不入城市。從弟光序，字燕思；光斗，字喬年，偕隱。

陳忠，隱其名，武弁，結廬桃源，與蔡長、陸景醇友。

金氏傭，不知何許人。嘉定陷，角巾葛衣走瀏河爲傭，天寒葛衣不改。人問之，曰：「此太祖高皇帝遺制也。」言輒淚下。吴宏宇降清，守嘉興，途遇，欲與言，逃去。臨歿，請主人以葛衣殮。

赤足僧，永曆中過吴偉業止宿，議論不合，去無錫。溽暑大寒，足不躡芒鞋，日則乞食於市。後寓嘉定長春庵。將死，貽書李模，自言太原人，崇禎四年進士。

明道人，寓羅店，日痛飲，醉則朗誦威宗罪己詔、史可法勤王檄，大哭呼高皇帝。能書畫，嘗作暗無天日圖。後不知所終。

唐鉉，字玉汝，嵩江華亭人。與弟鎔，有聲幾社，以布衣終。

鎔，字歐冶，與許譽卿、王光承友善。

邑人徐纘高，字孝若，崇禎九年舉於鄉，爲僧蘇州，有名復社。

周維熊，字開武，去諸生，酒隱。

唐鳴求，字貞居，廩生，不應歲薦。

陳爾振，字子威，與陳子龍齊名，去諸生。

龔志楷，字宛楞，上救時疏，去諸生爲僧。子震，龔鼎孳招，不赴。

唐孟融，字若亮，去諸生。

朱履升，字貞階，去諸生，迎夏完淳孤越中，困窮死。

徐開，字幼承，孝友，爲子龍所重，去諸生。

何澗，本名汝閶，字一痦，能詩文，張肯堂書記。舟山亡歸，去諸生。子壽世，不應舉。

吴懋謙，字六益，中秀子。中秀死難，廬墓。

沈楫，字弘濟，諸生，夏完淳師，屏居湖橋角固屯死。

周兆龍，字印武，經書，談忠孝，日痛哭。

李世邁，字懷古，棄經生業，築室高槐古梅中，竹罏樂歲，兵至鼓琴。

潘懋穀，字穉修。徐石麒薦，不出。

盛國芳，字香樾，與從子朝組獻策北京。朝組，字荆筐。皆去諸生。

徐佺，字霄賓，著名幾社，去諸生。

金癡，字德洪，世襲指揮，好琴，去諸生。

范啟宗，字宗文，去諸生，入浙、閩。

楊時儼，字士衡，著名書社，去諸生。

袁鯀，字介人；孔蘅，字崖秋，皆去諸生。

徐崑璣，字完玉，負奇氣，精騎射擊刺，投毛文龍，以母老歸。宗敦一拔冠軍，爲道士卒，年八十九。

胡元諒，字鳳山，去舉業，以釣艇自隨，不赴鄉飲，卒年八十九。

周楨，字香巖。子龍死，行遯杭州僧寺。

周規，字象圓，負膂力，工騎射。萬曆末上書論邊事。悲號終身。

謝球孫，字稚荆，家封，獨建斜塘二橋。清舉鄉飲，曰：「二十年老寡婦，何必定嫁我。與鄉飲，何以見諸先生地下！」遂爲僧。

周雅廉，字永時，不粒食。夏食生蝸牛，冬飯赤石脂。與林安國兄弟皆隱。

盛翼進，字鄰如；曹嘉，字魯元；趙侗如，字人孩，皆隱。

慧解，狂行市中，見碗底必袖歸布牀下。人問不答，僞病不起，忽張目大聲曰：「今日得死在大明一片土上。」蓋碗底有宣德、成化字也。

宏歇，字徹崖，黄岡游氏，去諸生，爲僧佘山。

郭開泰，字宗林，上海人，弘光元年選貢，完髮隱。

邑人王昌紀，字永侯，藏書萬卷，去諸生，坐卧小閣二十年。卒年八十六。芝秀子濟志，

孫芝秀，字止文；芝玉，字放質，太僕少卿士美子，皆去諸生，節義自矢。

字慧鐸，主吳聖恩寺，詩奇麗。

陸景俊，字爾明，甥李待問死，冒難入城殮之。又葬徐丙晋。去諸生。

杜啟徵，字以謙；啟旭，字馭初；爾詔，字欽生；元期，字貞起；元良，字起占，與如恂，皆去諸生。

張勃，字伯涵，董象恒客。

王本中，字伯平，奉母授徒，母殁爲僧。

趙道人，孝友狷介，以漁爲生。人勸出，不應。駐防訪之，不語。

孫彦朝，字元賓，青浦人。諸生。弘光元年卒。

邑人黄思誠，去諸生，爲僧佘山。

陳謨，字遜欽，謝人事。或勸之仕，曰：「國破家亡，我安適？」不入城市。

黄隱君，失其名，居沈巷，孝友。或勸仕，輒流涕。好詩，殁皆火之。

馬靖，字寧伯，金山衛人，崇禎六年武舉，與義師。

衛人陸慶臻，字集生，崇禎十五年舉於鄉。清授推官，不赴，泣歸營葬，卒年七十三。

袁天麟，字振公，守金山。侯世禄死，隱。

沈穀，字此君，狂疾，敝衣垢面，邑邑死。

陶獨，無名字，親死兵，不娶，樵採讀書，葬畢不知所終。

無名生，不知何許人。遇甲曰某，遇乙曰某。賣藥揚州，一襆被，一書囊。與言恢諧，不談世事，惟市餅數枚，食已則卧。夜起讀書，大哭。永曆十九年秋，爲僧焦山。夜半攜書入江死。有虯髯老叟，黄冠布衲，訪之，已死，爲詩吟弔之而去。

瞿時行，字見可，江都人。其父與兄燮扶，皆以諸生殉難。時行去諸生，卒年九十一。

邑人顧鐸，字覺斯，痛哭，種梅江濱。

謝良瑜，字鍾山，居棠湖。

馬賓，字國光，負大略，圍城中上史可法十六策。隱居教授。

張大來，字淩然，研百氏書。嘗說高傑止暴。晚以醫隱。

謝承貴，字慕川，好義，與子大才，皆隱北湖。

姜生齊，去諸生，隱泗香洲。

姜雪蒼，去諸生爲僧，名上悟，字既時，與道士野雲游。

彭了凡，永曆十六年主揚州興教寺卒。初至山西，有副使上刺，稱「治年家晚生」，見之即行，身攜小匣。及卒，啟之，曰「遂溪人，名某，崇禎十年進士，曾受命撫浙，將之任而國變，遂爲道士」云。

王錫命，字蒼敕，儀真人。弘光元年選貢，隱蘆村。與劉文炤、梁以樟、崔干城、吴鉏過從，日痛哭。

邑人鄭肅，字溥如。少從李維楨、王思任遊，不入時好。去諸生。

王中美，字四暢，泰興人。崇禎十二年舉於鄉。與弟諸生尊美，偕隱。

邑人張奇帶，去諸生。一時告通海事連者，曲爲援救，多保全。

韓爾藝，興化人。給事中如愈子，尚氣。如愈死，去諸生，窮死。

邑人彭澿，孝親，居蘇州爲僧。母楊爲尼。

季來之，字大來，泰州人。崇禎十五年舉於鄉。完髮樓居十餘年卒。

州人盧錟，字鳳山，鬻産助振。馮銓疏薦序班，不應。卒年八十九。

劉仲一，字裕充，醫隱東淘，狂歌。

吴世式，字國表，如皋人。去諸生，隱白蒲，能樂府，歿自火其稿。

邑人范可裕，字景衛，貢生，奉母隱。

石函玉，字振響，與冒起宗友，去諸生，歐血死。

溥畹，去諸生，爲僧雲南，通内典。後學易北京，與方苞友。

李又白，字石林，通州人。歲貢入京，會北京亡，歸授徒。州人錢岳，字五長，去諸生，著書五十年，狂歌當哭。

孫閎奎，字紫錫，從馬世奇遊，去諸生爲僧，名方晟，字雍籛。又從洪儲遊，主無錫保安寺。

保萬齡，字毓華，杜門。

李翀，字羽中，客許直邸，貧憤卒。

江行芳，字大歇，去生爲僧。

馮一蛟，字仲雨，淮安山陽人。負經世才。寇至，助城守。郡練兵，費米數十萬石。事定，追呼急，上書史可法得免。淮安亡，去諸生。

無住，江陵人。進士爲僧淮安，工天文、輿地。

李生，字子愉，鹽城人。崇禎十五年舉於鄉，不仕。卒年八十五。邑人宋蘇，字眉長；王翼武，字文備，皆去諸生。

姜長榮，字木生，廩生，結日炤庵。

陳景星，字黄道，去諸生。言故國泣下。兄子國麟，爲清諸生，不見。

徐明德，字子炤，博古，去諸生。

司應轂，字熟之，孝友，遁世。

陳明治，字惺初，桃源人，歲貢。弘光時上三大不平疏，可法用其議，邑民多所存活。

邑人劉奮翀，字雉飛，歲貢，詩酒，不入城市。

孫光國，歲貢，與張爾定好義敢言，隱於詩酒。

江之淵，海州人。廩生，孝友，負文名，杜門。

董宗楊，贛榆人。太學生。好琴鶴，出入自隨。

邑人王之藎，廩生，入廬山，不知所終。

王捷，去諸生，氣節自勵，種竹爲生。

陸遜，字君遠，宿遷人。歲貢廷試，值北京亡，歸。清招試舉、鄉飲，不赴。

邑人高踰駢，字特聘，去諸生，賣卜海上，家人求數十年不得。

王應中，睢寧人。崇禎六年舉於鄉。大學士呂宫招，不應。

邑人武玄默，字吉公，力絶人。少試不利，爲僧雲臺山，名性默。嘗占星變，出遊濟南、

南京、太行二十年，談治道兵機。人或叩之，不答。卒年七十一。

廟灣角巷有十老，無家室。國亡後，旅聚於此，相呼如弟昆，行乞以生，贏絀共之，積資得田七畝爲葬。殆明民棄家皆隱死而託於丐者。

李淦，字若金，興化人。長倩子。侍長倩福建，與朱東觀及烏程唐涵講學鑑亭，隆武二年舉天興鄉試。福京亡，自稱滄浪水樵者，惟以名山水自娱，徧遊五嶽四瀆。博雒初入閩，録用故大臣子弟，不出，則使索之山中，淦蓬首披麻出見使者，曰：「哀哉天乎！奈何傫然衰絰之中而靦顔衣錦臨民乎？」使者請薙，怵以死，終不從。奉母歸。屢召不起。酒酣則仰天痛哭。或徵其辭，樵者泫然流涕曰：「吾極知新朝用人不次，無論藉先人蔭足致通顯，即命某提三寸管與諸少角，亦未必不博一第，今已矣。自吾考逆溯而上，世爲天朝師保，受恩深重，非他族比也。已矣，長爲農夫以没世矣。」生子不令試，但知書識字、諳大義而已。海寧張符驤聞而高之，欲與語，悠然鼓枻去。

徐州瞽，不知何許人。初，北京金剛寺有僧，祖嵩居之。萬曆末，一男子配遼東，過寺，祖嵩壯其貌，飯之，贈金。北京亡，祖嵩南之徐，泊舟，間行一寺。時初冬葉落，寺荒無人

居。祖嵩徘徊廡下，見一瞽踞曝。問曰：「公何自來？」祖嵩曰：「北京。」曰：「北京有金剛寺，曾過乎？」曰：「吾居也。」瞽瞿然曰：「祖嵩公識否？」祖嵩怪曰：「吾亦與交，但子何繇知之？」曰：「吾以配闞東，祖嵩贈我金，我不忘也。」祖嵩始憶其事，大笑曰：「我是也。」瞽驚喜，直前捉其衣曰：「公真是耶！」伏地拜哭。祖嵩且答且掖之起，而挾之舟中，曰：「子何以至此？」瞽曰：「我之闞東，受知熊經畧，拔千總。後公被逮，久之聞戮，余仰天哭曰：『國家失公，不可爲矣。』晝夜哭，月許，淚盡血出，遂瞽。已遭亂，流離無家行乞於此。」祖嵩泣下，飲之酒，大醉，曰：「我今其可以死矣！」天薄暮，别去。次日訪之，自經矣。

祖嵩，字友蒼，遂寧人。崇禎中至京師，名動公卿，召入大内，賜紫金衣鉢。後主南京報恩寺，卒於水西。

孔尚則，徐州人。軍興，徵調立辦，革里役長、催火耗起解。

吴邦倚，字誠軒，蕭縣人。招寇有功。去諸生，不入城市。

大樗，浙江人。舉於鄉。爲僧黄桑峪。

張景厚，字崇者，沛縣人。增生。黄希憲南下，上書力阻，火衣巾明倫堂。

史還厚，字叔儒，豐縣人。歲貢。與弟還直友愛，偕隱。

邑人朱燃，字炤璇，廪生，有經濟才。舉賢良，不應。詩歌自娱。

謝文衡，字彬揚，好施與，以勇略保障一方。去諸生，卒年九十三。

劉本灝，與丁鳳鴻，皆去諸生。

楊端尚，字則者，碭山人。廩生。大哭明倫堂，自火其書，出亡。

邑人蔣日章，字闇公，去諸生，白衣坐一小樓，足不履地者三十年，日哭泣。初取王女爲妾，輿甫及門，而國變聞，命妾回家，王亦自經以殉。

方遠，字履雲，鳳陽懷遠人。震孺弟子。歲貢。震孺逮，傾家救之。黄得功逮，詣史可法白其冤。潛、桐受圍，請救得全。得功將馬小山以女妻之，後封侯。召推官，不赴。弟勳，負膂力，以鄉兵討寇，寇憚之。清召守備，不應。

邑人王國光，字重觀，去舉業。

張翀，字健翮，鳳陽人。茅屋花竹，閉門不見一人。

盛民光、朱萬年，定遠人。弘光元年歲貢，入山。

李引年，壽州人。去諸生，不應歲貢。

周允升，字四方，霍丘人。拔貢。從焦竑遊。寇變，坐茅屋撫琴，寇稽首勿犯。

邑人張肇元，字貫一，崇禎三年舉於鄉，杜門，卒年八十五。

王正純，諸生。清徵孝廉，不應。

李東生，字屬春，蒙城人。崇禎十五年舉於鄉，不仕。邑人楊鴻烈，字元振，歲貢。薙髮令下，樓居二十年。

陳煥，字光四，泗州人。與王養正同學，日讀南華，工書。

任柔節，字定子，宿州人。弘光元年舉貢，隱相山。州人劉芳節，崇禎十七年選貢；孫繼志，字衷求，崇禎十七年歲貢，不仕。

李長庚，字又生，去諸生，改名長莪，居蕭縣。

曹永鼎，字真陵，潁州人。通天文壬遁，多奇中。佐李栩拒寇全城。袁時中紿栩受降，力言不可往，不從，栩果不返。隱處茅屋，怡然自樂。州人徐履方，字孟簡，布衣，挾書酒坐卧茂林。

張問政，字有恒，潁上人。名醫大本子。善治婦人疾，名動寰內。天啓時，爲醫官。崇禎末命採藥川、湖，會北京亡，爲弘光御醫，卒年八十四。

譚策、李延録，泰和人。崇禎十七年歲貢，不仕。

任之俊，字寰一，亳州人。歲貢。寇執免，入山。

潘世美，字濟美，合肥人。有文名。入闈，卒於三山。

邑人王加龍，字雲臺，布衣講學，不薙髮，深衣杜門三十餘年。臨終，命子孫不仕。

石門，湖廣人。國亡，主廬州茶庵，吟咏。

任天毓，字毓生，舒城人。歲貢，不仕。

邑人徐自昇，歲貢，隱。

王顯龍，字健鱗，考授録事，隱莎岡。卒年九十一。

黄應健，字子乾，諸生，釣江干，年七十四。

柯滙、陳渭、陳坤、姚棟、朱應祥，廬江人。甲乙貢。

劉廷展，字孟長，無爲人。崇禎十五年舉於鄉，歌嘯西皋花竹間。清薦，疾辭。

邑人劉從周，字憲明，去諸生，野服。

陸品，字居一，游南府歸，詩酒。

錢若愚，字智叟；米智，字子固，皆去諸生，山水終。

曹大復，字賓魯，巢縣人。去諸生，隱白石山，年百三歲，不知所終。

邑人尹君奇，崇禎十七年選貢。

韋尚賓，字叔子，諸生。道服詩文，自火其稿。

余有珩，字行玉，英山人。歲貢，通天文，隱天花坪。授教諭，不出。年八十四。

邑人段一定，孝友，閉户授讀。

鄭萬合，字和卿，歲貢。殮蘇令高在崙，入楚。清檄不應。卒年七十七。

董中義，霍山人。寇起，立寨自保。子諸生玉連，參黄得功軍，力止殺掠。

方氏子，歙縣人。世家子。國亡，與弟天峰、天穎至霍山仙人沖栖賢庵爲僧，意旨閒遠，不與人事。

昝弘祖，字寅谷，懷寧人。博通經史，著名復社。阮大鋮母，弘祖姑也。弘祖省姑，大鋮將官之，不應；餽千金，不受。南京亡，去諸生。

邑人方應徵，字二冶，武舉，從楊嗣昌軍歸，却聘。

蔣延祐，字孔篤，廩生，好古。應貢不赴，隱虎澗。

汪之順，字禹行，去諸生，隱梅湖。

范又蠡，字小范，去諸生，隱漳湖。

任之熛，字韜伯。左兵東下。陳防江策。清檄至，曰：「滄桑之變，不意身親見之。」乃去諸生衣冠，北向坐逝。

許雯，字幼仲，詩酒終。

王彭年，字幼公，桐城人。崇禎十二年舉於鄉。有經世才，抑抑卒。

邑人劉漢，字臣向，副貢。大鋮掌兵部，漢辱其門人，捕急，匿得免。陽狂，隱樅陽。

周康祀，字重禋，歲貢，孝友。薦不出。

鄧廣森，字柬之，歲貢。詩文漢、魏。張亮、黄配玄重其才。隱居不出。

張載，字子容，嘗戰敗流寇。去諸生，隱嵩山。弟英，入清爲相；仍躬耕不入城。

戴孟葊，諸生，僧衣龍眠山不出。

胡吴祚，字樸學，去諸生，入西環山。

張廷玠，字稼書，著述。

謝國楨，字屏石，去諸生，吟咏。

左鋭，字又錞，才氣縱横。

洪明瑞，字祥卿，篤學。

馬之瑜，字君璧，著名復社，去儒冠。

吴世宧，字以忠，陽狂不試，散髮不見人。臨殁曰：「偷生幾年矣。」

王繼統，字伯祥，去諸生，不入城市二十年。

夏承春，字廣生，去諸生巾冠，入龍眠山。

孫如蘭，字畹生，授徒龍眠山。

曹維周，爲童子師，散生徒，棄家受傭種菜。

吴梅榔，貌奇偉，與二僕遁甌寧接龍庵。人遺炭粟，不受。永曆十一年病，人問之，長嘆死。

陳文露，潛山人。崇禎末，守崑岑寨拒寇，全生靈數十萬。去諸生，清官不受。

邑人高映斗，諸生，參吴應箕軍，事敗晦跡。

劉餘芳，字芳遠，去諸生，隱皖山。

劉漢幟，太湖人。歲貢。力學守正，廬墓三年。馬、阮枋國，繫雷演祚，往視，面數其奸狀。清徵不出。

邑人馬開先，字創生，功貢，孝義。

章于國，功貢，廬墓。

阮聖士，功貢，孝行。亂中讀書。

詹之申，諸生，詩酒逃禪。

章乾端，字永清，國亡不仕，年七十五。

吴莊，字則敬，宿嵩人。廩生，爲藕花居山中。

邑人余孔敬，工詞賦草書。史可法重之，擬招至，遁歸。

龍應鼎，望江人。歲貢，入山。

邑人周孔修，字敬之，守城。去諸生，痛哭終。

周室珍，字天球，有志用世，行遯。

周自新，字澡一，多大略，從史可法破寇薦，阻於馬、阮歸。

張宏開，字文伯，和州人。去諸生，隱白洋。

州人陳善，字孟嘗，將貢去。

呂堦，字九石，滁州人。崇禎十七年歲貢。

州人張純仁，崇禎十七年歲貢。

蔣汝煦，弘光元年歲貢，授知縣，入山。

吴一夔，全椒人。能文，不應試。

邑人吴亶明，字際雲，盧象昇贊畫，拒守有功，舉賢良。清召隱逸，不赴，入西山。通天文兵家言。卒年七十六。遺命以故衣冠殮。

賀朝官、張一鳳、張開之，來安人。崇禎十七年、弘光元年歲貢，不仕。

王學箕，字禹疇，南陵人。諸生。南直陷，清學官召應試，爲文告先師，取巾褐焚之，卒不出。薙髮令下，衣冠不從者死、家産籍没、妻子爲俘，學箕不顧家人環泣反復諫。是時，有奸人訐學箕，縣符未下，學箕已懷刃將入學宫自刎。奸人聞之，私念恐遂成其名，密言令寢其事，學箕遂遁山中，家貧絶粒。每念君國，未嘗不感慨涕零也。久之卒。

邑人强鵬鳴，崇禎十七年選貢，不仕。

俞一震，窮餓，聘不出。

孫烈，字承哉，宣城人。貢生，入山，卒年九十四。

邑人孫鳴鳳，字來儀，去諸生，投水免，後五年卒。

濮陽士京，字蓬嶼，周鑣逮收，卹其孤。張自烈中危議，將不測，賓客皆散，妻子無依，割室居之。去諸生。

梅枝起，字起聖，去諸生，早卒。

麻三言，字無易；劉夢龍，字木上；朱大勛、劉之吉，皆選貢；后震，字起龍；吴肇公，字道開；吴伯男，字嗣宗；楊茂嵩，字飛卿；郭鎮邦，字孟丞；李日瑚，字禹珍，均弘光元年歲貢，皆不仕。

吴一元，字垚開；麻三雍，字仲雍，去諸生。

查志成，涇縣人。孝友，能米芾書。去諸生，捐義田數百畝。

邑人陳眉，字丁陽，去諸生，講學丁陽山。

吴元功，字九功，去諸生，壹力詩書，入框林山中。卒年七十二。

包克剛，字近仁，去諸生，入蟠龍山。

曹希冕，字文斗，爲室小嶺，遁於佛。

包應暘，字旭之，日縛草書敵姓名，出郭射之，人以爲狂，已窮餓死香爐峯。族兄玉琦，字瑞庵，亦入山餓死。

楊烜，字世旭，遼東人。父嵩正爲將，一門死遼陽難。烜官天津，流寓涇縣。皖撫余國治、夏一鶚聘之，千金不顧。與吴三桂友，既畔，不與通。

大嵩，字好山，四川人。能詩文書法。蜀亂爲僧，名祖庭，北遊公卿，皈依者衆。及北京亡，士大夫南奔者，盡出供養以濟窮途，尋之南京，久之主涇水西。

吴偉儒，字聖開，寧國人。去諸生，負母隱梅溪。

邑人胡殿邦，字四維，孝友，去諸生。

江有衢，字濟通，旌德人。詩書恥秦、漢下，去舉業，野服入龍山。卒年七十三。

朱鴻祚，字士賓，太平人。弘光元年恩貢，研易入山，年八十四。

邑人周萬年，詔舉守令，未赴，去諸生。久之卒，年八十二。

戴玄鑑；王輅，字前玉，崇禎十七年特薦，不仕。

李一堂，字伯升，去諸生，爲僧匡廬。

方志勵，隱桑山。

程衮，字公錫，諸生，入山卒，年八十七。

項士文，敦行博學，去諸生，日放山水。

邵堯，字惺之，崇禎三年武舉，花卉。

項士國，字君祥，尚氣，逃兵圍城，急挺身説之，兵去，一方以安。

吳昌祚，字又文，當塗人。崇禎十七年選貢。妻死國難，去舉。

邑人傅光斗，字日章，去諸生，鄉飲不赴，以故衣冠殮。

魯若參，字一曾，忠義自許，與徐逵友，入山。安宗崩，爲文哭。

郝一楷，字心型，繁昌人。天啟七年舉於鄉，道巾自晦。

邑人呂璜，與復吾，皆崇禎十七年舉於鄉、弘元選貢。

方一貫，字魯民，去諸生，居馬仁山，教子力田。

章正之，字不求，貴池人。太學生。爲室太朴。

邑人王心睿，工文，去諸生。

李嘉，爲人剛直，去諸生，農桑。

陳錦褒，爲黃得功策保江。得功死，江潮詩酒終。

鮑師榜，居香山下。有文武才。左良玉東下，將爲害，與茅師試入山，爲寨力戰，斬其魁，地方以安。

曹甸，字禹安，從亡皂西。見崔仁死事，歸教徒。工易、老、莊。語國事泫涕。

桂定淮，字泗先，不試。

柯青，字青蓮，工二王草法及詩；姜大器，字不盈，皆去諸生，詩酒。

王之璘，字伯玉，青陽人。布政使一楨子。副貢舉賢。良左兵東下，傾家城守得全。

邑人寧三晋、陳懋詣，皆太學生，以鄉兵保里。

江允鶚，字叔峙，去諸生，著述。

寧侗，字自炳，入九華山。

錢衡範，字衡山，銅陵人。能詩，爲僧宣城廣法寺。

邑人余璽，崇禎十七年拔貢；潘有瀾，十七年恩貢；胡士毅，十七年歲貢，不仕。

戴君榮，字藎甫，貢生。左亂，不知所終。

陳自洵，字如衷，石埭人。屏處山中，好交名士，禮請張自烈爲鋟其書，贈遺諸名士。

金學重，字任夫，建德人。應貢不出。

柯士藻、江中立，崇禎十七貢；傅國齊，字飛黄，副貢，不仕。

江桓，字武子，去諸生。

李蒼堂，通經術，詩酒。

鮑光義，字和甫，諸生，幅巾，自稱六嵩道人。

陳淑思，字予淑，東流人。崇禎十七貢，不仕。

采薇子，不知何許人。衣如懸鶉，兩足重繭如添，往來績溪嶺北，嘗宿露亭中，拾枯枝、擷野菜，就沙罐爛煮食之。食已，復擷菜拾枝如故，而未嘗乞人一錢。間入村館中，假童子紙筆題詩。詩或可解或不可解，而字甚工。題已，嗚嗚誦，嗚嗚哭，尾輒署曰采薇子。叩其姓氏，即流涕不答。再叩之，則哀號疾馳去。顧每歲三月十九日，必僵卧地下者數日，不飲不食不言笑。好事者或蹴而呼之以食，則又嗚嗚然哭不已。人以是度其爲明之有爵位而悼喪其君者。

方允煥，字其章，歙縣人。去諸生，居淮安。有湯隱君者，樓居三十年，與允煥友，談忠

孝，輒嗚咽。

邑人汪弘淦，字澄一，崇禎十二年舉於鄉，隱繁昌。

程櫝，字賓梧，與洪明曦，皆弘光元年恩貢，不仕。

江國茂，字公喬，去諸生，荷衣草服，泫涕江湖。

程觀生，字仲孚，居嘉興。知天下亂，去諸生，以相地自給。

鮑登明，字次維，去諸生，理學授徒，以深衣殮。

程自玉，字公如，文古奥。去諸生，醫隱三十年。

吴雯炯，字秋錦，居南昌蓼洲。

吴道配，字浩然，居嘗熟。白衣一隅哭，鄉飲不赴。

余晟，字象成，居南翔。

汪溥，字正明，去諸生，不入城市者四十年。

閔鼎，字渭潢，去諸生，居揚州。

吴周，字汝莊；程世一，字千一，皆去諸生。

汪鯉，字子化，倡靳黔兵。馬士英將嫁禍，單車詣史可法請解，事乃已。去諸生，號泣死。

姚潛，字後陶，任俠，去諸生，卒年八十五。

吴快士，字夢予，居杭州，三試冠軍。自火詩文，隱古梅窩。

黄家祉，好義，國難破家。

鮑正元，字元則，結社黄山，爲僧，日畫蘭竹。

葉魯白，年七十，攜一琴一笛遊禹州。琴得楊懷玉遺響，妙絶一時。酒酣起舞，賦詩吹笛。殁，韓鼎業葬之潁水之原，火琴其下。

程文翊，字聖羽，篤守宋五子書，爲室夫子山不出。

羅正邦，字君達，草書斗酒不倦。

黄律，字嗚六；葉縈，字澹生；謝家柯，字遇丹，隱崑山。

汪元履，遊歸德，走淮安，灌園。與萬壽祺友。日悲泣，後主侯方域家死。

汪宗孝，字景純，慷慨毁家紓難，居南京，好古書畫、鼎彝。

孫勝鼎，字玉鉉，負奇力，設二解庫穀城。羅汝才、張獻忠就撫，散活飢民被俘者。謁襄王，陳戰守策。薦辭，後隱崑山。

王甲，熊廷弼弟子，去諸生爲僧，名無學，入南嶽。昭宗延至演法。

汪雲外，去諸生，爲僧蘄州。

朱之讓，字子遜；汪昂，字訒庵；王麗正，從金聲軍；汪有光，字謙子，皆去諸生，力學。

程一林，字望京，休寧人。歲貢，爲醫泰州。卒年八十七。

邑人朱元泰，字若冲，去諸生，隱嵩江干溪。

巴文，字國華，精騎射，寓江陰周莊。清兵追至砂山，手刃十餘人。

王日省，字思欽，寓上海諸翟鎮，舉鄉飲不赴。

程國俊，字廷籲，金聲弟子，醫隱淳安。

孫丕垣，字草亭，冒死迎父柩，上書史可法，欲招入幕，未赴。

吴文冕，字從周，去諸生，隱海鹽。

曹鳴鶴，字仲餘，婺源人。崇禎十六年武進士。

邑人吴顥，字功甫，武舉，應詔隸勳衛。

董維嶽，字翰周，萬曆四十三年舉於鄉。程世昌、賀習選迭薦，不出。

胡之震，字伯起，崇禎十五年武舉；汪士廉，字叔簡，歲貢；汪甲先，字子木，歲貢，皆不仕。

戴元侃，字二如，去諸生，隱翀峯。

查潛，字淵若，去諸生，入高湖山。

余紹楨，字子將，去諸生，爲道士。

吴雲，字望如，去諸生，力田。

程宏遂，字日良，精騎射，扞鄉里，隱武溪。

潘光卿，字用晦，家饒好義，能文。弘光時，助餉數十萬。放廢，居僧院。

王環石，字石農，金聲弟子，去諸生，放浪山水。

王文化，字公宏，禮部儒士。毛文龍約爲兄弟。周侯儒欲官之，不應。

吴寅，字異我，祁門人。崇禎十二年舉於鄉。邑人程元翰，字翰如，選貢。皆不仕。

章佐聖，字右臣，去諸生，賣卜。

汪文錫，字周侯，去諸生，深衣杜門。

謝喆，去諸生，不應薦。

舒斌，字錫予，黟縣人。殲馬士英兵，去諸生，隱東山。

邑人王楫，字汾仲，工書法，卒年九十。

汪洪道，參左良玉軍。及其子夢庚反，歸。土寇黄之貞亂，入城破之。爲僧。

周士暹，字鏡玉，績溪人。選貢，爲醫。

邑人胡恢先，字素涵；葛道亮，字公明，皆去諸生。
王樾，廣德人。崇禎十七年恩貢。
州人夏佺、寧文祥，皆崇禎十七年歲貢。
廣德戈琮，字耦蒼，太學生，不入城市，年七十二。
夏君信，建平人。崇禎十七年歲貢。
邑人李應琴、韋士睨，弘光元年歲貢，不仕。
史大綱，字正之，去諸生。
行果，去諸生，爲僧宜興龍池寺。

南明史卷一百十

列傳第八十六

無錫錢海岳撰

隱逸二

朱光祚　齊汝漢　黃鼒　楊珽　張銓等　白珏　白紳等　丁際遇　桑鳳苞　魏廷基　賈維鉉　崔啟亨
韓原濬　韓鼎業　張星炳　明見　李先生　需弗山人　張甲　李友嵩　高笠先生　李友太　梅應卜
李近斗　玄任　劉星　景州二生　賈潤　王家基　王應命　盛存仁等　張茂華　孫瑋　褚士奇　霍璉
邵汝德　左榘　李春早　么渾　梁士濬　安策　馬國琳　牧犢翁　王祚昌　趙之道　張鎮　范苯
王之屏　孔興肅　李明柱　龐炳　趙守律　王鶴鳴　張鵬玒　齊應選等　陳大綸　聶繪于　李愷　殷之
紐　王俞巽　石崑岡　張化行　杜驥　王元衡等　盛期　高標　安守夏　張士龍　武崑源　扈顯祖
藍近儀　傅啟祐　楊桂枝等　孔貞璠　孔貞灼　王遹祖　喬應觀　王應聘　劉芳聲　孫建泰　李之房

李貞吉　周甲　宋霈　劉大亨　王道明　劉爲霖　于來徵　朱文繡等　孫瀛洲　劉有源　孫允泰　楊仕
僎　孫善　孫無瑕等　傅聯科　郭文郁　陳甲　楊士烈等　趙槐　焦日培　王時英　孫坦　韓茂材　劉
必顯　王啟叡　于雲翼　徐處闇　安嘉會　于秉雍　安毓嶅　安嘉胤等　田倬　張士霖　張之龍　陳王
政　嘗銘盤　李日升　徐之儀等　孫昌祚　趙見庚　毛如瑜　李之碩　高嗣齊　史以明　張震南　淵源
　杜若谷　張次昂　王元羔　吴茂華　吴汝弼　王丕襄　季方壺等　李一壺　吴纘姬　何爾震　楊起
鳳　王道增　酒道人　曲唱　楊道縝　于鱗翔　楊師亮　曲庶　曲諧　毛霦　趙甲　劉甲　孫出聲　任
復　趙遂掄　宋德慎　崔沖鶴　王纘　何一鳳　魏一品　孫昌祚　馮士份　王所諮　李涵　張繼倫　丘
信嘗　臧新德　王壚　趙清　周起渭　安賓王　李時泰　華陰道人　賈應吉　張鵬翼　李自生　李茂
實　王昌祐　吉士　賈中　秦邑岐　李丕猷　王維藩　原宗憲　雷門英　高調鼐　梁調元　袁鏘珂　王
師帝　侯甸　韓士英　荆爾極　趙興運　郭向宸　任賢　介元善　王昱　裴嶰　賈璧等　王允言　王新
周　湯雲龍等　劉三宣　劉漢昇等　庾邦正　王笏　陳昌言　姬顯廷　田雨時　羅人文　張鈐　吴道
默　郭爾翼　趙廷抃　王顯名　王之相　馬調理　秦之璧　路濟瀛　曹偉　温毓桂　劉澤民　郭名都等
　趙禕　水圖先生　陳謐　李中馥　高肖柴　王屏朱　杜亦衍　嚴國魁　閻國相　郝德新　楊耀祖　劉
道亨　張天斗　張令德　張其綱　張重德　李重熙　李光壂　張壯行　許澄　孟紹謙　馬茉史　侯邦
寧　耿天眷　周有鳳　孟鼒　崔允豪　梁廷援　杜化雨　王時中　薛宗周　劉原俊　高翼之　劉景曜

閻坦　羅萬象　劉璞　孫六鳳　張鳳質　侯抒悾　李發愚　王玉璣　余正華　阮漢聞　劉爲翰　程德化　韓紹愈　韓暄　任居溫　葉茂春　蕭騰鳳　蕭永嗣　馬耀圖　明和尚　大鐵椎　路坦然　李之焜　申弼　申居朋　許經邦　任道重等　郭士標　郭應期　楊燧　陳明聖　高暾　張暉吉等　趙作生　某夫婦　喬弘杞　王道普　陳元貞　陳四可　田兆新　張鏡　王侗初　陳嘉謨　楊汝清　張星文等　王基固　楊煌　王星奎　張振猷　龔業新　彭暉　周暹　王作礪　王佑　趙一廉　史鑑明　許惟清　梁甲彭遐齡　杜象海等　祝堯民　王孔炤　迮俊之　張還初　鍾國士　薛次孟　張炳璿　張惇　楊敏芳于養麟　竇成璽　靳毛頭　楊自謙　榮頡　孫桭　王養民　雲霞逸人　喬若櫝等　張乃第　王思宗　魏淵淵　孔傑儒　楊篃　張鼎新　盛以慥　盛騰藻　廖隆遇　樊源　李嗣蕃　郭肯獲等　楊芳譽　雷鳴陛　王化溥　衛昌開　劉士藻　楊治法　李湛本　孫沅等　强秉乾等　强景琦　張惟一　王良化　宋振麟　王嘉徵　董官策　單興詩　任傑等　張俊蹟　樊鳳冲　李養伸　白目可　白羽宸　齊國儒　劉絡　馬兗　胡能定　栗挺周　張煒　白爾瑜　胡環　路道庸　沈爾錦　袁養浩　孟龍　王扶朱　許從孟　李敏盛　耕雲子

朱光祚，涿州人。北京陷，令丞率衆入海，光祚與兄延祚潛集蕭重華家，糾勇士王樂善、張應斗，密計推諸生朱萬祺爲首，衷甲出，斬李書吏等，率衆登陴。李自成薄城，應斗發

西洋礮中其黄蓋，自成驚墜馬，怒滋甚，誓破必屠城。會清兵追至，涿州得全。光祚等隱居終。

州人齊汝漢，字冲宇，孝友，隱晚節别墅房山。

黄鼐，字惟梅，大興人。諸生入太學，客萊州。北變，入筭山。久之歸，不再試。

楊珽，字搢珽，宛平人。去諸生，工章草，孤居荒村。卒年八十二。

張銓，字衡宇，良鄉人。家饒於財，恤孤救難。清兵至，屢蠲粟，人存活者不可計。清召，力辭。子銘卿，字調鼎，恩貢，受自成夾免；調鼐，以字行，賢良，陽信知縣，殉崇禎十五年難。

白珏，字璧雙，通州人。擅琵琶，少客周邸。北京亡後，居王時敏南園，奏威宗十七年來事，豪漕淒切，座上皆哽咽，吴偉業爲詩贈之。

白紳，昌平人。太學生。北京亡，密雲副總兵張珹起兵復遵化，斬令黄定，率兵至昌平，血書射城中。鄉官刑部山東司主事王廷授，舉人楊春茂，諸生孫繁祉、楊應震、毛應、元民、白希顔，於五月朔斬令李道春等祭陵。清兵至，紳、繁祉等隱，廷授、春茂降。

丁際遇，字顯宇，薊州人。家饒良田。入清，親王命納租爲莊頭，曰：「大明遺民，忍再辱耶？」並宅棄之，乘夜走玉田，去諸生。

桑鳳苞，字闇然，玉田人。去諸生，爲別墅暖渚之西，自號菊亭，日夜醉歌。

魏廷基，字大年，豐潤人。去諸生，潛心經史，不入城市。卒年八十。

賈維鉉，遵化人，尚書應元子。北京亡，去家無息耗。兄維鑰，從清兵入關，官巡撫，命子光前從五臺蹤跡之請歸。叱曰：「我不姓賈，爾何冒認！」不得已一歸，隨去五臺，不知所終。

崔啟亨，字建初，盧龍人。天啟四年舉於鄉。清太宗至，授灤州知州，力拒。不知所終。

邑人韓原濬，字發之，巡按應庚子，歲貢，有孝行。清兵迫母劉以五千金犒師，徧召族黨，縱取以千金與。原濬走林慮，南渡鄢陵，入密縣大隗山中十餘年卒。

韓鼎業，能詩文，去諸生，奉父渡河依靳于中，力田爲生。

張星炳，江西人。選貢，就銓北京。北京亡，不歸，授經永平夷齊里。

明見，字弗一，四川人。爲僧，主永平城隍廟十餘年。

李先生，撫寧人。年九十餘，不薙髮，入深山。

需弗山人，黄姓，失其名。崇禎末上書北京，值國變，出居庸，黄冠道衲，止撫州鎮城朝玄觀，講性命學。有心要、兵要，臨殁自火，題詠曰：「身將隱，焉用文！」

張甲，灤州人。去諸生，著作土室五十餘年卒，年七十三。

李友嵩，字赤仙，山海衛人。自成兵至，城危，與諸生高輪轂、譚邃寰、劉春臨，耆民劉台山、黄鎮庵説緩師，城卒以完。清兵至，去諸生。

高笠先生，廣寧人。賀淩臺弟子。淩臺起兵醫無閭山死，髡首山中，惜不知其姓氏。

李友太，字仲白，天津衛人。北京亡，年十三，自號逸民，黄冠自放，以禮法自繩，不踰尺寸。篤友誼，要生死不易，重義樂施予。讀書不爲舉業，精金石文字。家苦貧，冬月短布衣，屋容一榻。官餽不受，招之不至，造門避去，曰：「吾前朝遺民，豈可見今日之士大夫乎！」工山水，人求之不應。生二子，不教名，長曰狗尾，次曰滑涯，謂不足以繼而冀倖、毋爲世用也。一女芝圃，知書畫。友太殁，爲女道士。

衛人梅應卜，尚書守成子，以任子得官。去諸生，數召不出。母殁，不食死。

李近斗，河間人。天啟七年舉於鄉。國變，更名嵩碩，字柏友，以見志。

玄任，字尹卿，静海人。巡撫默子。不仕，蒔花咏歌。

劉星，字次辰，景州人。崇禎十二年舉於鄉，不仕。

景州二生，失其名，清檄府州縣孝秀出試，隨才授職，一時冒進者多自幸。二生並耕於野，人曰：「新朝破格求賢，二公當大用，何躬耕爲？」二生曰：「我等非新英彦，正宜鋤地

耳!」人曰:「聞新令嚴,不應試者斫一手。」曰:「我二人一手,亦可耕矣。」卒不顧。

賈潤,字若冰,故城人。去諸生,立志爲聖賢,施德鄉里,人恃舉火者數十百家。置義家,修學宮,建鄉賢祠,前後出數千金。康熙二十三年大饑,民苦徵賦,代出八百金,活民萬計。清徵隱逸,不赴。卒年七十七。子樸,世其家。

王家基,滄州人。萬曆四十六年鄉試第一。魏忠賢欲招之門下,力拒。入清,力田。州人王應命,字御圖,好義輕財。崇禎十三年獨力捐建西城。清兵至,守城南礮臺,火器殺敵無算,城遂無恙。去諸生。

盛存仁、存義兄弟,以義勇稱,力拒流寇全城。

張茂華,字鄧林,南皮人。崇禎六年舉於鄉,善説禮經。有司式閭,以病辭。爲哀江南賦卒。

孫瑋,字佩之,鹽山人。崇禎六年舉於鄉,不仕。

邑人褚士奇,字伯嘗,選貢,博學。清檄謁銓,以親老辭,躬自灌園。

霍璉,字閏生,去諸生,學守程朱,三謁孫奇逢,多所質難。牛車遊山左,所至以名師事之。

邵汝德,字雙彌,去諸生。清徵入太學除官,力辭。棋酒歌嘯,安貧勵行。

左桀，字玉素，去諸生，氈巾褐衣，以醫自給。

李春早，字毓先，去諸生，純孝滅性，召不出。

么渾，字顧名，元氏人。北京亡，同諸官師持服哭泣。令李若寀至，渾倡義謀斬之，事敗被執。考逼供同謀，渾一身獨當，罵不絶口，箠楚死而復甦，終不屈。清聞其忠義，舉之，渾曰：「以君邀名，我不爲也。」堅辭，金帛不受。人以渾爲明舉義，皆稱顧明云。

梁士濬，真定人。崇禎十五年舉於鄉，杜門。

邑人安策，左光斗以國士目之，以經學教生徒，去諸生。

馬國琳，字雍瑞，靈壽人，尚書從聘孫。令郭廉至，倡義攻之，挺身自首，一邑以全。會清兵至，得解。妻傅永清女，崇禎十一年死清兵。

邑人牧犢翁，失其姓氏。起於牧犢，故稱焉。奇貧，傭爲人牧。嘗憩村塾，聞童子書聲，悉默誦之。師以書授之，且牧且讀，遂悟四書奧義。長築瓜廬自居。聞藏書者，乞借，踰宿已成誦。不數年，經史、輿圖、周髀、縱横、醫卜皆博洽。士大夫始知其名，招之遊，皂帽芒屩自適。或諷著書，曰：「六經外，糟粕耳。」一日，徧詣親故告别，翌日死。

王祚昌，字永圖，冀州人，天啟元年舉於鄉，居王村茅齋，不入城市。

趙之道，字爾繇，新河人。練兵拒守，寇不敢犯。清薦，曰：「半世不求聞達，今老矣，反違志耶！」卒不應。

張鎮，字庚生，武强人。有文武才。河北亂，以丁壯保鄉里，屢破寇。去諸生，奉母土室。家封好義，免邑圈田。

范苹，字篤生，清苑人。崇禎十五年舉於鄉，躬耕不入城。譚時事，則閉目。

王之屏，安肅人。崇禎十一年清兵至，輸財助守。一日，敵詐報撫軍至，邑令欲啟門，力止之。俄而兵至，乃詐也，力拒得全城。去諸生。

孔興肅，字公諧，新城人。崇禎十六年武進士，躬耕。

李明柱，字鼎石，雄縣人。崇禎九年舉於鄉，樂道自甘。

邑人龐炳，字斗樞，好兵刑家言，精奇壬五行類占，與王餘佑交厚。居壽州東村，有田二百畝，植棗千株，誅茅其間，見者皆曰高士。又創義學，以八行爲一，六藝次，文爲末，一時從化者甚衆。

趙守律，字九水，完縣人。入山。威宗忌日痛哭，三十年如一日。

王鶴鳴，束鹿人。流寇熾，捐餉城守，邑得無虞。去諸生。

邑人張鵬翄，字乘虛，去諸生，詩酒。清貢不應。

齊應選，字文登，高陽人。讀書知大體，孝事繼母，尤篤於族，置義田，延師課子弟，歲祲振濟，舉火者二百餘家，人推盛德。子國琳，字林玉，去諸生。性好義，罷里甲之見年，與李霨結社。及霨入相，遂不入其門。卒年七十二。

陳大綸，字六符，唐山人。崇禎十二年舉於鄉。勇任事，凡邑之公私利弊，輒先言之。抑抑而歿。

聶繪于，曲周人。去諸生。孝友力學，好施，奉父鄉居耕讀。

李愷，字世其，肥鄉人。工舉業，不試。

殷之紐，字伯芽，雞澤人。副貢，躬行避客，七徵不出，卒年八十三。

王俞巽，字乃繹，廣平人。廪生，賦詩，當貢不應。

石崑岡，南樂人。寇亂，以士民戍守全城。

張化行，字熙如，清豐人。天啟四年舉於鄉。流寓朝城。

邑人杜驥，字允良，天啟七年舉於鄉。助餉練兵，寇至力守。

王元衡，字念襟，濬縣人。北京亡，與典史李化桂謀，偕兄子國賓斬令馬世爵。事洩，化桂死，元衡掠免。去諸生。化桂，陝西人，吏員。

盛期，字述魯，開州人。崇禎六年舉於鄉。不受李自成官。清同年爲御史者，饋數百

金，不受。卒年八十。

高標，長垣人。天啟四年舉於鄉，杜門。

安守夏，曹州人。少與兄守忠爲盜，被執爭死。守忠死，守夏受撫於巡按王永吉。北京亡，永吉髡髮南下，謁勸舉義，曰：「吾儕效力爲朝廷死，即小人所以報公也。」後永吉降清，守夏以衆入山死。

州人張士龍，不薙髮，爲道士。

武崑源，字源長，曹縣人。太僕卿圖功子，去諸生。

扈顯祖，字象先，去諸生，詩酒。

藍近儀，字季政，增生，守城。杜門，卒年八十一。

傅啟祐，沂州人。受知史可法，未赴，醫隱。

楊桂枝，費縣人。廩生，入山。弟枝標，去諸生。

孔貞璠，字用璞，曲阜人。至聖六十三世孫。崇禎六年舉於鄉。解紛禦侮，一邑仗之。

邑人孔貞灼，字見性，隱曹南，遠近敬禮，盜不入門。

王遹祖，字駿聲，寧陽人。去諸生，學道，卒年八十五。

喬應觀，泗水人。去諸生，立慕仙館，花竹怡情。
王應聘，嶧縣人。副貢。清歲貢，不赴。
邑人劉芳聲，字德孚，廪生，以心性授徒。歲貢不應。
孫建泰，字斗凝，城陷，負後母劉出，殁而廬墓。去諸生。存活鄉里，不與人接。
李之房，字紹齡，孝友，去諸生，走邳州，振卹好義。
李貞吉，字慶寰，金鄉人。崇禎十七年寇至，捐硝磺，助守全城。
邑人周甲，以家遠去，不知所終。
宋霈，城武人。進士，隱高平。
邑人劉大亨，字朱明，崇禎十五年舉於鄉。城守不仕。
王道明，字逸公，濟寧人。天啟七年舉於鄉，詩酒。
州人劉爲霖，字澤生，天啟七年舉於鄉，爲達攬闍洸、泗間。
于來徵，字薦吾，諸生，能文。寇至，禽牧任崇志，傾家練兵，偕鄭與僑謀恢復不果，年止三十，隱。
朱文繡，字恭寰，太學生；李國柱，字贊臣，東撫幕客，咸從倡義。
孫瀛洲，字六水，去諸生，年二十，奔走南北。人勸仕，不應。卒年八十三。

劉有源，字臨麓，歲貢，義俠拒寇執，會義師起，得免。

孫允泰，字美垣，李自成執，不屈掠免，去諸生。

楊仕僎，參議佩弟，博學。寇至執，大駡不屈免，卒年九十。

孫善，字善繼，去諸生，不入城市。卒年九十四。

孫無瑕，爲僧，主金山三十餘年，精通内典，卒年九十餘。子普修，亦爲僧，卒年八十二。

傅聯科，鉅野人。土寇圍城，與兄梅城守。清辟，力拒。

郭文郁，字翼聖，汶上人。崇禎十二年舉於鄉。徵不出。

陳甲，陽穀人，抵死不薙髮，出亡死。

楊士烈、張東星，歷城人，皆去諸生。

邑人趙槐，字震祥，去諸生。

焦日培，字心植，章丘人。侍郎馨子。歲貢。孝友。捍寇，薦辭。

邑人王時英，字千甫，通兵法，拒寇，不入城市，卒年八十三。

孫坦，字去病，緇川人。崇禎九年舉於鄉，詩酒卒，年八十二。

邑人韓茂材，字銘鼎，例貢。捐金全城。王鼈永招，不應。

劉必顯，字顯元，少受知韓濬，濬殉許州，間關千里歸其喪。入山終。

王啟叡，字聖臨，去諸生，浪游。

于雲翼，字羽南，長山人。歲貢。入長白山。清薦不出。

邑人徐處闇，字見區，去諸生，道衣。

安嘉會，字素仲，去諸生，廬孝婦河濱。

于秉雍，字友蓮，去諸生，結茅南山下。

安毓慤，字習董，去諸生，卒年八十。

安嘉胤、顏之卓、李鳳祚，皆去諸生，白衣冠。

田倬，字静山，新城人。去諸生，不入城市。

邑人張士霖，字杏薌，去諸生，爲園張店鎮，褒衣博帶，不見一客。歿以布衣殮，年八十四。

張之鼇，齊東人。去諸生，長往。

陳王政，字蒼屏，濟陽人。歲貢，灌園，徵不出。

訾銘盤，字新三，長清人。去諸生，琴書自娛，薦力拒。

李日升，字中天，陵縣人。廩生，不試，授徒。

徐之儀，字桂山，新泰人。歲貢，與張相漢隱。

孫昌祚，字廓之，壽光人。去諸生，年八十四。

趙見庚，字又白，平原人。選貢。通天文壬遁。范志完聘入幕，歸。

毛如瑜，字貴甫，陽信人。廩生。不薙髮，狂疾，遊五嶽，足跡半天下，凡四十年乃返。

李之碩，字鴻乙，海豐人。司幕府箋記，去諸生。

邑人高嗣齊，字太初，去諸生。

史以明，字子敏，樂陵人。歲貢，嬰心疾。

邑人張震南，字伯器，任七品官，不出。

淵源，淹雅有風度。詢里居姓氏，不言。一日有少年二至寺勸歸，不應。或曰名濟全，失其姓，官禮部侍郎，籍辰州，國亡逃禪云。

杜若谷，字山公，濱州人。歲貢，不就銓。

州人張次昂，字會梁，去諸生，投火救免。

王元羔，字纘卿，霑化人。歲貢，不出。

邑人吳茂華，字毓初，歲貢，傭作。清薦不出。

吳汝弼，字心逸，去諸生。

王丕襄，字贊甫，去諸生，詩酒卒，年八十。

季方壺，隱其里居姓氏。國亡，道服至冠縣。爲人偉幹，好飲。一夕有行僧曰林瘸子者來訪，傳爲閩人進士、山東知府，國變墜城傷足。遇煤山事，輒哭不視。

李一壺，不知何許人。往來登、萊間，角巾破衣，好飲酒，行輒以酒一壺籠袖中，人呼一壺先生。好事者噈以酒，即留宿其家。間一讀書，即欷歔流涕，往往不竟讀。雖黑夜亦踉蹌走，或寄野人家，或寄僧寺，不久輒去，去復罔知所之。與即墨黄生、萊陽李生者善。每與兩生相對，瞪目無語，已而曰：「行酒來，吾爲汝痛飲。」兩生嘗從容叩之，勿答，即舍去。去之數歲，忽再至，仍居僧寺，容貌憔悴，神氣惝怳，中夜放聲哭。閱數日，竟雉經死，年垂七十矣。兩生者爲之殯，而歲以一壺酒澆其土。

吴纘姬，蓬萊人。崇禎三年舉於鄉，隱泰州。

邑人何爾震，崇禎十二年舉於鄉。南渡，齎志歿。

楊起鳳，福山人。歲貢不仕，敝衣糲食。

邑人王道增，任俠。崇禎末，登撫檄令運糧平島，行巨浪中十四晝夜乃歸。屯兵乏餉，出粟五百石濟之。杜門教授。

酒道人，匿姓名。往來海上，工書畫，歿葬之罘山下。

曲唱，棲霞人。去諸生自廢。

楊道縝，字晴巒，招遠人。天啟四年舉於鄉，孝友。

邑人于鱗翔，選貢。

楊師亮，字戩夏，通政覲光子，廪生，有文武才。

曲庶，字康哉，萊陽人。去諸生，教養弟子，弟子皆入山。

曲譜，字相如，寧海人。去諸生。清舉孝廉方正，不應。

毛霦，字荆石，掖縣人。去諸生，卒年七十六。

邑人趙甲，去諸生爲僧，名寂育。

劉甲，清兵至，命子孫生不耕，死不葬。以耕須出賦，葬則國無淨土也。其族遂以養鴿贍家，無一爲官爲農者；死則厝柩廣廈，二百年累累然不可計。

孫出聲，字振鐸，濰縣人。去諸生，入臨朐山中。

任復，字來一，高密人。去諸生。

邑人趙遂掄，字簡臣，超貢。清徵不出。

宋德慎，字維恭，即墨人。崇禎十五年舉於鄉。

崔沖鶴，字伊蒿，臨淄人。去諸生，隱淄水，隱姓名逃禪。

王纘，字紹述，博興人。廩生。痛哭，去衣巾，黄冠入勞山。

何一鳳，高苑人。去諸生賣卜。

魏一品，字帥萬，樂安人。武生。參青州道幕，平桃花山寇。北京亡後，拒寇安民。

孫昌祚，字廓之，壽光人。去諸生，年八十四。

馮士份，字于質，臨朐人。太學生，博學，隱。

王所諮，字夢求，安丘人。崇禎七年進士，不仕，詩酒。

邑人李涵，字繩則，崇禎六年舉於鄉。定邑亂，放酒終身。

張繼倫，字漢萄，恩貢。傾財治具全城。

丘信嘗，字子石，諸城人。去諸生，浪遊，晚歸結九老會。

邑人臧新德，字伯銘。父官生爾壽，死難。新德去諸生，隱回頭山。

王壇，字鐵東。城陷，代母死，甦，去諸生，奉母隱，卒年八十。

趙清，字漣公，居扶水上，好酒山水。母歿，廬墓不出。

周起渭，字飛熊，莒州人。歲貢不赴，牧造不納。

安賓王，沂水人。以鄉兵捍寇，與清兵戰敗爲農。

李時泰，字伯開，日炤人。崇禎十二年武舉，游吳、越、燕、代不歸。

華陰道人，臨汾人。李姓，本儒家子。北京亡，巾服羽扇，一童負葫蘆以從，後移長子仙師寺。魁梧有奇力，徒犯戒者，手持鐘鏤壓其下，或捲入簾箔擲佛殿上，轉而下，以手接之。行旅有知之者，若欲言，張目一視，其人斂衽去。年許，有少年至，跪於榻下，不言而泣。道人閉目不顧。其徒勸之，以竹如意擊其首，少年終無言泣別。內著紫衣，外袈裟，冬夏坐卧，領袖絮爛不釋。將死，曰：「偷生二世矣！」乃瞑。

邑人賈應吉，李自成迫，不官，去諸生。

張鵬翼，去諸生，杜門。

李自生，字綿吾，去諸生。

李茂實，字生洲，洪洞人。崇禎三年舉於鄉。自成脅受官，不應。

邑人王昌祐，字戩升，爲袁繼咸所重，去諸生。

吉士，去諸生，好山水。招試授官，力拒。

賈中，字敬修，太平人。從辛全遊，行遁。

秦邑岐，字端之，曲沃人。崇禎六年舉於鄉。博學尚義，立義門村堡，振飢多全活。

邑人李丕猷，字元靖，崇禎九年舉於鄉，理學。

王維藩，字鼎鎮，崇禎十五年舉於鄉。受自成拷，授官，以皂屑揉目免。

原宗憲，字介夫，去諸生，不受官，憤卒。

雷門英，字醒函，廪生。刀鋸逼官，不赴。

高調鼐，字鹽梅，爲人高亢，去諸生狂走，不知所終。

梁調元，字和九，不事舉業。與賈漢復友。招不應。布衣忍飢，日誦經史。

袁鏘珂，翼城人。崇禎十二年舉於鄉。與賈漢復友，及撫陜，訪之餽金，不受。

邑人王師帝，諸生，以衆守城。

侯甸，字田臣，汾西人。副貢，孝友，有志節。山西陷，威迫款附，感憤，力陳大義，不聽，大哭文廟，火衣巾入山，混跡樵去。子迎養，不赴。

韓士英，字舜宇，蒲州人，大學士爌族。萬曆四十七年進士。爲賈，以鹽筴起家。

荆爾樾，臨晋人。痛哭，去諸生。

趙興運，滎河人。通天文壬遁，去諸生。御史劉達延入幕，不見。

郭向宸，字葵一，猗氏人。自成勒餉破家，去諸生。

任賢，河津人。崇禎十二年舉於鄉。清以通判用迫之，中道卧病歸。

介元善，字中含，解州人。崇禎三年舉於鄉，入山卒，年七十九。州人王昱，字稺夏，從曹于汴學。友李貞佐死難，相從不去，削耳鼻不顧，卒收其骨。孝母。母葬，長往不知所終。

裴嶰，字竹溪，夏縣人。父歿，廬墓三年。從于汴、辛全學，不入城市。

賈鋻，字琢玉，聞喜人。歲貢。邑人支聯第，去諸生。皆入山。

王允言，字中孚，去諸生，不應貢。

王新周，字命之，業裁衣。少遊京師，熟國家衣冠服制。日談忠孝，道先帝，繼之以泣。

湯雲龍，絳州人。舉於鄉，與黄希聖、越時潮，隱馬脚山。

劉三宣，稷山人。兵起求才，上戰守十策，授官不應。

劉漢昇，字通宇；劉大智，字若愚，隰州人，皆去諸生，詩酒，二十年不入城市。

庚邦正，字檠宇，大寧人。歲貢，混跡屠販相爾汝，卒年八十四。邑人王笏，字鳳儀，不赴歲貢。

陳昌言，澤州人。輕財好義，有心計，家資巨萬，輒濟人急。寇至，盡散給壯士，戰守保一方，出奇大敗之，寇以是不敢犯。清兵入晉，諸城屠，惟州無恙。歲凶振卹，全活者衆。

及卒，多下淚。

姬顯廷，高平人。崇禎十二年舉於鄉，賣藥。

田雨時，陽城人。學易。寇至，衆議迎降，抗詞斥之。去諸生，入山。卒年八十二。

羅人文，沁水人。崇禎九年舉於鄉，醫隱。

邑人張鈴，字宇奇，尚書五典子，賢良方正，南遊杭州，以布衣終。

吴道默，字希聲，沁州人。去諸生，入山，教子弟性命之學。循序當貢，讓次己者。卒年七十四。

郭爾翼，字贊皇，沁源人。太學生。爲李自成執，歸隱孔家坡躬耕。

趙廷抃，字獻吾，武鄉人。諸生。自成迫出，入山。子天麒，不應召。

王顯名，字君實，遼州人。崇禎十六年進士。不應自成命。入清山居。交薦，託疾不出。

王之相，字鹿谷，長子人。崇禎十六年進士，隱。

馬調理，平順人。去諸生，嘯歌卒，年九十四。

邑人秦之璧，去諸生，力田。

路濟瀛，去諸生，詩酒。

曹偉，字碩公，汾陽人。舉於鄉，不仕。

温毓桂，字秋香，平遥人。廬墓三年。爲人耿介。

邑人劉澤民，字潤卿，任俠長齋。

郭名都，字太清，介休人。不應試。弟帝都，字太寧，偕隱。

趙禕，臨縣人。諸生。説高必正兵去。

水圖先生，不知何許人。永曆二十二年瓢衲至永寧鐵佛關，能詩文琴棋。卒，遺蒼玉環一，附葬。

陳謐，字右法，陽曲人。汾西聚徒醫隱。與傅山友。

李中馥，字鳳石，太原人。天啟四年舉於鄉。剛毅，進退不苟。清兵二入，爲袁繼咸贊畫。山西陷，授官不應。清薦，不赴。嘗典衣振旱，大修邑城，鄉里德之。

邑人高肖柴，字宇一，去諸生。

王屏朱，榆次人。去諸生，火衣巾。或勸之試，張目不答。

杜亦衍，字蔭祁，太谷人。孝友，能醫。不應鄉飲。

嚴國魁，字啟皇，文水人。崇禎三年舉於鄉，圖書自娱，不污僞命。

閻國相，字良臣，壽陽人。崇禎六年武舉，通兵法，不仕。

邑人郝德新，字舊甫，晋府儀賓，去諸生。傅山嘗避兵其家。

楊耀祖，字丕顯，平定人。醫隱。

劉道亨，不知何許人。至平定，交諸名士。一日醉，自云：「張姓，崑山人，進士，國亡不仕，故至此。」翌日去，不知所終。

張天斗，字中宿，忻州人。多髯。治五行家及形家言，參孫傳庭軍，多奇中。兵敗歸，偕傅山共事義師。下獄免。時與山、李中馥稱「山右三隱」。

張令德，字憲之，代州人。弟令聞、令名，死寇難。去諸生，事母不出。

張其綱，字子立，五臺人。歲貢。嚴正好義，設館教子弟，優贍之。寇至，引去。㕛卒，鄉人流涕曰：「古之君子也。」

張重德，崞縣人。去諸生，爲僧清真山中。

李重熙，岢嵐人。居西山寺，貧不具饘粥。

李光壂，字熙亮，祥符人。諸生。豪俠，尚謀略。崇禎十四年，開封受圍，結社練兵，爲左所總。十二月，城東北將壞，以社兵固守，散財犒士，隨所壞築之，寇乃退。十五年五月，寇百萬再至，結義勇大社，得萬人。七月，出曹門，自寅至午，斬獲多。巡撫高名衡賞三百

金，光壂盡散士卒。自是日出戰，迭奏捷。時城乏米，兵民日一食，光壂曰：「事急矣！」請以車爲營，抵黄河接援兵，開糧倉；再請造舟備不虞，皆不許。然城受圍久，人相食，卒至河決，甘與城同亡者，大社力也。論功，賜選貢。北京亡，謁南京，以知縣用。南京亡，歸卒。

邑人張壯行，字心孟，天啟四年舉於鄉。清檄會試，以死力拒。吹簫自娱。卒年八十二。

許澄，崇禎中獻三策於楊嗣昌，不用。弘光初，入劉澤清幕。南京亡，去諸生。鄉人有怨者，訐於汴師，乃走匿桑下，自稱桑山人。清捕者至，盡縛之。後遊嵩、衡不復返。

孟紹謙，字心法，杞縣人。崇禎三年武舉。清兵將屠城，出說解之，一邑以安。

馬苿史，好詩，將貢，遠去山澤。

侯邦寧，字汝固，好義。去諸生，躬耕卒，年八十六。

耿天眷，字維明，劉澤清客，後廉其反覆，辭歸。去諸生，力作吟咏。

周有鳳，字竹友，遭亂，去舉業，精騎射。上書史可法，爲亳鳳□將幕。歸隱柏子庵。卒年七十四。

孟鼒，字涉公，有學行，亦不試。

崔允豪，字興文，尉氏人。通劍射兵法，以義俠稱，寇畏不敢犯，靳于中重之。中原亂，入嵩山説李際遇反正，與王真卿聯絡各寨。清兵至，歸課子。卒年八十餘。

梁廷援，字以道，鄢陵人。太學生，隱。

杜化雨，扶溝人。李自成檄，不受。北走，去諸生，以詩自娱。

王時中，陽武人。崇禎十七年歲貢，不仕。

薛宗周，字會益，原武人。孝友篤學，冒死護親，去諸生。

劉原俊，字用章，蘭陽人。擅詩詞，不試。

高翼之，字惟一，新鄭人。去諸生，入伏牛山爲僧。

劉景曜，字躍如，西華人。客周王邸。河南亡，去諸生，散財數萬，自放山水，痛哭久之，遊江、淮、宋、許卒。

閻坦，字來之，項城人。萬曆四十六年舉於鄉。李自成至，退淮上。淮上亡，歸。年九十二。

劉璞，字石友，沈丘人。選貢。事親孝。寇起作陴，城得不陷。後設義塾，教多成材。邑人羅萬象，去諸生爲役。

孫六鳳，字廷儀，許州人。孝友。拒寇全城，歲祲捐穀。去諸生。

張鳳質，字文沖，臨潁人。去諸生，躬耕。

侯抒悾，字藿旭，襄城人。父新建，一門殉城死。抒悾去諸生，避河朔。剛方嗜學，有父風。

李發愚，字濬倪，郾城人。天啟元年舉於鄉。大哭，爲僧南京。

王玉璣，字花隱，長葛人。壽百歲。

余正華，字君貞，禹州人。父爵，戰死朱仙鎮。正華以廩生依可法。左良玉爲爵請卹，贈太僕卿，謚忠壯。清貢不應，奉母入山。卒年八十六。

阮漢聞，字太沖，密縣人。文章經世，著述。迭召不出，入大隗山。

劉爲翰，字宗維，鄭州人。諸生。亂起，走起化寨。亂定歸，好飲酒詩歌，年八十二。

程德化，孟縣人。歲貢。窮經，作儀象說，與利瑪竇暗合。寇起，上十二策，未果。國變，斬衰痛哭上生寺。寇至，衣冠坐。投厠不死，不入城市十餘年乃卒。

邑人韓紹愈，進士，隱彭縣。

韓暄，字冀州，有孝行。李自成兵至，見年號大慟，去諸生，入太行、王屋間，教生徒，人至不見。

任居温，字冰心，温縣人。天啟七年舉於鄉，不應召，卒年七十三。

葉茂春，字梅崖，河内人。萬曆四十三年舉於鄉。爲人孝介，樓居。

邑人蕭騰鳳，舉於鄉。自成迫西行就銓，遠引。

蕭永嗣，字元美，恩貢。孝友。振卹不仕，抑抑卒。

馬耀圖，字羲瑞，詣寇壘説李奎、劉洪基數萬人歸附，王漢重之。漢死，歸隱。

明和尚，不知何許人。主懷慶北嶽廟。詢之，明其姓，故稱明師傅云。爲人恬静，寡色笑。與之論國家是非及兵狀，則淚下。

大鐵椎，不知何許人。永曆十五年過懷慶宋將軍，貌寢，右脅挾大鐵椎，四五十斤，作楚音。叩鄉名，不答。宋精技擊，所授弟子甚多，河内高信之騎射尤絶一時。

路坦然，字人路，修武人。崇禎十五年舉於鄉。孝友授徒，門牆稱盛。

邑人李之焜，字毓秀，任俠好施，從王漢以兵保鄉里，去諸生，入山。

申弼，字佑公，武陟人。去諸生，紝織吟咏。

邑人申居朋，字魁樓，負膂力，入黄華山，不知所終。

許經邦，字斗南，新鄉人。歲貢，不應試。子作梅，降清。

邑人任道重，字洪宇，好學授徒。李自成兵至，與子文朗拒命，隱。文朗，字光璧，崇禎

九年舉於鄉，克盡孝養。

郭士標，字公望，尚書涓子，任子。師孫奇逢，力學不仕。

郭應期，字道亨，有才名，去諸生。

楊燧，磁州人。歲貢，有文行，授經。

陳明聖，商丘人。諸生。城陷，爲金剛所執，待以客禮，將以有爲。會郟縣敗，剛死，傳食諸寇間。至襄陽，見御史李振聲殉難，爲掩其屍。脱歸，十年不出。題主曰「大明布衣」，賦詩卒。

邑人高暾，字南正，崇禎十二年舉於鄉，不仕。

張暉吉，字光符，與子楷，皆去諸生，力田。多鐸求能草檄者將官之博士，上其名，不應。不入城市十四年卒。

趙作生，字海鶴。家貧。人餽，忿然見色。敝衣，日不舉火，而吟不少止。與宋權同學；既降，不與通。卒年八十六。

某夫婦，弘隆中傭宋權家。每遇主人與客談詩文，徘徊竊聽不去。一日不見，視其室，留書千言，自序悲憤，詞旨博奥，援古今，出人意表，竟不知爲誰何也。

喬弘杞，字楫航，寧波人。通兵法，去諸生隱。

王道普，字明軫，永城人。崇禎六年舉於鄉。劉超畔，責以大義，超不敢害。隱終。

邑人陳元貞，字仲瞻，恩貢。清舉遺佚，力辭。卒年八十七。

陳四可，字一中，睢州人。崇禎六年舉於鄉。以忠孝教人，不仕。

州人田兆新，字公熾，去諸生，逃於酒。

張鏡，字心若，博通古今文詩，去諸生，教授。

王侗初，柘城人。爲人嚴介。兵間事親盡孝。去諸生。

邑人陳嘉謨，字翊吾，邃於易，去諸生。卒年九十二。

楊汝清，字君厚，汝陽人。去諸生。卒年七十四。

邑人張星文，字六星，去諸生，好義。弟星湍，爲僧。

王基固，字苞竹，真陽人。負奇氣，通兵法。郭德兵起，招之共謀，走潁州深山。事定歸，去諸生。

楊煌，西平人。崇禎十七年歲貢，不仕。

王星奎，信陽人，參將延世子。精騎射。去諸生，走武昌、匡、廬，不知所終。

邑人張振猷，李自成執，不屈。去諸生。

龔業新，字海旭，光州人。天啟元年舉於鄉。友愛。居南京，抑抑死。

彭暉，光山人。天啟四年舉於鄉。亂起，走南京。南京亡，歸隱山中。

周暹，字瑞明，固始人。崇禎十六年進士。好施予，倡義力守全城，不仕。

王作礪，息縣人。副貢。拒召，入杏山。

王佑，字言一，商城人。出財招兵守城。崇禎十四年，力拒得免。去諸生，服田力學。卒年八十。

趙一廉，字但鶴，南陽人。歲貢，不仕。

邑人史鑑明，性至孝，母歿幾滅性。不受官去。

許惟清，字仲如，內鄉人。萬曆三十一年舉於鄉。以孝弟稱。寇至，拒守全城，傾家振卹，活人無算。入清，爲嵩雲館。

梁甲，崇禎三年舉於鄉。北京亡，爲哀國十章。隆武二年，拒寇戰傷，不仕。

彭遐齡，字梅谷，光山人。武解元。參陳永福軍。牛金星幼爲其師，召之進南直，知事不可爲，歸。下筆千言，遺詩一帙，多本時俗。

杜象海，字谷王；何南秀，字彥列，伊陽人，痛哭去諸生，不知所終。

祝堯民，字巢父，雒陽人。去諸生，入終南山爲醫，號薜衣道人。

邑人王孔炤，字文濳，清召不赴。

笮俊之，字思庵，與杜濬遊，隱於醫。

張還初，忠義慷慨，爲道士南昌，與宗室議霶交。楚有林生者，負大志，崇禎末欲勤一軍勤王，議霶介張若仲同事會德九兵，不達，乃隱寧都。

鍾國士，字爾知，偃師人。讀書談道，從孫奇逢蘇門。還隱緱山，日夕濳玩京氏易傳。

薛次孟，字效文，遼東人。賣履西安，得藏鏹，慨然有利濟志，賓禮文士，歲凶備米六十萬斛，置四門食飢者。明年再凶，購百萬斛散之。有心計，工貨殖，經營必得息十倍，歲周困阨飢寒以累萬計。清兵入，盡散財給貧乞，孑身入終南山，不知所終。

張炳璿，字儀炤，長安人。却聘入山。

張惇，涇陽人。崇禎九年舉於鄉，不仕。

邑人楊敏芳，字仲子，去諸生，隱南昌蓼洲。

于養麟，興平人。歲貢，行遯。

邑人竇成璽，與族人崇樸，皆去諸生。

靳毛頭，臨潼人。恩貢。作大書，披髮古衣冠。

楊自謙，字益之，渭南人。崇禎十六年進士，不仕。

榮頡，字子尚，藍田人。副貢。李自成，召不仕，入渭上山中，年甫四十卒。

孫楨，字公起，鄠縣人。諸生。流涕遊說。

王養民，字梅窗，盩厔人。貢生，不仕，却千金云。

雲霞逸人，國亡至盩厔，冬夏蓬首，一布衲復身，如圖畫中人。通經史百家，尤工五千言。孤棲斗室，不與物接。後遊嵩山，死南陽。

喬若櫝，富平人。歲貢。子維華，字峙伯，研理學，偕隱。

邑人張乃第，字魁門，崇禎九年舉於鄉。勵學，好周卹。丁匡枘學博榜其門。

王思宗，字爾貫，醴泉人。自成將屠，城中大哭，挺身說大義，遂解圍去。邑令謝之，曰：「何功之有？」去諸生。

魏淵淵，字空空，華州人。隱華山三十六年不出。

孔傑儒，字念心，潼關人。天啟舉於鄉。與孫張應等被執，不屈脱，隱華山。

楊簹，字中虛，辭貢，入方山。

張鼎新，去諸生，讀易華山。

盛以慥，字君實，以恒弟，精騎射。崇禎十二年，斬劉哲。弘光元年，馬世曜薦郃陽令，

以母老辭。去諸生，隱華陰錢萊山。

盛騰藻，字潔卿，去諸生，隱華山三十年。

廖隆遇，去諸生，隱董舍原。

樊源，字清溥，商州人。父母師死，均廬墓三年。居貧力耕，不受人遺。北京亡，走華山西峯，日夕痛哭，形容瘠立。託爲道士，結廬西峯，哭至失明。永曆元年卒。

李嗣蕃，雒南人。免父果珍於難，去諸生。

郭肯獲，字爾播，朝邑人。崇禎十二年舉於鄉。弟肯堂，去諸生。皆不應召。

楊芳譽，字君實，郃陽人。去諸生，入山。

邑人雷鳴陛，字春聲，去諸生。父迫試，投崖幾死。授徒以養。卒年八十。

王化溥，字叔泰，去諸生爲僧。

衛昌開，韓城人。副貢。負奇才，從顧咸正南下，不知所終。

邑人劉士藻，字潔齋，增生。行遁。

楊治法，字平成，去諸生。

李湛本，字澄源，去諸生，力田。卒年八十。

孫沅，字玄圃；衛姬疆，皆去諸生，黃冠。

强秉乾，字乾若；李鵬霄，字雲衢，與楊青，皆去諸生。

强景琦，字營如，馮從吾弟子，杜門。

張惟一，永壽人。貢不屈免。

邑人王良化，拔貢，不仕。

宋振麟，字子正，淳化人。孝母，不應鴻博。

王嘉徵，鳳翔人。崇禎六年舉於鄉，正直博學。清召不應。

董官策，南鄭人。火衣巾，去諸生。

單興詩，興安人。天啟七年舉於鄉。力守全城，不仕。

任傑，字伯豪，石泉人。與子歲貢大偉守城有功，入山。

邑人張俊蹟，去諸生，不應死。

樊鳳冲，延長人。執免入山。清聘不出，年八十四。

邑人李養伸，諸生，拒守。清貢不應。

白曰可，本名篆，字衷葵，萬曆四十年舉於鄉，入山，年七十一。

邑人白羽宸，字皓五，僉事慧元子。歸父喪，白父忠，任太學，躬耕。

齊國儒，字淑問，鄜州人。天啟元年舉於鄉。有武略，固守全城。隱銅川。

劉絡，字繡卿，中部人。歲貢。力行好義，隱唐峪洞，避亂者數百人，皆賴存活。

馬㚪，綏德人。自成官至，奉親走寧鄉山中。家貧食盡，師友餽之，不受。親歿，七十猶廬墓，嚴冬伏冢哀號以歿。

胡能定，安化人。去諸生，山水。卒年八十四。

栗挺周，寧州人。去諸生，鄉居。

張煒，字旭伯，平涼人。選貢，隱華山柯坪。

白爾瑜，字鹿坪，安定人。崇禎六年舉於鄉。招不赴，詩酒。

邑人胡環，字獻其，去經生自守。

路道庸，秦安人。國亡，素服野居，北望涕泣，爲道士服，曰天中子。書法鍾繇。

沈爾錦，禮縣人。選貢。自成授官，不受。守城有功。入山。

袁養浩，字義生，狄道人。去諸生，躬耕，年八十二。

孟龍，字見田，靈州人。歲貢。自成起官，詭詞以免。會州人靳防禦使郭可通，安寧伯牛成虎至，不得已拒守。清兵至，成虎走，一時守土者上書言功博官，龍終不一言。後以不薙髮逮免。

王扶朱，字翊震，鎮番人。崇禎九年舉於鄉。忼慨倡義拒清兵，不果。清至，迭召不

出。不入城市十八年，著書以終。

許從孟，字浩然，功貢。不薙髮，去妻孥遠去。

李敏盛，字天成，莊浪人。舉於鄉。國亡，隱仙人岩。

耕雲子，隱江西，葛衣布冠，冬夏不易，見月輒撫掌大叫。長髯修下，雙瞳炯炯。問姓名，不答。

南明史卷一百十一

列傳第八十七

無錫錢海岳撰

隱逸三

張逍遥 熊日馮 彭遠 涂廷正 涂大酉等 徐鑅 李謙 喻指等 王光承 尺霄子 高橋僧 鄧履中 伍達德 喻成憲等 高良貴等 丁開相等 游允通 徐應芬 彭搏 涂士達 熊于南 李飛鵬 彭文亮 羅光亨 陳舜同 舒其琮 舒大縉 舒維忠 王國珽 徐加言 徐相 周必昌等 法雨 汪甲 蔡偉 陳賢孺 鄭熼生 徐可柱 何大良 周易瑞 王必述 張維極等 段希謙 陳貞 陳其謨 劉穗 熊士亮 許延緒 楊芾等 戴天寵 周慶鍾 鄭大璟 方名世 周鳳儀 汪自鴻 陳大義 徐邦治 紀伯雝 周卜雒 呂兆憍 諸邦貴 呂紹升 陳一湛 陳鯁 曹奏績 陳萬幾 許琮 曾甲 汪心一 黃景文 鍾兆元 柴欲棟 劉吉 趙士衡 鄒學海 饒陞 鄧一舉 張治功 李藩 陳焯 劉

良　蕭韶　陶賢受　馮大年　張之彥　鄧珅　涂白　黃欽　涂大雋　吳之瑜等　黃亨會　黃流等　陳一翰等　孔本開　黃震　揭璧　黃立方　魏能容　高山　鄧化日　傅金門　王錫玉　吳裕　陳穎士　丁若洙　吳安國　鄒徵　陳智濟　謝士鶚　王拱盤等　傅鎮中　唐堂　鄒定本　傅振鉉　王耀德　黃何等

劉應調　王誌等　余道行　**羅邦儲**　王璽　蕭作新　劉摯倫　王培青　蕭超芳　朱燦　龍鳴台　趙嶷

　蕭吉先　李朝朗　張茂異　劉元泌等　曾文饒　蔣志遠　曾禕　張熙之　鍾掄芳　彭向瀅　周懋極

許儔　顧令譽　顧長源等　朱之球　黑牯　羅天機　朱世灝　賀善來　尹啟震　**俞塞**　姚士廉　謝天詔　劉世斗等　文子悱　曾益其　崔曉　楊以偉等　李沾　徐先登等　歐陽光榜　蕭時叙　祝應龍　胡舜芳　錢天祉　蕭鼎璧　段林材等　易天斗　周珏　邊繼登　程濬遠等　袁都等　張臣誥　徐士達　朱光祺　嚴雲台等　蔡登庸　李棟　李丐　趙島　陳傭　高岱　**湯蒼**　張應聘　孟光第　吳如揆　周政一　李楚生　孟繩祖　唐言　李侍義　余開衡等　李玉　朱希光　戒生等　余自强　方鎮　王國梓　張元旦　覺空　李柪機　**杜和尚**　奚鼎鉉　程文英　傅傭　鄭光郢等　徐祖齡　補帽匠　亂峯　歐陽方旦　吳與泌　張士美　呂楚音　楊簡　匡琳玉　儲稠若　陳侯周　周宏德　饒來中　饒嘉亮　楊大勳

陳定中等　饒定中　舒益生　蔣文　嚴慥　洪樞　胡維新　**隗翼**　張宏齋　田惠錫　汪滿東　呂希尚

　王昭素　程良規　屠體中　殷海鶴　李世芳　高峯　陳王孫　盧天樹　賈鶴年　李鴻起　聶登衡　陳王前　費中權　彭石浪　**鄖陽四卒**　徐琨　王南國等　劉銳　雷如昆　咼重望　孟翼聖　王夢齡　鄭

以量　李岱毓　輝霞　棲鶴仙客　黃會極　邱之敦　劉滙海　方月斯　慧山　九真子　劉培泰　李長庚　曾登遴　李甲　周鈏　李珙　郭維岱　羅作士　王應龍　陳弘範　一足　陳獻悳　酆之馨　易仁壽等　楊鼎呂　周鉉　周堪禹　周大猷　郭宏碧　行發　霜林　王吉生　蕭瑢　王嗣芳　陳所學　荏庵周正昌　譚紹元　陳紫繩　盧逸人　童萬選等　魏止敬　雙肩　陳國實　陳維國等　郭半仙　髮頭陀毛自得　羅維都等　彭鶴年　郭維楫　杜維耀　藍煥文　任維新等　趙應發　王大光　孫大祚等　潘亮淵　張一公　張半仙　朱雲蘶　劉半仙　諶會堂　聶雲鳳等　舒養粹　趙天夔　唐仕傑　林老人　向廷詩　王奇　滿能施等　吳慎修　李跨鼇　歐陽瑾等　黃圖亨等　李國相　文之勇　伍星章等　劉近魯等　金簡　李報瓊　熊男公　石隱　蕭士熙　可度　陳紹夔　曹國光　楊兆昇　謝永泰　李君培　謝如玠等　李千鍾　歐加任　王文儼　智纘　譚楚頤　譚楚順　羅宓明　段廷賢　張大顯　徐日選　水源山僧　陳文政　廖希魁　蔣日英　周如清　李大柏　張星　謝君堯等　陳純恕等　康保民等　胡文隆成章　楊鍾良　唐華等　雷起四　何之漢　徐自化　周思兼　陳嘉礎　吳楷　蕭洪治等　曹希魁　智映

寧朝柱　朱復熹　何自志等　羅英　何鳴鳳　簡文灝　張明欽　劉立聘　王玠　羅從義　劉邦基彭大方　魏楚朝　趙觀衡　安其文等　劉乙芳　鄒士璨　郭自成　李宗唐等　艾友南　艾奉嘗　李作梅楊素等　楊應尊　李際春　龍襲　張大翔　胡正學　朱襟漢等　如定　瑮山　蔣士會等　劉世英　林應元　全江　康斌　李昌　曹立卿　程光祚　余仕璋　今璽　朱渠　王元　王叔林　霍敷功　劉戩

綦天佑　王長德　李開一　但友進　三學　熊蘭徵　楊維新　沈巨儒　向陞第　金玉振　鄧旭　何天章　曾心一等　郭益顯　紫石　覃自重等　張仙　楊應麟　何道者　卞運昌　何如偉　黃逐　陶來御　高應辰　趙熠　夏迪　陳應橡　施奇才　陸金陽　羅漁父　雍也仁　劉啟生　余崇化等　羅太清等　王書楊日昇　祝登雲　李以寧　王清宣　李占春　侯政勤　映澈　傅維清　蹇甲　李國柱　王道昌　樊星煒　楊全　胡偉然　何於陛　楊茂峨　萬慎等　周晋中　王向之　李韻　朱志韓　周之翰　楊鴻基　李崇祜等　陳敦彥　蔣其古　趙允賢　李華然等　羅奇才　萬谷暘　虞尚貴　張咸　吴應琦　尹迪簡　朱祚遠　艾夫子　荀蔚　王統　羅峰　程之縉　馮應等

張逍遥，南昌人。居西山老虎洞，日與虎狎。夜卧傾崖下，霜雪覆面，盎如春醪之溢。久乃結小石屋於古嵩澗上，幅巾羽扇，静坐其中。言人休咎多驗，問以金丹不答。談弘、隆、永事，娓娓可聽。似立朝者，卒不自言。永曆十五年一夕卒。

邑人熊日馮，崇禎十五年舉於鄉，不仕。

彭遠，字望祖，去諸生，不知所終。

涂廷正，字貞元，去諸生，偕何一泗、伍達行，著書西山。

涂大酉，字次山；蔡憲階，字非石，皆去諸生，絶炊不出。

徐鑠，字伯壎，結特社，詩酒。

李謙，字益之，隱詩歌。

喻指，字非指，去家改姓名，浪遊四方，與呱呱善。呱呱名已幻，字三三，提百斤鐵錐，往來直、浙，教人搏擊於蕭寺。

王光承，詩酒酣歌，言國事輒大哭，後爲道士南京。

尺宵子，陽狂使酒，繪梅不繪花。

高橋僧，日立橋上，冬夏一衲，餽食則食。三年入廬山，仍立如故。一夕逝。或曰四川人，崇禎時舉於鄉。

鄧履中，新建人。崇禎十五年舉於鄉。不仕。

邑人伍達德，字三以，去諸生，入文社。

喻成憲，字匠心，從陳際泰遊，入南洲詩社。去諸生，遁西山。

高良貴、程良傑，皆去諸生，好義。

丁開相，字季臣，授經。與楊紹賢、嚴三省，皆不入城市。

游允通，豐城人。去諸生，救友死。

徐應芬，字二其，進賢人。副貢，隱寶峰山。

彭摶，字六息，奉新人。崇禎十五年舉於鄉。平李肅十亂，大破李東陽，斬之。團練備火器。杜門。

邑人涂士達，字定生，崇禎十五年舉於鄉。精研易理，艾南英重之。入山講學。

熊于南，字夏子，崇禎十六年舉人才，不仕。

李飛鵬，字云翼，去諸生，入橫橋山中。

彭文亮，字白山，去諸生，哭入越王山傭耕。

羅光亨，字吉士，從艾南英入閩，久之歸。去諸生，坐卧一室。

陳舜同，字于野，靖安人。副貢。上籌邊策，不仕。

邑人舒其琮，字伯達，崇禎十七年歲貢，清高自守。

舒大縉，字冠卿，去諸生隱。

舒維忠，字克臣，武舉。從左良玉擊劉國軒許州。

王國珽，武寧人。博學，游四方。崇禎末，以濟國弘才舉，世亂不出。

徐加言，字信之，寧州人。歲貢。負氣。與揭重熙友，隱。

州人徐相，字雲崖，去諸生，不應徵。

周必昌，字雲譜，受知陳士業。博學工書，焚香鼓琴，不入城市。弟必偉，字大宗，偕隱。

法雨，四川人。舉於鄉。國亡，爲僧寧州，與王應斗唱和。

汪甲，歙縣人。陸甲自江西歸，舟泊湖口，有篙工泣且歎者。詰之，自言其姓氏里居，年少好鬥，父母逐之，歷安南、日本、琉球，已大困歸。後從羅汝才、李自成攻開封，敗孫傳庭，入秦。在軍不妄殺人。間走少林寺爲僧。北京亡，依史可法揚州。南京亡，乞食江上，因爲篙工。言已泣。一夕不知所終。

蔡偉，字地文，德化人。諸生，隱寧都山中。

鄭熼生，字正凝，德安人。崇禎三年舉於鄉，隱岷山。邑人陳賢孺，字子需，去諸生。

徐可柱，字蓬石，瑞昌人。築一枝軒，有志聖賢，隱於圖書。邑人何大良，字孝先，去諸生，遊山水終。

王必逑，字賓明，崇禎十五年舉於鄉，隱劍山，徵不出。

周易瑞，字匡九，廩生。崇禎中政猛於虎，流亡滿途，繪圖呈有司，隱去。

張維極，字伭子，崇禎十七年選貢，爲吳炳所重；李一恒，字味公，副貢，皆不應聘，杜門著書。

段希謙，字湛虛，諸生爲道士，出遊，不知所終。

陳貞，字伯承，高安人。俠烈，走廣西。

陳其謨，字君揆，上高人。選貢，不仕。

劉穗，字九煌，新昌人。崇禎末遊京師。城陷，諷吴甘來殉節，爲理後事。卒年九十。

熊士亮，字亦闇，星子人。崇禎三年舉於鄉。遊山水，廬墓。

許延緒，字餘子，都昌人。廩生。師宋之盛，與義士高鳳翥遊。

邑人楊芾，字日晋，去諸生，隱陽儲山。兄三就，字悦士，授徒，陽狂。

戴天寵，字星浦，安義人。去諸生。

邑人周應鍾，字二南，辟不就。

鄭大璟，字㚤尹，上饒人，大學士以偉從子。受知於倪元璐、馬世奇、黄道周。禁山開，力陳十不可，乃已。南京亡後，去諸生。

方名世，字盛臣，弋陽人。日誦經史。

周鳳儀，字覽輝，貴溪人。去諸生，研理學。

邑人汪自鴻，字晦野，去舉業，詩酒。

陳大義，講學日談忠孝。卒年九十。

徐邦治，治經史，不入城市。

紀伯雛，字君一，永豐人。崇禎十五年舉於鄉。相文兵起，訪之軍中。國亡，不仕。

邑人周卜雒，字公鼎，副貢，避居江山。

呂兆𤏡，字光宇，廣信人。崇禎十七年廩貢。南京亡，歸。召不應。

諸邦貴，字子蒿，廣信人。不應貢。卒年八十二。

呂紹升，字虞聞，廣信人。去諸生。

陳一湛，字劍叔，鄱陽人。廩生。義俠。隱山中，薦不出。

邑人陳鯁，字惟魯，歲薦不應。卒年七十二。

曹奏績，字底可，篤學，去諸生。卒年八十五。

陳萬幾，字君任，去諸生。

許琮，字宗玉，樂平人。讀易漣漪堂。

邑人曾甲，諸生，或曰進士爲僧，名鑒源，通易、詩而以魯自號，人呼魯太師。

汪心一，字爾清，浮梁人。去諸生，醫隱源溪。

邑人黄景文，字仲純，去諸生，潛心經史。

鍾兆元，德興人。太學生，文行，隱大茅山。

柴欲棟，字貞卿，萬年人。歲貢。清徵不出。

劉吉，字幾先，南豐人。年十一爲諸生。益王召見屬對，妃爲總髻，厚賜之。國亡，入嵩門寺以老。

邑人趙士衡，崇禎十七年歲貢，不仕。

鄒學海，字漢冲，恩貢，抵山東而北京亡，乃詣南京，清兵至，歸。

饒陞，字雲將，博通，去諸生，哭入山。卒年八十一。

鄧一舉，字薦卿，諸生，爲有用學，工書法。北亡，隱五義老。卒九十。

張治功，字維銳，去舉業，道服入蟠龍山。

李藩，字淑旦，立千砲會，保衛鄉里。去諸生。

陳焯，字默公，桐城人。傳爲進士，隱南豐。

劉良，字子淳，南城人。去諸生，會講程山。

邑人蕭韶，字明夷，崇禎十五年舉於鄉，力田。

陶賢受，字叔願，諸生，績學。清學使命應試，不許，拂之徑出，以僧服終。

馮大年，新城人。永寧王由樣監軍。兵敗，去諸生，不知所終。
邑人張之彦，字美生，去諸生，文史，不入城市三十許年。弟之奇。
鄧珅，字震于，貢生，入山。
涂白，字素庵，廩生，師黄端伯，從由本，兵敗入竹山。卒八十三。
黄欽，字子安，端伯友，去舉古文，隱九叠谷。有司召，不見。
涂大雋，字不疑，世延子，詩出入杜、陳。清貢不赴。
吴之瑜，字還樸，去諸生。弟之才，字孫膚，不應貢，以醫終。
黄亨會，字伯通，家貧讀書，古衣冠，不進取。
黄流，字愷公，乙酉拔貢；涂大鉉，字季玉，乙酉歲貢，皆不仕。
陳一翰，有俠行，入大溪山中。子以洴，字西岐，諸生，結茅課徒。
孔本開，字樂葉，至聖六十世孫，爲僧章山寺。永曆四年，主黄梅雙峰。後主武昌西山卒。
黄震，字復一，廣昌人。崇禎十二年舉於鄉，大哭入山。
邑人揭璧，字四黄。族人衷熙起兵，鬻金數萬兩餉之，且勉以立功。事敗，大哭，去諸生。

黄立方，字幼輿，崇禎三年舉於鄉。薦辭，廬墓，入閩。年八十。

魏能容，字介臣，瀘溪人。崇禎三年舉於鄉。講學，窮隱三十年。

邑人高山，字惟謙，去諸生。

鄧化日，字貞明，拔貢，理學。亡入閩，深山三十多年。年八十。

傅金門，字玉署，廩生。清薦力拒。

王錫玉，字建侯，臨川人。廩生，不應貢。卒年八十三。

邑人吴裕，字有容，隱德安紫山石泉，家人至，不納。

陳穎士，去諸生，好義。

丁若洙，字公劬，去諸生，灌園卒。年七十三。

吴安國，字静先，崇仁人。去諸生。有司訪之，不見。

邑人鄒徵，字祥符，去諸生，入項山。與傅占衡友。廬墓。

陳智濟，字啟言，去諸生。

謝士鶚，字一臣，去舉業。與周廷贊、吴孟于、陳蜚英爲弈社。

王拱盤，字衡翊，金谿人。崇禎六年舉於鄉。文行，不仕。妻孫，死難；子賓臣，殉難廣東。

邑人傅鎮中，字紹前，崇禎三年武舉。貧不舉火，人乞一面不得。白髮鬖鬖不薙。卒年八十四。

唐堂，字肯堂，崇禎十二年武舉，僑居開封，拒寇走澤、潞、淮、揚。

鄒定本，字萬該，弘光元年恩貢。清用訓導，不赴。黃冠終老。卒年八十五。

傅振鉉，字義然，廩生，孝友樂善。

王耀德，字雲仲，去諸生，悲吒不出。

黃何，字隆人，上剿寇方略。去諸生，年甫二十。族父廷元，字虞升，去諸生，偕隱。

劉應調，字季枚，去諸生。

王誌，廩生，入月塘山中。卒年八十。許世英，保舉，好義。

余道行，字兆可，宜黃人。廩生。精研易理，講學彈琴，名士多出其門。與揭重熙、傅鼎銓、方以智友。後爲僧。

羅邦儲，字季翊，吉水人，給事中大紘子。力學青原。隆武二年，避地入山，一時從遊甚盛。

邑人王璽，字爾玉，崇禎六年舉於鄉，行遯深山。

蕭作新，荷笠采藥，不入城市。

劉摯倫，字順伯，廣陵人。崇禎三年舉於鄉，不仕。卒年八十一。

邑人王培青，字男震，與倪嘉慶友，隱青原。

蕭超方，字古度，有文名，去諸生。再服毒不死，爲僧青原。

朱燦，字星萃，去諸生，居寶慶。卒年七十二。

龍鳴台，字薇郎，副貢，入黔卒。年八十三。

趙嶷，字國子，副貢，爲道士。

蕭吉先，諸生，爲僧青原。

李朝朗，字晦仲，廩生，博極諸史，侯峒曾舉優行。關捷先周之，力拒。

張茂異，字崆峒，去諸生爲僧，却聘。

劉元泌，字定侯，去諸生爲僧。戴紱，去諸生從隱。

曾文饒，泰和人。歲貢。張獻忠執免，歸隱。

邑人蔣志遠，去諸生。

曾禕，字曼長，崇禎十七年撫石山畔兵，萬元吉首薦之，隱青原。

張熙之，禮部儒士，請纓不遂，隱傳擔山。父執，代免。

鍾掄芳，字叔舉，永豐人。崇禎十六年進士。國變，狂疾，日書「大明」二字。隆武元年秋卒，曰：「得爲明士矣。」

彭向瀅，字元方，安福人。崇禎六年舉於鄉，不仕。卒年七十五。

邑人周懋極，字疇五，崇禎九年舉於鄉，入鴿湖山。

許儔，字匏生，崇禎十五年舉於鄉，入西山。

顧令譽，字誰譽，歲貢，隱梅溪。

顧長源、彭向瀍、王會，皆去諸生。

朱之球，博聞，去舉業。

黑牯，有妻有兄，亡爲僧。一夕火衣，草蔽體，別妻爲乞人。

羅天機，字仲吉，龍泉人。去諸生，入深山。

朱世灝，字淑淳，萬安人。崇禎十二年舉於鄉，抑塞卒。

賀善來，字僧護，永新人。侯峒曾拔諸生，杜門。應貢，辭。卒年七十二。

邑人尹啟震，字小尹，副貢。崇禎十六年，杜龍、曹天衢兵萬人圍城，清夜縋出開諭，城得以全。國亡後隱。

俞塞，字吾體，婺源人。性孝友，工草書，讀書不應舉。隆武中，去家遊廣信，遇張同敞，奇之，招入閩，以母老辭。已至石城，住東門樓，戍卒憎其哦詩，卻之，乃居山寺。有司聞而賓禮之，留之不可，餽金不受。邑人多就教，後入閩海死。

姚士廉，字潔如，贛縣人。去諸生，與廣昌張採力田瑞、會，種蒿千樹。

謝天詔，字紫宸，雩都人。副貢，游北雍。欲授御史，未就。潛研理學。

劉世斗，字大祈，興國人。邑人歐陽珅，字鵾翔。王士縉，字令公。皆去諸生。

文子悱，會昌人，去諸生，詩酒卒。年八十五。

曾益其，字仲能，寧都人。崇禎九年舉於鄉。城再陷，傾資贖難民。邑人崔曉，去諸生，好義，爲僧川、楚，自稱梅壑子，不知所終。

楊以偉，字曙東；楊自祐，字受之，瑞金人。乙酉歲貢。邑人楊以偲，字士謣，丙戌貢。不仕。

李沾，字崇慶，七歲工詩草，曾應遴面試之。國亡後卒。

徐先登，字文岸，龍南人。貢生。與陳際泰齊名。邑人歐陽光榜，弘光元年選貢。許應兆，隆武元年歲貢。龍際時、廖乾恒，隆武二年貢。

朱立言，字南安，南康人。崇禎十七年歲貢。黄騰達，清江人。崇禎九年鄉試第一。

皆不仕。
蕭時敘，字懋揆，崇禎十二年舉於鄉，爲僧曰澹菊。
祝應鼇，字仲立，選貢，入山。
胡舜芳，有學行，從楊廷麟遊。廷麟死，士歸之者多以爲諱，舜芳每太息曰：「我乃不及事公。」去諸生，卒年七十二。
錢天祉，字孝愧，廷麟弟子，傾千金助餉，去諸生。
蕭鼎璧，字世珍，楊廷麟弟子，怡情文酒。
段林材，字君選，新淦人。廩生。弟林志，字士心，工文，僧隱。
易天斗，新喻人。崇禎九年舉於鄉，不仕。
邑人周珏，字叔璋，築耕讀軒吟詩。
邊繼登，字仲先，峽江人。選貢，楊廷麟弟子，學志經世，隱。
程濳遠，宜春人。崇禎十七年選貢。邑人袁一芝，崇禎十七年選貢。袁繼威，字虎侯，與楊開泰、黃路清，皆崇禎十七年歲貢。不仕。
袁都、袁經訓、袁繼勝，皆去諸生。
張臣誥，字瑞廷，弘光元年以童子爲諸生，痛哭終。

徐士達，字汝上，貢監，不仕。

朱光祺，字賫賢，上戰守議袁繼咸，授徒萬山中。

嚴雲台，字心印，分宜人。崇禎十七年歲貢，邑人黄應觀，弘光元年歲貢，皆不仕。

蔡登庸，字楊華，萍鄉人。副貢。

李棟，字若木，萬載人。崇禎十五年舉於鄉，不仕，孝友，訓子弟。

李丐，往來江、漢三十年，隨身一瓢外無長物，乞牛肉羪肩膏及捕鼠生啖之，以紙筆書詩，語無倫次，語之不答。或曰故諸生，名字不可考。

趙島，字雪予，隱南京。

陳傭，爲僧曰揚濁。

高岱，爲僧名自山，彭士望友，皆江西人。

湯蒼，字雲山，不知何許人。康熙五十五年出自武昌咸寧山中，告衆曰：「我大明小臣，嘗哭熊廷弼、楊漣、賀逢聖，又慟國亡，入山七十年矣。」道楚中故事，涕泗交下。有年九十餘者見，曰：「此故楚府護軍。」至乾隆二十四年，一百四十五歲乃卒。

張應聘，字象賢，江夏人。武舉。李自成脅降，不應。隱九峰，耕讀好施，卒年八十三。

邑人孟光第，字仲弢，至孝。李自成至，走。年八十一。

吴如揆，字公一，武昌人。功貢。

邑人周政一，字寰熙，副貢，圭竇杜門數十年。

李楚生，字善子，選貢，博學放廢卒。

孟繩祖，字孫武，爲洪天擢所重，去諸生。

唐言，字方平，受知葛寅亮。去諸生，折節讀書，多弟子。

李侍義，蒲沂人。團練自保，乙酉拒李捷。清聘不應。年七十五。

邑人余開衡，字衡山，武生；侯定國，字君正，善騎射。張獻忠至，從曾棫守城。開衡雙刀，李定國矢開，刀敗之。大兵至，不支，重創死甦。入清，淹抑病死。

李玉，字琢之，咸寧人。天啓四年舉於鄉。有經濟才，平峽山賊。自成至，入江西免。乙酉卒。

朱希光，興國人。攻寇白沙山，追至大冶，禽其渠，久之卒。

戒生，浙江人。棄官爲僧。興國懶、拙道人，傳爲進士，雲遊至興國，後入終南。

余自强，大冶人。去諸生。

方鎮，字名藩，漢陽人。歲貢，躬耕不仕。

邑人王國梓，字廷瑞，諸生，楚府儀賓，尚華奎郡主鳳德。城陷，鳳德殁，奉母走，娶宮人余月英，後爲道士。

張元旦，字東野，漢川人。力學杜門。

覺空，南直人。進士，隱采芝山。其子仕清顯，來，不納。

李栃機，不知何許人。道士，乞食漢口，書多署南京報恩寺。

杜和尚，黄岡人。爲僧天柱。能詩歌，語天下事如指掌。大抵故高人爲僧者。武力絶人，鑿路通黔中，斬伐月餘，十餘里成坦途。諸苗阻之，和尚持玟五六十斤獨戰，斬苗三級，餘走，凡三月，成康莊。當事擬旌之，笑而却走，後不知所終。

邑人奚鼎鉉，字仲雪，崇禎十二年舉於鄉，與參政許文岐城守被執，以計得脱。

程文英，字天章，崇禎十五年舉於鄉，治經史，不仕。

傅傭，字先夢，副貢。能詩，爲僧上虞，久主涇縣。

鄭光郢，字爾忠；弟光黄，字爾孝，皆去諸生，孝友，隱於著述。光郢子宏博，字古遺，亦去諸生。

徐祖齡，字周史，廩生，曹胤昌友。慷慨多奇計，何騰蛟招與謀畫。

補帽匠，攜琴書至黄州。問其姓字，則曰：「何姓，字白雲。」

亂峯，主五雲山，精禪理。有老卒識之，曰故鴻臚也，失其姓名。

歐陽方旦，字旭之，麻城人。課吉凶，無毫髮爽。入左良玉軍，授官不應。去諸生。

吴與泌，字亦白，福建人。居麻城，傳爲高官，與曹胤昌善。

張士美，字右池，黄安人。儒生。卒年八十三。

邑人吕楚音，字正孺，好學守正，結霞石盟，不應鄉飲。卒年八十二。

楊簡，字竹問，蘄水人。崇禎十二年舉於鄉，保全鄉里。

匡琳玉，羅田人，方孝孺裔。廩生。負大志，倡義起兵，事敗入山。

邑人儲稠若，應試不售，遊俠好詩酒，與市人伍。或訊之，曰：「我賣紙翁也。」

陳侯周，字舜生，蘄州人。父病刲服，去諸生。

州人周宏德，字叔毅，名著復社。

饒來中，字厥修，廣濟人。崇禎十二年舉於鄉，出萬元吉門。感愴身世，情見於詞。

邑人饒嘉亮，字熙倩，歲貢，謁選，會南京亡，歸。

楊大勳，字介子，廩生，爲道士裝，不應貢。

陳定中，字大馬；張懋官，字儀如，皆去諸生，耕釣。

饒定中，字亢子，去諸生爲僧，名海門。

舒益生，字民裕，奇節。起兵敗寇，以死士偵敵歸，呼邑人出避，得全者數萬人。後與鄭遵謙起義，事敗入山，野蔬自給。

蔣文，字素公，黄梅人。崇禎十五年舉於鄉。詩酒。

邑人嚴慥，字篤卿，去諸生。

洪樞，字文宿，能文，去諸生，隱湖濱。卒年七十一。

胡維新，字方仲，去諸生，不入城市。卒年九十二。

隗翼，字荆野，安陸人。廩生。湛深理學。白旺不敢犯。入清，不薙髮。家人懼，謀於從學者，縛薙之，哭累日。以次貢，不應。卜居應山之北。

邑人張宏齋，失其名。通經，不應試。

田惠錫，字開美，應城人。副貢。清授府判，不赴。卒年九十一。

邑人汪滿東，字泗澤，去諸生，狂歌。

吕希尚，字枚卜，文警拔世，亂不舉。勸族人出米結壘自保，己破産先之，部鄉人方略，守楊家澥得全。

王昭素，字觀自，孝感人。天啟七年舉于鄉，授徒詩酒。

邑人程良規，字貞卿，崇禎三年舉於鄉，不仕。

屠體中，字心衡，歲貢，讀書九峻山。

殷海鶴，世亂，以妻子傭僕，居黄安岐峯山，變姓名曰江夏陳生，訓蒙吟咏。

李世芳，字參嶺，鍾祥人。崇禎六年舉於鄉，徵不應。

邑人高峯，歲貢，不受官，削髮入山。

陳王孫，去諸生。

盧天樹，京山人。好學尚義，拒防禦使命，以首觸柱流血，去諸生。

賈鶴年，荆門人。去諸生，隱上泉寺，徵不出。

邑人李鴻起，字羽若，去諸生，野服。

聶登衡，字瞿行，當陽人。去諸生，痛哭爲僧。

陳王前，字敬美，沔陽人。崇禎九年舉於鄉，不仕。

州人費中權，字散人，以鄉兵平寇，去諸生，道服。

彭石浪，號谷叟，名字里居不詳，隱景陵山林，不求聞達。

鄖陽四卒，爲高斗樞標兵，好劫營，分啖生牛火酒，揮鐵鞭，擊敵立碎，往來倏忽，敵皆驚走，及旦還營，無傷者。國亡，流落山東。斗樞弟斗階，會試北上，遇四卒之一，大不以其試爲然。後不知所終。

徐琨，字月石，江陵人。崇禎六年舉於鄉。李自成招之，投水救免，崎嶇走徒，後終於家。

邑人王南國，天啟四年舉於鄉；帥範，天啟七年舉於鄉，家屬殉難，皆遠走。

劉鋭，字進之，好奇計，被脅陽諾，糾里黨，營章臺，民多依之，存活者萬計。已挾入川，間歸。

雷如昆，去諸生爲僧。

呙重望，字仲達，公安人。崇禎十五年舉於鄉，性至孝。北京亡，走寧國。有夫婦請役身償債者，火券却之。事平歸，鬻粟濟荒修學。卒年七十五。

孟翼聖，字默如，石首人。事母孝。族因貧自鬻者，周之。痛哭去諸生，走澧州。晚歸，徵不出。

邑人王夢齡，字子修，去諸生，以死拒命。歲施千棺。七世同居。

鄭以量，字天虚，去諸生遠引。

李岱毓，字山甫，監利人。天啟元年舉於鄉，不仕。輝霞，選於鄉，爲僧鴻雪庵，左手殘於兵，右手作書，好與士大夫談禪。棲鶴仙客，李姓，傳爲宦族，隱興山天池山。黃會極，字思肇，宜城人。崇禎十五年舉於鄉，不仕，耿介力學。邑人邱之敦，大學士瑜子，選貢。

劉滙海，字回寧，恩貢，不仕。

方月斯，穀城人。大學士岳貢子，賣卜蘇州。

慧山，字天一，不知何許人。舉於鄉，奉母爲僧光化。

九真子，失其姓名。崇禎中往來荆、襄幕，以測字定兵家勝負，多奇中，乃參軍謀。郝景春死房縣，哀爲殮之，上書請廕。入清，走衡、湘、洞庭，終事不詳。

劉培泰，字篤生，湘潭人。崇禎三年舉於鄉。與李長庚遊，不及時事。長庚，字皓白，益都人。武當山道士，居城陵磯。張獻忠至衡陽，聞名求得之，勸勿殺，衡、湘遂免屠戮。何騰蛟、左良玉招致幕府，爲良玉開陳大義。南京亡，從帥故歿，入南嶽止虛處。見士大夫，勸存心救世，人多化之。

培泰邑人曾登遴，字仲升，歲貢。孝友，不應獻忠官。

李甲，去諸生爲僧。

周錡，家故世宦，去諸生，爲僧南嶽，名德衡。

李珙，字蒲臣，間關兵中歸，談易烏石峯。卒年八十四。

郭維岱，字宗嶽，曠逸不羈，結茅山中，樵汲讀史。

羅作士，不應試。

王應龍，字雲臺，以丁壯拒沙賊，斬數百級，後合湘鄉寇至，戰敗。再從何騰蛟平寇，隱。

陳弘範，字迺錫，長沙人。去諸生，散金結客，與陶汝鼐、朱之宣義師。後爲洪承疇招黄州山寨，授偏沅副將，不應。

陳獻悳，善化人。歲貢，天啟中考取天下奇才，見知吉王，何騰蛟咨軍事。清亂不出。一足，爲僧醴陵。

鄷之馨，湘陰人。崇禎六年舉於鄉。爲人端謹，去妻子入神鼎山。

邑人易仁壽，字天眷，有文行；左應昂，字星伯，去諸生，皆入山。

楊鼎呂，字玉崙。

周鋐，字穆生，寧鄉人。隆武二年舉於鄉。

周堪禹，字少峰，寧鄉人。積學高隱。

周大猷，字升于，益陽人。拔貢。孝行，隱金山，不入城市。年八十三。

邑人郭宏碧，不應試。

行發，字調生，行遯。

霜林，江西人。傳爲進士仕京朝。隱益陽岐市鐵柱宫，工詩。

王吉生，湘鄉人。隆武元年歲貢。

邑人蕭瑢，二年貢。

王嗣芳，字振公，去諸生。

陳所學，字達夫，攸縣人。去諸生。

荏庵，主攸縣陳氏，歌哭無端。

周正昌，字明卿，安化人。隆武二年貢。

譚紹元，字方澮，茶陵人。入山。

陳紫繩，巴陵人。國亡不應試。

盧逸人，不知何許人。居城陵磯，能詩。

童萬選、夏章，平江人。皆隆武二年舉於鄉，不仕。

邑人魏止敬。許定凡亂，從監軍道陳瑾剿禽之。去諸生。

雙肩，不知何許人。來嘗德德山，與唐訪談忠義俠烈事。訪奇之，請所以，知其兄爲枯藤和尚，曾爲訪三往沅、湘，通唐誠誼兄弟消息。於是訪告雙肩再通書廣西報命。後不知所終。

陳國賓，字定甫，武陵人。選貢。寇至，與從子文彬招兵力拒，城賴以全。邑人陳維國、胡虞瀇、張嗣儀、楊士珪，皆崇禎十五年舉於鄉。

郭半仙，躡履嘗德爲生，陽狂市中，口中喃喃，問之不答，髮不翦，手挾竹杖，縱横畫地，若指示人者。

髮頭陀，種田桃花源，爲庵八湖濱，蒔花竹，好圖書詩酒，談時事悲哭。

毛自得，爲僧德山，髮毿毿不去，興至高歌，聲琅琅可聽。

羅維都，字仲美；謝登先，字后若，皆崇禎六年舉於鄉，不仕。

彭鶴年，字九皋，崇禎十五年舉於鄉，不仕。

郭維楫，字葦如，諸生，隱七峰山。

杜維耀，不應試。

藍煥文，字大武，諸生，游北京，工醫。張獻忠招，不從。

任維新、伍中愷，龍陽人。皆永曆八年舉於鄉。

趙應發，有文行。父可選死難。與弟應振，甘餓卒。

王大光，字暉吉，沅陵人。天啟四年舉於鄉，不仕。

邑人孫大祚，字昌世；楊鶴鳴，字子和；丁自牧，字容民；王應升，字進之；田耕心，字百存，皆以才名，世亂皆隱。

潘亮淵，字敬公，去諸生，友愛。卒年九十一。

張一公，字亞夫，盧溪人。兵部潘甲記室，薦之，抑抑卒。

張半仙，辰溪人。去諸生學道。

邑人朱雲蕤，不應試。

劉半仙，不知里居，至辰溪，飲輒大笑，歿以琴殉。

諶會堂，溆浦人。永曆八年舉於鄉，隱寶慶，戒子孫勿應試。

邑人聶雲鳳、賀邦聘，皆永曆八年舉於鄉，不仕。

舒養粹，字完白，永曆七年歲貢，艾南英稱奇士。卒年八十六。

趙天夔，字慄嵓，去諸生。

唐士傑，沅州人。廩貢，能文，多弟子，立堡自守。

林老人，國亡居沅州清光寺。人叩世系，不答。精佛理。

向廷諍，黔陽人。崇禎十五年舉於鄉，官雲南。

王奇，字大可，麻陽人。舉於鄉，隱施州。

邑人滿能施，太僕卿朝薦子，崇禎十七年歲貢。朝薦忤梁永下詔獄，能施年十五，上書請代。歸，去諸生。

吴慎修，字三省，五寨人。歲貢，不仕。

李跨鼇，字一超，衡陽人。隆武二年舉於鄉。奉母祁、邵山中，傭耕以給，夜則燃蒿節讀書。母卒，結茅髻山，人見一面不得，歌哭終。

邑人歐陽瑾，崇禎六年鄉試第一；何一琦字偉孫，隆武二年舉於鄉，皆不仕。

黄圖亨，字履泰，隆武二年舉於鄉；兄際亨，字行素，廩生，入山。家饒於財，避兵者歸之。

李國相，字敬公，少隨都督劉綎平楊應龍。崇禎十五年舉于鄉。獻忠授官，不受。永

曆時，爲太醫，轉徙山間。晚居桃塢。

文之勇，字小勇，恩貢，立匡社。

伍星章，父一生，字東陽，歲貢，訓導。星章居石牛山，采蔬負米養親。

劉近魯，字庶先，多藏書，王夫之友，去諸生。兄瑋，字崑映，去諸生，誅茅山中。

金簡字夢錫，去諸生，乞食。一夕發狂，爲巫卜，入紫雲山。

李報瓊，字爲好，去諸生。

熊男公，通醫術，與熊畏齋，皆王夫之友。

石隱，棄官爲僧，有高行。

蕭士熙，字止庵，衡山人。副貢，隱湖東烏塘。

可度，傳爲進士，爲僧衡山。

陳紹夔，字贊虞，耒陽人。恩貢。事繼母孝。清總兵屈盡美薦，不出。

邑人曹國光，字伯實，去諸生。王夫之主其家。卒年九十。

楊兆昇，字升之，太學生。王夫之友。去諸生葛巾。

謝永泰，字赤生，去諸生。元旦讀明紀，大哭。卒年八十九。

李君培，字玉燭，去諸生，完髮。

謝如玠，字二酉，去諸生。兄如珂，殉難。洪承疇起，不應。

李千鍾，常寧人。隆武二年舉於鄉。

邑人歐加任，崇禎十七年貢。

王文儼，永曆時，上中興戰守策。鍾山軍令餉，邀七十里長，動以捐輸國急，親董解赴軍。晚隱東卜園，供王夫之飲饌。

智纘，字默成，又字緒庵，不知何許人。傳以進士爲僧嘗寧。

譚楚頲，字季豹，酃縣人。隆武二年舉於鄉，隱上冲，咏歌杜門。

邑人譚楚順，隆武二年舉於鄉。

羅宓明，結寨拒寇。

段廷賢，寇至結營青石寨數年，人多賴保全。

張大顯，字德宇，桂陽人。負勇力，應募導破寇，給冠帶。

州人徐日選，隆武二年舉於鄉，爲僧。

水源山僧，不喜與人通，無鐘鼓經卷，夜晴坐門外。好事者問之，但聞自言氣運方盛，國祚永久。仰觀星象，已而嘆息。

陳文政，字公仁，臨武人。選貢，逃於酒。

廖希魁，字人中，藍山人。隆武二年舉於鄉，不仕。

邑人蔣日英，字又皋，清貢不應。

周如清，嘉禾人。隆武二年舉於鄉，不仕。

邑人李大柏，爲練總，掩殺劉清宇有功。

張星，字日生，零陵人。隆武二年舉於鄉，不仕。卒年七十二。

邑人謝君堯、涂宗泰，皆隆武二年舉於鄉，不仕。

陳純恕，字行一。父禹啓，字湘洲，有孝行，不拾遺金。子太僕卿純德，殉國。禹啓聞，曰：「吾何憾！」純恕，恩貢。永州陷，徒步乞師桂林恢復。

康保民，字牧伯；楊四箴，字克之，皆去諸生，詩酒。

胡文隆，治經史，不應辟。

成章，字知裁，祁陽人。受知章世純。去諸生，授徒。

楊鍾良，字養源，東安人。去諸生，醫隱。

邑人唐華，字文寰；潘一晟，字愚溪，皆去諸生，入山。

雷起四，字九華，通天文，言事多中，參閩、粵軍歸。

何之漢，字大觀，道州人。崇禎十二年舉於鄉，卒於山中。

徐自化，江華人。恩貢，不仕。

周思兼，字我九，永明人。去諸生，樓居十餘年卒。

陳嘉礎，字元石，宜章人。通經史，李邦華參軍，去諸生。

邑人吳楷，字端木，崇禎十五年拔貢。洪承疇徵，不應。

蕭洪治，字習本，去諸生，却吴三桂聘，爲僧浯溪，與李次侯等唱和。

曹希魁，字大中，桂陽人。廩生。清貢不應。卒年九十。

智映，字蒼石，桂東人。父漸紅，應城訓導。智映爲僧梅熟庵。

寧朝柱，字六擎，邵陽人。家貧，年十五爲人傭，夏夜挽桔槔作歌告勞，其聲達旦。富人物色之，招讀書，三年通五經，下筆千言。隆武二年舉於鄉。與王夫之稱莫逆。夫之避地，主其家。湖南陷，隱居終。

邑人朱復熹，崇禎三年舉於鄉。

何自志、李光化、蔣爾勳、王日章，皆隆武二年舉於鄉，不仕。

羅英，字若庸，歲貢，以孝稱。瞿式耜辟，未赴。從王夫之遊。薙髮令下，入萬山終，卒年八十二。

何鳴鳳，字默齋，選貢。

簡文灝，崇禎十七年選貢。

張明欽，弘光元年選貢。

劉立聘，弘光元年歲貢，不仕。

王玠，字匪石，廩生爲僧，散金結客。何騰蛟死，家百口無歸，賴之以濟。

羅從義，字養浩，篤内行，事親孝養。去諸生，擁書千卷，與王夫之、劉惟贊及邑人車以道善。夫之避兵中鄉，從義周全之。

劉邦基，去諸生，走深山，不改服，卒年百四。

彭大方，字正楚，工文，不遇，詩酒入萬山，不薙髮十二年乃卒。

魏楚朝，字振寰，好施。嘗雪夜振貧乏，不令人知。

趙觀衡，字顒愚，霸州人。主寶慶天界，能詩，公卿歸之。北京亡，痛哭，建七日夜道場，爲威宗資冥福。隆武二年五月，清迫見，不從，沐浴坐卒。

安其文，新化人。天啟七年舉於鄉。弟其恭，崇禎十二年舉於鄉。

邑人劉乙芳，隆武二年舉於鄉。

鄒士璨，永曆八年舉貴州鄉試，不仕。

郭自成，副貢。博洽，入山。

李宗唐，崇禎十七年恩貢；謝嘗吉，弘光元年選貢；柯鳳翱，字翀漢，隆武二年選貢，皆不仕。

艾友南，字不傳，諸生，通百家言，居小溪山水最深處。薙髮令下，入萬山中。勸歸，不允，竟茅蔬終身。

艾奉嘗，字鼎臣，脅官不受，去諸生。

李作梅，字子和，去諸生，豪俠。事母孝，多財好客。沈永忠爲義民擠死赤石，清兵將誅求，挺身說之，鄉里得全。

楊素，字太素，去諸生，廬墓。子允迪，字慎吾，去諸生，志聖賢之學。

楊應尊，字敬吾，團練保鄉里。何騰蛟在湖南，資、邵土豪峒首多舉族以應，招之未赴。後入高必正軍；兵敗晦耕。

李際春，城步人。歲貢，不仕。

邑人龍襲，字龍衣，爲僧，通内典。

張大翔，字九萬，負才講學。

胡正學，武岡人。廩生。永曆五年，江川王四子將舉孝廉，會病卒。

邑人朱襟漢、顧承、劉用戡、劉元度、霍昚，崇禎十七年後功貢，黄裳、鄧喬、鄧來賓、楊天祐、鄧良楨、管取元、劉宗魯，崇禎十七年後選、恩、歲貢，皆不仕。

如定，巴陵人。本萬氏，鎮南知州，爲僧雞足山，復入奉天岃雲峰。璪山，雞足山僧，本李氏，大官，好酒，後攜資至奉天雙峰山，建寺宏麗，供器多大内物。詩哀音，讀者易淚下。

蔣士會，新寧人。隆武二年舉於鄉；邑人李應成、李登三、胡奉君、吴文旆、鄧有祚、劉藩桂、洪學藻、林春燦、李登階，崇禎十七年後選、歲貢，皆不仕。

劉世英，字舉我，苦志力學，授徒多名士。

林應元，字完初，會同人。歲貢。清起平江教諭，不赴。

全江，字海如，江津人。諸生。奢崇明反，力守全城。崇禎末，佐知縣方應時堅拒八十三日。城陷，與康斌隱遵義，永曆十一年卒。

斌，字成齋，同守城，去諸生。

邑人李昌，崇禎十二年舉於鄉，吟咏卒。年七十八。

曹立卿，諸生。北變，悲憤成疾。張獻忠迫官，不受。子恢，事別見。

程光祚，字柏亭，在峨眉山得五雷訣，後遊遵義。王祥好殺，一夕夢見之，深致敬禮。

余仕璋，巴縣人。選貢，居水西教授，不應辟。

邑人今璽，字大朗，能詩，建大郎堰，溉温、雙、新三邑，民多保全。

朱渠，大足人。隆武元年舉貴州鄉試。入李十三漕山洞内，不知所終。

邑人王元，博學，隱妙高山。

王叔林，隱仙人山，卒年七十。

霍敷功，綦江人。隆武元年舉貴州鄉試。

邑人劉戡，歲貢，以書史自娱，卒年九十六。

綦天佑，永曆八年諸生，述往太息。國亡，手書一帙，史事賴以傳。

王長德，字麓田，長壽人。崇禎十五年舉於鄉，不仕。

邑人李開一，字傳一，崇禎十二年舉於鄉，不仕。

但友進，歲貢，訓導，隱廣順。

三學，國亡至邑，傳爲中書舍人，與開先往來，工書法。

熊蘭徵，字克起，酆都人。副貢。清薦舉，不應。教授於鄉，門多成才。

邑人楊維新，字五湖，去諸生。

沈巨儒，字越雞，萬縣人。選貢。李國英招，不出。

向陞第，建始人。選貢。重道守正。

金玉振，遵義人。選貢。

邑人鄧旭，歲貢，與王其賓詩酒。

何天章，去諸生。剛直孝友，興學教子弟。吳三桂鈔掠，民賴救免。

曾心一、曾宗孔，皆去諸生。

郭益顯，孫可望至，單騎陳説大義，秋毫無犯。

紫石，永曆十八年持鉢丐飯，一日爲偈卒。

覃自重，桐梓人。歲貢。邑人婁歧鳳、李其昌、徐尚選，恩貢。皆不仕。

張仙，爲道士，與婦築室山中。

楊應麟，字吉庵，真安人。孫可望至，以人爲糧，營救多全活。究心易理。

何道者，來何家山，冬夏衣葛，能作十里霧。病者就診，止書「好」字，應手輒愈。

卞運昌，字太和，仁懷人。廩生，入山。

何如偉，成都人。崇禎十二年舉於鄉。卒年八十二。

邑人黃逐，字天放，去諸生，居蘇州，學篆刻，工秦漢文、鐘鼎精妙。

陶來御，内江人。廩生爲道士。

邑人高應辰，廩生。卒年七十八。

趙熠，字方升，安縣人。諸生。亂起先隱。入清著書。

夏迪，簡州人。崇禎十五年舉於鄉，有學行。卒年八十。

陳應櫞，字任之，資陽人。國亡不屈，二十年歸，詩酒。

施奇才，字懷珍，綿竹人。歲貢，隱文縣，却清粟。

陸金陽，羅江人。兵亂立屯，推爲長，守潼川要衝，力拒寇，人稱陸大旗，入須雲山，事平乃歸。

羅漁父，彰明人。叱犢山中，挾牧童，嚼花行吟，放浪涪潼山水，不入城市。

雍也仁，字孔知，南部人。廩生。陳大奇旌門。清貢黄山教諭，不應。卒年七十四。

廣元劉啟生，去諸生，詩歌。

余崇化，昭化人。諸生。與弟崇仁及羅文升，隱明水洞誦易，稱三賢。

邑人羅太清、太極兄弟，入深山，種蔬自給。

王書，梓潼人。父死難，殺寇復仇，去諸生，隱渭南。

楊日昇，巴州人。諸生，隱。清額曰「義固首陽」。卒年九十一。妻李死難。

祝登雲，字象也，蓬州人。去諸生，授徒。吴三桂訪，不見。

李以寧，字雪樵，黄山人。能詩，隱。

王清宣，字法雨，岳池人。威宗召，賜手卷。主沐天波。清召不出。

李占春，姚黄數萬人攻城，城垂危，縋出乞師蓬州，全城。

侯政勤，廣安人。崇禎十五年舉於鄉。

映澈，國亡自雲南至岳池，傳爲進士大官爲僧。子孫請歸，不從。

傅維清，渠縣人。去諸生。

蹇甲，大忻人。爲僧名海明，字破山，能詩工書。嘗勸張獻忠止殺，獻忠以羊豕進，曰：「和尚食此，吾當封刃。」海明遂食之。金聲死，乞貸市棺，經前抱屍而殮。邏卒呵阻之，不爲動，卒歸喪蕪湖。後主嘉興東塔寺。其徒不會，亦士人爲僧。

李國柱，宜賓人。永曆八年舉於貴州鄉試，入珙縣山中。

邑人王道昌，字際五，崇禎六年舉於鄉，入遵義卒。

樊星煒，字紫景，廩生。川亂，守土有功。杜門讀書。

楊全，選貢，不仕。

胡偉然，字約之，去諸生，孝友攻古文。避亂渡江，子卒。

何於陛，字忠軒，能文，爲尹仲所重。亂隱，事平出，教授多成就，以昌其家。

楊茂峨，字古雪，讀書過目成誦，尹仲呼小友，避亂入山卒。

萬慎，字敬止，富順人。副貢。邑人羅之復，歲貢。不仕。

周晋中，字萬英，選貢，隱赤水，召不出。

王向之，廩生，窮隱於酒，不應徵。

李韻，字非璘，廩生爲僧，與劉如願結社。

朱志韓，去諸生，出亡。

周之翰，字維翰，去諸生，與劉元復偕隱。

楊鴻基，字德公，述中孫，隱於布衣。

李崇祜，字受齋，長寧人。諸生，工文。兵亂，與弟崇禧入山。□□令訪不見。

陳敦彥，筠連人。能文，不試。

蔣其古，珙縣人。永曆八年舉，不仕。

邑人趙允賢，蜀亂，傾家振濟。去諸生。

李華然，拔貢；李如金，恩貢，不仕。

羅奇才，字鳳羽，江郵人。廩生。以鄉兵拒有功，招不至。入清再征，不赴。

萬谷暘，字律吹，潢川人。崇禎六年舉於鄉，孝行敦行。卒年八十。

虞尚貴，彭山人。散粟活人無算。

張咸，字名山，丹稜人。去諸生，成心疾。

吴應琦，字雅玉，邛州人，劉道貞弟子。入山。

嘉定尹迪簡，崇禎十五年舉於鄉，學門純美，不入城市八十年，不替所守。

州人朱祚遠，崇禎十五年舉於鄉，不仕。

艾夫子，去諸生。脅試不從，教授於鄉。

洪雅荀蔚，字明生，去諸生。

王統，字蜀元，合江人。歲貢。緇衣遁茅榕山。卒年九十二。

邑人羅峰，諸生，隱月焰山。

程之縉，字啟南，蘆山人。隆武元年貴州舉，專攻經史。

馮應，黎州人。教授里中。亂起，與曹楚、蔣映彩、王映瑞入寶蓋山。

南明史卷一百十二

列傳第八十八

無錫錢海岳撰

隱逸四

徐逸度 張中發 陸奇 李元素 淩萃徹 章士斐 丁文策 虞鈖等 吴文翰 翁玥 朱之京 張白牛 仲恒 江之浙 吴憲 張兢光 温明俊 李頴 王至健 金德麟 奚藴隆 葛衣和尚 顯鵬 閉户先生等 蔣聖鄰 徐孝直 羅孫善 丁巽 吴聞詩 張潮生 陸之瀚 沈兆斌 陳和鳴 董纘緒 祝翼萃 祝洪等 祝洵文 徐孟鏑 蔡遵 許蛟 查嗣琪 查古庵 查樞 范騏 孫宏高 葉秉懿等 王家賓 鮑濱 盛應奎 張恒岳 駱培 周之望等 梅道人 于是式 子鴻儀等 徐肇森等 沈嗣選 蕭瑛 高澈 王不矜等 江皋 史亶 許天賁 王之輔 吴天泰 姚清 鍾山 葛兆魁 何浩然 胡璋等 沈麐 支紹昌 唐璵 董升 沈德孚 沈濡 李應文 陸敷樹等 朱之鑑 朱天麒 溥映 程法孔

唐元鳴等　車以載　沈廷鉦　鄭興誦　項隆錫　馮允秀　**徐穎**　嚴建　徐昌治　鄭宏　朱載黄　朱甲
馮洪業　葉方宸　姚世勳等　李長苞等　陳舒　過銘簠　周洪起　王端　沈日晃　楊九垓　陸濬源等
范琦　孫之琮　黄鼎　沈日星　李慶元　張著　蔣琢　陸之瀚　**華允楨**　潘鼎　陳子英　潘之章
董式　沈葵明　閔廣生　蔡四輔　徐鍾彦等　許用賓　夏開先　淩文煙　錢老人　吴振鯤　潘振　鄭惠
采　沈綸等　嚴有穀　胡璞　嵇友孫　潘古琳　賴修　徐蕃國等　高琦　沈國正　沈述裘　金瀣　唐達
陳璡　吴興武　郎起龍　**韓先生**　俞日新等　趙時和　何能仁　何國仁　趙鎮　何治仁　屠景俊
裘全隆　錢鼎臣　胡宇令　王命鉦等　許弘　戴國宰　俞大綬　葉良玉　陳弘先　余德龍　朱用調　王
志學　張騏　余煜　胡士諤　史長春　劉憲孟　童汝槐　沈登先　程應臣等　孫黯　陳介　陶志梅　朱
師賓　鍾漢璋　三江所二老　寂光　**蔡一鵷**　來驤　徐啟祚　王之祚等　張翼飛　俞之琦　韓日嶸
王之鼐　任四邦　陳至謐　卜斯盛　陳青綬　蔣大忠　孫子旦　吴晞淵　鄭光祚　胡鸝　翁瀛　趙履先
趙文杞等　倪襄　徐如斗　張奇　徐邁　徐承清　徐中樞等　盧用義　沈三復　章爾弘　吕曾模　章
咸亨　張中　**張應宿**　陳甫仲等　費禕祥　全天麟　李梃等　倪理園　沈士穎　余派　黄鼎鎬　毛雲
鷟等　邱棟隆　丘鳳霄　胡其標　張機　董文相　高宇啟等　毛玉鉉　董允明　徐大器　李奎　朱獻臣
聞世麟　范洪震等　宗正　倪虬　全美楠　董師儒　林時雍　聞胤嵩等　檗山　木皙　**馮元仲**　鄭
啟　沈潛　馮時等　魏維文　周而復　應雄　葉國楨　沈遴奇　葉重熙等　俞慈成　張鴻道　董又嘉

沈士鑑　黃達等　雷元明　伍福綏　陰宜登等　王甲　王躍鯉　藍紉等　丘夢彩等　劉丹　丘之麟　黃
中立　九一和尚等　吳賓王等　李棄　潘岣嶁　兄秉彝等　何南鳳　梁殿華　崔世德　崔應敕等　謝
獎　麥向高等　淩王弼　林載説　張愚公　崔振　陳主遇等　羅璟　黎日盛　羅大賓　何仁隆　何子
延　林子玿　羅炳漢　碧溪卧叟　岸庵　周覺　陳昌第等　謝重華　彭焻　李楠　龍炌　吳京　湛子雲
吳璨　鄭士璧　戴光震　黃逵卿　從兄鵬卿等　李擢仙等　梁應秋　陳應緯　趙夢獮　梁日輝
林堯徽等　黃雲　何壯英　何九淵　錫眵　李仁等　張鄧二老　張國鑰等　劉甲　鄒衍中等　李長庚
郭朝翰　李日太等　張文明　符伯清　馬良生等　黎士楚等　謝鏜　何士偉等　陳之鵬等　梁偉棟
張琇　梁瑗　李福祺　無家　王澤深等　劉傳暹　董芳聲　陳聯第　黎民鐸　吳日上等　林希高　王諧
弼等　謝大賓　王元振等　林佳相　丁春台　林嵩　趙必先　吳烶等　蕭璒　鄭良守等　陳表　賴可
元等　羅淑余　吳夢龍　鄒雪丹　張昊等　林翁　彭炳等　王之驥　彭鐘鶴　王晋等　黃應禧　何南鳳
林廷芳等　王若水　李子升等　吳懷　朱甲　張聖德等　廖綏祚　歐起洙等　鐵船　何齊　李茂
李茂先　廖標　敬天顏等　龐人統　黃位文等　曹應元　楊先芳等　譚應發等　謝天禎　王居仁　楊
文林　李化鵬　唐岱等　段定興　妙隨　李爲棟　李澄　不夜　桂贈魁等　方正陽　劉本元　張升象
佴溥　合一　涂大輅等　闞應乾　馬信　李鎮明等　任允懷等　朱奕文　王璇　李一鵬　偰應東等　楊
濟舟　王文達等　趙必登　徐頌岳等　陳經國　馬紹巖等　淨空　傳裔　弘締等　朱邵　莫與齊

顧如龍　潘應咸等　孫逢昇　劉琪等　高大隆　周企濂等　敖孫枝　敖起書　何占魁等　王三德　黄弘乾　李英才　何秉淳等　趙昆元　胡士廉　月幢　衛啟運　楊毓秀等　伍以文等　史文鼐等　汪克昌　劉繼慶　袁良佐　胡士芳　鄒繼聖　鐵道士　銅袍道人　武恬　唐文顯　狗皮道人等　江本實　李甲　上官嘗明　周德鋒　譚守誠　鬼道士　康世爵　田好謙　李應仁等　麻舜裳　張雲起　文可尚　胡克己　王鳳岡等　孔枝秀等　林寅觀等　蔣漸達等

徐逸度，以字稱，鳳陽人。中山王達裔。世襲指揮。南京亡後，棄家，挾崑山李遂初同竄，呼以伯仲，遂姓李，以來南故，遂名南世，或有言李南詩者，非真姓名也。隱杭州艮山，賣藥自給。疾革時，子嘉錫跽床下，請宗姓及名，瞋目叱之，終不言。故子若孫，終不知氏之所自。其爲詩歌，多可嗟可泣語。

張中發，字自志，錢塘人。崇禎十二年舉於鄉，入山醫隱。學使見，不可；禮請，避去。邑人陸奇，崇禎十五年舉於鄉，振卹多隱德。

李元素，字無垢，弘光時太醫。南京亡，至嘉興梅會里，門榜「太醫總理内外大小十二科方脈」。醫疾其大言，逐之，寓萍橋僧舍死。

淩萃徹，字聚吉，副貢。家豐於財，國亡後陶然賦詩。

章士斐，字淇上，選貢，爲顧咸宜所重。

丁文策，字叔范，去諸生，隱駱家莊。張存仁説之，不動。

虞鈖，字晙民，刲胸療母，廬墓三年。與應撝謙、蔣志春结猥社，學以朱子爲宗。國亡，去諸生，力田自給。志春，本名瀚，字與恒，去諸生。

吴文翰，字元濬，去諸生，入龍泓山。知府嵇宗孟見，不得。

翁玥，字龍珍，去諸生，不入城市三十年。

朱之京，字子祁，去諸生，與徐繼恩立師古社，以文章切劘。

張白牛，失其名，字存王，去諸生，賣卜留下。

仲恒，字道久，去諸生。詩多身世之感。

江之浙，字道信，去諸生，入讀書社。

吴憲，字叔度。上書增廣商籍名額，立紫陽書院，力持不設魏忠賢像，書院得存。後逮詔獄，忠賢死，乃出，築虚白室以老。

張兢光，字又兢，不應舉，著不示人。

温明俊，字萬英，爲有用學，去諸生，哭顧咸建死。

李頴，字考叔，少從毛文龍皮島。西出雁門，南極閩海歸。

王至健，字時行，文行不試。

金德麟，字沚湑，居湖墅水觀樓。

奚蘊隆，字蘊輿，諸生爲僧，名智錍，字本金。

葛衣和尚，止唐棲，寒暑不更，好酒。杭州亡，大哭數日，不知所終。

顯鵬字彬遠，傳故侯裔，爲僧棲禪院。

又有閉户先生、何渚生、花間散人、靠天翁、墨憨、梟友、泊庵、漱石翁、辣庵、渡船翁、焦梧生、龍井山樵、烟火客、天容子、小林逋、竹逸、心庵、懶叟、嵩窗畫史、甓庵、藤石、山澤、臞叟、拙存生、藝園遺老、長嘯客，皆隱姓名。

蔣聖鄰，字惟賢，仁和人。任俠，輕財好客，多奇計，佐張志雍大同，籌邊有功。國變後，貨殖北京。

邑人徐孝直，字孝先，去諸生，傲遊山水，晚得狂疾。

羅孫善，字嵩庵，去諸生，醫隱。

丁巽，字寓公，崇禎末從戎，能古文，不出。

吴聞詩，字子洽，爲僧，名一衲，字止庵。

張潮生，字雲若，海寧人。副貢，吟咏。

邑人陸之瀚，字宗伯，貢南京太學。清兵迫，祭酒問諸生，無一應者，之瀚侃侃談兵，聽者大驚。後以貧死。

沈兆斌，字姫憲，去諸生，草服。

陳和鳴，字季雝，受知林垐。去諸生，抑之卒。

董纘緒，字爾立，去生爲僧黄山。

祝翼莘，字無非，武生，隱龍山梅里。卒年八十二。

祝洪，字五訪；唐元浩，字易庵；陸銑，字閒于，皆能文，去諸生。

祝洵文，字眉老，通兵家言，去諸生，入黄山爲詩酒社。晚與陳確爲性命之學，卒年七十七。

徐孟鏥，字烱一，去諸生，好古。

蔡遵，字養吾，與祝淵友。淵死，託二孤，周旋艱險。晚與陳確談道。命二子沖、洞不試。

許蛟，字潛飛，禀異質，不求進取。

查嗣琪，字肇五，受知劉宗周。布衣，不入城市。子昇，見清史。

查古庵，失其名，顧影私語，終夜哀吟，發狂十餘年乃卒。

查樞，字楷六，不試，入高陽山。

范騏，字文碧，博學，爲道士宣城。

孫宏高，字孟騫，富陽人。崇禎十七年選貢，詩酒悲歌。薦不出。卒年八十二。

邑人葉秉懿，弘光元年恩貢；章繼忠，弘光元年歲貢，皆不仕。

王家賓，字賓元，餘杭人。去諸生，著書四十年。

邑人鮑濱，字長孺，受知劉宗周。宗周死，將投水，救免，浮沈玩世。

盛應奎，字聚森，臨安人。年十五而杭州亡，自火其書。清開科取士，父命之試，曰：「廢學三年，正爲今日。」遂以市儈養親。

張恒岳，字申甫，於潛人。好義。方、馬兵過，涕泣請命，兵即出境。去諸生。

駱培，字簡侯，新城人。歲貢，入三九山。

邑人周之望，崇禎十七年恩貢。淩一炳、袁必遴，崇禎十七年拔貢。沈起龍，弘光元年恩貢。

梅道人，長七尺餘，美髯豐頤，至昌化，好酒能詩畫，不知姓氏。人來者，屏弟子相對流涕。一夕卒。

于是式，嘉興人。與陳名夏友善。名夏相清，招之不應。去諸生，散財結客，欲有所爲，不克，卒完髮終。

子鴻儀，字膺仁，與兄鴻猷，從蔣平階遊，皆事義師。鴻儀執死於獄，鴻猷亦卒。

邑人徐肇森，字質可，太僕少卿世淳子，副貢。杭州亡，逃寧波。紹興亡，廬墓卒。兄肇彬，字忠可，歲貢，爲世淳建祠，不出。

沈嗣選，字仁舉，選貢，孝友。好聚書，輯南宋文。

蕭瑛，字荆玉，副貢，門多名士。

高澈，字公鑑，去諸生，好典籍，貧絶烟火。

王不矜，字竽公；葉舒瓚，字儁千；戴鉉，字文生，皆去諸生。

江皋，字默含，城陷中刃，去諸生。

史亶，字亦元，精玄理。卒年七十七。

許天賁，字蓮長，入山。

王之輔，字左車，秀水人。去諸生。較刻唐人王氏詩數種，以老壽終。戒諸子勿仕。

邑人吴天泰，字謐生，去諸生。一時同棄衣巾者百人。天泰走吴江，餓死僧寺。

姚清，字永伯，尚書思仁孫。爲思仁上疏頌冤。去諸生爲僧。

鍾山，字賓王，去諸生。詩感慨。
葛兆魁，字孟侯，去諸生，杜門。
何浩然，字希孟，嘉善人，錢士升弟子。去諸生，村居，不接人事。卒年七十四。
邑人胡璋，字達齋；孫纘祖，字昭令，歲貢，隱。
沈麐，字天鹿，崇禎末參錢繼翼幕，題部職，未赴。
支紹昌，字克齋，去諸生，隱四十年。
唐璵，字子玉，去諸生，市隱。
董升，字畫人，諸生，能文課徒。國亡棄家，不知所終。
沈德孚，田居，治理學，爲施博、張履祥所重。
沈濡，字子雨，孝親，讀書敦本，不入城市四十年。
李應文，字鏡溪，隱白牛村。
陸敷樹，字映蓴；李樾，字子方，去諸生。
朱之鑑，字孟炤，崇德人。去諸生，緇衣隱雙徑虞山。
邑人朱天麒，字蘊思，去諸生，研理學。垂髮如頭陀，窮死。
溥映，字朗潤，本耆宿，能詩，爲僧，主崇福寺。

程法孔，字魯一，桐鄉人。崇禎十五年舉於鄉，杜門酣飲，人一見不得。邑人唐元鳴，字九臯，崇禎十七年拔貢；唐世瀚，字二水，入南雍，皆不仕。車以載，字正木，任俠。陳名夏避禍其家，得免；及入相，招之，曰：「薙髮僧矣。」不出，餽千金，不受。巡撫物色之，遁去。

沈廷鈺，字文韓，去諸生，詩酒。

鄭輿誦，字覺初，去諸生，寺居二十餘年，著述多佚。

項隆錫，字子介，元汴孫。弘光時上書制府。去諸生，逃於酒。

馮允秀，字爾遂，居梅花涇，年百歲，以布衣終。

徐潁，字巢友，海鹽人。能詩。去諸生爲僧，又爲道士。自楚入茅山，久之出遊南直、燕、雒。好談兵，以徐鴻客、姚廣孝自期。北京亡，流浪江湖。謁南京，策干當事。後走閩、粵，不知所終。

邑人嚴建，字孟侯，崇禎三年舉於鄉，不仕。

徐昌治，尚書從治弟，崇禎六年舉於鄉。萊州之圍，匹馬乞師濟南。言劉宇烈撓法，必誤封疆，卒逮治。父老，不赴公車。卒年九十一。

鄭宏，字休仲，去諸生，不見人。

朱載黄，字穀修，去諸生，村居。

朱甲居吴江，通經史。欲干史可法，會揚州亡，乃返爲僧。

馮洪業，字茂遠，平湖人。萬曆四十三年舉於鄉。家失火，母正樓居，負出烈燄中，鬚髮俱焦。有别墅，曰耘廬。爲僧，詩酒風流，一時宗尚。

邑人葉方宸，字遇之，天啟元年舉於鄉。不仕。

姚世勳，字元仲，天啟四年舉於鄉。講易。卒年七十六。弟世靖，字子清，去諸生，工詩。

李長苞，字竹西，崇禎九年舉於鄉；曹穎泗，字仲宣，崇禎十五年舉於鄉，好義輕財；沈日焜，舉於鄉，皆不仕。

陳舒，字原舒，舉於鄉。詩畫絶俗，主嘉定李杭之。及家破，入城主真際庵卒。

過銘簠，字叔寅，御史庭訓子，副貢。有文名。幅巾入梅溪，日談性理。陳名夏招，不應。卒年八十六。

周洪起，字道腴，歲貢，不仕。

王端，字正始，喜兵家言，弘光時上車戰圖、城守要略，不用。南京亡，去諸生，憤死。

沈日晃，字以大，布政使萃楨子，去諸生。

楊九垓，字孚九，去諸生，哭孝陵。能書畫。卒年八十。

陸濬源，字嗣哲，弘光時抗疏爲兄員外郎澄原訟冤，下獄得釋，去諸生。弟深源，字嗣長，去諸生，詩酒。

范琦，字林奇，去諸生，授徒。

孫之琮，字玄襄，選貢，好詩。

黄鼎，字平立，去諸生，爲僧。

沈日星，字明河，去諸生，遊山水。

李慶元，改名杜，字秋水，去諸生。以郭襄圖義師事連，入獄歸。

張著，字形先，負大志，去諸生，爲僧寧波。卒年七十五。

蔣琢，亦去諸生。

陸之瀚，字水立，保寧知府懋功子，侍養詩酒。

華允楨，本名用梅，字開先，烏程人。選貢。杭州亡，痛哭入山。後以諸生紀年義師事連逮免，卒。

邑人潘鼎，字古臣，崇禎末賢良方正，不仕。

陳子英，字俊民，崇禎末賢良方正。母老，辭清舉孝行不赴。

潘之章，字雨時，崇禎十七年選貢。兄池州知府汝嘉。左兵東下，之章謁史可法請檄責之。歸里杜門。

董式，字印先，歲貢。鄉飲不赴。

沈葵明，去諸生爲僧，名栖雲。

閔廣生，字繇庚，去諸生爲僧，名妙依。

蔡四輔，字不孤，巡撫善繼子，去諸生。卒年八十二。

徐鍾彦，字伯貞；徐震亨，字子敷，皆去諸生。

許用賓，字允嘉，授徒長興。

夏開先，字禹承，保全鄉里。

淩文煙，字偉燈，尚書義渠子，貧死。

錢老人，不知其名字里居，自言江浙人，以歲貢爲永曆監軍僉事。國亡，至江山，明年至長興，主嚴曾所。卒，檢其囊，有上符或報事抄，以沙安事連。曾爲僧，名曰眉之。

吴振鯤，字鵬先，歸安人。崇禎三年舉於鄉，醫隱。

邑人潘振，字藻生，崇禎三年舉於鄉。廬墓三年，好義。

鄭惠采，字吉父，崇禎三年舉於鄉。捐振，不應鄉飲。

沈綸，字開生；吴夢暘，字允兆，皆副貢，不仕。

嚴有穀，字既方，副貢。父覺死難，歸葬廬墓，杜門。

胡璞，字美中，去諸生，陽狂，棄家爲醫，不知所終。

嵇友孫，字任仙，去諸生爲僧。

潘古琳，字退庵，博通經史，去諸生。

賴修，主事茅坤曾孫，爲僧廬山。

徐蕃國、葉彰吉，長興人。皆弘光元年恩貢，不仕。

邑人高琦，字又韓，廪生，浪遊。

沈國正，字其一。巡按王範薦，母老辭。去諸生。卒年八十四。

沈述裘，字振先，德清人。天啟七年舉於鄉。徵不出。卒年九十八。

邑人金澥，字遐澤，崇禎十五年舉於鄉，不仕。

唐達，字灝如，弘光元年恩貢。研性理，醫隱。

陳璡，字虬似，去諸生，力學。

吳興武，字質生，任俠知名。

郎起龍，字沛霖，孝豐人。去諸生。清招不應。

韓先生，失其名，紹興山陰人。通太乙奇門壬遁。萬曆末遊京師。中原兵起歸。聚材士溪口，欲有所爲，不果。永曆二年，寓僧廬事佛，暇則讀呂覽、淮南、兩漢諸子及涑水書，皆通其大意。又設卜肆東觀橋，日得百錢，閉門卧起誦書。

邑人俞日新，崇禎九年舉於鄉，不仕。子公穀，字康先，不應試。

趙時和，字觀復，諸生，魯王時上屯田乞國啟。

何能仁，字修能，選貢，入赤城山爲僧。

何國仁，字道安，恩貢，修玉牒歸，詩酒。

趙鎮，字定卿；年八十餘，去諸生，長號欲死。子再三跽請，乃屏居一閣不食，改年卒。

何治仁，字文治，歲貢，孝友好施。

屠景俊，字泰晨，去諸生，孝母，隱七賢橋，以詩書終。

裘全隆，字隆道，去諸生，研性理，流連山水。

錢鼎臣，去諸生，以壽終。

胡宇令，字麟治，治劉宗周學，去諸生。

王命鈺，字式如，與周球瑩去諸生，隱畫橋。

許弘，字子遠，不應舉，入嵊山。

戴國宰，字繼南，孝友。紹興亡，縞素哭不欲生，言故國淚下。卒年八十五。

俞大綬，字思溪，力學不進取。卒年八十一。

葉良玉，字君琳，孝親。從劉宗周遊。國亡痛哭，數自盡獲救，奉母山中。

陳弘先，字士任，諸生，憤死。

余德龍，字雨霖，貫串經史，樂善好施，以詩自娛。

朱用調，字固亭。紹興亡，年十四，自火其文，不應試。嘗登塗山，東望歌哭。尋中奇禍，事解。臨歿遺言，以故衣冠殮。

王志學，字成吾。歲大祲，糴粟數千石以振。

張騏，字瑞徵，居京師。北京亡，至天津養母，以天年終。

余煜，字旭貞，會稽人。選貢，居台州，後死耿精忠兵。

邑人胡士諤，字一士，副貢，試北京。會亡，被執免歸。

史長春，弘光元年恩貢，不仕。

劉憲孟，字聖翼，廩生，流寓灤州。

童汝槐，字德符，去諸生，隱稽山。兄執，將加刃，大呼代免。與余增遠遊山水。卒年八十七。

沈登先，字昆明，餘杭縣幕，大帥淫掠，説止之。去諸生，薦官不赴。

程應臣，字氏枚；陶泳，字英巨，皆去諸生。

孫黯，字含章，去諸生爲僧，名羽文。

陳介，字德隅，上中興大計五事，去諸生。

陶志梅，字知餘，遊京師。威宗崩，號泣東華門外。守者叱之，擬刃不動。徒乞食歸。

朱師賓，博學，不應試。

鍾漢璋，字予吉，通天文兵法，遊大同幕。余煌、張國維疏薦監國魯王。

三江所二老，失其姓名，誓死不薙髮。清念其老，置之。

寂光，字三昧，本江都錢氏子爲僧，往來江、漢，荆王執弟子禮，晋王迎主清源山。後遊北京，歸南京，大興寶華山，修大報恩寺。安宗立，奉命薦大行皇帝，賜紫衣、金帛、僧録。將集梨園演戲，正色拒之。祁彪佳延至紹興，魯王執弟子禮。弘光元年閏六月卒。

蔡一鵷，蕭山人。崇禎三年舉於鄉。家屢絶炊，狷介不謁有司，以上壽終。

邑人來驤，字欒顧，崇禎十五年舉於鄉，爲僧名鐵山。

徐啟祚，崇禎十七年恩貢。

王之祚，字子曆；施是龍，字時雨，與來道□、來勵、來道程，崇禎十七年歲貢；徐日知、繆伯景、王元基，弘光元年歲貢，皆不仕。

張翼飛，字天月，負才，去諸生，當貢不應。

俞之琦，字二韓，去諸生，隱元度岩洞三十年。

韓日爍，字岱瞻，廩生，杜門三十年。

王之鼐，字調玉，殯賈爾壽，楚王召未赴。去諸生，山水遊。

任四邦，字屏臣，去諸生。

陳至謐，御史烇子，廩生，不受餼。

卜斯盛，字雲生，談兵，遊楚、粵。

陳青綬，字子言，諸暨人。去諸生，入山。

邑人蔣大忠，字心湖，爲僧名道園。

孫子旦，餘姚人。膂力絶人，起義被執，以計免，去諸生爲僧。

邑人吳晞淵，字克軒，工詩文，隱。

鄭光祚，字四維，通天文，去諸生，隱濮鎮。卒年八十。

胡鸜，國亡痛哭，完髮終。

翁瀛，字大環，國亡赴廣西，道湖、湘，吟咏不已。一夕，次新塘，水死。

趙履先，字日含，上虞人。崇禎三年舉於鄉。

邑人趙文杞、張上翥，弘光元年選貢，皆不仕。

倪襄，字玉繩，出張溥門，忤蔡奕琛下獄。弘光元年貢試第五，流落江湖。

徐如斗，字雲光，杜門。

張奇，聞江上潰，欲死義，家人止之，不知所終。

徐邁，字日斯，孝友，久之卒。

徐承清，字晏公，父母病，刲股。積學勵行。

徐中樞，字密侯，自稱都痴道人，與燒刀兒、王之明稱義士。

盧用義，字治生，嵊縣人。去諸生，廬墓。卒年七十三。

邑人沈三復，字甫甸，博通古今，不應試。卒年七十。

章爾弘，新昌人。崇禎十五年舉於鄉，詩酒。

邑人吕曾模，選貢，孝親，亂不廢學。

章咸亨，字无我，歲貢，國亡大哭，完髮出走。

張中，字宗哲，去諸生，負父入山。

張應宿，字月鹿，鄞縣人。負氣誼。紹興亡，出遊江、淮，至崑山，自號湖東釣隱。能詩文，與葛芝友善。卒，朱用純葬之馬鞍山，題曰「浙東義士」。

邑人陳甫仲，字魯直，天啟元年舉於鄉；陸大任，舉於鄉，皆不仕。

費禕祥，字榮孕，貢太學，爲僧，樓居十餘年。

全天麟，字靈明，太學生。

李梃，字維長，尚書櫰弟，諸生。極櫰圍城，大哭三日死。子文約，字原博，去諸生。

倪珵園，失其名，文博麗，去諸生，廬墓。

沈士穎，字喆光，知州延祉子，去諸生。以通表魯王起居，下獄。

余泒，字霖田，去諸生，從何兆羲、吕仲倫講學餘杭。

黄鼎鎬，字文周，去諸生。

毛雲鷟，字公息，去諸生，漫遊海内。弟雲鳿，字公儀，研經史。

邱楝隆，字于渭，去諸生，與李鄴嗣齊名，死成功兵。

丘鳳霄，字楚英，諸生。少與邵輔忠同學。江上潰，病問侍者曰：「邵公能判一死否？猶可晚蓋也。」言之者三而歿。

胡其標，字長齡，林時對師，去諸生，自火詩文。

張機，字向衷，去諸生，教授杭州。

董文相，字士彥，廩生，火衣巾，自稱處士。

高宇啟，字允大；林際隆，字符一；張定陽，字西隲；錢敦忠，字臨吉；邵鑛，字襟凡；邵灝，字雲度，與張應鳳、張應嵩、周人彪、范大澍、葛瑞熊、朱好修、陳儁，皆去諸生。

毛玉鉉，字象節，孝友好詩。

董允明，字哲之，去舉業爲醫。

徐大器，字子才，孝母、友愛、好義，去舉業，詩文自娱。

李奎，字石渠，任俠，折節讀書，精醫術，活人甚衆。江東兵起卒。年八十三。

朱獻臣，本名廷鑨，又名世溶，字餘古。家多藏書，搆小五嶽軒。

聞世麟，字瑞寓，性至孝，深衣幅巾。

范洪震，字鷩百，至孝，酒狂死。弟洪星，字月臣，去諸生，貨殖。

宗正，世家子，工隸，與董德岡隱。

倪虬，字懷素，孝友，館北京，授蕭奕輔經。及奕輔按浙，徧訪之，故匿不見。卒年八十。

全美楠，字痁墨，侍郎天叙孫，中書舍人大訓子，風節杜門。弟美樟。

董師儒，字扶輿，母亡未殮，鄰火延屋，自烈燄中負屍出。

林時雍，爲僧。

聞胤嵩，字峻伯；沈延統，字御三，太常卿泰藩子；楊秉愷，字僧朗，按察使德政子；周志文，字西人；陸筳，字經王；傅濤，字禹生；陳軫，字開遠；陸燾，字壽明；張寅，字明配；周嗣芳，字紫芝；李木，字少泉；楊遴，字進父；陸經尊，字崇古；李禾，字澹園；邵范，字希文；吴岳生，字于藩；管道復，字聖一；吴之聘，字觀周；周嗣訓，字愚山；錢若虚，字君實；章錫胤，字裴叔；沈先乘，字惠吉，刑部孔皆子；沈鳳翀、沈泰淳、沈泰灝、楊秉恂，皆世家子；與吴國標、蔡起元、屠惟斌、陳亮、毛翰沖、戴君法、聞守宸、韓國祚、聞世詮、李德慶、陳履斌、周應祺、章光祺、周朝彦、傅湄，皆不應試。

檗山，不知姓氏。故儒生。與倪于楷遊，入南湖社。

本晢，字山曉，長壽人。主天童山。與胡介友。介死，有女未嫁，爲賚奩具。

馮元仲，字次牧，慈谿人。諸生。負奇才。汪偉疏薦，下吏部問弭盜策，以直斥，授縣丞，不就，隱湯山，改名天益。談倪元璐、黃道周事涕泣。

邑人鄭啟，字伯蕃，副貢。力田，卒年七十二。

沈濳，字汝昭，選貢。上救時四務。王玉藻將薦教諭，力辭，抑抑死。

馮時，字君行，歲貢。研易，通左傳。卒年七十五。弟曜，字君生，廩生，隱。

魏維文，字彩生，習兵法武技。少遊東萊、北京，計無不中。北京戒嚴，尚書命巡城。國變，去諸生，黃冠浪遊，卒於撫州。

周而復，字元始，去諸生，孝友好學。知府餽米，不受。卒年九十七。

應雄，字際飛，去諸生爲僧，名佛大，字明士。妻楊，苦節，清將旌之，曰：「何緣辱此？」不納。

葉國楨，字華宇，通兵法，毛文龍客。及門多奇士。孔有德入清，一見不得，餽金不受。

沈遴奇，字子嘗，工篆印。傾財與山寨義師。去諸生，躬耕。鄭成功北伐，一夕，叩人門，大呼「今日兵至矣，炮火連天，旌旂蔽江如疋練者」三，鄰人驚以爲盜。至已閉門寂然，叩之不應。明日問之，忽忽不知，蓋皆夢中事也。日與鄭溱以南事相慰，溱以爲開顏。

葉重熙，字仲奕，去諸生。與兄蘿月遊粵。

俞慈成，字心齋，有經世才。崇禎中，以大臣薦入京，病歸，變姓名，居嘉定江灣卒。

張鴻道，字嵒耕，尚書九德孫，以五言詩稱。

董又嘉，字翼亨，廩生，需次吏部。不出，山水終。

顔棲筠，字茂齋，與馮元颺兄弟遊。子邁，字公于，並能詩。

鄔銓明，字簡在，奉化人。崇禎九年舉於鄉；邑人鄔家昇，弘光元年選貢；鄔永章，監國元年恩貢，皆不仕。

周次貞，字孝則。北京危，請當事勤王，幾得禍。凶問，北拜哭，去諸生，隱排谿，詩酒，抑抑死。

孫士華，字位之，通經，入筠塘山爲廬，與周齊曾去髮，名超觀。

薛士珩，字長璵，定海人，尚書三才子，貢生。廬墓杜門不出。卒年八十三。

邑人薛士學，字五玉，去諸生，不赴清貢。

洪崑，字石香，工詩，去諸生爲僧。

張鳴喈，字雝又，去諸生，隱覺海山。

朱錫禄，字光世，天台人。諸生。負大志。紹興亡，去衣巾。

從子之任，字君巽，經世自負，與弟之儀、徐光綬五人劾馬、阮，未至而南京亡。江上潰，去諸生。馬士英死，剥皮而實之以草，遂入歡山，治陽明學。謁孝陵，談前事嗚咽。時與光綬、張亨梧稱三高士。之儀，字君正，去諸生。

光綬，字印卿，去諸生，博通經史，方巾入山，被逮。清吏曰：「易衣則生，不則死。」曰：「此衣先帝錫，何可易，願一死。」上忌，歲閉户設祭流涕。兄光葉，字世卿，上要略八計，魯王不用。去諸生。

邑人徐光胤，字長卿，歲貢，隱歡嵒。

周齊，字榮遇，與周其淵，皆去諸生杜門，稱遺民。

陳佳胤，字允錫，篤學力行。

無名和尚，主太湖消夏灣，不經不乞，絶米半月不死。與食，盡米三升、酒一斗。盛暑卧烈日中，大雪露宿。日痛哭大笑。後死於天台。

趙承魑，字子承，臨海人。上策魯王。去諸生，日號泣。

邑人姜正學，字次生，廩生，工治印，酣飲狂歌。卒年八十。

應期致，字開先，魯王與陳明琯以奇士徵。去諸生，不應貢。

明琯，字君孺，去諸生，坐卧小齋，蒔菊自娱。

馮喆，字孟睿，去諸生，入天柱山，耿精忠兵不敢犯。

馮兆用，字桃源，廬墓。

胡北平、周祚昌、應郃生、張翼軫，咸去名隱。

蔡道軌，字邦繩，黄岩人。結茅蕭嶴。

邑人牟熙，字文止，終日樓居五十年。

任壽，字睡侯，入山。

覺商，字南屏，與毛奇齡稱絶代奇才，爲僧，入稽山社，詩歌忼激。

王贊伯，仙居人。起兵敗績，去諸生。

邑人蔣景高，字君向，去諸生，以節義訓子。

胡萬陽，字功復，寧海人。詩文奇古。去諸生，入台屏山。

邑人王國章，字周正，崇禎六年舉於鄉。國亡，謁黄鳴俊，歸卒。

陳應春，字克生，太學生，安廬參軍歸。

錢三汲，字穎岳，廬墓。爲文閎偉。

華光家，字齊卿，歲貢，入山。

謝長倩，太平人。歲貢，不出。子超明，字嵩圃，爲僧峙山，工詩。

邑人金鳴卿，字耐夫，去諸生。母歿毀死。

江萬紀，字以明，通天文，爲張文郁所重。馬士英薦，不應。

徐甲，樂清人。當浙東陷，不肯薙髮，約宗族數十人入雁湖。牛羊雞犬菜穀之類，耕織之具，凡人世資生所須畢備。攀湖絕頂，誅茅數十楹，隨塞來路。去三十年，親友莫知其生死。

邑人于時化，字廷龍，崇禎十七年歲貢。清將威之以兵，正色不屈。

鄭則亭、方荷亭，皆能文隱。

王欽豫，字予謙，永嘉人。將貢而紹興亡，不出。

邑人周道麟，字瑞生，去諸生，負薪行吟白岩山中。

楊毓岳，爲僧名古燈。

林德晶，字也顛，爲僧，足跡半天下。燃脂讀，輒漏盡。過荆州，與伯靡遊。後遊峨眉、點蒼，不知所終。

包厥初，工弈書畫，印章入妙品，曹學佺重之，何楷、蔣德璟、黄道周引爲布衣交。嘗遊兩粵，所至人相爭延。故人有難，解橐予之。

錢日斌，字二曹，瑞安人。舉於鄉，抑抑卒。

邑人鮑德純，弘光元年恩貢；陳山達，歲貢，皆不仕。

陳之陛，字以道，與陳昌言，皆去諸生放廢。

吳英芳，字潤卿，平陽人。隱南雁蕩山。

王道一，字涵初，泰順人。隆武二年副貢，不仕。

邑人周顯殷，字丕謨，去諸生，不入城市。卒年九十三。

張鵬來，字九萬，不應試，坐卧一樓。卒年八十一。

包經邦、王敏教，遂昌人。崇禎十七年選貢。王維藩，宣平人。崇禎十五年選於鄉。皆不仕。

蔡孚祥，不知何許人。傳爲進士，國亡卜居義烏二十八都，工書法，以釀酒糊口。旋以聲聞走，不知所終。

虞奕芝，字谷生，義烏人。選貢，隱武岩。爲人忠孝，江上潰，勸張國維引決。卒年七十四。

邑人吳溶，崇禎十七年選貢，不仕。

曹時震，字彥長，金華人。嗜古，去諸生。

胡山，字天岫，蘭谿人。去諸生，詩酒，醫隱宜興。

邑人李磐石，字文之，隱嵩江，預決死生。

童庚年，字瑞芝，去諸生，隱西山。卒年八十。

樓鳳來，字君苞，東陽人。崇禎九年舉於鄉，樓居不履地。

邑人陸良俊，弘光元年恩貢。

郭邦治，字惟今，張國維薦魯王，以母老辭。王道出東陽一宿，留扇而別，作留扇紀其事。

邦治入天台，不從，爲道士。

趙衮卿，字忠補，去諸生，入山。

徐士雲，字蒸綺，永康人，員外郎可期子。去諸生，偕弟隱。

邑人應炅，字仲乾；王同晋，字康生；徐士儀，字徵淑，皆去諸生。

倪世起，武義人。有志行，入山。卒年九十六。

王之璽，字漢先，龍遊人。選貢，爲陳函輝所重。

邑人徐希頤、徐道明、祝永清，崇禎十七年歲貢，不仕。

張廷化，字君雨，居滕縣，博學工書，改名張逸，字朱張，以浪遊終。

魯人駓，字日千，嘗山人。去諸生，陽狂。

汪爾敬，字直夫，開化人。崇禎十五年舉於鄉。不見人。郡守訪，不見。邑人方履謙，字尊素，崇禎十二年舉於鄉。讀書自娱。

詹惟祥，字逸庸，建德人。崇禎十七年選貢。不仕。邑人楊萬邦，字甯甫，去諸生爲僧。

邵之立，桐廬人。崇禎十七年恩貢。邑人邵光日，崇禎十七年歲貢。汪獻圖，字羲籙，淳安人。增生，隱西湖。

王應宮，字春卿，遂安人。邑人方昌言，字君受。皆去諸生。

李玢，壽昌人，弘光元年選貢。陳光陽、鄭時來，分水人。崇禎十七年歲貢。皆不仕。

慶州老人武平宇，不知其眞姓名。永曆三十二年來福京，與林佶遊，年七十餘矣。自言少爲慶陽諸生，任俠好酒，嘗醉殺人，從李自成、張獻忠軍，已歸附。弘光初，從高傑軍。清兵南，走河南，入粤。門下入清多爲藩臬都帥者。言未畢，泣下霑襟。老人恂恂不妄語，居恒談往事，輒奮袖起，泣不可止。問姓名，不應，曰：「子尚不知，君勿復問。」未幾，抑鬱竟客死。

鄭心開，字靜之，閩縣人。諸生。福京亡，入大士庵爲僧。

邑人陳廷煁，字允碩。父國栩，字次韋，隆武二年舉天興鄉試。廷煁年十五，聞北京亡，恒於無人處涕泣。及福京亡，國栩欲爲婚。曰：「既無國，何家爲？延宗祧，固有兄弟在。」不易衣冠，居招隱樓，終身不下。

陳匡生，字廬子，諸生。隆武時慷慨上封事。福京亡，周遊海島。及歸自粵，資盡喪，或爲扼腕。曰：「累世受恩，今國破家亡，窮死分也。」卒於家。

陳聖佐，諸生，受知黄道周，入壽山。

陳溯，字克洄，去舉業。

陳克亨，謁史可法揚州。福京亡，悲憤卒。

道盛，字覺浪，主南京天界寺，與明盂、泓儲以忠孝自期。明盂，字三宜，主雲門顯聖寺。

歐琪，字全甫，侯官人。諸生。福京亡，與齊巽、江不空同起兵見執，得免，變姓名，居福清黄蘗山，依隆元爲僧。後卒於都督謝鼎舟中。

邑人邵璋，字長似，與從子弼勛，俱諸生，山居。

孫士遴，字翼明，去諸生。

高士侣，字汝齊，諸生。監國魯王敗，高隱不出，與吴楷齊名。

陳士暘，字穉芝；林璚客，字元之，去舉業。

長樂曾人翰，字明克，諸生，完髮。清應歲貢，不出；下牒行役逮之，終不出。未幾病，起坐取衣冠，審視著之，含笑卒。

張振玉，字梅如，諸生，與吴大正友。大正死國難，隱鼇山。

王挺，字子玉，去諸生，山居。

高位、林民楨、陳士暘，皆崇禎十七年恩、歲貢；陳兆燦、陳兆昇、陳兆熙、陳徽、陳銓、高徐引、王泰運、王昌連，皆隆武元年恩貢；陳審，歲貢，皆不仕。

嚴尚英，去諸生。

何其偉，字梧子，福清人。隆武二年天興鄉試。隱。

邑人吴之穎，字伯闇；王建極，字于弢；李奕蕃，字所礽；夏芝芳，字爾賢；黄翼雲，字長公；俞啟震，字尚友；林葶，字梅公；林一枝，字丹山；陳圻，字式九；陳璉，字伯言；陳大琳，字君藻；石玉聲，字香城；鄭宜，失字；林履正，字虎侯；倪立開，字懋文；何瓚，字得黄，皆同年舉。

項元，字白仙，諸生，棄衣巾。

何師亮，字以寅，諸生，去髮廬墓。子源滙，字聚九，從隱。

游文熊，字熊非，連江人。諸生，亡海外。友人起兵，力任練兵措餉，外交諸藩，内接賓客，事無大小，悉爲經畫。已而轉徙飄泊，卒於閩縣琅琦里。

邑人游時祺，字叔頤，諸生，入山，年八十卒。

鄭應綸，字鳴言，羅源人。與邑人吴九初，皆舉隆武二年天興鄉試，不仕。

林春秀，字子實，古田人。諸生，隱。

鄢正亨，字孔昇，永福人。諸生，不應試。或勸之，以無錢對。贈之金，則沽酒命醉，卒終老山中。

邑人陳兆鼎，字克重，不入城市，不改冠服以卒。

東皋屠者，晋江人。不言姓名，以屠爲生，暇則杜門著書。貴人訪之，輒踰垣走。工蘆雁，圖章署「東皋屠者」。著書多未傳布。

邑人黄賢京，崇禎十五年舉於鄉，與沈佺期同隱海濱。

林嘉采，字景則，同安人。崇禎十五年舉於鄉，理學不仕。

邑人許明廷，歲貢，隱中左所教授。

曾福，去諸生，結茅斗拱山賦詩。

朱和，字爰介，惠安人。修漈橋、邑城、礮臺，不費民財力。海警，招兵捍之。子又焕。

邑人黄楨，字閬山，研朱子學；弟富觀，字志殷，皆不應試。

超宏，一名徹際，字如幻，潮州教授。

劉佑子，研經史，爲何喬遠、黄道周所重。去諸生爲僧，張瑞圖延主小平寺，趙玉成、王忠孝從之遊。

謝錫彤，安溪人。武生。爲練總，好勇尚義。林邦式亂，命弟振嘉禽之。知縣施酬素贈「義切請纓」額。

劉祖謙，字懋昂，永春人。選貢，不仕。

黄擔，字任者，莆田人。工草篆蘭竹，亡命。

邑人高日章，字子齊，去舉業。

林昂霄，字君若，不應貢。

超印，字月川，去諸生爲僧，聚徒講學如故。

莫大依，字南庵，去諸生爲僧，主浦口定山禮鍾樓。

李元樞，字繩卿，仙遊人。隆武元年恩貢。邑人陳楠，隆武二年選貢。皆不仕。

鄭垂青，字正子，去諸生，入深山。

謝世昌，字二樂，讀書負奇氣，隱邑西村落僻處種菜。

林炅，字孟炅；康泰，字叔彬，與鄭彥輝，皆有文行，不應試。

如容，字無礙；行盛，字本充，皆去諸生爲僧。

朱贄，字寅初，與陳遴選、李世達、黄昌文、朱家佐、吴斌、陳時選、陳元登、王睿、蔡紹鑌、黄世楷，同舉隆武二年天興鄉試，不仕。

慈昕，字笠居，龍溪人。主南京碧峯寺。

林汝楫、陳嵘，漳浦人。隆武二年舉天興鄉試。

邑人李天元，隆武二年天興鄉試副貢第一。

戴實華，字棣蕡，長泰人。崇禎十二年舉於鄉，古文。樓居二十年，名仇庵。

林元珍，漳平人。崇禎十七年歲貢，不仕。

邑人鄭惟忠，字君佐，去諸生，入山。

陳廷懿，弘光元年貢入京考選，國亡不知所終。

薛登龍，字建章，海澄人。負氣好學，自放山水。

賴以璧，寧洋人。隆武元年歲貢，不仕。

陳名，字以弢，貢生，與王鏡唱和。國亡不仕。

車丁當，佚其名，將樂人。居城北隅，孑然一身，斗室自爨。每出則肩篋笥户牖殆徧，佩十餘鑰，行動有聲人，遂目爲「車丁當」。每日閉門衰絰哭泣。遇三月十九日，則北拜，積紙鏹於路焚之，終身不改。

邑人羅如奎，字奎之，去諸生。

施中，字田間，南平人。與余思復齊名，以高尚見志。

朱益采，浙江人。居延平，以醫自給。

陳希瑾，字若懷，沙縣人。諸生。閉户。終年不見面。

吴鄉、任元衷、李東序、楊承綸，建安人。隆武二年天興鄉試。

徐謙，字又横，諸生。痛哭，衣巾袍入山箐。學使召之，以疾力拒。

余翁聞，字猶龍，隱辰溪，晦夜仰天歌哭。徐謙物色之，贈詩，和六章。

張蚩蚩，居武夷山，偉幹修髯，工詩書。永曆十六年，其子來山謁之，不認，人終不知其真姓氏，或曰山東、南直人，萬曆時以侍郎總督三邊，忤魏忠賢黨，隱山卒。

蔡懋德，字闇修，建陽人。諸生爲僧，名元賢，字永覺，修諸儒事，主鼓山。隆武二年，

移建寧淨慈庵，爲國祝釐。建寧陷，收殉難遺骸具棺者二千餘人，又設粥振興化、福清、長樂難民，全活無算。

邑人道霈，字爲霖，儒生爲僧，能詩。

張廷琛，字材輝，壽寧人。隆武元年恩貢，不仕。

陳正智，字卧雲，福寧人。軀幹魁壘，律身峻絶，宏解經義，居雁蕩山羅漢寺。監國魯王重其風範，敕使勞問。中書舍人顧超啟建雁湖禪院。永曆元年九月卒於泰順。

李從素，字希約，福安人。隆武二年選貢；邑人陳翰遊、陳翰邇、郭大藩，隆武二年副貢，皆不仕。

畫網巾先生，不知何許人。服故衣冠，從二僕，匿跡光澤山寺。清邵武鎮將池鳳鳴執之。訊之不答。鳳鳴偉其貌，爲其去網巾，戒軍中謹事之。先生既失網巾，盥櫛畢，謂二僕曰：「衣冠，歷代舊制；網巾，則我太祖高皇帝創爲之。即死，可忘國制乎？取筆墨來，爲我畫網巾額上。」畫已，乃加冠，二僕亦交相畫也。每晨起以爲常，軍中譁笑之，呼曰「畫網巾」云。無何，四大營潰，鳳鳴詭稱先生爲陣俘，獻之閩督楊名高。楊名高謂：「及今降我，猶可免死。」先生曰：「吾舊識總兵王之綱，就彼決之，可乎？」王之綱見畫網巾歷碌然，

駭曰：「吾不識若也。」先生曰：「吾亦不識若也，就若死耳。」窮究之，則喟然曰：「吾忠未報國，留姓名則辱國；智未保家，留姓名則辱家；危不即致身，留姓名則辱身。若曹呼我爲畫網巾可矣。」王之綱抗聲曰：「吾明朝總兵，徒以識時變，知天命，不失富貴。若一匹夫，倔强死，何益？」指其髮而詬之曰：「此種種而不去，乃作此鬼怪爲？」先生顧唾曰：「吾於網巾不忍去，况髮耶？」王之綱命先斬其二僕，逡巡間，羣卒捽之，二僕瞋目叱曰：「吾兩人豈惜死者！顧死亦有禮，當一辭吾主人而死耳。」於是向先生拜，且辭曰：「奴得掃除泉下矣。」欣然受刃。王之綱曰：「若豈有所負也？義死亦佳，何堅自晦也？」先生曰：「吾何負？負吾君耳！一籌莫效，束手受禽，又以此易節烈名。吾笑夫古今之循例赴義者，故恥不自述也。」檢袖中，出詩一卷，擲於地；復出白金一小封，擲向行刑者曰：「樵川范生所贈，今與汝。」挺立就刃於泰寧之杉津。泰人聚觀之，所畫網巾猶斑斑在額也。諸生謝韓收遺骸，瘞嵩窠山。軍中有馬耀圖者，見而識之，曰：「是爲馮生舜。」而福寧人謂劉中藻子思沛，究莫知其詳云。

又長髮乞人，福建人。永曆十三年從鄭成功攻南京，兵敗流落浦口，乞食市中，髮長不翦，不語不言。有司拘之欲殺，即引頸就刃。使薙，不答。清以爲狂，釋之。五年，長髮委地，人稱曰「長髮乞人」。

張能恭，字禮言，邵武人。崇禎三年鄉試第一。輸財倡立義倉，薦知州，不赴。少入復社，以才學見稱。

邑人龔宜，字爾雅，能詩，饒於財。國亡貧困，圖書外蕭然無長物。周亮工一見不得，一日單騎詣之，不答。竟以貧死。

蕭士駿，字伯房，泰寧人。副貢。變名石夫，字頑夫，死難。

邑人雷民望，字朗生，去諸生，匿棲雲岩以老。

江兆興，字廷起，去諸生，與兄兆京入山，易名韜。兆京，字道陵，亦去諸生，易名遵。

謝國昌，字錫卿，建寧人。讀書好義。益王由本道出邑里，心保鄉人以爲奸，欲加害，國昌識爲天潢，奔告浦益光迎入署。由本賜校尉冠帶誥敕。

邑人黄國重，字鼎明，諸生。不薙。邑令請，不應。以詩酒終。

劉維樞，字立甫，好讀書，不進取。

艾如藻，廩貢。

謝九晃，字星晞，經史，沈湎酒麴而死。

熊超，長汀人。貢生。以酒名。鄉曲中舉名字有弗識者，問「熊三必」，則人人能言之。

蓋日必飲，飲必醉，醉必駡也。超既才高昵酒，及失意，益縱酒不休。晚教授於鄉，日令上酒三升，坐破寺中，命盞飛觥無停晷。大醉則尋茂樹流水所在，横肱倒卧，提牧豎强與深談，又命徒坐石揚沙，浴水彈爵，拳擊坐駡，以助其酣。或竟睡芳草中，通夕不返。平日交，僅一賣菜傭，夜必盡日中所有爲超歡，雖風雨不止。一日，醉撫其背曰：「熊超，熊超！吾與若何爲者？」各瞪目注視，或笑哭。旁舍中鑿壁窺之，終不知其所語何等也。病革，惟取其所喜書焚床下，浮白而卒。

邑人沈士鑑，字若水，崇禎十二年舉於鄉。講理學。隆武元年十月卒。

黄達、張顯璣、雷動黿、羅欽絲，寧化人。隆武二年歲貢，不仕。

邑人雷元明，字左青，與弟駿鳴，同去諸生。交李世熊相得。

伍福綏，字又成，與巫日如，俱去諸生，不出。

陰宜登，字應壽，便弓馬貨殖，散財拒守長關，振流亡，任俠。子燮理，工文，不應舉。

王甲，當寇侵城，鬻産募勇士全城。行遁。

王躍鯉，賣油爲生，持卷訪賴道寄善之，後爲令笞，憤死。

藍紉、黄象坤、劉寬，上杭人。隆武二年歲貢。邑人詹彌高，字卓爾，三年舉。皆不仕。

丘夢彩，字熊生，諸生。福京亡，痛哭失聲。一日攜書出門，不知所終。從兄諸生士

麟，入山不見親知，抑抑卒。

劉丹，字馨史，去諸生，樓居三十年。

丘之麟，字瑞元，去諸生。卒年九十九。

黄中立，輕財好義。隆武二年寇攻城，大雨燈熄，取斗笠千餘蔽燈，寇因潰走。

九一和尚，南直人。進士出仕，爲僧圓通山。山僧半石、幻機、駡坪、自慧，與王命璿交。

吴賓王、陳上陞，清流人。隆武二年天興鄉試。不仕。

邑人李棄，字白也，去諸生。

潘岣嶁，番禺人。與兄秉彝，弟慶存、慶餘，俱同母生。國亡不出，所居陂頭鄉。岣嶁談隆、萬事，輒愴然而悲。及昭宗崩於滇，秉彝年九十二，岣嶁年八十九，慶存年八十七，慶餘年八十一。有司欲請畀冠帶，辭之曰：「我兄弟四人，生於我穆、神、光、熹、威、安、紹至於大行皇帝，八朝於滋矣，幸不死爲國遺民以老，邀福於八朝之先君甚厚。今一旦靦然頂帶，爲異代壽官。舉余兄弟九十、八十餘年爲八朝先君深仁厚澤之所培養者而盡棄之，吾兄弟其忍乎哉！」岣嶁魁梧豪爽，意氣豁如。三翁醇朴恭謹，恂恂如孺子。不出户庭，吟嘯

自樂。其後秉彝九十八、岣嶁九十六、慶存八十九、慶餘八十八乃卒。秉彝子漢生，醫隱，亦八十卒。

邑人何南鳳，字牧源，崇禎十二年舉於鄉。爲僧長寧。

梁殿華，字弼臣，崇禎十五年舉於鄉。與曾起莘、韓宗騋契，後爲居士，數徵不出。晚欲往瀋陽訊宗騋病，行次南京卒。

崔世德，父奇觀，昭宗贈太嘗少卿。世德，任功貢。

崔應敕，崇禎十七年歲貢；鍾韻遠、陸承鉉，弘光元年歲貢；黎兆沙、鍾履嘉，隆武元年副貢；馮昌豫、韓鼎，永曆三年歲貢，皆不仕。

謝獎，字居載，副貢。孝友授徒，問字者數百人。後見肇、廣爭立，憂憤，不浹旬卒。

麥向高，諸生。入山教授生徒，爲僧名今鷙，字慧則，卒於雷峯。弟先爲僧，名今辨，字樂說。

淩王弼，字藩之，諸生。自號太虛散人。

林載説，去諸生，隱龍山。

張愚公，從王興軍歸，有智勇。

崔振，字千上，南海人。隆武二年舉天興鄉試。與王邦畿隱龍江。

邑人陳主遇，恩貢；陳昌期，崇禎十七年選貢。

羅璟，字嗣垣，諸生，孝友，奉母避地，正衣冠而起。貴人舊交者不往來，居恒侘傺，思有以立，以母老不敢決。母死而亦疾革。陳恭尹稱曰高士。

黎日盛，字台錫，詩文立就，去舉業，日逍遥醉鄉。

羅大賓，字敬叔，順德人。崇禎十五年舉於鄉。從陳邦彦學，慷慨尚志節。計偕上書内閣，皆中時務。魏藻德善之而不能用。北京亡，痛哭服斬衰，隱羅浮山。對客誦離騷，以寓悲憤。邦彦死，著作散失，彙刻傳世。以哭邦彦成疾，不食卒。

邑人何仁隆，字效坤，崇禎九年舉於鄉。廣州陷，建古炤堂隱其中，衣食不給。清令招之，不至。

何子延，字印衷，去諸生，入嵩山爲道士。

林子玿，去諸生，入西樵山。

羅炳漢，字文炤，淹博而俠。少與邦彦交。邦彦死，親友畏禍，獨走匿其旁，俟正命即出，親抱其元與屍合殮。家故饒財，以俠故，日集騷客文人會飲，售其田盡，落魄不自聊。卒年九十餘。

碧溪卧叟蘇氏，失其名，隱碧江鄉，無子，僅孤孫供樵爨，閉門著書。方顓頊以爲異，拜於床下，不顧叱之，顓頊爲具膳。一日，出天文、地理、兵法，顓頊始悟不傳之祕。

岸庵，亦蘇姓，閉門不見人。鄰知其耳聾，顓頊踰垣入，相笑。以疑就正，隨叩而應，遂悟圓通門，不繇聲而入。

周覺，字了玄，東莞人。精天文術數。熊文燦總制兩廣，喜談兵禮，聘不應，强之始出，與語大悦，餽百金。出遇貧者，解贈之，抵家盡矣。昭宗立，度嶺去，不知所終。

邑人陳昌第、羅遂康，弘光元年恩貢；梁文貴、熊文熙、熊葉夢、劉非鯤、熊配龍、陳一爌、陳效坤、彭應熙、易元吉、封際會、朱廷詔、翟汝楫、秦中、王熑、姚宏謈、莫跨崑，弘光、隆武、永曆歲貢，不仕。汝楫，字仲濟。

謝重華，字嘉有，恩貢。語興亡，泣下。鄉居不入城市。晚以藝香爲業。卒年八十三。

彭焻，字晋公，恩貢，從遊多才雋。

李楠，字美材。繼母殁，廬墓三年。力學不應試。

龍玠，字元珠，爲人方直，辟不赴。

吴京，三水人。歲貢不仕。

湛子雲，字翰卿，增城人。崇禎十五舉於鄉。國亡不試，從湛若水學。父喪毁卒。

邑人吴琜，弘光元年歲貢，不仕。

鄭士璧，字君明，國亡不貢。卒年八十。

戴光震，字蔚森，龍門人。崇禎十五年舉於鄉。十七年十二月，山賊圍城，知縣白爲衮求和不得，光震乞增城兵解圍。卒年八十六。

黄逵卿，字廣思，香山人。高祖佐，侍郎，爲嶺南文獻宗。逵卿以諸生承先緒，讀書識大義。廣東亡，去舉業，與陳恭尹及從兄鵬卿隱西樵寒瀑洞，安貧守道，不少貶辭色。嘗以修刻其六世祖瑜、七世祖畿及佐遺集十餘種。

鵬卿，字舉思，故袁崇焕客，代頌冤，得白。去諸生，擊劍悲鳴，有叱咤風雲氣。後破家起兵死。逵卿從弟廉卿，字潔思，亦隱遁。

邑人李擢仙，字素三；何吾騆，字瑞華，隆武元年副貢；麥震旉，字驚伯，與余述周，隆武元年歲貢，不仕。

梁應秋，去諸生，力學好義。社兵起，以素德獨不犯。

陳應緯，新會人。崇禎六年舉於鄉。蕉園盗起，當事議剿無成，上書熊文燦請撫之。

盜平感德，餽金不受。卒年八十五，銘書「大明孝廉」。

邑人趙夢獬，字伯良，崇禎十二年舉於鄉。好古文。

梁日輝，字匪莪，崇禎十二年舉於鄉，講學，多弟子。

林堯徽，字啟人，按察使枝橋子，恩貢，孝友嚴正。與弟太學生堯揆，皆不仕。

黄雲，字孟徽，隆武元年副貢，講學。

何壯英，字茂生，熊祥曾孫，去諸生。

何九淵，字澤四，治中鍾英子，隱番禺瀝教村，後名古峰，字石人。

錫昣，打錫爲生，有巧思。談國事，輒扼腕彌日。聞雷震，曰：「何不廣州擊尚可喜，而坐此轟轟耶？如不可擊，請擊我，有目誠不忍見此世界也。」

李仁，新寧人。隆武元年副貢。邑人伍明旃，隆武二年選貢。鄧廷藻，字饗生，從化人。諸生。黄河清、朱應運、曾士毅，清遠人，隆武元年歲貢。皆不仕。

張、鄧二老，乳源人。梅花潦多山，險峻中曠，有百十家，不與外通，二老爲之主，皆聽命焉。二老故諸生，不薙髮，依險自保，清吏不得入。二老歿，衆始以其地歸清，立花縣。

邑人張國錀，弘光元年選貢；葉體巽，弘光元年選貢；林鼎坤、饒定亨，隆武二年選

貢。

蕭遠，字槐徵，曲江人。崇禎九年舉於鄉，不仕。

邑人劉甲，諸生爲僧，名行臘，字西水，卒青蓮庵。

鄒衍中，字希虞，英德人。崇禎十七年選貢。能文。邑人鄧第，弘光元年恩貢。李枝華，隆武二年恩貢。劉克紳、吳象龍、林成器、張先覺，弘光元年、隆武二年歲貢。吳其學、吳藻、謝天祐、張芳、曾憲一、張芑、李日乾、何鰲、李枝茂，永曆貢。阮嘉桂，翁源人，戊子恩貢。譚名正、朱璧、劉應鶚，保昌人。崇禎十七年選貢。邑人譚棐臣、董日宣，弘光元年選貢。陽天行、廖同春、張文教、譚心學，隆武二年歲貢。皆不仕。

李長庚，字西白，剛果，去諸生爲僧，名今存。

郭朝翰，入山談玄。

李日太，始興人。隆武元年副貢。邑人何宗夔，崇禎十七年貢。陳國用，隆武二年選貢。皆不仕。

張文明，去諸生爲僧大庾了山，名瑩然。

符伯清，高安人。弘光元年交陳邦彦南京，後不出。

流寓馬良生，寧國人。程君駿，歙縣人。隱頂湖。

黎士楚，字蒲徵，高明人。崇禎九年舉於鄉。邑人劉金章，隆武二年恩貢。嚴公裕，永曆元年歲貢。李騰，字雲起，四會人。崇禎十二年舉於鄉。邑人羅日炯，隆武元年副貢。吳鼐，新興人。崇禎十七年貢。不仕。

謝鏜，字天聲，陽春人。崇禎三年舉於鄉。栽竹灌花，不入城市二十餘年。

何士偉，恩平人。隆武二年貢。侯世勳，開建人。崇禎十七年歲貢。孝友，詩酒。

陳之鵬，羅定人。崇禎十七貢。州人譚性天，乙酉恩貢；陳應韶、黃辰才，乙酉歲貢。劉文台，東安人。丙戌恩貢。不仕。

梁偉棟，字方來，西寧人。歲貢。津引後學，不入官府，力辭鄉飲。卒年八十八。

邑人張琇，崇禎十七年貢。

梁瑗，字元玉，茂名人。孝友好施。弘光元年，知府呂之節舉賢良。去諸生，訓俗以敦倫勵行爲先。有盜入室，亦慰諭之，悚然去。卒年九十四。

邑人李福祺，孝友澹泊。卒年八十二。

流寓無家，不知其姓氏本末，相傳進士爲僧，居雲間山。

王澤深，信宜人。崇禎十七恩貢。

邑人李云，恩貢；丁紹元、楊萬年、吳鳳，歲貢。

劉傳暹，化州人。諸生貢太學歸，建曇雲寺州北青山嶂，悲歌慷慨終。州人董芳聲，廩生，舉不應辟。

陳聯第，吴川人。崇禎十五年舉於鄉。不仕。

黎民鐸，字覺于，石城人。崇禎六年舉於鄉。杜門。卒年八十六。

吴日上，海康人。弘光元年選貢。邑人梁騰鯤，歲貢；陳如綸，隆武二年選貢。吕世振、謝天申，合浦人。崇禎十七年貢。蔡一暘，字爾開，瓊山人。崇禎三年舉於鄉。邑人馮敏忠，崇禎十七年歲貢。皆不仕。

林希高，字廷選，文昌人。去諸生，剛方有守，詠歌自適，不應鄉飲。王諧弼、陳瑾、黎芮、夔孝、南解、黎公姓、黎公俸，會同人。崇禎十七年後貢。王渙，昌化人。崇禎十七年歲貢。邑人陳開泰，弘光元年恩貢。皆不仕。

謝大賓，揭陽人。父麟趾，貢監，桂林右衛經歷，卒官。大賓扶柩歸，入金星山，以布衣終，年八十二。

邑人王元振，崇禎十七年選貢；陸學恭、李融春、林遷、謝位成、謝聯元、許國柱、池懋節、宋大濩，崇禎十七年、弘光元年、隆武二年歲貢，不仕。

林佳相，字子枝，海陽人。崇禎十五年舉於鄉。爲僧，治陽明學。邑人丁春台，崇禎十七年選貢；莊鄰勳、黃纁、梁之藩、林詮、鄭肇發、林紹璵、柯子元、陳庚耀、高上苑，崇禎十七年、弘光元年、隆武二年、永曆三年、四年歲貢，不仕。

林嵩，字蓮峯，潮陽人。崇禎三年舉於鄉。安撫土寇，潛心經史。卒年八十六。邑人趙必先，字伯騰，崇禎六年舉於鄉。耿介，爲黃道周所重。不入城市六十年，卒年九十。

吴烶，字亮臣，崇禎九年舉於鄉；陳祖訓，崇禎十五年舉於鄉；朱廷諫，副貢；鄭卿、蔡文元、趙即耀、姚作雲，崇禎十七年歲貢；鄭振芾、王繼芝，弘光元年歲貢，不仕。

蕭璒，字坦卿，程鄉人，崇禎六年舉於鄉。城陷，募人掩皆行振。當道銓，不應。邑人鄭良守，崇禎十七年選貢。鄧琳，隆武二年恩貢。梁峻，永曆三年歲貢。陳邇登、梁之鼎，饒平人。崇禎十七年、弘光元年恩貢；張鴻圖，惠來人。崇禎十七年選貢。邑人唐祖蔭，字啟先，崇禎十七年歲貢；方策、詹道光、陳國英、柴子喬、鄭國光，崇禎十七年、弘光元年、隆武二年、永曆三年歲貢。皆不仕。

陳表，字聞墀，至孝，力學歌詠。卒年八十五。

賴可元，字五熙，鎮平人。崇禎十七年選貢。邑人廖調元，弘光元年選貢。劉其旋，隆

武元年選貢，賴可及，隆武二年歲貢。郭輔畿，字咨曙，大埔人。崇禎十五年舉於鄉。皆隱居。

邑人羅淑余，去諸生。完髮入獄，病脱。

吴夢龍，字應昇，爲縣吏，好壬遁，有拒寇功。

鄒雪丹，字仁和。父官指揮，崇禎十七年死難。爲僧。

張昊，平遠人。崇禎十七年選貢。邑人胡佐，弘光元年歲貢。楊仁春，隆武二年歲貢。皆不仕。

林翁，字粤夫，好談忠義事，入山。

彭炳，普寧人。崇禎十七年選貢。邑人王梅臣、陳士雅、林雋胄、林挺，崇禎十七年歲貢。陳辛耀，澄海人。崇禎十七年選貢。邑人陳鳳表，崇禎十七年歲貢。皆不仕。

王之驥，字蓬村，去諸生。

彭鍾鶴，歸善人。扈廣西歸，與翟憲申、劉乃運入山。

王晉、曾韶，博羅人。崇禎十七年歲貢。彭先登，永安人。崇禎十七年歲貢。黄德爆，字賢仲，海豐人。崇禎十二年舉於鄉。羅有聲，龍川人。崇禎十七年歲貢。張世彩、温少馨，長樂人。恩貢。皆不仕。

邑人黄應禧，諸生，杜門。兵道吴鼎訪之，不見。

何南鳳，字道見，興山樵人。萬曆四十三年爲僧，名党从，一名牧原，字知非。

長樂林廷芳，崇禎十七年歲貢；陳國垣，弘光元年歲貢；曾桐，隆武二年歲貢，不仕。

王若水，字岸生，崇禎十五年、隆武二年亂，決策保城。卒年七十六。

李子升，河源人。崇禎十七年恩貢。邑人張大化，字龍見，崇禎十七年歲貢。曾凝道、黄啟瑞，和平人。崇禎十七年歲貢。邑人謝德達，隆武二年恩貢；梁進逵、蕭如蘭，永曆元年拔、恩貢。皆不仕。

吴懷，字虚壑，桂林人。少侍父南雍，好談經世。南京亡，與王艮入天台、天姥，所過險隘皆爲圖。未幾發狂，則放聲大哭，虎豹聞聲走。後入衡山死。

邑人朱甲，爲僧，名典字嵩籍，浪遊四海。晚居太倉，與洪儲往還。

張聖德，陽朔人。隆武元年恩貢。李先第，字予一，全州人。崇禎十五年舉於鄉。州人江中楫，字玄桴，與伍士昌、蔣芝馥、蔣大標、蔣君廉、蔣呈芳、蔣在兹、蔣聞芳、謝希洙、馬詠凱、林升春、周士縉、鄧生榮、伍真禔、張昌兆、廖應遵、蔣學問，皆隆武元年舉於鄉。不仕。

廖綏祚，字斯來，去諸生。歐起洙，平樂人。崇禎十五年舉於鄉。邑人李時霖、歐起泗，隆武元年舉於鄉。歐陽熊、賀鍾靈、孟明卿，恭城人。隆武元年舉於鄉。曾士揚，蒼梧人。天啟四年舉於鄉。胡良錞，藤縣人。隆武元年舉於鄉。李兆斗、譚杏，容縣人。隆武元年舉於鄉。皆不仕。

邑人鐵船，爲僧，主青蓮山。李永茂以詩送之。

何齋，主都嶠山，藏永茂集。

李茂，字天毓，岑溪人。崇禎十二年舉於鄉，死吴三桂兵。

邑人李茂先，崇禎十五年舉於鄉，不仕。

廖標，字君如，崇禎十五年舉於鄉。好振，死吴三桂兵。

敬天顏，懷集人，崇禎十二年舉於鄉。邑人張應璧，崇禎十二年舉於鄉。文宗軾，字叔瞻，鬱林人。崇禎十三年舉於鄉。皆不仕。宗軾卒年七十二。

龐人統，字三陽，北流人。選貢。孝母，舉優行。講學以誠正爲本。晚居波得里，峨冠徐步，人稱龐先生，無敢犯者。

黄位文、蔣君濂，北流人。隆武元年舉於鄉。羅拱辰，陸川人。崇禎十七年拔貢。韋世瞻、黎祖馨，平南人。崇禎十五年舉於鄉。陸萬奇、楊震、李楷、梁天成、雷奮揚、鄭宗舜、

張雲衢，貴縣人。隆武元年舉於鄉。葉承膏、承露、范應芳、余增，馬平人。隆武元年舉於鄉。王濂，柳城人。隆武元年舉於鄉。邑人申胤伯，字瓊枝，壬午舉於鄉。楊官生，羅城人。隆武元年舉於鄉。皆不仕。

曹應元，字騰宇，懷遠人。廩生，兵保鄉里。弟應魁，以武功顯。楊先芳，融縣人。隆武元年舉於鄉。米瑜，武宣人。乙酉舉於鄉。熊孟祥，河池人。隆武元年舉於鄉。葛太環，思恩人。歲貢。謝昌、杭璘、楊舒、朱紹儀、顏全仁、劉正宇，宣化人。崇禎十五年舉於鄉。邑人杭玠，隆武元年舉於鄉。何彥元，新寧人。崇禎十五年舉於鄉。皆不仕。

譚應發、韋士桂、韋泰登，上林人。隆武元年舉於鄉。黄璟，武緣人。崇禎十五年舉於鄉。皆不仕。

謝天禎，字集祥，昆明人。世指使，爲保正。與鄉約繆福基大呼：「寇來矣，居民速走。」孫可望標識封民宅，天禎以濕巾去之，被執斫手；福基去舌死。

邑人王居仁。清陷滇京，民間有偶語者，夜以石灰塗其門，次日按户跡屠之。居仁俟清兵去，潛拭灰去之，全活甚衆。

楊文林，歲貢，端方。授學正，不應。

李化鵬，字飛霄，晉寧人。兵亂倡義城守，一方以安。力田終身。州人唐岱、耿希哲、蘇豈、張一言、徐作梅、楊九如，選貢；李成德、唐新德、楊淮聰、唐進德、徐弼明、段鳳來、黄芍鯉、徐日明、張甲光、張日元、張公室、唐斯盛、黄玥、張國端，歲貢，不仕。

段定興，字正芳，剛方有力，善殺豹，人呼段豹子。孫可望至，入梁王山洞，日啗大蛇。一夕溺水死。

妙隨，字渠山，李氏子，鷄足山僧。癸巳入貴州馬乃城，居武攸雙峯山。

李爲棟，字殿華，昆陽人。萬曆二十八年舉於鄉，隱昆水之湄。國變，憂憤成疾，隆武元年卒，年八十四。

州人李澄，字仲瀾。父兆旗，訓導，死瀘江。負骨歸葬，授知縣。永曆二年，山倮變，孫可望將屠城，說之乃止。

不夜，不知何許人。從扈，上崩爲僧，主曲請，書署「不夜」，寓「明」字意。

桂贈魁，陸涼人。崇禎十七年選貢。州人王泰寧，隆武二年選貢。牛侶、雲永二、黄申官，永曆八年歲貢。岳名世，十年貢。皆不仕。

方正陽，字麗生，不事舉業。三桂脅官，隱，講易。

劉本元，字文源，建水人。萬曆中舉於鄉。爲僧名海灝，詩酒。州人張升象，去諸生，從文士昂遊。

佴溥，字東巖，隱雲龍山，工畫。

合一，去諸生，爲僧雲龍山。

涂大輅，字玉華，石屏人。諸生。與選貢馬國賢，諸生許寶、李安國、王任邦、史國儒，皆隱。

闞應乾，通海人。隆武元年舉於鄉，不仕。邑人馬信，字又轅，能文。

李鎮明，新興人。崇禎十五年舉於鄉。徐立中，路南人。永曆八年舉於鄉。皆不仕。

任允懷、李秉俊、强子任，廣西府人。永曆十一舉於鄉。府人陳王廷，十一年副貢。皆不仕。

朱奕文，字俊儀，賓川人。崇禎十二年舉於鄉。召遺佚，不出。

王璇，廣通人。永曆十一年舉雲興鄉試，不仕。

李一鵬，鎮南人。歲貢。經明行修，年八十七，以薦辭，去諸生。卒年九十六。

傑應東，姚安人，歲貢第一，以博學推中興文教名人額。府人王廷試，崇禎十七年歲貢。皆不仕。

楊濟舟，字和庭，姚州人。孫可望至，端坐不動。

王文達，大姚人，永曆八年歲貢；張鍾岳，太和人。崇禎十五年舉於鄉。李文治，雲南人。崇禎十五年舉於鄉。孫士勍，鶴慶人。隆武元年舉於鄉。皆不仕。

趙必登，字善貽，劍川人。與弟錦衣民望，佐土千户趙國祺起兵。民望死，隱向湖村，戒子孫勿仕，卒年九十一。

徐頌岳，字碩功，保山人。著述。吴三桂强起，不出。邑人季思友，工琴。

陳經國，騰越人。崇禎十五年舉於鄉，隱雪山。

州人馬紹巖，字嶽生，隆武二年舉於鄉。辜弼臣，永曆八年舉於鄉。楊垚傑，廩生。王爾玉，白鹽井人。隆武元年舉於鄉。皆不仕。

淨空，國亡至丘北開半邊寺，清修梵行，不入城市。

傳裔，本宋氏，巴縣人。有高行。永曆中，錢邦芑迎主貴陽西山。與王弘締、樊佛昇、熊啟吾、胡佛泰、劉輔明、徐九寰、黄嵩寰、李期生、陳漢沖、徐佛恩、李德寰、冉玉岑、周文

野、朱三公、程公遠，講佛典。

弘綈，字于野，涇縣人。佛昇、啟吾皆將軍。

朱邵，廣順人。崇禎十二年舉於鄉。

邑人莫與齊，崇禎十五年舉於鄉，不仕。

顧如龍，定番人。諸生。嘯歌。年八十。

潘應咸、應兑、應遜、全師蘭，安順人。永曆八年舉。扶維，都匀人，隆武元年舉。邑人黄金鼎，歲貢。不仕。

孫逢昇，字梯雲，清平人。功貢。藍二反，城守有功。隱葛洞山。

劉琪、劉爾玉，平越人。隆武元年舉；府人商國篆，字印南；國翰，字鳳池，貢生，皆隱。

高大隆，字麟標，興隆人。諸生。子望，歲貢。入清不試。

周企濂、張五至、沈馧、沈文輔、沈文配，黄平人。隆武元年、永曆八年舉於鄉。

敖孫枝，字子茂，甕安人。

邑人敖起書，字徵南，隱東山，好詩。

何占魁、關王申、黄一桂、馮世勛，湄潭人。隆武元年舉。

王三德，黎平人。崇禎十五年舉於鄉，不仕。

府人黃弘乾，字玉玄，太學生。少與丁繼善友；及入相，命知府黃中穎數招之，厚金帛珠玉資行，固辭。以山水自娱。

李英才，婺川人。崇禎十五年舉於鄉。不仕，力拒鄉飲。

何秉淳，思州人，永曆九年選貢。邑人高士弘、劉啟亨、李大田、何渭美、周懋修、高士禎，隆武元、二年恩、歲貢。高士英、蕭上選，永曆十年、十一年選貢。曾可道、徐兆鼎、王心敬，銅仁人，崇禎十五年舉於鄉。不仕。

趙昆元，安龍人。躬耕忠孝，不應辟。

胡士廉，清旌耆老。子士傑，隆武元年舉於鄉，左府都事。月幢，主安龍。昭宗召講禪理，賜袈裟，今存寺中。

衛啟運，平壩人。隆武元年舉於鄉。

衛人楊毓秀，隆武元年副貢，不仕。何三鳳與弟人鳳，皆去諸生，隱王下之僻村。

伍以文，安莊人。隆武元年舉於鄉。衛人伍維楨，隆武元年選貢。

史文鼐、孫南光，升添人。崇禎十五年舉於鄉。

汪克昌，安南人。永曆八年舉於鄉，不仕。

劉繼慶，赤水人。祖大莊，指揮。父陛升，諸生，死奢崇明難。繼慶爲僧，名利根，客馬士英所，後主嵩江。

袁良佐，平溪人。永曆八年舉於鄉。

衞人胡士芳，字瑶草，選貢。學使招，不出。

鄒繼聖，恩貢。有刀招，不出。清鄉飲，不赴。

鐵道士，石屏人。諸生，不詳其姓氏。昭宗入緬，棄家學道，性愛鐵，見必拜之，首覆一折脚鐺爲冠。嗜飲，人與酒，少即張口下，多則脱鐺受，且行且嚥，歌且哭。所至向人乞鐵一片，自肩臂胸背至腰以下悉懸之，小大如鱗，行路錚錚然。與銅袍道人張閑善，遇則擊掌狂笑，飲市中，醉則歌呼烏烏，大慟而去。

閑，四川人。聯銅片周其身，行則丁當有聲，後不知所終。

同時武風子名恬，字澹男，武定人。儒生。善以火炭繪竹箸，作花鳥山水人物，精巧絶倫。孫可望入滇，遁深箐中。數招不赴。偵者縶之至，誘以金帛，不應；恐以刀鋸，亦不應，終無一語。已而得釋，日佯狂披髮行市中，垢形穢語，夜逐犬豕與處，人皆呼「武風子」。清兵陷雲南，武定守召爲箸。曰：「頸可礫，手可斷，箸則不可爲。」守怒撻之，血流體潰，不

應。揮斬之，至市，神色不改。無何縱之。自是蹤跡無定。嗜飲，醉則歌采薇詩。或問論語經旨，多奇解。及醒問之，則囈語以對。卒以狂疾終。

唐文顯，瀘州人。知書。事父孝。父亡入山，妻餽食不顧。好以兒童戲，人呼「風子」。大雪卧石，汗如雨下。食以鐵甕，談言切中。孫可望執之，不屈。脅以刃，頸有白氣出。後不知所終。

先是，有狗皮道人，黄冠朱履，身披狗皮，口作狗吠，乞食成都。張獻忠至，突出馬前作狗聲。賊怒，逐之不及。又一女子，自稱鐵娘子，腰懸鐵索，粗如牛，重不可知。後皆遁去。

活死人，本四川江本實。家素封，國亡，散財棄妻子，止終南山妙高峯，弟子百許人。晚授道於荆溪陳留王。一日曰：「道有傳人，吾將蜕已。」趣諸弟子掘土穴，入居之，命封土。諸弟子爲立碑而去。

李甲，臨安人。諸生。亡入蒼山學道，日號泣金馬、碧雞坊下。

上官嘗明，南昌人。故武弁，爲道士天津。聞福京亡，命徒置一缸，舁之庭，入坐之，大笑曰：「好。」即瞑目逝。

同里周德鋒，本名定修，字思永，諸生。博學工詩，仕弘光朝。南京亡後，爲道士揚州，有奇跡。

譚守誠，鄗縣人。國亡，黄冠入武當。後居南京虎踞山。預告死期，端坐逝。

宿州鬼道士，章姓，自言能役鬼，故以鬼爲號。若曰：「國變，鬼或有勝人處。」後遊徐州。緬信至，沈桃源淵中死。

諸人蓋皆當國亡後，以詭異之行，舒其沈鬱之心而自全者。

康世爵，江陵人。父國泰，戍遼陽，遼陽陷，走鳳凰城，與廣寧劉光漢糾義兵拒清。光漢戰死，世爵渡鴨緑江，至咸興端川間，轉慶源、鍾城，便捷拳勇。已知國亡，遂力田成室，俗多化之。又當北京亡後，朝鮮人立大報壇祀太祖、神宗、威宗，仍奉崇禎正朔，一時遺民多避地者。

田好謙，字遜宇，雞澤人。侍郎允諧子。諸生。客椵島，爲清兵所執，與徒十餘人脱至朝鮮。仁祖三召見，欲官之，辭。妻張義烏，父龍，從明兵征倭，官朝鮮同知中樞府事。

李應仁，鐵嶺人。寧遠伯成梁曾孫、都督如嵩孫、副總兵性忠子。性忠死北京，應仁義不薙髪，乃遁漢陽，尋徙淮陽，杜門。每先帝諱日，則上山西向痛哭，卒年九十七。從弟應龍，都督如梅孫、憲忠子。憲忠戰死渾河，應龍走海曲。

麻舜裳，遵化人。都督貴孫，總兵里光子。世襲指揮同知。天啟七年，督糧登州，遇風

至豐川，寓湖南光州終。

張雲起，應天人。道士。天啟二年，從鎮江航海至，阻兵不返。

文可尚，廬陵人。崇禎八年漂風至殷栗，居恩津。

胡克己，烏程人。萬曆進士。自登州歷鳳山至北關，好文。孫斗弼，守華陽洞闕東祠。

王鳳岡，一名以文，歷城人。枵孫。朝鮮昭顯世子在瀋陽，北京亡，歸鳳岡，與諸生王文祥、馮三仕、王美承、楊福吉、鄭先甲、劉自成、裴三生、黄功等十三人從之。孝宗欲官之，曰：「天若佑明，光復中夏，歸死足矣。」風裁魁然，自以國破家亡，每問家事，輒太息。子姓甚繁。功，長塘人。武進士，池河守備，同家朝陽樓下。三仕，山東人。父秀，兵部郎。先甲，山東人。三生，大同人。

孔枝秀，國亡，東來晋州死。王俊業，弘光元年從孝宗居歙谷。同時，韓登科、劉太山、金長生，皆居東，事不詳。

林寅觀、陳得，閩縣人。漂風至耽羅。齎永曆大統曆，號泣不去。後歸。

蔣漸達、林明卿，不知何許人。國亡流寓安南，不歸。徐孚遠見而贈詩。

南明史卷一百十三

列傳第八十九

無錫錢海岳撰

列女一

傳列女者，所以愧男子之二其行者也。女當變故之際，心堅金石，見定不移，而富貴威武無所施其歆怵。力能抗，則誅仇讐；不能，則惟一死。窈窕令名，垂之琬琰，與義士、畸人，競譽表烈。而亦有濡忍瞻顧，不能死者，一念之不決，辱身賤行，百行胥喪矣。明季戎馬蹂躪，一時臣僚之母妻姬妾，下洎草野閭巷婦女，并命者何限，節烈風化之盛，書勿勝書，茲存其著者。嗚呼！烈女不事二夫，况薦枕席於手刃其夫之人哉！彼以皇后而醜詆其夫爲媚娀者，真不知天地間有羞恥事矣。至如高闢索、劉淑英、畢著、沈雲英，智力足以報仇雪恥，此尤巾幗之奇而難能者。香娘諸人，早歲失身，卒以蹈義，君子貴之，流品何嘗，歸於

晚節。食禄而躋嵬顯，衣冠而行中篝者，庶可以興！

左懋第母　鞏永固女　富氏　魯宮婢張氏　某帥二婦　梁氏　淄川二烈　張氏　侯氏
高闕索　杜氏　田氏　韓居觀妻　李氏　平陽女子　王之藩妻　江都程氏六烈　王氏等　李氏等
錢淑賢等　江都孫氏婦女　張氏等　小玉等　李氏婦　張氏婦　董氏　孫天禄女　顧氏等　儀
真四貞烈　李鐵匠妻　韓氏等　蔣氏女　謝皂隸妻　許氏等　宋蕙湘　南京田家婦　沈聖揆妾等
賴度妹　程氏　賈氏　徐德聘妻等　陳氏等　孔應珂妻等　史可模妻　史可法妾　六合劉氏　馬
氏等　馬純仁妻　劉氏等　馬葵陽女　錢氏等　衛琴娘　來氏等　王氏三女等　鄒延玠妻　祁氏
等　施氏等　吳三畏女等　黃晞妻　許君實子婦等　錢秉鐙妻　沈氏　周氏等　鄒華明妻等　臨頓
路麵店婦　吳江二許氏　吳甲女等　香娘　王微　蘇州義妓　葛嫩　朱媚兒　顧炎武母　范氏
等　嘗熟許氏　陶氏等　駱氏等　顧氏等　徐氏等　吳氏等　懷寧劉氏　游氏等　張氏等　王氏
當塗陶氏　謝氏等　鄒氏等　曹世榮女等　管氏等　陳氏等　畢著　沈隱隱　趙氏　程氏等
梅氏　劉淑英　鄒涵光　饒宇棨妻　張氏等　丁氏等　甘氏等　謝氏等　朱氏　陳氏　胡氏等
張氏等　孫氏　傅氏　李氏等　袁氏　史企勉妻等　程氏等　徐氏　毛氏　涂氏等　黃氏等　魏氏等
王去華　周玖等　孫氏等　曾氏等　黃氏　譚氏　周氏等　高氏等　郭光福女等　徐氏等　沈沆妻等

左懋第母陳氏，登州寧海人。夫之龍。崇禎末，懋第奉命犒左良玉軍，氏偕從子吏部郎懋泰留京師。京師陷後，懋泰與張忻、郝晋奉以歸，數日不食。行至白溝河，仰天嘆曰：「此張叔夜絶吭處也。」呼懋泰前，責其不死，且曰：「吾婦人，身受國恩，不能草間求活。寄語懋第，勿以我爲念。」又見忻、晋，責曰：「公等大臣也，除恢復外，無存身立命處，二公勉之！」言迄而死。事聞，予卹典。

鞏永固女，大興人。永固尚光宗樂安公主，北京陷殉難，遺一女，字李國楨子公藩，從至南京，襲襄城伯。公藩擁厚資，豪而好客。南京亡，隨置旗下。公藩死，清將悦其色，欲納之，令其世父永基説女。女詈曰：「吾父以女託世父。女期城陷即殺女。世父既不能，今乃以禽獸行污我耶？」永基慚而退。清將將以勢劫，因至宫門大駡曰：「余先帝甥，忠臣女，未亡人所以忍死不決者，以姑在耳，劫我惟有一死。」見降臣在側，指曰：「婦人事姑守節，當何罪？而棄君改節，反無罪乎！」人不敢犯，遂歸和州。剺面斷髮，養其姑終身。

同時靈壽有傅永清妻富氏，北京凶問，與子婦入山，不食，自經死。

張氏，山東人。魯王宮婢。鄒魯由婢而妾者例稱姐，故府中稱氏曰張姐。蓋初近王，猶未笄也。兗州陷，抱王二歲兒走寧陽。傭王氏媼無子，見兒好眉目，攘爲己子，阻氏於外。氏來視兒，拒不納。氏私曰：「此朱家子，媼匿之，不畏法耶？吾不言，人無知者。」媼懼，復召入，與兒居。兒長，補諸生。會清詔明宗復姓安業。氏間告生。生大驚，拜哭於地，事媼爲養母。聞於有司，得復姓，乃置酒坐氏於上，欲爲冠笄，以母事之。氏曰：「汝欲母吾耶？世有子爲母笄者乎？不笄，何以爲母。前者宮人固姐吾，汝亦姐吾可矣。汝向母吾，吾不即拒者，事未白也。今有主君遺孤，而老婢引以爲子，即死，何以見先王地下！」言詞迫切，繼之以泣。坐客羣起曰：「氏秉禮守節，不可奪，宜如母教。」遂握髮稱張姐終身。

某帥二婦。清大將張甲陷山東，降帥某隸之伍南下，挈舟載其妻孥行，而令某步從數百里。一日，某躍入舟，盡殺諸婦人。復躍出登岸，麾衆降者去。甲命大索不得，於舟尾得二婦未殺，稱女兄弟。二婦有殊色。問姓不言。甲曰：「汝夫已去，將安歸？吾爲擇舍舍汝，待夫來。」二婦曰：「夫既去，當不復至，妾亦不願居此。」甲曰：「然則奈何？」曰：「死耳。」出所藏金珠四笥授甲曰：「爲我即召荷鋤者。」既至，畀之，令掘土爲壙，入舟盛容飾，更新衣，攜手笑嘻下卧，命復土。甲憐止之，不可。須臾墳崇然。觀者皆流涕，立石以表其

墓。聞齊魯人言，帥本奇男子，多能道其行事者。

梁氏，真定人，鄜延副使王原撫妻。讀書明大義。北京陷，與小姑慶深藏免。及四月李自成遁，祖姑許曰：「不乘間返鄉，將何待？」遂攜行出彰義門。見婦女有爲兵驅並行而歌笑自如者，氏曰：「夫非良家婦歟，何恬不知恥如此？倘爲兵掠，則有死耳。然死於道，何如死此爲愈也。」許曰：「吾尾兵，兵不反顧。」氏曰：「如反顧奈何？」語慶曰：「我死，姑能從乎？」慶曰：「願從嫂死。」氏意決，視道旁井曰：「清泉皓潔，吾與姑得死所矣。」遂投井。慶，許賈未嫁。

長清：韋守官妻梁氏，崇禎末大饑，從父流轉河南，婢於富室。及笄，主爲擇壻，泣言幼受韋聘，不敢别嫁。主使求得守官迎歸。守官歿，家人欲使别嫁。氏自沈於大清河，救不死，乃自治棺曰：「有欲取我者，以此畀之。」寇亂，匿棺以免。清兵南下，過其村，積薪户下舉火，乃入棺自火死。

淄川：韓氏婦孫氏，與姑聞城陷，皆自經死。

濟寧：焦繼泉妻張氏，夫亡守節十餘年。聞北京亡，大哭曰：「君亡國破，何用生爲！」經死。

單縣：陳生輝妻侯氏。生輝爲清兵執死，氏侯姑喪葬及生輝葬畢，設祭自刎死。

高闕索，靈州人。父宣，本軍籍，善作火器，爲靈州營礮手。年老無子，闕索年二十不嫁。其後宣卒，闕索買一婦經理其家，自代宣職。偉幹多力，善射試，弓馬火器無不精。牛成虎攻城，闕索力守。敵雲梯魚貫上，衆懼。闕索爲火筒焚之，敵披靡。間火其梯，敵乃退，一城得全。寧夏總兵上其狀，授火器營千總，河東道表其門曰「女中丈夫」。國變後隱居卒。

淳化：羅章衮妻杜，羅羣聘妻田，夫皆早卒。清兵至，杜與養女淑明、淑儀井死。田呼其女優姐井死。弘光元年正月十五日，邑兵變，章衮從女寶芳適三原房大猷者，墮樓死，年十八。

洪洞：河間知府韓居觀妻，過定興，聞國變，經桑下死。

太谷：侯化龍妻李，崇禎十七年五月李自成兵敗過，與子婦任，從子婦王、趙，及女婢妾十餘人，井死。

平陽女子，當姜瓖反正敗歿，陷清兵中，矢死不從。至定州北唐城村，書四絶壁間，自經文昌閣死，土人祀之。

鄧州：遊擊王之藩妻李氏。之藩先拒寇死，自成敗過州，氏匿石洞中，子福被掠。里猾欲奪，氏投井死。

江都程氏六烈：程煜節者，江都諸生，其祖姑有適林者，其姑有適李者，其叔母曰劉氏、鄒氏、胡氏，而煜節之未字妹曰程娥。揚城被圍，相約俱死。城陷，娥拜別母縊死。劉女甫一歲，乳畢，以糕餌置女側，乃死。鄒與胡亦同死，適林者投井死。適李者遭掠，紿卒至井旁，大罵投井死。時稱「一門六烈」。

同時舉人秦之俊母王，武舉趙君謨妻方，太學生李文炳妻唐、妾孫，太學生葉世楨妻嘗，諸生曹復彬妻楊與女蒨文、蒨紅，諸生周廷德妾張及三女，諸生李正開妻孫，諸生焦賡泰妻瞿，諸生吳爾成妻鄭，諸生史袁妻王，諸生劉師晏妻賈，諸生劉錞龍妻張，諸生卞元泰妻吳，諸生李璘妻饒、妾某，諸生石佳抱妻周及女，或自經死，或投井死。

流寓：龍遊羅仁美妻李，居廣儲門樊家園，與姒劉仁美妾梅、李，婢菊，前室女官一，城陷，曰：「願死者從，無辱。」遂相繼赴火，幼女六人從死。

丹徒：錢應式女淑賢，凡五死而得絕，告其父母火之，毋留骨穢地。揚人葬之史可法墓旁。休寧方大妻投水死。洪洞劉廷贊妻梁與二子火死。鄞縣劉一然妻周氏先經，其女秉彝而後自經死。

江都孫氏婦女：孫道升之前妻生女曰四，繼妻藺氏所生曰七，皆嫁古氏。次曰存、孫

女曰巽，皆未嫁。弟道乾妻王氏，子天麟婦丁氏，道新妻古氏，從弟子啟先妻董氏。諸婦女各手刀繩自隨。城陷，巽先縊死，藺繼之，王氏、丁氏投舍後窪中死，古氏守節三十年，頭盡白，投井死。有外孫女曰睿，方八歲，從死於井。董氏以帶繫門樞縊死。存病足，扶服投井死。董氏之從祖母陳氏，方寄居，亦自縊死。四與七同縊於床。

史著馨妻張，少寡。城陷，撫其子曰：「向也撫孤，今不能顧矣。」赴水死。張廷鉉妻薛，經死。廷鉉妹曰五，遇兵鞭撻使從己，大呼曰：「殺即殺，何鞭爲？」遂見殺。

妓小玉，聞城陷，大書壁曰：「娼妓雖賤，亦明民也。生爲明民，死爲明鬼。」自經死。

宋朝相妻馬，與子之儒妻張、之俊妻馬，及之儒女；薛友龍妻丁與子；趙天澤妻葉，與子啟新妻阮、道立妻卞；汪承祖妻樊；陳王亼妻遊與女；闞荊門母吴，妻王、妾唐，牟君寵母妻；邵井達妻王；袁秀甫妻許；尤世澤妻夏；黄士擢妻姜，與幼女；瞿之俊妻郭；閔德祚妻吴；周再竹妻邵；胡天生妻王；孫顯吾妻馬；薛文甫妻趙；卞日輪妻顧；李友槐妻惠，與女；李榮芳妻柳；周士獻妻余；孔甲妻嘗；羅先聲妻吴；汪履吉妻吴；褚拱辰妻杜；吴與鄰妻王；蕭韶善妻吴；龔自強妻蕭；郭奎母某；張國華妻史；焦縺妻汪；袁以忠妻蔡，與二女，及姑姨等九人；於史妻王；謝衷白妻張，與女；朱瑞功妻黄；胡懋進妾張，與侍女；孫遠慶妻吴，與女、外孫女；李載揚妻傅；周之楨母余；汪先明妻閔；李鄉

妻王；邵允謙妻謝；宋朝柱妻沈與女；倪士俊妻蘇；史著直妻羅；李家孃；韓烈婦；李應獬女；卞氏女；揚州二女；瓜洲女子，自經或投水死。

李氏婦，被掠不屈，七日聞夫死，撞壁碎腦死。掠者怒，裂其屍，取心肺示人。李氏女，清帥絜之南，不可犯。陽令擇吉爲禮，屆期賓客大至，乘間經死。

張氏婦，城陷，一卒掠至南京，以金珠羅繡飾其前，弗顧，悲不已。已隨衆北上，出觀音門，將渡，密以白綾二方書絕命詞五首，投江，屍浮高資港。韓氏，傭董。城陷，韓一門死，主婦蕭將死，以其少子魏託之，方三歲，懷出亂軍中，匿江濱，啖以麥穗，得不死。亂定，魏卒成立。

先，泗州陷，孫天祿女刃死。

海州陷，李奪可妻顧題詩井死。沙生妻顧與生妹，題詩墮樓死。

儀真四貞烈：其一爲補傘婦，不知其姓名。清兵至，挾婦行，至一橋，橋斷，橫木爲渡，婦陽懼，兵負渡橫木上，大呼奮躍，與兵俱墮水。兵力奮起，爲婦所持，久之俱歿。一木工婦，兵挾至運河側，抱其子赴水死。已夫循河覓之，見屍浮水上。去城四五里，道旁有井。二兵過井上，俯視一婦匿焉。二兵喜，謂曰：「速上。」婦曰：「不能自上，必一人下扶我上，

在上者更挽之，乃可復上。」於是一兵躍下而推婦使上，婦上，在上者俯首下引兵，婦乘其不備，按頸奮擠之，遂亦下，因取石併土塡之，乃奔。貞女黄氏，其父本無行，女年笄，父貪兵貨，適之。貞女唯唯。越日，貞女知期近，乃盛衣裳爲容貌，其父不疑，乘間自經死。

李鐵匠妻田氏，有色，兵掠江上，將犯之，不從。挾上馬，至城南小橋，馬不能渡，紿卒牽衣入水，行中流，出不意，曳卒並赴急湍死。

又泰州張子熾妻韓，景自潤妻朱、妾王，駡死。

泰興蔣氏女，投水觸刃死。

如皋謝皂隸妻，斫死。

通州諸生顧士掄妻，許直女，慟死。太學生陳迎妻淩彔姊，水死。湯貞女，刺兵刃死。

李蘗雅妹，拜母從容經死。嚴氏娣姒，結襟赴西寺前水死。

宋蕙湘，字亞蘭，江寧人。年十五被掠。行至衛輝，清將欲犯之，不從。再逼之，曰：「我良家子也，安屑蒙面薦犬羊枕席，殺則殺耳，何逼爲！」清將大怒，殺之。既死，人見其潞府壁題詩，隱隱有血字痕。弘光元年六月七日事。

南京山中田家婦，年八十，聞北京陷，先投水死。

應夫：教授沈聖揆妾，城陷自經於署。侯指揮妹，清將欲妻之，經死。諸生賴度妹。度從周鏃起兵向神策門，兵敗見執，妹正歸寧，同逮。訊者以其艾，欲犯之，不可，曰：「有娠，娠解而從。」踰日娠猝不解。訊者怒，以刀抉腹而胎墮，賴氣絕。有義士棺歸之，而棺動，啟之活，縫腹三月如故。兄度既遇害，喪歸，賴抱屍一慟，腹裂血盡死。

徽州：諸生孫生妻程，隨生秣陵關，兵至，入水大罵，射死。

沅陵：諸生潘燿卿妻賈，隨父省親南京。至湖口，夫病卒，氏欲赴水，女奴持之。既見舅姑，痛哭堂下，入室自縊不得，乃絕食自刎死。

句容：徐德聘妻，大罵，亂刃死。朱熙耀妻華，與子之楷；朱熙代妻張，與二幼女；曹宜欅妻徐，與女，水死。

溧水：諸生錢化龍妻陳；諸生孫甲妻程；諸生許夢明女；俞熊妻周，與婢，水死。諸生武可佴女，經死。陳氏女，井死。汪氏女，年十四，泣辭父母，投石臼湖死。

高淳：諸生孔應珂妻；孔應珙妻吳，與婢，入水刃死。花山諸生楊楚妻夏，楊逢翰妻劉等，數十人死。

長蘆：岑明俊妻趙等二十餘人死塘溝。陳無過妻諸，王汝梅妻楊，大罵刃死。宋家虬妻楊；曹宏昌妻錢，與姑陳；張司攀妻陳；王錫堯妻魏，水死。

李氏，宛平人。史可法弟諸生可模妻，即可法前妻弟。以可模行八，故稱八夫人。可模早歿，氏絶食幾死。事姑孝。姑瘵，可法死，浸劇，氏奉姑及可法妻楊居南京，奉湯藥久不愈，割臂進，姑得生。先是，可法開府揚州，有幕客厲豫軀，貌類可法，至是假名起兵被執，訊之則堅冒可法名，衆莫能辨，乃召可法母妻暨氏識認，始吐實。而氏有國色，爲衆所窺。永曆二年，金聲桓反正，清兵自北至南京，有滿官聶三者，思媚少宰，强委禽焉。遣婢拒之，不聽；詈之，亦不聽。須臾一婢奉黑漆盤進曰：「奉八夫人命，意盡於此，悉若所爲。」聶三啟視之，則血淋漓一髮髻、一耳、一鼻也。聶三大驚，躍馬馳去。

又可法妾李傃，字空雲，上元人。有才色。可法死，年二十五，入黄屋山爲尼。

劉氏，六合諸生夏清妻。南京陷，清兵掠六合，氏隨姑避蘆葦中。騎迫，投河死。越數日，得屍龍津橋側，顔如生。

同時死者有：余馨妻馬氏，爲騎所迫，氏且行且罵，騎連射七矢，罵不止死。詹明宇妻左氏，爲兵所執，以刃加頸，罵不從，偕明宇投河死。張起祥妻章氏，避難舟中，兵欲污之，氏紿曰：「取我衣物來未晚也。」乘間挈幼女投水死。熊敬吾妻武氏，隨夫避兵，中途相失，抱女逃赤山河坂下。兵欲污之，逼以刃，罵不絶口死。林鐘聲妻梁氏，年十九，遇兵不及

避，赴水死。

馬純仁妻侯氏，六合人。純仁殉難，以氏年少，託老親於友人。氏聞之，矢不嫁，以代子職，篝燈紡績，甘旨無缺，年逾九十卒。

同邑貴州巡按潘世奇妾劉氏，世奇卒，年甫二十一，撫嫡子如己出，守節六十三年卒。孫國御妻王氏，嘗刲股愈舅疾。唐允明妻李氏，刲股愈姑疾。朱光政妻袁氏，嘗三刲股愈夫疾不愈，自經殉。

馬葵陽女，年十九，避寇金牛山古廟中，懼受辱，密縫所著衣。兵搜得之，女以石擊兵破面，大呼曰：「頭可斷，身不可辱也。」兵斷其喉死。

鎮江：諸生張綎妻錢，與嫂萬、妾綃雲被執。綃雲好語兵脫綎，陽以身許之。抵墓營定，飲兵醉，半夜取刃各刃兵，無覺者，出走，爲邏者所殺。諸生王世春妻趙、妾尤；施振環妻與女，水死。朱端榮妻唐，觸石死。楊維輔妻趙，子承聘妻吳，一刃一水死。查爾瑩妻戴，刃死。錢邦燦妻萬，刃死，女水死，姑談刃死。顧世賞妻吳，子諸生驊妻李；王志元妻陳，水死。王仲升妻吳，刃幼子，水死。

天台衛琴娘，嫁三月被掠，毁容，歷淮，以計脱，至鎮江，經北固山，書絶命詞於壁，投水

死。

丹陽婦來氏，邑大族，夫失名，爲兵牽去，不從。經龍潭驛，題詩投筆，因紿兵曰：「登舟而從君。」及中流，猛拽兵溺水同死。中峯荆氏被執，罵死。某婦，被執，經死。

金壇王氏三女，一諸生王溽金女，一王逸女。兵至，三女匿長蕩湖葦中。兵筏至，勒之置筏，三女倚手相持，至急湍，併身曲踊連頓足，筏覆，俱溺。兵屍浮，惟三女不出。月餘求得之，猶堅相持，父母哭而披手乃開，葬湖壖冢。木必三椏有連理者。溧水汪氏女，投石臼湖死。

吳氏，武進人。布政使暘女，諸生鄒延玠妻。永曆五年，延玠以義師事繫江寧獄，七年死；氏經，救不死。九年，延玠喪歸。十年，清命收其家北上。氏乃迎母至，夜半起請母所，曰：「兒今固必死，安能俯首求旦夕活，作長安係囚婦耶！願母稍忍，成兒死。」母泣不言，氏更衣拜佛，復向母曰：「兒欲爲母拜，恐傷母心，兒不敢。母老矣，勿以兒故過哀。」因出一扇，曰：「此夫子南京寄我者。」出一囊，曰：「有醫方，夫子所手較，有書夫子生平所習；有髮，夫子獄中所留也。」仍乞以殉。復呼婢戒毋號，乃自燃燭，持囊及扇還入室。時雞甫鳴，母婢旁皇哭，不敢出聲。少頃，視氏自經已絕。女秀姑，年十五，不食死。氏死前

一日，苦熱，氏祝曰：「安所得甘雨乎！」遂雨竟夕，謂節婦雨。

先，邑人巢用昌妻祁，與婦朱，經死。俞錫調妻徐，與黄氏、蘇氏，刃死。王心妻莊，與女；孫啟妻鄭；邵遂祖妻吴，與女；邵齊疆妻陸；邵璽妻任；蔣鍾祧妻王；吴仲宣女兆麟詩書明大義，避魏村，爲别世詩，皆水死。

無錫：祝鴻業妻施，鴻業死，年二十，憑棺翦髮。家貧洊飢，或勸適人，抉目以志。北變聞，不食死。吕完音妻徐，避兵草中，挾去不從，水死。劉明楨妻顧，井死。

宜興：副貢吴三畏女，適李逸涵，水死。增生徐彦妻華；丁佳妻黄；丁明妻黄；沈伯芳妻王，與女；蔣郁子婦吴；潘明玖妻史；毛桂生妻蔣，與蘇氏、姚氏、陳心志女，皆投河死。何恂妻徐，折脅死。王天爵妻朱，被執大駡犬豕死。邵氏，執，過橋抱女入水死。姚竹匠女，投水死。

黄晞妻周氏，江陰人。晞父毓祺起兵，氏避浙西。晞間歸見執，氏驚痛，引繩自經，婢救不死，遂束裝歸，曰：「夫子命不可知，婦人奈何飄泊數百里外求活哉！」時干戈間阻，以漁舟晝伏夜行，水漿不入口者數日。抵里，則室家已破，依其姨祖母沈，日挑菜雜糠粃充飢，竭十指力以供晞獄中饘粥。十閱月，晞事已。無何，毓祺被逮，氏恐累親黨，僦田數畝，

偕晞耦耕，絶粒七日不死，乃復食，盡力操家政。毓祺卒，晞再逮南京，氏投董嫗家。人定後，投宅後池中。漏二下始覺，覓之，屍浮水面，多方救之，嘔水數升得甦。捕者驅迫至嘗州，求死不得。聞人言金屑可死，屑三錢服之，盤旋腸胃，痛不可忍，竟不死。晞友楊廷玉聞其事，曰：「金不赤，不得殺人。」脱妻赤金指環二屑進，亦無驗。明早，知府夏一鶚按册呼名，直立不應，舉右袂障面，左手引刀自刎。刃入喉者二寸，血噴而仆，滿堂大駭。好義者爲之殯殮。夜半，喉中喀喀作聲，救之又活。新任知府欽其義，欲放之歸，創亦復合，金屑終不爲害。而一鶚必欲盡陷忠臣家，又命逮者至門，卒從容投繯死。

邑諸生許君實子婦，城陷先被執，投池死。邢公祚妻蔣，先投幼子女於井，自沈死。倪春岡妻高，曹驥祥女潔修，不食死。殷華石妻吳，與婦，王純素妻某，刃死。趙敏之妹，持梃鬥死。方啟揚妻祝，張克勤妻吳，經死。張弘謨妻，在敵山，奪刀落指死。韓璐妻蔣，執，大駡死。沙春禮妻何，井死。顧瑞甫妻高，肆駡磔死。諸生劉行燦女歸張燦者，斫死縣治前。張吏鄰女，執，紿兵取銀，投水死。劉甲妻、方君弼妻陸，水死。沈紹洪妻邢，火死。諸生華曠度妻王，執，清兵挾上馬，跳馬死。祝塘王致廣妾德姐，避敵山，刃死。蔣廷生妻王，避稷山，挾上馬，掙扎者三，刃死。靖江張達道妻任、王月梅、劉耀洲女，大駡刃死。

錢秉鐙妻方氏，桐城人。避寇南京。歲祲，以女紅易米食其夫，己與婢僕雜食糠籺。客至，則取簪珥潔茗治饌。秉鐙固名士，多交遊，莫知秉鐙貧也。弘光時，阮大鋮興黨獄，秉鐙名在捕中，走蘇州，氏挈子追尋得之。蘇州亦亂，乃密紉上下服，抱女投水死。

吳縣：黃于庚聘妻沈。于庚亡，父母議改適。氏聞之，閉户自經，以救甦。自是縞素棲止一樓，家人罕見其面。南京亡，兄欲攜之避兵。曰：「樓居三十年，死固吾分，奚避爲？」絶粒死。

申允庚妻周，嘉定伯奎女，不食死。守備吳自龍妻周，指揮吳元韶弟婦，武進士陳智錫妾湯、侍女丹鳳，水死。諸生張宏謨女適徐，色美，居滸關，執不從，大罵死。諸生盧啟祥妾蔣，諸生徐昌妻韓，諸生薛咸妻宋，東跨塘諸生張起英二女，諸生毛繹卿妻某，王化民妻黃，曹延禧妻錢，丁浦母李，陸四妻，湯傳桂女，張仲奇妻曹，金滿妻徐；華家墩夏尚伊妻周與女壽姐，水死。唐雲泉妻顧，經死。徐樹聞妻張，丁志皋妻周，斫死。錢延卿妻袁、徐甲妻曹，刎死。劉甲妻張，刎不死；主將至，大罵死。席啟章妻張，經東山死。鄭揚宇妻蔡，斫西山死。葑門外某氏妻，夫死，大罵投水射死。

長洲：舉人鄒華明妻王，諸生費孝思妻，諸生張起林妻林與女，水死。諸生朱述妻周，投崑山管瀆水死。王甲聘妻蔣，居陳湖，美姿容，被執不從，斷臂刺胸死。蔡懋良妻張，池

死;子方燧。徐樹聲妻張,刃死。陳琦孫妻周,與子婦張,水死;孫女十三人,駡死。龔甲妾金,刃死。許大本妻張,錢文魁子婦,朱伯元妾金,盧爾淑、陸大、李四妻,水死。方甲妻柳依依,被掠不食死。陳瑋妻張,死寶帶橋。

臨頓路麵店婦,孀居。南京亡,聞人云:「朝官皆爲清官,吾等百姓將爲順民矣。」曰:「是何言,吾必死。」乃經夫柩前。

二許氏,吴江農家女。長適張文達,次周志達。弘光元年,清兵南牧。文達故以負販爲生,至是起義,戰敗不屈死。其家不知存亡,使志達偵之,亦被執,令薙髮,不從,見殺。是時,長年二十九,次十九,號泣尋夫屍不得。長既喪夫,又無舅姑,兄欲迎歸。謝曰:「吾夫雖死,然此固夫家也,義不可以婦寧母氏。」次事舅姑謹。姑憐,欲嫁之。謝曰:「新婦所以不死者,將代夫事母,詎可失節他適。」吴俗好佛,婦人貧無依者,輒爲尼。有一老尼,教二人薙髮。長曰:「不可,婦人之髮,奈何與男子同去之!」次曰:「夫以不薙髮死,而吾反薙之,何以見夫地下!」二人卒完髮終。

同邑諸生吴甲女,投水出,抱樹死。諸生沈承銘妻張,在盛澤刎死。諸生顧應鼎妻張,駡腰斬死。諸生顧爾雅女字陳,夫死,大駡死。諸生沈襲嘗女,斷臂死。諸生陳君宣妻,諸

生陳若來女，諸生莊兆昇妻胡，諸生莊甲妻吳，諸生顧詵妻徐，諸生陸偉妻張，水死。諸生楊應聯妻鈕，斷臂水死。諸生陸象坤妻錢，斫蘆墟死。太學生馬孟翔妻錢，太學生馬捷妻許，水死。徐季文妻施，能詩文，自經獲救，投水死。黃元貞妻盛，吳鈞妻王、女元姐，黃公來妻吳，皇甫申妻孫，刃死；申爲僧。程甲妻徐，甲死，水死。陳氏居海堰，執死。翁生妻，生死，罵死。張敬宇女，奪刀剺面死。程振華女、張爾嘉女，火死。陳五子婦，五死，與徐華宇女、顧王州孫女、邵七妻，皆水死。徐載元妻吳，腰斬死。陳玉梅，被執，刃數十死。陳彥鼎女玉，斫數十刃死。平望二顧氏，張生、沈公木妻，刃死；妹十姐，大罵死。盛澤沈仲衡妻徐，刃死。王之相妻徐，水死。同里王景龍妻徐，顧世裔妻錢，與邵一妻，水死。東溪顧世臣女，斫死。徽州某妻妾，投水；妾被執，中三刃死。

香娘，本蘇州名妓，豔而工詩，爲吳易妾。易自太湖兵敗，全家死難，惟香娘被執，求死不得，清將欲收之充下陳。香娘泣曰：「我相公每飯不忘大明，妾亦何忍負之，必欲見辱，有死而已。」清將肅然聽其所之，於是削髮爲尼。

同時有王微者，字修微，江都人，許譽卿妾，工吟咏，好金石古器，揮灑千金不吝。病革時，以薙刀戒衣之屬，貽譽卿曰：「當此喪亂之中，得全身爲上，幸毋自辱。」南京亡，譽卿遂

爲僧。

蘇州義妓，聞南京亡，語所狎客以死事，狎客笑之。中秋，買棹召客，泛太湖，皎月空明，觴鷁首甚適，忽顧影感嘆，置觴投流深處，不及救死。

葛嫩，應天名妓，歸桐城孫臨。隆武元年秋，臨起兵震澤，兵敗，嫩被執。清將欲犯之，大罵嚼舌碎，含血噀其面，將手刃之死。

朱媚兒，亦應天妓，歸館陶耿章光，寓南京。永曆時，章光密謀起兵死，妻妾環泣，媚兒止之曰：「此非哭時也。清法，起義者妻孥入官，發滿洲爲奴。若不早計，則恥辱狼藉，更爲死者羞。」乃勸主母姚并女子婦妾媵、趙僕婦投井，媚兒更嚴閉前後門，從容從殉死。

王氏，崑山人。太僕卿宇卿孫，許聘侍郎顧章志孫同吉。同吉未婚卒，氏年十六，歸顧氏守節，撫夫兄同應子炎武爲子。居別室中，晝紡織，夜讀史記、通鑑及本朝政紀書。炎武年六歲，授之大學。少長，輒舉劉基、方孝孺、于謙諸人事以教之。崇禎間，祁彪佳表其門，曰「貞孝」，朝命旌表。安宗立，炎武薦官，未赴而南京亡。警聞沓至，乃至嘗熟之郊，詔炎武曰：「我雖婦人，然已受朝廷恩命，果有大故，則死之。」時炎武方起兵崑山，事敗脱歸，將

奉氏他徙，而氏必不可，絶粒十七日而卒。遺言：「後人勿事異族。」以故炎武累拒清徵用，遊學終其身。

同時邑人太嘗卿王㵾妻范，端坐死；女適朱宗侯，水死，五女餘姐，及尚寶卿諸壽賢孫女，井死。主事何琪枝妾戴，斫死。於潛知縣王庚女適周俊，與妯孟，及其三女，水死。泗水知縣朱世芳女，被執，連刃死。舉人朱澄宇女，刃死。太學生顧錫眉妾蔡，入水刃死，子婦王，自刎，一門二十餘人死。太學生徐永芳妾，大罵臠死。廩生金元耀妻秦；諸生孫五尊妻周，與五尊妹；諸生陸宗毓妻羅，與子諸生金銘妻顧；諸生朱應鴻女適歸時暘，與女弟時炤，妻陸，與女，一門；諸生周完初妻諸，與妯娌；諸生王立曾女；諸生顧升恒妻陳；諸生顧詵妻徐；諸生王棻妻周，與女及嫗；諸生朱述善妻周；諸生沈振宗妻姚；諸生姚伯先妻姚；諸生周允熙妻顧；諸生陸士任妻淩；諸生夏都妻茅，與子世臣妻王，義女秋桂，與孫女，水死。諸生朱琪妻陸；諸生王仲光妻金；諸生潘爾成妻姚，與女，刃死。諸生高明妻顧，以翦刺兵死。諸生金履正妾劉，婢冬桂；諸生李瑞徵妻張；諸生陳一中妻王，井死，子永年妻朱，與子女，斫死；永年泣血死。諸生孫瞻黄妻葉，與婢玉蘭；諸生王沾妻金；諸生王季人女，觸石死。王汝召妻被執，奪刀斷縛，斫兵死。季祖三妻蘇，持鐵斫兵死。陳氏，夫死兵。被掠，僞約成婚，乘醉刺兵死後，再自刎死。王氏，被執，託病延醫，將

信石置食中，毒兵死，己亦死。鄔仁甫妻，朱以發妹也，與子葉；李洲妻孟，與二女；徐受益妻，與子女，水死。朱順宇妻張，與子女；張緄妾韓；顧丑妻毛，與女；俞心疇妻陳，與子女一門，井死。徐奉賢妻陶，與子，刃死。當崑山城陷，女子義不受辱自裁死者，屍滿河中。

嘗熟諸生蕭甲妻許氏，諸生重光女，爲清兵執至蠡口，見有受辱者，大駡曰：「清白之軀，何得偶狗彘。」兵怒，以刀截鼻，血淋漓，縛之桅，支解之，食其心。羣視曰：「此烈婦也。」潛瘞其一股。

同邑諸生孫蘭階妻陶，負女井死。諸生程遊鶴妻顧，水死。許弢美女歸蕭氏，夫死，被執，水死。徐季文妻施，能文，曰：「國亡，但欠一死。」以子付叔，水死。蔣遲女織素，經死。顧懋諲母陳、妻魏，李尚仁妻劉，水死。宋甲妻陸；吴嘉鼐妻錢，抱女；馮甲妻蔡，抱女，其父及婢，井死。潘寧妻顧，不食死。蔣瞽女，父貧喪偶，兒幼，女爲苦營旦夕，聞蘇州陷，先經死。

嘉定：顧君穎妻駱，工詩。北變，設位哭先帝三日，作詩千言，朝夕上食，賦絶命詞，與女銀姐，盛妝井死。諸生陳謙光妻，刃死。黄道宏妻，攜二女，井死。

太倉諸生周錦存妻顧，諸生何延祖妻王，刃死。馮熙明妾，抱子女井死。張明妻陳氏，經死。

嵩江：中書舍人張翀之妻徐，自刎死。指揮陳甲妻妾；百户徐肇美妾黄，與婢，水死。諸生孫謣妻顧，與歙縣商孫氏媪，刃死。諸生宋家瑞妻董；陳君秀妻楊，與媪；諸生張方彦妻俞；陳復舒妻楊，水死。何佩，兵至，大駡曰：「汝人面獸心，恥與汝俱生今日。」首觸階，寸磔死。柘林何氏女，杜永和以爲妾，不從，自剖心死。二女子：一未嫁，水死；一新嫁，被掠，大駡死。

青浦諸生吕延禧妻，吴嘉允女。夫亡，撫孤臞山，與子稷不食死，女經死。金山蔣敬交妻顔，觸刃死。張氏女，大駡臠死。

懷寧諸生韓鼎允妻劉氏，城潰，舅姑雙柩殯於堂，兵欲破棺，氏抱柩哭，兵釋之。一女，年十三，兵欲縱火而數盼其女，氏紿曰：「苟不驚屍柩，女非所惜也。」兵喜，投炬攜女去。氏送女，目門外池示之，女即入池。兵怒，刃氏，駡不絶口死。

諸生張明煒妻游，觸石死。諸生葉澐妻汪，從翁姑經死。諸生錢鑣妻劉，火死。戴堯封妻劉，與子宗燦，水死。

宿嵩：諸生吴之瑞妻張，城陷，兵欲辱之，氏恐禍及夫與子，紿兵曰：「此塾師，攜子在此，吾醜之，遣之則唯命。」夫與二子已去遠，乃厲聲唾罵，撞柱死。

和州：諸生張侶顔妻王，兵掠朝陽洞，氏以子付母，曰：「寇勢洶洶，我少婦，即苟免，何顔回夫家。此張氏一綫，善撫之。」挺身躍洞外，觸亂石死。

當塗孫士毅妻陶氏，守節十年，被掠，縛其手，介刃於兩指之間，曰：「從否？」氏曰：「速死爲惠。」兵未忍殺，稍創其指出血。問之，答如前。兵怒，裂其手，剜其胸死。母奔護，亦被殺。

舉人吴昌祚妻謝，刃死。諸生諸衷韞妻張；張元喆妻倪；周金章妻程；胡之寧妻戴，與婢，水死。

蕪湖鄒氏，大罵碎屍死。烈婦某，將掠，婦不辱，衣上下縫紉密。夫訪贖之，將不許，婦憤，水死。晚泊，舵前聞窣窣聲，則屍已在。次日復然，篙之，復至。又次日復然，乃舁而棄之。月許，將在舟納涼，大呼曰：「婦又至矣。」落水死。

池州：曹世榮女，大罵刃死。鮑三妻胡，斷手死。宣城諸生沈珖妻湯，被執，受數十刃死。諸生鄭瑶妻沈楚英，水死。高桂妻梅，被執，刃頰流血，大罵，斷腕齒腹死。查斌妻汪，

沈恩妻曹英，鄭汝薦妻趙，水死。

廣德：諸生戈覲妻管，刃死。諸生王鼎元妻步，剖腹死。魯守璋妻雲，磔死。濮陽菉妻丁，曳馬足死。蔡勝如妻沈，管良文妻陳，水死。張鏴妻董，韋應讚妻葛，刃死。戈暘祚妻王，斷十指死。

建平：吴良珙妻陳，井死。王命錫妻田，刃死。沈文珖妻湯，矢中腹死。盧士廉妻韋，繫馬足，寸磔死。

畢著，字韜文，歙縣人。生禀異姿，工文翰，兼能挽一石弓，善擊劍。父守蘇州，戰死，屍陷清兵中。其部從議請兵復仇。曰：「城在，援且絶，況城没耶！即有應，亦曠日，寇有備，事無濟矣。」乘夜率衆出襲，清兵方幸城中主將亡，夜決無變，方媒妓閧飲。而一軍突入，清兵駭如天下，驚愕失措。著手刃其渠，握首級號於衆曰：「敢抗王師者，有如此首。」清兵乃潰，輒焚其營，追殺無算。清兵退，舁父屍還，時年甫二十也。捷聞，將援沈雲英事授官，俾討賊。著以父喪辭歸，營葬南京。及南京亡，事遂寢。當其隨父任時，願委禽者沓至，著俱不可，若求才之得兼智勇者方許。至是，歸於崑山士人王聖開，相誓偕隱，遂結廬蘇州，種梅百本以自給。著有殺賊詩。

沈隱隱，本揚州娼女，有姿色，能詩，落籍歸歙諸生夏子龍。子龍，倜儻有志行，不爲章句，得隱隱，唱和極樂。北京之亡，子龍怏怏不自得，與隱隱窮日夜酣飲，不復休。或規之。歎曰：「此信陵君所謂飲醇酒近婦人者也，子未揣其意耶？」南京危，子龍已嬰奇疾不可療，遂死。隱隱憑屍哭，曰：「天乎！亦知郎之所以死乎？」乃盛飾載拜，就棺旁結繯以死。

後徽州陷，歙縣舉人曹應鶴妻趙，水死。

休寧：諸生謝爾瓛妻程，斫死。諸生吴爾城妻黄，刎死。

梅氏，麻城人。巡撫之焕女，嫁霍山黄鼎。英勇多才智，饒方略，有父風。崇禎十五年，賀錦攻城。氏與鼎，以子弟鄉兵守白湖寨，出奇斬之，村閭獲全，人比之夫人城。鼎字玉耳，諸生，鳳督馬士英贊畫，授麻城知縣。張獻忠入楚，拒之羅田。十六年，合黄、麻九十八寨兵數萬人，與劉僑、田生蘭、周從極，推玉峯山寨侍郎周之夫爲首，復黄安、黄陂，入麻城，説獻忠兵部尚書周文江反正，斬湯志，禽白雲飛，自黄州通判遷太子太師、都同知總兵，守固始，力拒李自成。已從王熻起兵，聯合蘄、黄四十八寨，後降於清。氏猶以衆數萬據廬忻山自保，與清兵戰，數捷。清督馬國柱招之，氏謂必馬國柱躬來廬面約。馬國柱就約，氏貫甲鐵鍪見之，懍懍如丈夫然，仍居山中不出。洎鄭成功圍南京，鼎謀内應，事洩，仰藥死。

劉淑英，盧陵人。父鐸，天啟時以揚州知府忤奄死，贈太僕卿，謚忠烈。方離禍時，淑英止七歲。母蕭氏，陳其父書自課之，旁及司馬兵法、公孫劍術，莫不精貫。及笄，歸同邑王藹，年十八而寡。北京亡，淑英聞之慟哭，曰：「先子與王氏皆世祿，吾恨不爲男子，然獨不能殲此渠兇，以報國仇耶？」因散家財，募兵得千餘人，併其僮僕婢媵，部勒之成一旅。時張先璧駐永新，聞名請謁。淑芳方以孤軍無策應者，欲資爲助，遂開壁見之，流涕爲指陳大義，諸軍胥變色，拱立聽命。旦日，過先璧報禮，且周視其營，閱其兵，出千金爲犒，佐以牛酒，一軍盡歡。然先璧實不欲赴敵，且微露欲納淑英意。淑英乃大怒，就筵間拔劍將斬之。先璧惶遽環柱走，一軍皆甲。淑英叱曰：「汝曹何怯也！怯如是，而能赴湯蹈火乎？此吾自不明，吾自誤。吾一女子耳，又安事甲？」大書壁上，從容北向載拜，曰：「臣妾將從大行皇后在天左右矣。」先璧悔且懼，率麾下叩頭請死。淑英曰：「婦言不出於閫，吾以國難，蒙恥以至於此。事之不濟，天也。將軍好爲之。」跨馬竟去，盡散所部歸田里，養母以終。

鄒涵光，臨川人。歸譚綸曾孫。夫世襲錦衣，居北京，早亡。氏教書某相府。北京危，上書請南遷，又請毋令中官守城，不報。扶夫柩南歸。著文餘十卷，陳大士序之。

張氏，新建人。大學士位孫女，尚寶卿大朴女，歸進賢諸生饒宇棨。永曆二年七月，清兵再至，從宇棨走河東，被執，兵加刃。宇棨盡出釵釧贖死，兵竟殺宇棨。氏搶地哀號，以蓆覆屍，再拜成禮。兵促共去，怒駡曰：「余相門女，尚書子婦，豈從汝！」奮起觸石死。

邑人瑞昌王孫議澹妻張，刃死。宗室女歸劉爲妻，清兵至，死。金正南妻吴，入南坡池死，傅飛佺爲作歌。楚雄知府羅廷璠妻楊，被執桐源，大駡死。舉人程顯妻，宗室鶴皋女。顯將家入西山，道失，或傳顯死。氏謂子婦統鋡女曰：「翁死，不獨生，奈何？」曰：「死耳。」氏經死，子婦剄死，女子多感自殉；顯不知所終。諸生徐文璠妻朱，割乳死。陳士彦妻程，水死。

南昌：給事中晏文輝妻丁，刃死。諸生胡甲妻萬，入窑湖死。諸生劉崑妻喻，刃死。諸生劉徵妻黄，支解死。汪思瀾妻舒，入窑湖死。陶其鉞母詹，妻熊，水死。劉元鐘妻吴、妾朱；顔信妻涂；胡子賤妾喜蓮，與妹；趙溥妻姜；熊人定妻徐，妾王，刃死。蕭氏、姚氏婦，井死。陶五妻姜，刎死。徐鍾馨妻張，矢死。

豐城：熊州俊妻甘；熊嗣蕃妻胡，與從子有恒妻沈，水死。

進賢：諸生熊維簡妻謝，諸生熊惟燮妻何，諸生熊歐妻王，胡永益妻汪，刃死。

靖安：舒調熙妻朱，水死。

高安：諶日昇妻陳，刃死。

新昌：劉守京妻胡，劉餘慶妻徐，劉守發妻胡，水死。

德化：諸生朱景賢妻張，火死；女適廖，經死；適毛，刃死。屠者女，水死。

瑞昌：鄧之元妻孫，水死。

星子：諸生但驄妻傅刃死。

都昌：余文之妻李，詹光科妻楊，詹光達妻，刃死。

安義：楊尚文妻袁，斫死。

鄱陽：鄉官史企勉妻某，子婦萬，井死。諸生陳一溍妻童，諸生黄裳吉妾，水死。諸生羅球妻鄒，李大妻陳，童泰貞、方菊英，刃死。江裕妻廉，題詩經死。計雲嵩妻毛，張氏二女，水死。袁光室女，刎死。

浮梁：汪榮祖妻程與姊德仙水死。

上饒：鄭甲妻徐，水死。

興安：王士俊妻毛，水死。

南城：諸生熊士葵妻涂，與二女止姑、引姑，二婢姱、姊，杜生妻，水死。

南豐：江秉德妻黄，刃兵，支解死。吴氏女與嫂傅，投崖死。李友妻蔣，鄧大喜妻吴，

李問妻趙，刃死，婢福妹水死。

廣昌：揭去懈妻魏，刃死。何順妻，剖腹死。謝葫蘆妻，水死。

王去華，金溪人。布政使若水孫，歸諸生陳諤。有才色。隆武元年，清兵至，隨母避咸塘。諤他出，清兵數萬自石門殺掠縣西，將近咸塘。諤多收藏，尤寶蘇軾墨跡，出必藏去華所。是日平明，去華改服蓬首，獨持手卷著胸前，與母走。晡，兵噪後至，去華孱不能行，哭地上，欲遲父翰卿。翰卿已見殺，不來。母强挾前行，得一池。去華止不動，麾母曰：「母老矣，疾行毋返顧。告陳郎，求我屍此地。」急置卷池旁，躍水死，母亦死。三日，諤得屍池泥中，浴殮之，肌顏玉雪，惟十指甲盡脱，血凝碧。時兵過，女子無妍媸，馱以副馬，或連繩縛去。蹈溪水者，衣帶漂水面，輒長戟鉤取，無完者。去華脱不自奮入泥中，幾不得死。諤及是慟絶，喪之加禮一等。

同時邑人吴公邁妻周玖，與玖姊瓊，歸益簡王孫，亦殉。布政使桂紹龍妾孫，刳腹死。諸生徐車轍妻聶，諸生周鳳歧妻饒，刃死。諸生王民悦妻邱，矢死。諸生曹汝仁妻賴經死。諸生王甲妻左，諸生李元善妻聶，諸生陳其諤妻王，聶以偕妻桂，徐如坪妻張，經死。石念懷妻詹；何九鼎妻黄，與女，水死。張思理、繼理妻吴、劉，全我女三姑，周灼九妻危，周士

覲妻張，周羽先妻胡，蔡文煥妻何，張大器妻丁，張燦如女，余傅氏，刃死。

臨川：徐銓妻曾，支解死。周文甫妻嘗，抱子井死。李瓊英，水死。

崇仁：李一鵾妻黃，剖腹死。

宜黃：張譚氏，水死。

東鄉：吴公邁妻周，黃若轅妻傅，與子女，及吴周氏，水死。揭河一妻樂，梁氏女，范氏，刃死。

廬陵：戴大德妻高，子象觀妻高；黃履象妻陳；李向榮妻張；歐陽雙叔妻諸葛；及趙蘇娘、曾冬姬，或水死，或刃死。

泰和：諸生郭光福女，刃死。彭遠春妻梁，水死。

吉水：曾美妻徐，刃死。

永豐：諸生沈沅妻，刎死。胡次姑，刃死。

安福：王磐千妻顏，刃死。

萬安：賴南叔妻蕭，火死。周賢佐妻胡，刃死。曾尊儒妻彭，刎死。

永新：諸生左興國妻朱，樊紹聖妻賀，刃死。

清江：楊泗清妻彭，黃璁妻傅，黃述文妻熊，黃堯臣妻金，張全忠妻傅，楊惟謙妻張，皮

賫連妻朱，水死。

宜春：諸生劉而寬妻王，水死。

萍鄉：徐九皋妻何，一門水死。

贛縣：諸生温先升妻，曾忠女，火死。

雩都：興濟知縣宋邦柱妻李，端坐死；子汝珩妻曾，水死。

會昌：文宗孔妻謝，經死。

寧都：諸生曾士禬妻楊，子諸生師旦妻；温裔芹妻蔡，四年城陷，經門樓死；師旦爲僧。

謝君石妻沙，諸生葉芊妻謝，刎死。

瑞金：郭在中妻歐，水死。

大庾：彭之驊妻蕭，井死。

南康：王祐妻扶，井死。

南明史卷一百十四

列傳第九十

無錫錢海岳撰

列女二

李因 黃媛介 仁和錢氏陳氏 莊氏等 黃氏等 胡縉妻等 俞氏等 陳氏等 陳氏等 項淑美 慈谿王氏 歙縣葉氏 高氏 盧氏等 蔣氏 吳黃 塘橋女子等 曹氏等 呂氏等 吳氏 周氏等 俞氏等 何氏等 陸氏 丘氏等 沈名玉女等 梁氏等 沈氏等 柏氏等 商景蘭 妹仲商女德淵 山陰余氏雙烈 倪氏 山陰陳氏 周氏等 陳潛夫妻 陳元淑 高朗妻 沈氏 謝氏等 王自超妻 王玉映 吳之葵 金四姐 章憲妻 沈雲英 蕭山張氏 俞氏等 許甲妻等 象山婦 諸暨黃氏 蔣氏等 毛有倣妻 王氏等 文鶯 黃宗羲母 葉氏 徐氏等 金氏等 呂氏 甬上四烈婦 錢肅遴妻 王翊女 華氏等 江氏 張肯堂妾方氏

周氏等　李氏等　于氏　趙氏　戴氏等　許氏等　趙氏等　葉氏　沈氏等　葉氏等　周氏　陳氏等　余氏等　蔣氏等　樓氏等　應氏等　翁氏　祝氏　王英女等　徐氏等　葉氏等

李因，字今生，錢塘人。少習詩畫，知名於時。及笄，爲海寧葛徵奇妾。從至京邸，奇書名畫，相對摩挲，暇作山水，或花鳥寫生，脱手流傳。南京亡，徵奇歸隱琴臺花隖，管絃之聲不絶，因以翰墨潤色其間。無何，徵奇歿，家道中落。因煢然一身，酸心折骨，發之於詩，有三世相韓之痛。於是求因畫者愈衆，遂爲海寧士宦饋遺中所不可少之物，因卒以淒楚蘊結終。

同時黄媛介，字皆令，秀水人。工詩賦、山水，張溥聞名往求之。時已許楊世功，世功久客不歸，父兄勸改嫁，不可，卒歸世功。往來杭、紹，閨中能詩者，争致之唱和。浙江陷，轉徙吴、越，以詩畫自給。

錢氏，仁和諸生陳世正妻，與姊傅天耳妻陳氏。江上潰，姑嫂避入富春山。清兵搜山，獲之。錢氏守三歲兒，知不免，躍赴江中，與兒俱死。騎亟擁陳氏上馬，墜馬者再，髮亂委地，膚色如玉。騎不忍殺，輒以好語慰之，曰：「行將送汝歸。」扶上馬者凡六，慟哭大駡。

騎怒甚，揮刀斷其軀爲三截去。路人哀之，埋道旁古槐下。

同時杭屬殉節婦女：

錢塘：傅元英妻莊氏，於金家牓投江；元英子與霖妻錢氏，從之；弟世楨妻陳氏，駡寇死。沈振傑妻黄氏，被執陡門，水死。盛我凝妻李氏，劫至武康下溪灣，水死。錢塘女子某，在清波門外赴水未死。清兵欲將淫之，紿以沐浴後可，因潛湯淋兵，兵眩不得動，以利刃刺兵而死，後投水死。

仁和：沈宜烈妻黄，與丁卯姑，投漳溪死。胡增煌妻丁氏，水死。

海寧：舉人胡縉妻朱，水死。諸生沈懋華女，弘光元年閏六月，懋華起兵逐清令，已城再陷，引女去。女年十六，曰：「出必辱，此猶得自裁。」遂經死。諸生徐元嘉妻沈，刃死。諸生周佩蘭妻褚，水死。諸生徐長善妻朱，與二婢商、顧，刃死。諸生胡永清妻闞，與姒朱，水死。沈聖趨妻潘氏，至王店，水死。汪祥明妻陳氏，斜橋陳某妻吴氏，水死。沈有年妻潘，與小姑，刎死。

硤石、臨安：劉生芳妻俞氏，俞可鈺妻方氏，經死。徐桂芳妻施氏，刎死。盛鼎妻胡氏，井死。

新城：周甸妻陳氏，剄死。沈登榜妻陳氏，潘之庠妻陵氏，沈尚珍妻袁氏，水死。鍾時

飛母羅氏，袁啟元妻葉氏，射死。

昌化：翁善妻陳氏，裂死。陳錦妻翁氏，陳大忠妻章氏，水死。童時聘妻王氏，刃死。

項淑美，淳安方希文妻。希文好蓄書，杭州陷，清兵掠江澔，希文率妻子載書避山間。一夕，偶以事出，淑美與嫗婢共處，兵突至縱火。婢挽淑美出避，叱之曰：「出則死於寇，不出死於火。等死耳，死火不辱。」嫗復呼曰：「火至矣。」不之應。取書堆左右，高與身等，與俱燼。兵退，希文歸，則餘燼旋而成堆，若護其骨者。希文一慟即散，乃收骨葬之。

先是，慈谿有王氏者，歸同里方姓甫逾月，火起，延其屋，夫他出，堅坐小樓不下，骸骨俱燼，惟心獨存。夫歸，捧之長慟，未頃即化。

葉氏，歙縣洪志達妻。隆武元年，清兵至，從志達避淳安鄭家村。二年二月，村人噪曰：「兵下青溪矣。」於是居民皆竄匿，而氏之色奇麗也，乃匿溷藩中，草蒙其面。無何，遊騎至，睨溷中曰：「革中何豔？」曳出之，曰：「豔哉，草中人乎！」迫狎之。志達年雖稚，然長軀而拳勇，憤然擊一騎仆地。衆怒，拔刀起，志達拳白刃，疾聲呼衆，且仆且起。不勝，則環射之。中數矢，猶張拳鬥。最後一矢貫睛洞髗死。氏奮前抱其屍，衆挾之上馬去。氏美

而智，馬行平坡廣陌間，踏草弄花，不哭而嬉，騎擁之閑閑也。望遠將至峻崖、臨不測，顧持己者曰：「余嫻轡矣。」乃縱馬峻崖，騰身崖下。死數日，家人得屍溪中，色如生。邑人立祠祀之。

同時建德：吴士昌妾高氏，水死。淳安：葉迎妻盧氏，胡世宰妻繆氏，刃死。遂安：余和讓妻蔣氏，刃死。

吴黄，字衣裳，嘉善人。大學士錢士升子栻妻，兵部志遠女。栻從黄道周學畫蘭，勉以親賢如芝蘭，詩語傳誦。栻殁，叔棅起兵，散産助義。聞劉淑英倡義，有「我上髫髦者，深閨愧執殳」句。國亡，抑之死。

同時嘉興塘橋女子，避兵梅里，爲清兵掠入舟，犯之，不可；捽水中恐之，終不奪。已乃大駡，兵怒，刃之，墮水死。邑人陶本立妻陳氏，與子及婢紅梅、鄰婦等十七人，井死；女十三姑，濵死。徐士模妻陸，二女婢，水死。張某妻，沈水死。周用甫妻許，撫孤，不食死。沈華區妻潘，水死。徐肇𣝗妾張，經死。胡愛橋女，水死。周甲妻方，歙人流寓，北變，年八十一，痛哭二日夜死。

一時秀水舉人錢淳妻曹氏及幼女，水死。黄季瀚妻胡水死。諸生姚安妻秦，及弟繼芳妻高，經死。錢世茂妻陳，水死。鄒之屏妻孫氏，水死。蕭某妻，井死。俞瑞宇妻張，刎死。

嘉善：諸生袁烺妻呂，遇清兵楊蕩灘，躍水，嫗持之，嚙其臂，兵挽之出，以刀剺面死。蕭敬明妾吴，率女及秀婢：，葉舒芑妻錢氏，與僕婦張，水死。沈三妻子，水死。朱應宏妻沈，井死。

硤石：胡良輔妻吴，死硤石水中。

崇德：夏承啟妻周，徐玉峯妻蔡，刃死。祝守道妻姚，水死。又魏氏，裂腸死。

平湖：貢生張蔚然妻俞，斫死。諸生林泓妻沈，與泓弟妻徐，投水浮出，清兵援之，沈大駡死，徐與女水死。劉擎生妻陶，剖胸死。諸生孫鍔妻俞氏，水死。諸生金鐸妻，入水爲兵執，嚙兵一指，大駡剸死。諸生俞醒妻陸氏，及子欽亮妻徐氏：，諸生倪遷妻陳：，馬二官妻楊：，馬慕南孫媳陳氏：，陸宏錦妻盛氏：，曹季臨妻蔡：，費孟韜母孫氏，妻馮氏：，奚允佳妻李氏：，倪嗣調母陳氏：，程青子妻彭氏：，周士馨妻郭氏：，諸生陳銘妻戚氏，水死。董學玘，水死：，妻劉氏，水死。陶氏與婢，水死。諸生楊春緑妻吴氏，號死。馮某妻陳氏，石天球妻查氏，沈元圭妻顧氏，斫死。吴士璋女鳳姐，執，齒項，磔死。陸麟錫聘妻陳氏，刃死。太學生趙志寀妾岳緑雲，及媳陸，水死。諸生俞光賢妻陸氏，王學古妻徐氏，刃死：，媳陸氏，水死。

海鹽：郭乾妻何氏，經死。于氏女，執，刃死。太學生吳甲妻童氏，諸生陳惆妻蔡氏，諸生黃一卷妻崔氏，與女，小康橋某婦，與姑，抱橋柱大罵，水死。太學生徐乾貞妻朱氏，及二婢，刃死。

湖州：教授紀爾志妾陸，江都人。湖州陷，與女投尊經閣水死。

烏程：江逢源妻丘，經死。溫葉氏，方章甫女，水死。皇甫申妻孫，嚼血死。吳陸氏，與媳張，刃死。

南潯：歸安諸生沈名玉女，水死。茅允旗妻周，馮遵祖妻陳，與胡氏諸婦，吳愛山妻朱，沈汝綸女，施敬先媳費，曹煒妻俞，胡維京妻朱，子婦王，幼女觀姐，幼子其進，孫瑞麟，任祖溪妻沈，水死。張梧妻任，斷臂裂胸死。沈小山妻章，陳正妻，刃死。莫如仁妻費，府掾張孔白妾沈，井死。

長興：諸生楊發妻梁，諸生孫昇妻濮，水死。王選妻孫，楊亨妻周，與子，爨死。馮聖源妻朱，劉國美妻施，與女秀大，磔死。李世彩妻徐，欽承袞妻孫，韋端妻過，姚雲妻金，馮陳氏，水死。周宗制妻趙，不食死。

德清：劉戴妻沈，刃死。章茂明妻姚，經死。沈浤妻范，王法妻沈，吳允培妻沈，水死。

武康：韋毓奇妾柏，諸生胡駿妻韋，水死。兄端妻毛，格刃入水，腦睛出，大罵死。

商景蘭，字媚生，紹興山陰人。周祚女，歸祁彪佳，世稱伯商夫人。彪佳美風采，時有「金童玉女」之目。祁氏自先世多藏書，梅墅寓園，池館之勝甲於越。景蘭從事簡册，教其三女及子婦張德蕙、朱德蓉，操翰吟咏。彪佳殉難，子理孫、班孫亦以國事被禍，張氏、朱氏苦節數十年，未嘗一出屏宁間，里人謂出姑氏教云。德蕙字楚纕，理孫妻；德蓉字趙璧，班孫妻。景蘭妹世稱仲商夫人，有國色，詩與姊齊名，適徐人龍子咸清。咸清幼有「神童」之目，甫束髮即應鄉試，既娶，曰：「吾以是爲王霸妻足矣。」國亡，夫婦偕隱，合著小學一書，自一畫至多畫，正形聲，明訓義，名之曰資治文字。德淵字韜英，景蘭女，與妹德瓊、修嫣、德茝、湘君，並從母學詩，適姜一洪子廷梧，罹禍下獄，得釋，尋卒。德淵痛之，自課諸子，縞素十六年。

余氏，紹興山陰諸生何光衛妻。江上潰，清兵掠村落。氏家峽山，環居千餘户，悉走避。光衛曰：「事急矣，汝有孱，且挈三歲女，滋爲累，奈何？」曰：「吾思之熟，君去，毋我慮。」是夕，徧紉衣裾，抱女走匿吴家隖港口苗田中。比旦，有隔河呼者曰：「苗田中誰何婦？」聲未絶，而控弦者逐田畔，氏懼，亟抱女起，投港死。控弦者大呼隔河人趨救，隔河匿者、竄者各駭散，有幸免者見其狀如是。時年二十三。光衛從兄光有女適本村唐氏子，同

日抱子赴水死，年二十八，稱「雙烈」。

同邑茹芳妻倪氏。芳以諸生起義，方到劄書。芳素與營弁譚某隙，譚擁兵禽芳，芳遁，遂執氏及子女，羈龐公池側空屋，期以暮至。氏密縫襦袴，破窗投池死。

李陳氏，居紹興山陰畫橋。夫農而貧，氏紡績佐之。亂作，居民倉皇奔避，氏既無力獨行，求附娣姒舟，不許，遂率女沿河濱行。至青田湖畔，聞擾攘聲四起，泣曰：「及今不死，後將有求死不得者。」密縫女衣裾，拾巨石納兩袖而挈之赴水。閱數日，其夫得屍於沈處，色不變。

同邑丁瑞南妻周氏，三躍三救之，而卒自沈。周振躬妻徐氏，朱爾平妻郁；潘允卿妻朱；潘實卿妻沈；顧英奇妻石；英奇再從弟妻姚，婢蔡秋桂；劉聖功妻祝；王朝恩妻楊；張甲妻施；虞養吾妻王氏；羅紹南妻魏氏；蔡引翼妻倪氏；何某妻徐氏，與女；周日禮妻楊氏；許大化妻趙氏；王應爵妻蔡氏；徐大化妻李氏；徐道禄妻董氏；嚴文貴妻王氏；杜文達妻何氏；吴大節母沈氏，妻俞氏；傅五妻某氏；及馬氏，翁貞姑、良姑，朱菊秋，水死。王某妻楊氏，刎死。

二孟氏，臨海人。姊妹同適陳潛夫，同日花燭以娶。南京亡，潛夫屯兵江上。隆武二年五月晦，兵潰，歸山陰小赭里，置酒賦詩，與親友訣。二氏曰：「卿爲忠臣，我爲烈婦，泉下差不惡也。」整衣冠，上化龍橋，先潛夫躍水死。

時會稽中書舍人胡裔妻陳元淑，工琴書圖畫。北變，痛哭不食死。

高朗妻潘氏。朗父岱將殉，朗先蹈海。氏年十九，就縊；姑何氏誡曰：「高氏兩世忠孝，幸而有身，或不絕。」後踰年，產男。七歲，氏病，姑進藥，泣曰：「向以姑命，爲此呱呱者，未即死，今將從亡人地下矣。」卒不飲食死。

義士俞禹璣妻沈氏，江上潰，與女同殉於龍華潭。氏初挈女登舟，別以一舟屬子貽穀奉姑他奔。已而呼舟止，謂女曰：「計終不免，吾決矣，始所以分舟者，恐傷君姑心，且不欲令稚子見也。」會騎至，將逼之，氏罵不已，自投於潭，女亦從之入。騎乃大呼「烈婦烈女」去。時六月六日。閱八日殮，色如生。

又黃朝輔妻謝氏；童汝茂妻陶氏，與弟緯之妻童氏，綜之妻章氏，及妹二；於文桂與母趙，逢興妻蔣；李永昌妻張氏；趙泰徵妻張氏；胡百郎妻潘氏；吴斗輝妻許氏，水死。諸生陶士章妻章氏，孫龍池姊與弟，刃死。傅氏執至趙墅橋，水死。

祝氏，會稽人。淵女，歸同邑王自超。北京破，自超祝髮夜歸。氏聞叩門，呼曰：「何人？」自超曰：「我也。」曰：「汝何人？」曰：「豈我音不辨？」曰：「固也，第受恩而不思報，反降賊，誤矣。既祝髮，亦休矣，今復趨歸，又誤也。歸而叩門，更誤矣。汝不過思二子耳，速去，勿相見也。」竟不啟納。自超去，氏教子讀書，皆能文，不令應試。

同邑王玉映，字映然，思任女，適錢塘侍郎丁乾學子推官肇聖。幼敏，詩古文標新探奧，敵體沈、宋。國亡，一椽不保，日食不繼，處之怡如，以詩史自遣，以山水爲良朋，花晨月夕，吟哦自得，幾廢寢食。清世祖欲延入禁中教諸妃，力辭。

又浦江倪仁吉妻吳之葵，二十失夫，事姑以孝聞。國亡，壹意繪事，詩尤悽惋，傳於世。

金四姐，會稽人。鄭遵謙妾。初爲倡，以殺婢下獄，遵謙以千金出之，遂委身事焉。江上潰，同入海。永曆二年正月，鄭彩殺熊汝霖，遵謙不平，彩以計投之海中。四姐號慟欲死，家人救之，乃縛草人書彩姓名，每祭，寸斬以侑食。彩聞之，亦投氏於海。

金氏，會稽人。總兵章憲妻。監國魯王航海，憲自江上率潰兵還里，令各散去。氏曰：「散易復難，萬一旨至，其何以應？」憲不聽。永曆二年，山寨兵起，力勸從之。憲猶豫，氏欲

自盡，曰：「故知不成，藉此以死，良善。」遂與憲結寨僑山。氏善用兵，時勒兵出，殺傷甚衆，山中人呼爲「夫人營」。一夕撻婢，婢逸出，潛引清兵執憲夫婦去。清知府劉桓、鎮將吴學禮憐憲忠，欲令巽詞以免。氏大聲曰：「使余丈夫蹴雙韡，盡滅若曹矣。華夷之辨，斷不可苟，男子死耳，毋二心也；妾願從若死。」桓以氏年少美姿容，欲留畀幕府，氏漫駡不屈。清吏恐之以磔，曰：「死則死耳，吾不可辱。」命同戮，則欣然就縛。至鎮東閣下，先磔憲，氏瞑目誦佛號。及氏連呼剮剮，行刑者馬甲故以刀刺氏陰。雙股夾不可開，乃支解之。

沈雲英，蕭山人。父至緒，崇禎四年武進士，守備道州。十六年，張獻忠犯州，力戰得全。已而再至再戰，馬驚仆，隕於陣。雲英聞變，持矛號哭，趨敵營奪父屍還。賊還攻之，雲英左右支格，兵莫能傷，竟完守入保，因是道州終不破。王聚奎疏聞，詔贈至緒昭武將軍，授雲英遊擊，代父職，領兵守城。雲英初隨父任，適四川賈萬策，官荆州，督師中軍。荆州困，分門拒守，城陷，不屈死。雲英聞訃，辭職，間關出入賊中，扶其父與夫兩櫬歸家鄉。國亡，躅棄服飾，爲女教授。素工書法，旁涉經史。族子兆陽從受春秋胡氏傳，爲知名士。里人毛奇齡嘗因兆陽請謁，不許。卒年三十八。

張氏，東平人。父昌，官千户；母王氏，同遭白蓮教亂，不屈死。時蕭山來斯行備兵登萊，因礮爲妾，從之歸。及斯行死，斷髮秉節，宗族賢之。隆武二年，遇清兵湘湖，欲污之。氏預縫衣帶，堅不可解，大駡被刃死。

來氏，蕭山右族，同時婦女盡節者最盛。投長興鄉水死者：儒士冠倫母俞氏，妻任氏；諸生冠朝妻何氏；儒士逢盛妻黄氏；逢年妻俞；諸生三錫妻王；經春妻方；毓元妻楊，諸生倩妻陸；象乾妻張；今秀妻孫；樂生妻謝，挾幼女；應勳妻方；諸生裕之女，及婢小春；韓時雍妻來；諸生周玉倫妻來。其投白馬湖死者：諸生萝麟妾程氏。自縊張家村楊梅樹下死者：貢生逢時母王氏。而集之妻楊氏者，爲諸生守程姊，聞守程殉，慟哭投水死。

邑人太學生許甲妻王，與女；諸生黄奇英妻於；諸生傅日新妻戴，水死。諸生胡光樞妻徐，金玉鯨妻孫，剄死。蕭君梁妻徐，與子，叢射死。王國幹妻俞，鑾死。張道濟妻朱，徐喬椿妻沈，經死。趙逢典妻蔣；單人傑妾張；王茂生妻張；趙逢元妻張，王九龍妻戴；王國生妻徐；沈大維妻何；杜文達妻何，吴大節母沈，妻俞；王龍山妻張，抱女；與翁氏二女，水死。

象山婦，投錢清禹會橋死。

斯日福妻黄氏，諸暨人。生子在襁，爲兵所執。日福死，欲污之。紿曰：「必從若，惜貨爲人有，返取之。」兵釋隨去。須登崖，俯谷縱身下。已反視，有嫗抱兒亦投崖下，須之又一婢下。明日浮屍，則聯袂如相攜。蓋兒爲黄兒，而嫗乳兒者婢，其侍也。

同邑諸生郭增妻蔣，陳守義與妻俞，刎死。何汝輝妻黄，何暎賢妻黄，亂刺死。郭維魁妻周；王祖念妻陳；何瑞上妻駱；姚瑞芝妻黄；蔣奇瑞妻駱；蔣茂柏妻葛；蔣茂琳與妻楊；傅河源妻蔣，傅有益妻應；姚元琮，徐承明女；顧英奇妻石，娌顧綱四十八聘妻姚，婢蔡秋桂，水死。余長三十一妻全，夫刃死，全水死。其後永曆二十三年，朱德甫屯紫閬山，有長清嶺婦投巖死。

李氏，京衛人。父榮爲衛將軍，稱世衛李氏。氏少知鈐畧。既長，適餘姚毛有僘。有僘官定海守備，爲保定伯有倫弟。紹興監國，移定海軍，從王之仁江上；氏從軍。時馬士英竄方國安營，稱方馬軍。氏謂有僘曰：「士英，逆賊也，棄君來此，此地難與守矣。」之仁軍西渡，君何不移駐龕山，以遠方、馬乎！」已而太湖兵起，吴易、陳萬良等各以偵諜從龕山渡，欲引龕山軍從海寧入，氏復勸有僘行。未及而江上潰，有僘乃偕氏逸海寧，已又遷淮徐，隱姓名，入編户以終。有僘初以從魯王功，官至靖夷將軍。

同時餘姚光禄丞汪道恒妻王，黄鏞妻汪，黄聖質妻姚，陳武妻杜，黄文備女，斫死。孫十洲妻陳，姚甲妻馬，俞氏女，水死。

文鶯，李長祥妻黄氏侍女，已給其僕某爲妻。永曆二年，翻城事發，長祥兵潰，氏集家人謀共死。鶯泣而前曰：「夫人當爲公子計，以延李氏香火，惡可死！婢子願代夫人，以吾女代公子，俟死於此。願夫人速以公子去。」黄泣曰：「我安忍！」曰：「小不忍最害事，速驅之山中。」有羅吉甫者，嘗遊長祥門，曰：「夫人公子我則任之，雖以是死甘心焉。」於是黄氏抱其子晦拜吉甫，且拜鶯。鶯曰：「夫人休矣！捕者行至矣。」甫出門，而捕者果至，以鶯去。有徐昭如者，亦義士，不知氏之既脱，約死士謀要之；已乃微聞其非真，遂止。吉甫匿氏母子，知王朝先於長祥爲姻，航海以往，則長祥已先在，相見慟哭。爲言鶯事，長祥曰：「鶯，一木訥女子，今若此，實難能，可感也！」鶯初被逮，居然以命婦自重，見大府不肯少屈，莫不以爲長祥妻。例應徙遼左。按察吏劉自宏，一日五鼓傳令啟城，命吏以鶯就道，不得少待。或曰自宏蓋憐長祥之忠，亦壯鶯之奇，密取之歸養於家，而以囚中他婦代之去。

姚氏，上虞人。歸太僕卿黄尊素，生子宗羲。宗炎、宗會。天啟中，從尊素京邸。時逆

奄竊政，黨論方興，楊漣、左光斗等多夜過尊素，語及羣小陰謀，輒形太息。賓退，氏迎謂曰：「公等不能先事綢繆，涕泣何益！」未幾難作，尊素被逮，氏每夕向北辰拜，祈聲酸苦，更漏將盡，聞者莫不飲泣。尊素遇害，哭至暈絶。宗羲苦勸，氏曰：「汝欲解我，第無忘大父粘壁書耳。」蓋宗羲大父於宗羲出入之處，大書「爾忘勾踐殺爾父乎」八字，揭之於壁。宗羲受教痛哭。逆奄既誅，賜氏三品服。崇禎末，宗羲等皆有時譽。安宗立，黨禍又作，中旨逮宗羲，氏聞而噓唏，曰：「章妻滂母萃一身耶？」會南京亡，事得解。年八十七卒。

葉氏，餘姚人。按察使憲祖女，歸宗羲。通經史，志節不渝。

同時上虞諸生車元衡妻徐，叔均衡執死，翦喉死。諸生謝宏濟妻車，王肅三妻張，鄭乙妻張，水死。徐炳寵妻陳，刃死。鄭宗英妻張，父諸生德徵被執，命走不去，水死。

嵊縣：周清新母金，妻胡；鄭品二妻陳，水死。周甲妻夏，斫死。尹燦妻唐，投崖死。

新昌：孫景山妻呂，剄死。

甬上四烈婦：孫玉如，楊文瓚妻，工翰墨。文瓚與兄文琦，友華夏、屠獻宸，坐翻城死。玉如縫夫首棺殮歸，即盛服題絶命詩，吞腦子不死，以佩帶自縊。文琦妻沈氏，亦自縊。夏之繼妻陸玉辰，夏死，紉其屍以殮，絶粒不死，姑勸之食。已有諸家妻孥北徙之命，乃結帨

就縊。身肥，帨絶墮地，汗涔涔下，坐而摇扇，曰：「余且一涼。」鄰人聚觀者，進楊梅一盂，啖訖，徐起易繯而絶。清吏聞華、楊三婦之死，遣丐婦四人至獻宸家守其妻朱氏，氏陽爲歡笑以接之，且誚三婦之自苦也。守者信之，因謂之曰：「我將浴，汝儕可暫屏。」聽之，則闔户賦絶命詞自盡。時稱甬上四烈婦。

鮑氏，福建人。錢肅遴妻。崇禎末，納采未娶，而國難作，閩、浙路絶。父兄欲更擇壻，氏不可。父兄嘆曰：「非不知其不可，顧錢郎播遷天末，生還無望。」氏遽嚙臂出血以誓，其家愕然，乃止。永曆三年，肅遴從亡舟山。五年，舟山陷，始歸成婚，氏年二十六矣。以懼禍，夫婦避之崑山。越五年，肅遴死，氏勉力治殮，祝髮爲尼，與劉曙妻同居，紡績以求歸資。數年始得，呼其弟至崑，負骨以歸。或勸火化，輒哭拒之，卒歸葬之祖墓旁。

慈谿王翊女。翊死，年甫十三，字黄宗羲子百家，以例没入旗下，爲杭州將軍部下參領某所養。參領憐其爲忠臣女，撫之如所生。逾時，欲爲擇壻。有劉弁者求之，女不可。參領難之，女突拔所佩劍自刎死。參領大驚，葬之臨平山中，即以劍殉。

同時邑人俞秀妻華氏，唐三十妻張氏，水死。陳某妻何氏，刃死。葉庶六妻俞，紹興

陷，經死。

奉化：王鼎壽妻江，永曆五年八月，清兵至，請夫速去，兵縛氏馬上，至箭嶺下，奮力投崖，大駡，刃碎尸死。

方氏、周氏、畢氏、姜氏，皆張肯堂妾；沈氏，肯堂冢婦，茂漪女孫也。舟山將陷，肯堂集家人曰：「毋爲人辱！」及清兵入，肯堂冠帶至雪交亭，南向坐，六人珠翠盛飾，相率拜辭，或投繯，或投池死。畢氏臨水將先下，姜氏呼之曰：「止。雖死，亦有序，莫匆匆也。」肯堂曰：「善。」乃各以序死。僕婦婢女之從死者又十九人。

同時定海諸生林穎新妻李氏；鼎新妻劉氏，工書法，經死。顧依仁妻朱氏，陳承玉妻李氏，井死。朱祖堯妻錢氏、周氏，水死。沈人戊妻妾，經死。

先，荆本澈駐師舟山，子潹皆妻于氏從。本澈爲黄斌卿所害，氏知不免，謂潹曰：「請先殺妾。」潹不忍，怒曰：「君欲留爲亂兵污耶？」潹哭而從之。氏，丹陽人。

仙居：張元向妻趙氏，被執，聞夫死，題詩水死。

永嘉：鄭應酇妻戴氏，施曉宇妻楊氏，刃死。嚴金妻王氏，抵死不從，計投水中，斫死。

平陽：朱國祚妻許氏，火死。李應官妻吴氏，陳焕章女，水死。

麗水：謝俊陞妻趙氏，陳昌蔭妻吴氏，王朝聖妻楊氏，投崖死。張科妻葉氏，水死。寧世忠妻張氏，井死。

青田：梅友嵩妻葉氏，投崖死。

縉雲：朱持獻妻沈氏，觸石死。李含章妻楊氏，朱泰來妻李氏，水死。

嵩陽：徐日華妻葉氏，投崖死。高攀桂妻徐氏，經死。

遂昌：駱佛喜妻周氏，投崖死。

金華：王忭妻陳氏，嚴寅華妻黄氏，嚴仲春妻王氏，索大機妻章氏，黄啟賢妻邵氏，水死。陳所思妻戴氏，朱廷翼妻方氏，刎死。鄭德紹妻俞氏，倪明廷妻徐氏，觸石死。李汜水妻黄氏，與媳潘，觸階死；次媳陳，與倪星焜妻朱氏，經死。

蘭溪：趙世對妻余氏，女螽，媳諸葛；趙以岳妻章氏，妾王氏；郭希章妻潘氏，經死。潘士柱妻章氏，葉鍾芝妻徐氏，鍾藻妻葉氏，刃死。

東陽：張武懸妻蔣氏，周汝桂妻徐氏；張文泰妻馬氏；樓廷策妻王氏，賢材妻陳氏，用章妻蔣氏，用京妻李氏，用孝妻吴氏，用聲妻王氏，水死。倪良淘妻陳氏，裂死。許欽京妻金氏，剄死。樓廷梃妻黄氏，趙忠興妻虞氏，陳廷雪妻張氏，刃死。

義烏：駱行演妻樓氏，彪妻樓氏，邦仕妻金氏，舍妻何氏，明剛與女，水死。何映賢妻

黃氏，瑞上妻駱氏，刃死。馮士身妻劉氏，觸石死。

永康：王世慶妻應氏，水死。程懋銓妻徐氏，經死。

武義：蔣文逵妻翁氏，水死。

湯溪：鄭宗元妻祝氏，水死。

西安：守備王英女，鄭道翼妻方氏，葉應愷妻馬氏，水死。程國駿妻劉氏，某妻周氏，井死。

常山：張秉薦妻徐氏，刃死。毛應兆妻江氏，水死。

開化：鄭應選妻葉氏，刃死。胡致禧妻吳氏，墮樓死。張國翰妻鄭氏，水死。

南明史卷一百十五

列傳第九十一

無錫錢海岳撰

列女三

黃道周妻 吴三女等 鄧文昌妻 喜妹 林鼎湟妻等 周玉簫 王鏡妻 王家政妻等 鄭貢甫妻等 勝娘 政和謝氏 壽寧江氏 沙縣廖甲妻 長汀胡氏等 寧化謝氏 伊好姑 永定烈婦 泰寧三烈婦 李聚娘等 張延祚妻 鄭成功妻妾 高士機妻等 鄭克𡒉妻 沈瑞妻 黃棄娘 鄭宜娘 鄭月娘等 四葉氏 義娘 二楊氏 陳正公女 楊氏 陳子壯母 黎彭齡妻 熊開元妻 賴萬生妻等 湛翼卿女 王桂卿 劉應昌女 龍昇妻 李氏 趙青鏤 趙大奇妻 趙大勳妻 梁任昌妻等 黎駃妻等 李氏六女等 畢氏女等 黃肇楊妻等 劉應昌女等 金娘 陳昌第女 李漆妻 蔡甸妻 霍玉真 熊鳴盛妻 周化龍妻 湘鄉彭氏 郭純貞 杜小英 胡均嶢妻 杜湘娥 易登

熊才妻　蘇源妻等　許純臣妻　汪元翰妻等　楊一德妻等　文化孚妻　楊昭妻　段顯女等　鄒瑞麟妻　蘇發早妻等　楊國賓妻　王緒永妻等　黃茂栗妻　楊騰龍女　蕭參將妻　段元臣妻　楊璧妻等　龔堯年妻　閔法祖妻等　廖偕亨妻等　段之嫡妻　沐天波侍女　沐瑞貞　王某妻　楊娥

蔡潤石，字玉卿，漳浦人。母病，刲臂得愈。歸黃道周爲繼妻。能詩書，學道周具體而微；小楷精熟，察之乃辨。寫孝經，流傳最多；兼工繪事，人爭以匹錦售之。道周以直言下獄，潤石寄書曰：「天王明聖，不日霽顏。」語不及私。紹宗立，道周入相，潤石集兵萬人，曰「夫人軍」，以餉乏解。道周出師，在家聞之嘆曰：「夫獲死所矣。安有將在內而相在外，而能成厥事者哉！」及陷清兵，道周貽書曰：「忠臣有國無家，到此地位，祗致命一著，更無轉念。自後之事，玉卿圖之」。諄諄數百言。訃聞，慟絕，同王炎午生祭道周，即書大學，終身不脱衰絰，年八十三卒。

唐氏，永曆十年清兵至，經死。邑人吳三女，清兵至，殺三，被執至縣，觸柱不死，經死。

徐氏，鳳陽人。魏國公弘基女，鄧文昌妻。文昌航海謁福京，襲定遠侯，氏年甫十七。文昌佐曾櫻留守福京。清兵度景寧關，氏謂文昌曰：「君毋自辱，妾請先於地下伺之。」再

拜仰藥死。閩人哀之，合葬芙蓉山中。

同時閩中死節者：

閩縣：喜妹，自見妾，俱失姓。自見以不薙髮死，女甲姐慟父亡，不食死。邏卒逮喜妹。喜妹脱簪沽酒醉卒，從容投水死。

長樂：林鼎湟妻刎死。劉秉順與婦謝，及二女，各紉衣，帶刎死，四尸相抱血流不滅。

周玉簫，天興永福人。方輿妾。爲詩必軌正，無香奩習。品評古今閨媛，係以小詩，以志操純潔者爲景行卷，次身雖不辱死未盡善者爲帨帨卷，三行同犬豖爲唾罵卷，品隲如老吏斷獄，人曰女董狐。輿建議撫紅夷下獄，屬曰：「脱網無期，當嫁是婦。」曰：「不諱，則從地下，寧更事哉！」乃與嫡呂，奉姑家居。輿在獄七年得免；感事上書，遇北京亡，又數年不歸，玉簫旋卒。

同邑范氏，王鏡妻，端莊不苟言笑。國亡，偕鏡他走，感喟不食，與鏡訣曰：「倘名賢題請得稱『明孝廉某妻』足矣。」乃絶。

莆田：王家政妻李，家祚妻楊，同處一樓。建寧陷，李告楊曰：「大勢如此，二人豈可見虜死。」各約束從樓投淵死。

仙遊：鄭貢甫妻林，與子彦晋妻郭，投馬坑寨水死。

浦城：真金鉉妾勝娘。城陷，金鉉逮死，勝娘赴水殉。

政和：諸生吴光宸妻謝氏，兵入城，光宸死，氏懼辱，急走水坑，刀刎，未殊，歸手抉創，絶粒三日死。

壽寧：張守符妻江，被執，投崖死。

沙縣：廖甲妻爲兵掠至歸化，獻其帥，百計誘逼，撻楚不屈，求死不得，絶食一日，請禮宴相從。乃以巨觥進帥，大醉，乘間解裹足布自經死。

長汀：舉人郝爾黯妻胡，墮城死。陳氏，兵擁上馬，行次女牆死。劉任國妻陳，投水刃死。張兆麒妻黄，經死；夫姊入厠死。

寧化：諸生邱義妻謝氏，仙霞關陷，居民駭竄，一卒目氏豔，欲擁之上馬，氏據地痛駡，卒刃刺之不殊，縊死。雷月孫妻伊好姑，美姿容，被掠置舟中，謂兵曰：「身屬汝矣。」放之，投水死。

永定：吴懋中妻王氏，城陷，登堂告諸婦曰：「婦人臨難，死耳！姑媳序位，互相結束。」閉門雉經。諸婦：長熊氏，次闕氏，三廖氏，四温氏；孫女貞姑，侍女蘭娥、招娣從之，世稱「吴門八烈」。

泰寧：諸生廖愈達妻李，妾汪、張，避兵南石寨。兵攻急，李展二手投崖下，張繼之，汪大哭曰：「君善自保。」亦聳身下。愈達葬之，土人呼「三烈婦」。

同安：盧長卿妻李聚娘，思明陷，謂長卿曰：「追騎迫，義不辱。寧死君前，勿以妾故累君。」遂投於海，未及溺，兵拒岸上以長戟鉤其袂，大罵，清兵奮袂，袂絶而沈；長卿獲免。同時兵掠女數十，一女自沈杏根塘，惜失其名。許元妻洪和娘，聞元歿東寧，仰藥死。諸生許文衡女初娘字陳宇，力拒清兵死。

張延祚妻蔡氏，漳浦人。膂力過男子；延祚亦以勇聞，稱義士。清兵南牧，延祚起兵海上。同事有方祐者，與語不合，遇害。氏號泣，謀之夫昆弟，盡散家財購死士爲復仇。昆弟曰：「是詎女子所能耶？出聲族矣。」氏不復言，撫十餘歲孤，晝則抱泣，夜磨刀霍霍，仰天踊起，誓必殺祐。一日，聞祐屯某地。日夕，帕首跨韝衣短後，藏刃突至壘。未及十步，反顧見子踉蹌來，氏耳語曰：「若安得至此？」曰：「思母耳。」氏頓足，念兒幼，不可舉事，且吾以死決，兒叵測，張氏斬矣，遂歸，一軍無知者。踰月，祐降清，已取於氏王母女弟，氏因時見祐，恚輒髮指眥裂，然不令祐知。祐且甘言市之，氏曰：「死者不可生。方君起兵，肝腦墮地，寧獨夫君。」祐大安，氏益憤，齧指出血。每當更闌人寂，轉展床笫，起立開門，左

右顧，旋入臥，泣喁喁，握刃刺壁，壁穿，刃刺猶不已，以爲嘗。永曆二年春，氏偵祐往從父家，止某地松林，度祐經此。椎髻偏裻挾刃守。日午，祐至，突出大聲叱，祐驚，召從者，駭走。氏刀斫祐，墜馬負創奔，氏疾追之，行人環譁，氏厲聲曰：「吾夫爲賊害，安可活！有助者，吾與俱死。仇雪，當就死於有司。」且言且馳，祐升松巔，折枝鬥，中氏額，氏力鬥，淚血淋漓。俄而禽祐，以左手把髮，右手刃揕胸，斷首擲道旁，觀者撟舌不下。氏又揚言曰：「吾夫爲賊害死，目不瞑，必思飲血。」復提首至延祚墓，泣告復仇，酹酒三爵畢，攜子赴有司。有司疑有主者，氏曰：「所以不即死者，爲三尺孤耳。今死且不顧，容受他人指耶？幸勿以妾亂法。」有司震駭良久，卒縱之。

董氏，晉江人。鄭成功妻。父容先。氏初不禮於成功。永曆五年二月，清兵襲中左所，鄭芝莞棄城逃，氏抱神主及諸岸，舵工林禮負登芝莞舟。芝莞遽曰：「此戰艦也，非夫人所居。」再三促之，氏堅坐不動，積藏得無恙。成功以是深嘉之，與謀軍國。成功卒，子經嗣，戒之厚將士，恤百姓，東寧俘虜與孤貧丁役受其惠。三十一年之敗，命斬許耀、薛進思以伸國法。經狼狽歸，讓之曰：「七府連敗，二島亦喪，由汝無權略果斷，不能任人，左右竊權，各樹黨羽。不肖子徒累維桑，則如勿往。」經無以對，仍出守安平。克壓之死，非氏本

意，悔恨成疾，三十五年六月二十九日卒。瑜，成功妾，思明州人，工詩。成功卒，諸將將取之，以死自守，爲尼終。

當三十一年思明陷，高士機妻、蘇士聚妻黄，經死。高維新妻陳，水死。太學生陳豐哲妻楊，井死。安海婦女十餘人刃死。

陳氏，鄭克壓妻。父永華妻洪端舍，長詞翰，文移多出其手。氏少通文史。馮錫範將殺克壓，以董氏命召之入。克壓曰：「恐不能相保矣。」氏曰：「夫亡與亡，不相負也。」既聞變，擗踊入，死而復甦。兄夢緯勸之同謁董氏，跪請監國何罪？董曰：「事至此，言何益。兵民以監國非鄭氏子。」氏曰：「兒亦安知監國之非鄭氏子乎？何十八載不言也？即爾，亦可爲兵民，何至死！」董語塞，詢所欲，叩號曰：「請殯殮相從地下，爲鄭氏鬼，願畢矣。」允之，遂出殯殮畢，絶粒日夜泣。時氏方妊，董慰之曰：「生男女，我自好待之，毋自苦。」氏曰：「成立之父，尚不能保七尺軀，況呱呱耶？今已矣，供飯三日，聊盡人事。」夢緯、夢球賢之，請於董，令登臺受文武祭奠，與諸兄弟拜别，從容投繯死。色如生，兵民無不太息。葬東都武定里。

鄭氏，南安人。斌女，懷仁侯沈瑞妻。傅爲霖謀畔被執，詞連瑞，無佐證。馮錫範睨瑞富，必陷之死。斌乞赦氏回家，氏曰：「今日沈氏之身，非父母所得惜，況當此存亡之際，夫叔被殺，妯娌在堂，如再偷生，貽笑於人。吾生爲沈氏婦，歿爲沈氏鬼耳！」即出。父母泣挽不從。氏之家，瑞祖母金、姑滿，經死。哭曰：「大人先行，婦即相從矣。」瑞妹大姊、三姑適于、崔者，各經死。氏殮諸人，虛一柩以待。斌夫婦咸勸孝義備盡，可謂無愧，毋自戚損軀。氏怒目曰：「毋亂人意，兒許久矣，豈可負地下；況兒已無意人世，乞割愛，毋以兒爲念。」乃絕粒。奉飯三日，從容謝別父母兄弟，自經死。東寧人多爲感泣。

同時傅璇妻黄棄娘，天興州人。璇父爲霖，以畔被逮，父子俱死，家屬發配。棄娘兄銓爲之營救，獲免。當璇繫獄，棄娘猶望其生。及見法，乃自經死。

鄭宜娘，天興州人。年十八適謝燦。燦卒，宜娘號泣，將以身殉。鄰嫗慰之曰：「姑老家貧，且無兄弟，何可死？不如自計。」宜娘曰：「未亡人惟知從一而已。」遂投繯死。天興知州建坊表之。

同時，鄭月娘，南安人。適萬年儒士王曾儒。逾年而曾儒卒，遂自經死。阮蔭娘，龍溪人，適萬年王尋。尋從軍在外，逾年卒。越數日，從容自經，時永曆三十七年。

四葉氏：一陳三淑妻，遇寇觸階死；一陳少卿妻，投井死；一劉畿妻，夫殞於盜，自經殉；一諸生葉車書姑，夫死自經殉。有司爲立碑洪水橋，皆思明州人。

義娘，思明州人。或曰王氏女，或曰侯氏，相傳以爲曾厝垵人，故或又以爲曾氏。年及笄，遭寇，頭觸石幾碎，投同安東嶽廟旁井中死。永曆二十七年，鄉人蘇貴感異夢，掘井見白骨，以素練衣裹之。及葬，衣化爲水，鄉人異之，爲立祠井上，號曰「義娘井」。

同州孫若瓊妻楊氏，十七年兵至，以兒付若瓊，攜女投井死。許科适妻楊，兵至發配，經死。陳正公女，永曆五年爲兵所掠，乘間投井死。

兵部主事楊期演女，適南安鄭某，某卒於京，有議婚者，自經死。

朱氏，番禺人。陳熙昌妻，生子子壯。南京亡，子壯歸。氏曰：「南京亡，吾以汝爲死。天子何在，奈何獨回？」子壯因述君臣失散狀，氏勉之曰：「盡忠即盡孝也。汝毋以我故，藉口養親。如徒知事我以死，是反速我死也。」廣州陷，自經。其後子壯卒起義兵爲國死。

子壯從妹，尚書紹儒女，適黎彭齡，聞子壯死，水死。

同時嘉魚：熊開元妻徐，汀州陷，同避程鄉蒿口。恐不免，謂開元曰：「當使公見妾

死。」次日，兵大至，急赴水，授篙不受，沈死。開元得其屍，衣履間針黹密縫，蓋方語開元時，已辦一死矣。

南海：賴萬生妻梁氏。萬生死，兵犯之，躍樓死。九江堡曾甲婦關氏，義不辱死。黄錫球女，兵掠之行，曰：「頭可斷！」持梃大呼力鬥死。諸生李洪國女，經死。羅世賢妻鍾，井死。鄭潔姑，年十五，井死。參將霍廷祚母崔氏，與乳母楊氏，水死。

增城：湛翼卿女，年笄，城陷井死。曾錫禧妻關氏，母爲兵害，赴營哭罵死。

番禺：王桂卿，參將張某妾，城陷，拜夫，彈琵琶一曲，自經死。麥名世女大娘，兵抽刃脅其母，大娘迎刃曰：「已度必死，請疾飲刃！」衝刃而前，兵沮去，遂辭母曰：「北馬盈城，兒懼終不免死兵，毋寧死母。」母止之不得，與妹入井死。名世妾楊清，以衣繫幼女從之。鄰麥受年妻周氏，與婢清吟聞之，亦井死。一時井中人滿。諸生王家泰妻張氏，兵執氏，氏方負幼女觀麗，紿以徐之。兵放手，疾走後園池死；姒某，被執，夫欲奪歸，兵斫夫，罵曰：「兇，何不並斫我，我死不辱。」兵亦殺之。諸生戴王言二妾，井死。郝載霞妻何，兵至，與二女火死。林氏女，投江死。

新會：諸生劉應昌女，被執，好顔顧相依，但無遽，有資在，取爲花費。兵狂喜，跡之及井，女入之，兵挽不及死。

高要：諸生龍昇妻李昇，遇害。

合江：李氏，於肇慶陷，被執水死。

趙青鏤，江都人。生而警慧，明古今治亂，歌舞妙一時，以色侍李成棟，極愛憐之。年餘不歡，每佐酒，以語動成棟曰：「公亦記大明大將軍威風乎？」成棟惡聞此語，曰：「吾以太夫人、夫人故，俯首出此。」會江西反正，青鏤說成棟曰：「聲桓過彭蠡，謳吟思漢不得同，聲去下説有微風，義旗即集公所矣。」成棟懼壁間有人，拔劍睨曰：「軍國大事出於司馬牝雞之晨，將就磔矣。」一夕演劇，青鏤見之而笑。成棟詰之，曰：「爲見臺上威儀，觸目相感。」成棟遽起，著明冠服，青鏤取鏡照之。成棟歡躍，因撫几曰：「太夫人、夫人奈何？」時成棟眷屬猶質嵩江，故言及之。青鏤曰：「我敢獨享富貴乎？公如能舉大事者，請先死，以成君子之志。」遂以尸諫血書藏於袓服，自刎死。成棟抱屍大哭曰：「女子乎是矣！」拜而殮之，浹旬之間，成棟遂反正，西迎天子。

朱氏，石城王裔西玄知縣謀堡女，歸趙千駟長子諸生大奇。大奇死，氏寡居。廣州再陷，千駟仲子大某，以氏有殊色，獻媚清將，犯之，奮怒刀割髮鼻死。

姒楊，夫大勳，以武進士授連州參將，城陷戰死。氏白舅姑，至水口哭祭殯，服命服，佩誥敕，自沈。

梁仕昌妻黄氏，與弟士龍決曰：「姑不出，姊無出理，城破，當求我於井中矣。」及急，曰：「事危旦夕，君宜與子亡，吾計決矣。」次日城陷，服嫁時衣，井中死。黄玉書妻周氏。兵殺玉書，將犯之，氏拒户哭，刀斷髮，三日不食，經死。兵怒，屍之野。屈一鳴妻黄氏，披髮水死。天濠街婦，襁負幼子，以長繩繫腰接樹死，出之如生。仙湖街李氏被執，賦詩，與二女三妾，經死。諸生羅世賢妻鍾，井死。凌沐貞妾鄧，觸刃死；子海康。

時廣東歸女殉者：

南海：則諸生黎駚妻李氏，謂夫曰：「善事吾姑，吾懼污，死矣。」遂入井；一婢，年十五，從之。梁氏婦，以二小刀，一與夫，一自佩。兵至，夫死，氏殮畢，自刎。姑視喉未斷，欲救之，亟再刎死。

其後永曆七年，番禺茭塘村弘福鄉則李良允、良宰六女。李定國東下，鄉民應之。清兵逼，六女登樓縊死，良宰亦死。崔日亮妻李，被掠，與幼子水死。潭山鄉則許氏二女，父明宗知縣，女從母、庶母投井死。八年，諸生魯鼇二妹，大罵斫死，鼇亦死。

二十八年，畢女，清掠殺其父母，執之，抽刃誅兵，沈尸水中，後叢射死。馮當世妻何，

以遷界，抱幼女海死。

香山：小欖鄉則諸生黄肇揚妻麥氏，被掠，憤駡投水，兵捉髮繫樓間，乘間斷髮，又赴水，身没，復湧出，作憤駡狀，兵射之，既帶失，沈又湧出，兵又射，如是者三，乃死。王簡生妻程，井死。蔡本喬女，掠死。蔡象月妻鄧，蔡孔祚妻何，蔡尚淮妻廖，蔡君愫妻吴，何以韶妻梁，水死。十七年，李擢仙妻鄭，水死。

新會：六年則諸生劉應昌女，井死。歲貢容士望母麥，自經獲救，入江死。諸生陳廷樞妻伍，觸石死。王聲桂妻歐陽，尹振明女亞安，黄日耀女杜阮，刃死。陳基砥妻許，井死。八年，定國攻城，城閉，八月粟盡，清將屠居人以食：歲貢吴孟祺妻譚；諸生吴師讓妻黄，代夫；諸生梁學謙女阿慧，年十一，代父；諸生林宜逢妻陳，代夫；諸生林應維妻莫，代姑；夏月賓妻關；關君傑妻李；尹以智妻馬；黄甲妻李，代夫死。諸生黄圭瓚妻黎，與女英姬，經死。諸生魯赫妻徐，妾某，斫死。莫氏婦，美而寡，力拒，首觸牆，刃死。諸生李仲珍妻何，周三可女，水死。

高要：十年，趙星還女金娘，年及笄，被執大駡，引簪刺吭死。

高明：永曆八年，則陳昌第女，許字譚，兵至，脅刃，痛駡求死，以頭觸石碎腦，血濺兵，乃殺之。

東安：李漆妻詹。永曆元年漆勤王，官總兵，戰死，代領其衆，復瀧東西州縣，以功授參將，卒。

漢陽蔡甸妻鄔氏。隆武元年清兵陷江漢，與夫俱執。氏有色，恐不免，蓬首垢面，以糞穢塗衣。已得脱，至江夏長山舖，甸暴卒，氏向村人泣曰：「夫不幸道死，棺不可得，乞購之藉於溝壑。」因出雙環，涕洟交下村人爲市門扉，舉屍殯於山中。甫畚土，即急抱夫骸并乞埋。村人力勸，無一語，驚告遠近，扶令去，卒不顧而死。

霍玉真，名家女。永曆八年被執，賦詩投江死。

江夏：舉人熊鳴盛妻任，刃死；子伯龍。

安陸：周化龍，弘光元年死難，妻孫，大駡死。

湘鄉彭氏，田家女，居梓里，適王氏。永曆元年春，趙廷璧走，婦有一子方晬，清兵至，婦與姒被執。婦姿粲，兵睨而謔浪。婦怒，已而正容俯首，思久而定，拊其姒曰：「吾知處此矣。」姒曰：「何若？」曰：「死耳。」姒曰：「我焉用此。獲者豈我二人哉！」婦曰：「此非而知也。我未即死者，此一歲子無所託，不忍其躪敵騎，且先決絶，此吾自處易矣。」其子時

在婢懷中，婦遽奪投之水，戟手呼曰：「吾無餘戀矣！」亦入水。婢得歸。婦死三日，兵去，屍浮不脹不皯，貌如生。

益陽：郭都賢女純貞，聰慧能詩，許字沐天波子。滇、黔路梗，音耗遂絶。女守志不嫁，自題所居曰「郭貞女廬」，後爲尼，結茅浮邱山下，卒年八十二。

沅陵：諸生杜楷女小英，工詩。被執，主帥欲染之，挾至武昌鸚鵡洲，作詩十首，投江死。屍逆流六十里至荆口，數日不去，漁人收之，貌端麗如生，上下衣縫相屬，囊詩傳誦於世。

衡山：胡均嶢妻李。均嶢，字雲谷，以鄉兵破寇，官城步主簿，拒守恢復。土人忌之，有謀降者，乘均嶢出，襲其寨，執氏與婢桂秀。有欲縶氏以劫均嶢者，怵以好語，不應；將刃之，桂秀請死，刃傷之，氏陽恐曰：「從子。」遂血書絶命詞，出乃自剄死，兵駭而散，桂秀得甦。永曆三年十一月事。

杜湘娥，武岡人。永曆七年，清牧馬奉天，爲小較所掠。將曹丙欲納之東下，自衛甚固，以計匿諸女伴，得免。逾年夏，舟過漢口，將略九江，丙臨發，遺以一鏡。知不免，至小孤山，詭言祭母江上，作絶命詞，以油素納胸中。六月十四日，屍至陽邏堡，土人葬之大士

園。

同邑易登衢妻黄，赴龍塘死。登衢字新念，工詩。謝國安女媛新，字玉梅，水死。

邵陽：諸生伍鳳鳴妻劉，永曆元年投崖死。曾廷賢妻甲，二年井死。諸生曾廷舉妻容，妾周，三年斫死。

天柱：歲貢楊枝棟妻徐，刎死。

衡陽：舉人徐立階女青鸞，通詩禮，許嫁王氏。永曆八年被執，出漢陽江畔，爲絶命詞沈江，屍逆流至洞庭，漁父收葬之。曾惟庸妻譚，二年婚，方四月，夫爲兵掠，十七年歸，爲夫婦如故。

零陵：諸生眭炯耀妻艾，江湧瑞妻李，二年水死。

耒陽：鄭啟秀，被執，投湘江死，顏色如生，臂纏紅綾一幅，有詩。

趙氏，東阿人。大學士于慎行冢婦。夫諸生綬端，嚴明大義。北京亡，命子京衛經歷元美起兵勤王，不果。已率元燁南下桂林圖恢復。清兵日迫，或勸北歸，氏曰：「吾聞忠臣不事二君，來此非圖安身也。」元燁以言不用時不可爲告，氏曰：「臣子之分，有死無貳。宜悉力料國事，勿以我爲念。」元燁出，遂自經。

同時，張國祚妾孫氏、呂氏。國祚，字永明，湘潭人。隆武時官左都督、南雄副總兵，與副總兵吴之蕃援忠誠，後守桂林。昭宗幸滇，國祚行及竹華嶺，衆潰。二氏聞清兵且至，恐以家累國祚，慷慨自經死。國祚後隱爲僧，二十年乃卒。

全州：舉人蔣拯世妻唐，刎死。舉人鄧元禧妻王，經死。唐守通妻蔣，斫死。諸生唐之夔妻鄧，與妹，投崖死。諸生滕愈漸妻謝，與二子一女，水死。

灌陽：廩生蔣學典妻何，與子維藻妻唐、維薦妻廖；蔣之蘭妻唐，水死。諸生唐納俞妻鄧，與妹，投崖死。諸生唐納凱妻滕；諸生文王卿女兆祥，與嫂；諸生文樞妻陸，刎死。平樂婦，被執，指二子紿曰：「累我不便。」投二子城下，而後身從之，土人題曰「貞節烈婦」。

昭平：何孟坤女，水死。

鬱林：文秉世妻梁，斫死。

馬平：諸生葛若蕙妻廖，諸生秦聘瑜女，龍偕熊妻鄔從夫，水死。

許若瓊，華陽人。蜀府宫女。張獻忠破成都，被執，封順天正皇后。若瓊思爲王至澍復仇，陽受之。夜半設宴，突取銀瓶擊獻忠左額血出。獻忠大怒，刃其右臂，若瓊以左臂

格，復斫左臂，眩而仆地，詈聲不絕，獻忠臠而食之。

同邑李麗華，工詩文，入侍至澍，將擢才人。成都受圍，獻策脫簪珥給兵民十日糧。城陷被執，絕粒五日不死，復吞金死，獻忠支解之。

嚴蘭珍，年十六，入侍居麗春軒，工詩書，以才色見幸。城陷，北拜投浣花池死。齊飛鸞，亦以才色見幸。聞至澍殉難，慟哭入御溝死。

成都：諸生王鳴珂妻熊，斫死。

彭縣：劉時雨妻王，死於雷打廟。趙甲妻官，先經其數女，而後自經死。

仁壽：辜氏女，及笄未嫁，自刎死。

內江：諸生羅拱明妻何，水死。

新津：諸生藍燦妻袁燦，遇害經死。

什邡劉應選妻陳氏，多才智，能騎射。崇禎末，張獻忠入川，與應選結丁壯山寨自保。會氏疾甚，獻忠夜攻，力戰拒卻之。乃柵木瓜坪設險以守，簡避兵諸女壯者教之，曰「娘子軍」，兵不敢逼。無何，應選歿，氏守寨五年，糧盡，采木實、炙鼠雀以食，衆恃爲固。亂平，遂扶應選柩歸，守節以死。

火中。

同時歲貢李愛芳二女，適宗室兄弟死，姊妹投江死。顧存志妻賈，樊其室，偕子婦縊死

漢州：舉人汪禹澤妻陳。禹降被執，偕子婦張，斫死；氏經死。張代明孫女，自紉其衣，井死。數日出其屍，顏色如生。

綿竹：諸生顧天澤妻雷，抱幼女井死。諸生楊元吉妻蕭，斫死。黃守學母柳，經死。張玉卿妻徐，水死。文仕舉妻勾，支解死。

綿州劉氏四烈婦：關南道劉宇揚妻李氏，侍郎劉宇烈妻張氏，大學士劉宇亮妻宋氏，崇禎十七年八月，張獻忠破綿州，避西山向崖溝。劉文秀訪得之，三氏相謂曰：「吾姑昔日涪水遇盜，懼辱，投水死。吾輩受汚，何以見姑於泉下！」遂自縊死。宇亮子裔盛，受官，妻王氏，大罵縊死。

同州王宗道妻袁，斫死。

閬中：御史劉光裕孫女。隆武二年，馬元利殺其夫，欲進之獻忠，投南津橋下死。王豐年妻孫，女蘭姑，火死。

蒼溪：李明哲妻羅，投崖死。

南部：廪生張禄中妻李，水死。

昭化：諸生賈胤昌母李，任如永母吴，斫死。

劍州：歲貢趙公選妻張，刃胸死。諸生李一鴻妻聶，剮腹死。諸生趙宏暢妻梁，執至成都，竿首三日死。張氏婦，水死。

梓潼：諸生蒲先春妻趙，投江死。魏元良妻趙，經死。

巴州：廪生楊日昇妻李，投江死。

通江：王廷輔妻閻，斫死。田一朋妻劉。一朋不薙髮執，氏挾毒以隨，皆死。

南充：翰林黄輝孫女，早寡，教子孫爲諸生。杜瑶妻黄，經死。

西充：舉人陳宸女，歲貢張尚選女，；諸生任甲妻黄，與弟親臣，斫死。諸生張廷機，不試死；妻楊，水死。高道妻李，觸石死。張奇策妻杜，斷臂死。楊汝學妻任，傭李可還家，爲其子懋乳母。寇警，可還且死，以子屬之。寇至，負懋間脱。歲饑，從夫遊秦，後資懋就學鄉舉。氏力耕以終。

營山：諸生王宸妻龔，妾杜、姚、黄至，經死。

儀隴：歲貢楊若梓妻張，張景運妻李，投崖死。張如輝妻楊，刃死。

岳池：諸生王杰妻盧，劉氏婦，刃死。

鄰水：周五姑，姚、黄至，火死。

潼川：進士李爲鼒妻吴，舉人吴谷暘妻吴，舉人李昌齡妻謝，舉人黄纘妻張，舉人歐如虹妻黄，歲貢楊先憲妻朱，水死。

射洪：諸生謝皇鏄妻楊經死。諸生謝皇錫妻蒲，刎死。楊賽姑，投崖死。

蓬溪：譚性妻陳，斫死。

樂至：楊文焕妾荆娘，斫死。

江津戚成勳妻廖氏，家萬山中。張獻忠兵至，成勳出避，氏弱不能從，閉重門獨居。家有餘粟，粟盡種稻以食；衣敝，綴草自蔽。居四十年，山徑塞，與世絶。亂定，成勳歸，斧木得道，隱見炊烟，呼且入，相持大慟。共居十餘年，年各九十餘終。

同邑魏尚元女，胡月蟾與祖母，水死。

璧山：焦桐妻白，斫死。

榮昌：敖乾恒母與妻陳，經死。

綦江：諸生楊霏璧妻郭，霏玉妻李；諸生羅大道女，水死。陳滿姑，裂屍死。翁臺妻康，經死。羅氏女，年十四，水死。

長壽：甘倖爵妻蕭，與幼女及子婦劉，水死。李翹曾妻張，觸石死。

涪州：文曉女，經死。王四妻、女，斫死。

彭水：汪學仲妻周，刺寇死。

巫山：何甲妻張，聰慧韶秀。甲跛，日詬厲，順受無怨。寇至，避豆子寨。永曆五年，劉體仁至，甲投崖死。氏被執，見體仁，面不改色。帳下有乞爲妻者，不從。陽以刀擬之，引頸就戮。體仁改容，釋之。泣曰：「少年寡婦，無地可歸，願就他室自盡。」許之。氏拭淚從容起，即旁空室中自經。體仁以棺厚葬之，兵衆咸爲哀慼。

達州：汝寧副使王世琮妻朱，經死。諸生王世鳳妻衛，黄甲妻衛，刃死。何三聘妻向，投崖死。朱爲梅妻張，井死。李姑，經死。李張氏婢文鶯、嫩兒，井死。

遵義：諸生劉漢鼎妻張，經死。諸生王治民妻都，王巡妻何，斫死。

綏陽：歲貢熊文豹二女，經死。諸生黄文豔女，刃死。

樊一若妻李氏，宜賓人。事姑孝。張獻忠破叙州，被執。時夫兄一蘅爲總督，寇繫氏以招之。氏曰：「總督奉命討賊，必殄汝類乃止。」大駡捶賊，裂屍死。妾夏氏，懸髮於梁，支解死。夫弟一蓬妻張氏，亦見執，訊夫所在，曰：「死矣！」火炙之。一蘅世母劉，不食

死；任，割耳鼻二手死；張，火死。一蘅從子闇生妻涂，經死。斗樞妻徐，斷手足死。映之妻潘，自刎死。懋倫妻周，投江死。一著女，歐血死。一蘅女，適諸生余智者，大罵死；適尹者，及一若女適劉者，絶食死；聘周者，投崖死。闇生女適尹者，赴水死。時樊氏死者二十五人。而兵部尚書劉之綸妻楊氏，亦剮兩乳死。

同時富順：諸生劉堯銓妻熊，陳士仁妻晏，火死。劉春元妻王，馬元利陷城被執，賦詩血書壁，經死。

隆昌：廩生范璵妻胡，抱幼女水死。諸生劉茲妻盧，聞茲被殺，抱屍哭，刃死。

高州：陳徵女三姑，水死。

筠連：蘇亮工妻、母，陳登彦妻尹，陳台妻羅，墜崖死。

嘉定：諸生帥振邦母馮，袁韜、武大定迫妻之，不從，刎死。

洪雅：祝之茂妻楊；祝之至妻陳，妾陳；祝之恒妻宿；祝之郊妻王；汪大生妻祝；諸生祝籛少女，水死。

犍爲：縣丞楊明新妻侯，良柱孫女。韜、大定至，明新降，將賣甲求之，經死。陳天祐夫婦，同遇害，二女被舁輿中，抗聲曰：「我陳氏女，往與父母同死一處，斷不玷我鄉里。」抵營門，見父母屍，躍身撞石，大罵死。

瀘州：邱氏婢新喜，邱富兵至，走執。新喜問主榜死，不言，兵退，重創死。

納溪：諸生閔翼聖妻王，經死。諸生易衍禹妻王，投崖死。

雅州：楊成名妻張，永曆十五年四月執，刎死。

越雋：指揮王自敏妻周，劉文秀兵至，與諸生湯渭妻唐，諸生張光裕妻王，吴獻才妻俞，唐純智妻宋，吴鶴皋妻唐，闔門火死。自敏女適趙弼，經死。

徐氏，五開衛人。何騰蛟妻，居奉天。劉承胤畔，與騰蛟母孫氏，子文瑞妻易氏，族俊民妻趙氏、順圭妻張氏、之玉妻龍氏，及於婢李氏，執送清兵。孔有德命有司供奉，屬孫氏書詔騰蛟。先，家屬陷寇，家人脱走，騰蛟知母必書召。及書至，戒令勿入，傳羣帥於庭，方令持書者進，北拜流涕曰：「不幸遭時多故，今以國累母，兒罪也。然從母命則負君恩，計就數日之生全，則貽萬世之譴責。老母休矣，兒念決矣。」書未讀而對衆焚之。徐氏亦間致書騰蛟曰：「母近七旬，妻亦命婦，豈不能如王氏之抉喉而死！實疾望大兵來救，麾下諸大鎮，寧盡劉承胤之負心哉！救與不救，惟信到。」騰蛟答曰：「夫爲忠臣，妻爲烈婦，死何恨。族屬無干婦女，既入網羅，便是劫數。所不忍言者，王陵之母，千古傷心；趙苞之報，寸衷難謝耳。」上聞，慰騰蛟曰：「非卿不能有此難，非卿不能處此難。」騰蛟奉詔涕泣，謝表曰：

「臣讀易云『内難而能正其志』，臣知所以自處矣。曾記唐李晟家眷百口陷賊，軍有言及家者，李晟泣曰：『天子何在，敢言家乎！』郭子儀與僕固懷恩不善，冢墓被伐。上惜之，郭子儀曰：『臣久在行間，不能禁軍士暴掠，今日之報應得。』臣才遠不及二臣，而捐軀報國之心，千載而下可以相質。」已而徐氏果自盡死，孫氏等四十餘口皆死。嚴瑋爲請卹，詔賜坊葬。王氏，亦五開衛人，騰蛟妾，先居黎平。陳友龍引清兵執之，誘招騰蛟，大駡曰：「夫子忠臣，吾獨不能爲烈婦！」受刃仆地不死，引刀抉喉乃死。

黎平：歲貢閔於行女，刎死。

五開：胡甲妻舒、子婦汪，刃死。

新貴：吴中芸妻陳，楊玉聰妻楊，水死。

貴定：左副都御史邱禾嘉妻姚，禾嘉卒，扶柩歸，孫可望兵至，投井死。姚聖言妻陳，投崖死。孫南光妻朱，井死。

定番：張承祖妻吴，數十人水死。

安化：諸生陳謨妻王，斫死。覃通妻張，投崖死。

印江：陳五藻妻任，陳昌言妻向，與甥女，斫死。

施秉：劉廷獻妻許，宋繼宏女，經死。

黄平：金溪流寓諸生傅億妻謝，可望兵至，與婢刎死。

銅仁：諸生盧雲龍妻饒氏，永曆二年死楊桂亂；弟龍鼎妻何氏，亦刎死，王有成葬之。

解從富妻李氏，從應妻唐氏，昆明人。孫可望兵入，自經田野，鄉人覆以板。亂平龕合，樹生一木雙枝，人謂雙烈所致。

雲南於隆永之際，㳟臻吾必奎、沙定洲、可望亂，婦女不屈而死者：

元謀：居之敬妻趙，井死。諸生楊鵬升妻李氏。必奎亂，諸生張毓秀引沐天波兵平之。天波欲屠元謀，毓秀止之。後驕恣，殺鵬升，欲奪氏，不從，斷首死。

琅鹽井：諸生李大中妻張，水死。此死於必奎者也。

昆明：王配京妻夏；黄之龍妻唐，經死；之龍爲僧。謝忠妻楊，葉政妻郭，水死。

安寧：羅天文妻洪，水死。

禄豐：周天昌女，經死。

昆陽：李源妻姚。源奉吴兆元命討定洲，氏抱女水死。

新興：李選妻，水死。

楚雄：楊維熊妻臧，中三刃死。馬兆羲妻李，丁師孔妻俞，丁師夔妻王，丁師皋妻孫，丁師義妻楊，陳我彝妻謝，陳我素妻鮑，陳士彦妻李，李綸妻王，丁惟珽妻陳，孫廷蘭妻姚，孫廷樹妻王，黄瑋妻王，袁爾瞻妻陳，許懌妻高，許恂妻陳，朱天允妻楊，劉天澤妻徐，徐日昇妻謝，曾上達妻裴，馬翰清妻馬，石應林妻仇，李實妻謝，徐錫類妻許，孫庭筠妻鄭，孫學伊妻張，張應宿妻謝，王自榮妻楊，水死。

大理：太和知縣李獻忠妻阮，朱正泰妻黄，大駡死。鄭宗儒妻丘，同媳女五人；百户王宗仁母楊，率媳十人，火死。李瑶妻楊；千户宋之鼎母楊，妻段及子女七人，經死。李瓊貞，井死。

趙州：張羅英妻李，火死。馬兆麒妻黄，經死。段恩錫妻王，水死。周生惠妻李，井死。

雲南：姚時熙妻李，井死。

賓州：楊克勤妻董，割乳死。

蒙化：楊仁海妻左，釘死。宣其邁妻陳，吴伯祐妻張，經死。徐惟一妻劉，井死。此死於定洲者也。

昆明：李祚昌妻謝；周祚興妻楊，弟婦羊；周謙妻高；朱鼐妻張；朱霞妻寇；山崙

妻趙，子應星妻王，女二姐、三姐；山嶷妻沈，女二姐；崙妹徐錫袞妻，及女大姐；嶷女王彝妻，山姓同居；楊施淵妻嚴氏；夏禹思妻余，媳馬；夏周思妻張；卜其昌女；卜國泰妻全；高遇説妻何，妹高，姻黃；平涼知府范立朝妻王；趙廷璧妻黃；薛之蕃妻楊，與二女；尚書嚴清子賓妻徐，賓子似祖妻白，仰祖妻王，佩祖妻羅，侍祖妻施，女適李；孫敦培妻任，孫女適萬、適張，幼孫女壽貞、二妹，姪媳韓，姪孫媳何，姪孫女淑真，表姪孫媳胡；徐盛妻邵；劉援妻楊，妯娌子婦；楊達儁妻羊，與女；潘文明妻楊，媳高，幼女福壽；李毓秀妻孫，與女；丁焜南妻任，炳南妻金，妹小姑；羅綺妻張及妹，經死。張翹妻周；楊三畏妻陸；楊偉妻汪；施于鑌妻胡，抱女；范立朝玄孫女性存，年十二；嚴水培妻楊；胡騰龍妻夏；徐盛女；員外郎范應貴妻胡；楊歸儒妻王，與媳；楊德溥妻王，内姪媳王駟驤妻趙，與二婦；邵愈謙妻阮；朱運昇妻王，妾陳；單允若妻李；金應麟妻朱；任允升妻；趙允元妻薛，允中妻瞿，允元女大妹；任熙女黑姑，婢玉書，嫗王；嚴恩培妻湯；李爲龍妻尹；王璛妻朱；尹先覺妻傅，刎死。李恪妻楊，投崖死。施堯心妻龍，子于朝妻蔡，于國妻金，女劉惟馨妻二姑，未字女金妹，姪媳于聘妻傅，姪女周文英妻二姐，孫媳朱，孫女海長，姪孫女賀彭，諸婦女經死，而段恪妻施夫弟堯道女，適歸寧，與恪水死，稱「施氏十烈」。

宜良：苗元昌妻劉，刎死。丘允元妻徐，投崖死。

死。

晉寧：高陽人瞿鳴鑾妻孫，大學士承宗孫女，子華官通海教諭，迎養至晉寧，中七刃死。

呈貢：張夔龍妻趙，三女，媳張，經死。

安寧：張繼樞女，刃死。羅肇龍母某，妻楊，經死。尹弼妻楊，孟之功妻郎，許廷議妻孫，水死。曹賞女小姑，刎死。

禄豐：彭氏，水死。

昆陽：吴國慶妻閔，罵死。胡彬然妻王，磔死。邢叔妻李，火死。

嵩明：史書妻丁，李某妻張，李茂忠妻尹，朱允恒妻張，經死。李畸妻張，李占元妻李，井死。

曲靖：郎中阮元聲妻杜，大罵，剜乳死。伯承寵妻，伯世勛妻，伯修女，及朱氏；王宗魯妻劉，莊炳陽妻施，罵死。鮑維翰妻沈，支解死。楊榮賢妻王，斷股死。傅紳姪女，釘死。胡鞏元妻錢，經死。段尚雲妻周，傅調元妻撒，王壽期妻胡，何宗鳳妻莊，蔣沈氏，郭起龍三女，水死。

霑益：王家冠妻潘，朱大賓妻董，水死。

陸涼：王思揆母楊，經死。

尋甸：李在門妻劉，井死。

臨安：守備陳竭忠妻楊；楊昱妻夏，二女，一婢；姚省賢妻任；黃天秩妻任；與祝、楊、周、黃七人；葉之蕃妻焦，姒陳；吴鼎衡妻洪；李芬妻高，與子國杞女西妹，經死。沈果明妻曹，鄒魯沂妻高，媳吴、朱、張、陳、孫；李盛春妻姚，子如心婦朱，孫婦張；夏啟昌妻沈，媳鄒、嘗，幼孫五，婢數十人；張燮任妻龔，媳鄒、祁，姒王，姪媳蕭、馬；趙敏妻王一門；楊應梧妻劉，與子，火死。媳周，經死。祁京妻楊，碎屍死。包家苑女，斷手足死。紅衣女與女奴，井死。

河西：李轍妻杜，經死。向曜妻王，投崖死。李藻妻耿，井死。

蒙自：李圖功妻李，觸石死。

澂江：劉開熙妻、子，水死。

江川：葵姑，水死。

新興：雷上聲妻梁，烙死。盧惠武妻雷，與妹，井死。

路南：李謙益妻洪，水死。

廣西：紅裙女，罵死。羅賢英妻楊；趙魁淮妻袁，與子凌霄妻李；趙魁寰妻李，與子凌雲妻李；魁淮妹楊士達妻，魁淮孫女承住姐；唐名顯妻高；周之楨妻戴；紅衣女，水

死。

彌勒：楊氏姊妹，水死。

維摩：何天衢妻趙與妾，經死。

楚雄：朱際昌妻、二女，水死。

定邊：王維漢妻張，水死。

姚安：劉襄妻高，與子，井死。

麗江：楊廉妻張，經死。

永昌：邱世第妻陸，周運泰妻吴，刎死。朱紘妻閔，丁長祐妻朱，威清道石應岷妾徐、田，吴佩妻謝，石瑜妻胡，騎龍寺女，經死。王聖修妻水，觸柱死。馮時可母王，媳、女，火死。朱廣運妻戚，水潔妻陳，張世明妻俟，鄒天涯妻董，水死。

永平：李煒妻董，井死。楊爾俊妻金，火死。浩一元妻葉，經死。

此死於可望者也。

司氏，昆明人。南𡹾熊才妻。才，字參伯，諸生，以經濟自許。聞北京亡，日號泣。昭宗幸滇京，授主客主事；上恢復策。會永寧兵亂，命監蜀軍，兼程行，去永寧三百里。是

夕，與下謀曰：「兵貴神速，出不意，敵可禽也。」乃戒師夜疾馳至一堠，即圍一堠之偵者而後發，達旦示不改，兵已入永寧。上奇之。蜀久殘破，綏輯重得人，廷議無出其右者，遂除峨眉知縣。川撫萬任徵夫動千人，才曰：「民甫離鋒刃，忍驅之湯火乎？」後以任劾去官。清兵入滇京，上西幸緬，氏曰：「國破家亡，何以生爲！以其留嬰寇鋒，何如早死。」乃與張耀妻李，各抱子女，投盤龍江死。越六日，清兵方止抄殺，家人沿江求屍不得。探故處，則氏卓立水底，衣裝修整。出之，葬江畔，題曰「明亡殉國烈婦熊司氏之墓」。才，國亡後，自放廢。清强起，力拒，逃入深山終。子傑，字占維，隆武二年舉於鄉，不仕。

當清兵陷雲南，婦女死者：昆明：蘇源妻佘；歲貢許純臣妻謝；副總兵蘇騰吾妻陳，媳何；知州程其信妻陳，媳袁，婢八月姐；楊嗣緒妻段，女大姑；羅繼遠妻苗；趙從耀女長妹；葉凌雲妻楊；楊順成妻舒；沈應蛟妻胡；戴立禮妻孫；顏綸妻王；胡棨妻莊；嚴佩祖妻張，婦丁；嚴敏培妻丁，女錫慶；嚴步武妻阮；何誥妻王；何詔妻江，經死。施堯叙妻傅，姪婦黃；徐大妻竇，子學中女大姑，火死。金應斗妻張；繆秉恒妻戴；陳王烈妻梅；馬圖龍妻吴，與女鳴；遠橋女子；南壩二婦，水死。妙法庵尼超乘、普嘗、普登、通順、通孝等十八人，聞清兵入，相與涕泣曰：「國家傾覆，不忍背義，惟以一死，終吾志耳。」乃閉門自焚死。

富民：貢生許純臣妻謝，刃死。

宜良：汪元翰妻羅，媳陳，及女，經死。徐大聘妻陳，妾楊，水死。

羅次：楊一德妻張，嫂遲，水死。

呈貢：文化孚妻傅，經死。

安寧：楊昭妻彭，水死。

易門：段顯女，吴嗣興女，水死。

嵩明：鄒瑞麟妻李，抱子，井死。

馬龍：蘇發早妻張，投崖死。秦氏女，孫廷緒妻張，水死。

羅平：楊國賓妻胡，水死。

通海：王緒永妻繆，斫死。闞琦兆母祁，妻王，女廣允，子婦王，孫女英姐；陳明汲妻台；楊國柱女菊秀；劉祚妻陳，水死。

廣西：黄茂栗妻楊，水死。

彌勒：楊騰龍女，水死。

楚雄：蕭參將妻。蕭鎮雅黎，妻寓楚雄，兵至，泣以子託家丁，手刃幼女，題詩經死。

廣通：段元臣妻王氏，水死。

黑鹽井：楊璧妻李，投崖死。史成賢妻王，避金榜山，同女子百人，觸石死。楊鼎錫妻王，與婢，刃死。

姚安：龔堯年妻徐，水死。

大理：千户閔法祖妻楊，投崖死。蔣安丹妻蘇，趙擴妻楊，楊光祖妻趙，蘇元度妻李，斫死。董維岳妻閔，水死。

趙州：同知廖偕亨妻鄭，尹之任妻郭，斫死。陸萬頃妻楊，時際明妻王，楊朝棟妻蘇，刎死。張宏緒妻王，經死。李存雅妻金，鄒學魯妻鄭，清流節婦，水死。

賓川：段之嫡妻王，斷指死。

夏氏，沐天波侍女。沙定洲亂，天波出走，母陳、妻焦，舉火自焚死，氏獲免。天波自永昌還，則已薙爲尼矣。天波感其義，俾佐内政。及天波從幸緬甸，氏自經。時城中死屍載道，爲烏犬所食，氏屍獨無犯者。

又天波女瑞貞，許劉文秀子，甫十歲。文秀子夭，女聞，請弔其家，自經死。

昆明：王某，永曆二年病卒，妻具二棺，痛哭自經死。

楊娥，昆明人。祖父爲沐府教武；兄鵝頭，工技擊，然與娥角輒負。娥貌美，趫捷過人。護衛張小將以勇聞，娥歸之。沙定洲反，從沐天波走楚雄。昭宗自滇京西幸，娥夫婦翊衛。上蒙塵，娥聞之曰：「吴三桂何人，彼獨非大明臣子耶？」上崩，張悲憤卒，娥從鵝頭歸滇京，賣酒三桂府前。日脂粉金翠，靚妝豔服當壚。三桂部紈袴子弟來飲，醉遊談侵之，娥視其壯者，提之如孩，置之竇，沸湯灌之。羣來奪，以手揮之仆地，皆逸去。明日，惡少噪圍娥，娥聳身躍出圍，衆憚不敢動，乃散。娥自是亦不復賣酒矣。三桂聞之，欲納充下陳。行有日矣。娥忽寒疾亟。鵝頭視之，深夜入房，一燈瑩然，案設帝位，夫位左侍。呼不應，審之奄奄。撫而泣，娥忽瞿然起，曰：「兄亦健者，何作兒女子態耶！」遂啟其襟，出一匕，光芒射人，不可逼視。娥左手把鵝頭袖，右手執匕東指曰：「三桂逆賊，致夫死絶域，誓不與戴三光，故覓此報仇物待之。計色藝足動之，故忍恥自衒。幾賊聞納吾，計成矣，不幸疾死，不能報國家仇！」言已一慟而絶，猶握匕首東指云。

南明史卷一百十六

列傳第九十二

無錫錢海岳撰

宦官

成祖寄耳目薰腐，先後出使采辦、刺事、鎮守，始用宦官。英宗沖齡踐祚，政在廠臣，遂司票擬，内外分隔，於是王振、汪直、劉瑾，下洎魏忠賢，遂專大政，毒流天下。威宗手除大憝，而十七年間，委任不改，卒致杜勳、曹化淳開門揖盜，宗社爲墟。南渡立國，耳聞目見，奚俟殷鑒？朝政維新，革除宜急，顧諸臣不爲言，權奸或用爲朋比。大臣愈輕，宦官愈重；大臣愈賤，宦官愈貴；大臣愈媮，宦官愈恣。王爵天憲，一出其口，生殺予奪，悉憑愛憎。宦官以宰相爲私人，宰相仰宦官爲鼻息，宫府交通，鉗制主上。緬甸之幸，遂如衣敗絮行荆棘中，牽罣跬步，弗能自主。其灼然稱賢，如韓、李、張、全者，百不能一。嗚呼！三百年君

臣闊絶，其密邇萬不及北司；人主前後左右，罔非刀鋸刑人，孤寄已落近倖之手。以威宗之英武，兵制軍機，牽於黄門之壅遏者，尚不能釐舉；況以叔季之君乎！易曰：「開國承家，小人勿用。」履霜堅冰，其所由來者漸矣。

宦官品級，一如前制。隆武中，以奉御爲正六品。今内官多，遂廣從六品以下銜，用杜僭亂。欽行酌定中宮皇后位下差使，定銜曰椒宮承使，爲正七品；皇貴妃位下差使，定銜曰椒閣應使，爲正八品；九嬪位下差使，曰椒室領使，爲正九品；以下内使，都爲不入流，永爲令甲，纂入實録，以示將來。

韓贊周　盧九德　李承芳　孫進　高起潛　屈尚忠等　孫元德　喬尚等　張榮等　谷應珍　何志
孔　李國輔　王坤　李元培　徐元等　楊起明等　張璞　龐天壽　志道金　李國泰　夏國祥
江國泰　趙進等　張福録　全爲國　劉八　李崇貴　楊德澤　商昇　邊永清　楊紹慎　趙之璞
董元　雷飛鳴　范述古　袁禄　門朝棟　姚在洲　王永壽　惟一　錢守俊　蹇而泰　犁支　盱眙中官

韓贊周，字相文，鄠縣人。忠誠勤慎。崇禎九年，官司禮監。清兵入塞，以京營副提督巡城。閲年，已爲守備南京。十六年，給五萬金，資操練。北京變聞，與史可法等奉安宗監

國。及議枚卜，可法以薦吴甡，詢贊周，不應。祁彪佳請在内調護，贊周避謝曰：「義刻下。」進掌印秉筆隨堂，提督京營。勇衛營立，命歸節制。朝議遣重臣督師使揚州，贊周請馬士英爲督師，而以可法居守。旋叱湯國祚、劉孔炤於朝。黄澍面糾士英，太監何志孔助澍言，贊周曰：「御史言，是其職掌。内官何得妄言！」王坤求督催浙、閩金花銀，贊周極言東南民困，坤乃罷。時議復東廠，贊周曰：「先帝講學勤政，十七年如一日，誠賢君也。徒以聽信内臣，一旦致此。一劑毒藥上，并不調引便嗑耶？」不省。十一月，請西洋大砲以壯軍威。

上於除夕御興寧宫，憮然不怡。侍臣請故，上曰：「後宫寥落，且新春南部無新聲。」贊周泣曰：「臣以陛下令節思皇考、念先帝耳，乃作此思耶？」又元夕，上自張燈。贊周曰：「天下事正難措手，卧薪嘗膽猶恐不勝，躬此瑣屑，胡爲者！」上曰：「天下事有老馬在，汝不必多言。」贊周乃四疏乞休。

清兵陷鎮江，上召内臣問計，贊周曰：「兵單力弱，守和無一可者，不若親征。濟，則可保宗社；不濟，亦可全身。」不聽。及上出狩，贊周追扈不及，欲投水，爲人力阻，送報恩寺。清帥偵之，狂叫，求死不得。至九月，聞將迫北行，自墜樓死。

盧九德，字雙泉，江都人。崇禎四年，官司禮監，撫督京營戎政。六年，與太監楊進朝督京軍倪寵、王樸兵六千、馬五千征河南，會左良玉修武，以騎多，斬混海、插翅虎等於武安，著戰功。高迎祥、李自成、張獻忠敗，陽乞降，九德受之；一夕，乘隙渡河而南，遂不可制。已捷泌陽。八年，督楊御蕃援鳳陽。十年，率勇衛營萬二千人，與太監劉元斌至江北，從盧象昇防剿。兵科孫晋請止禁旅，專任大臣出師，不許。已敗於光山。破馬進忠，斬千七百級，屯安廬。十一年，王南陽解京山、遂平圍，斬三千餘級。八月，至襄陽。賀一龍、賀錦等分據鄖、襄諸險，熊文燦議分兵掩襲。九德曰：「分兵則力弱，一失利則全軍摇矣。莫若厚集其執四面合擊。」衆曰：「善。」乃以道臣張大經監良玉、陳洪範軍，通判孔□會監龍在田軍，收雙溝之捷，斬二千餘級。一龍等走均州、光山、固始。十三年四月，黄得功大捷之商城，九德受一龍五大部降；無何颺去。十四年，命控潛、太。一龍、錦、袁時中十餘萬窺鳳、泗，與朱大典合徐、淮諸將大破之義門。時中衆散回河南。九德屯六安、霍山。獻忠攻桐城，與得功追破之於鳳陽，已屯歸德不進。一龍、馬守應攻六安，與得功夾擊之。十五年，援六安不及，敗於夾山，回防鳳、泗、南直。九德久於行陣，以知兵稱。顧兵多不戢，好掠劫。爲人庸懦，事急則命僧詣佛號祈免死。

安宗立，率兵至浦口入朝，命提督京營如故，尋命丈量蘆洲升課。見國事日非，嘗慟哭

殿上。揚州急，命率兵往援。南京亡，降於清。

同時中官李承芳，大興人。善厚蓄。崇禎七年，掌東廠，署司禮監印，涉内官王體乾産百餘萬，後不能實言，坐戍南京。阮大鋮屢致殷勤，頗感之。弘光初，爲司禮監，薦大鋮起兵部；出催年例公費，威權在韓贊周下。後事不詳。

孫進，晋州人。侍魏忠賢久，爲人寬厚，掌文書房，改南京守備。清兵迫，扈從安宗至黄得功軍。上蒙塵，救之不得，回南京自剄死。

馬甲，失其名，司香孝陵。洪承疇令伐陵樹，從子馬二多方護衛，斬兵一人。承疇掌之，竟毅然抵命。甲以通瑞昌王議瀝死。

高起潛，大興人。崇禎時授司禮監，總監張鳳翔、梁廷棟寧錦軍，給金三萬，功牌千；以司禮張雲漢、韓贊周副之。清阿濟格自獨石口逼北京，過保定，已自建昌冷口出邊，起潛實未決一戰，俟兵出口二日，始至石門，割死人首冒功而已。十年，起潛行部視師，令監司以下，悉炤總督體統行事。十一年，多爾衮、岳託會師通州，至涿州。尋命與盧象昇分督援軍，關、寧重兵盡歸起潛。軍多大礮，清兵畏之，引去。象昇主戰，起潛、楊嗣昌主款，議不合。象昇自涿州進保定、鉅鹿，以五千人戰數萬衆，起潛相去五十里不救，象昇卒以孤軍戰

殁，又匿不上聞。是冬，濟南受圍，擁重兵臨清，不敢出戰，直南、山東坐陷。起潛叙功求世蔭，爲孫嘉績所格。一日，上閱軍器觀德殿，起潛辨良楛稱旨，因譏嘉績下獄，以是人多惡之。十三年，還京師。十七年春，李自成趨京師，復令總監關、薊、寧遠。途次，聞京師不守，遁入西山。

未幾南下。安宗獎其冒險來歸，命提督京營，屯浦口，修立江上墩臺，相機援應。疏言邊將不宜内轉，請市馬增餉；詔以太僕寺五萬兩及加派浙、閩二十萬兩給之。又請佃丹陽練湖；再命督江北軍馬糧餉、練河屯兵。高傑卒，黄得功引衆爭揚州，傑大將李本深以下委沿河汎地奔回，洶洶欲爲難。命起潛與中官李應昇諭解，得功即留駐揚州；安撫傑營。時傑妻邢，孤立自懼，欲以其子元爵爲史可法義子，可法難之。幕下士謀曰：「渠高姓，有高監在，今父其父，而子其子，不亦可乎！」邢諾之，乃宴集將吏，率元爵拜起潛，並拜可法。可法不受，環柱走。明日，起潛宴可法，甫就坐，令小黄門衣蟒者數輩挾可法坐，不得起，邢母子出拜呼父，可法爲盡歡，軍心以和。未幾，清兵南下，起潛與中官李進走杭州，從潞王常淓，恣睢如昨。杭州亡，降於清。

同時秉筆太監屈尚忠、田成、張執中，文書房太監高大化，皆上潛邸奄人。上初即位，布袍革履，徒步道中。給事行官，未恢其志。洎黄澍劾馬士英，上諭避位。士英行金交結，

成、執中泣向上曰：「上非馬公不得立，逐馬公，天下將議上背恩。馬公在閣，諸事不煩聖慮；馬公去，誰念上者？」上憮然，士英得仍入直，自是璫勢遂孽，弟姪多蔭都督同知、世襲指揮。成權藉最大，嘗向徐石麒居間用知縣爲吏部，石麒拒奏，上不問。陸朗、黄耳鼎外轉，納賂數千，中旨留用。石麒質之，曰：「此以進御。」偶聞於上曰：「從龍而來，貧苦無資耳，亦憐而弗罪也。」執中年十九，上眷之，驕亢尤甚。諸臣見之不納，偶見不禮；士英至，留茶，詫爲榮遇。諸臣遂日因三人固寵，政以賄成。及選淑女，分赴蘇、杭、嘉、紹，比户搜訪，官民隱匿者連坐，有母女自盡者，一時巨室富家嫁娶爲空。中官無以應，乃録貧家女有姿者上之。其後京選，黄、郭、戴、程等七十人，中選魏國公徐胤爵女、諸生阮晋女二人；浙選周、吴、陳、潘、李、程六人，中選山陰諸生祁貞明女三綬、秀水王可秀女二人。上元周書辦自獻女一人，皆進元暉殿。將册徐爲后，祁、阮爲妃。出狩，命放歸。清兵陷南京，錢謙益進徐於多鐸，祁歸尼堪，阮歸孔有德。尚忠、成、執中從幸蕪湖。上蒙塵，尚忠遁紹興，爲鄭遵謙所執，後遁福京免。成、執中不知所終。

孫象賢、蘇養性、孫珍，督催金花、關、鹽稅軍餉。

孫元德，督催浙、閩内庫，户、工二部錢糧、鹽引價欠，兼命清察，削平湖知縣陳台孫、杭州南關主事林日光職，提訊追贓。元德初以造桑皮紙之浙，寠甚，至是恐喝軍民，不及一

年，財賄充積。後清兵至，以槖付潘中軍置江東，江東將士籍之，金瓶高三尺，滿實大珠，將士十三往反，皆盈槖去，中軍司房乾没者不與焉。南京亡，元德入寶華山爲僧，名頓悟。

喬尚，總理兩淮鹽課，督察兵馬糧餉，攜中軍、理刑、錦衣千户以行。孫承琇，崇禎末奉命防河，國變南遁，被劾；復總監山東。袁昇，請催鈔關銀。進忠後爲僧寶華山，名頓修。天祥，崇禎初内承運庫内官太監，提督南京織造。弘光元年五月五日，面陳北信急且危，後降於清。

張榮、劉文忠、車天祥、高尚義、劉進忠、曹柱石、趙興邦、李燦、馮進朝、張師孔、孟國泰、張秉正、馬進忠、劉義兆，皆以新殿、防江廕子賜金。

谷應珍，守備鳳陽。有王裔者，借名王重儒，稱定王慈炯，詰知爲僞，以聞，詔戮之。後求炤總督體統行事，閣臣難之，乃自增敕書御前。

何志孔，守備承天。上命三楚各有司如期徵解濟軍，不則由志孔參處。

李國輔，字騰宇，大興人。韓贊周義子。崇禎九年，授御馬太監，奉命守紫荆、倒馬諸關拒清。已隨贊周守備南京。十六年，奉詔諭左良玉軍。

安宗立，爲司禮太監，監督勇衛營，以徐大受、鄭彩分領水陸。屈尚忠、田成、張執中之

徒，方比馬、阮，導上淫樂，而國輔遇事多匡救。馬士英惡之，屬所私上書言開化、德興、雲霧山可開採，國輔信之，具疏請往。既吴适疏陳七不便，國輔亦請中撤，俱不許。馳視，如适言，報罷，而所督之勇衛營已命士英子錫代之矣。

南京亡，走蘇州，與楊文驄誅安撫黄家鼒。旋走海上，從田仰、荆本澈奉義陽王朝墠駐崇明。事敗，歸監國魯王。命與太監客鳳儀、劉愚、涂文輔、客光先兼典城禁制軍餉。

浙東亡，事昭宗，命往南京潛視孝陵。永曆三年夏，重趼歸，上召見問狀，國輔伏地痛哭奏：「殿垣陵甃毁壞無餘。四山林木，聞南京亡後，鐵騎充斥，樵蘇四出，無敢損者。後洪承疇至，見陵樹菁葱，怫然遽怒，遂榜示居民採之爲薪，榜出三月，民無應者。承疇益恚，罵曰：『天壽陵樹已芟刈無存，江南蠻子出榜令伐，而三月不傷一木，何愚騃至此？』因復榜令諸門非伐鍾山樹者，不許通樵蘇，城中幾絶炊烟。民不得已乃往伐，嗚咽震山谷。今一片童山，無尺株矣。」固引額觸地，上爲泣下霑袍袖。復請再往，曰：「如上旦夕恢復，當至江干迎駕。如天討有稽，願以骨頭付老祖爺陵前爲狐貉餐，不復再見陛下。」頓首大哭起。上乃素服輟朝，就太廟哭，遂敕國輔齋香帛再往省視。是年十月，至梅嶺，薙髮北發。後事不詳。從子守貞，任錦衣都指揮僉事。

王坤，字弘祖，大興人。爲御馬太監。稍習文字，陰鷙便巧。崇禎時，監視宣府，陷道臣胡良機。御史魏呈潤劾其誣罔，呈潤坐降職。又抗疏劾修撰陳于泰盜竊科名，語侵周延儒，吏部尚書李長庚、給事中傅朝佑、副都御史王志道疏言：「内臣不宜侵輔臣。」皆得罪。由是驕悍凌轢，與曹化淳比，羣臣莫敢言者。已而奉敕督監兩淮，至淮、揚。

弘光初，因緣遷司禮隨堂内官監，升秉筆，改名肇基。上京城購捕方略。黄得功等拒左良玉兵大捷，命勞師江上。尋督催浙、閩金花銀，因得留福京。事紹宗，不見用，流寓粤中。

昭宗即位，遂掌司禮秉筆，執國政。坤以舊奄老猾，工揣合鉗制。知内廷畏清兵，踐祚無幾日，即勸上棄肇慶幸梧州。上顧以爲忠，遂倚任之。周鼎瀚以内批改給事中；王化澄驟陞兩廣總督，復結坤，以墨敕擢尚書。李永茂疏薦兩京十三布政司人望，劉湘客與焉，坤惡之，乙十四人名而黜湘客，復疏薦海内人望數十人。瞿式耜、劉鼒疏言：「坤内臣，不可薦人。」坤激上怒，將逐鼒，式耜力救之乃已。坤疑鼒疏出方以智手，復以停經筵激以智去。俄而廣州陷，遽邀駕幸梧幸全。尋爲劉承胤所惡，面斥於朝，鎖之去。上不得已，安置永州。後復入自奉天，而馬吉翔、龐天壽方幸，坤不復振，乃請敕監督川、楚軍務，從何騰蛟軍湖南，復以功賜一品服。後居桂林邑邑死。

又司禮監李元培，監李成棟軍死。元培，順天人。出曹化淳門下，降清。清命採珠廣東。成棟反正，請監其軍。元培深世故，好矜其長。

提督太監徐元、尚寶監周進賢，從扈安龍死。

司禮監楊起明、貢昇流落廣西死。起明，字守春，奉敕勞何騰蛟、章曠、瞿式耜；後與趙昱封孫可望景國公。

御鳥太監張璞，入山躬耕終。璞，遵義人。

龐天壽，大興人。崇禎間爲御馬太監，頗見任使，奉敕至南京。弘光中，備員不見用。已走福京，改司禮，與司禮監王志道、尚衣右少監鄧金、奉御尚膳右少監羅奇隨駕。已奉敕使湖南。昭宗即位，與楊國興擁戴。天壽在北京，權藉故出王坤下，至是坤秉内政，天壽弗能頡頏，遂出聯絡閩、粵。坤驕悖日著，中外既側目，太后及上亦稍厭之，而天壽不要錢，不匿事，於諸奄中爲淳謹，上意嚮用。既劉承胤逐坤，天壽掌文書房事，隨扈奉天。永曆元年七月，清兵大舉南下，命趣粵西兵援梧。遣侯甡造舟古泥，其後上奉天出幸，得逕渡脱難，天壽力也。又以勇衛營大使自桂林迎上幸南寧，從扈回肇慶，有勞勩，由是益爲上所親信，賜一品服，總督粵、閩恢剿并水陸軍務，提調漢土官兵，兼理財催餉，假便宜行事，仍提督勇

衛營，兼掌御馬監印，司禮監掌印太監。四年正月，上西幸，命督魏□等守三水。四月，以七千人戰廣州北郊，杜永和不助，遂大敗。未幾，兵潰清遠歸。

戰守。天壽粗識字，不習典故，素事天主教，奉西洋人瞿紗微爲師。因大造西洋礮，諸軍資以戰守。其幕客大理卿徐湛瀁爲代理紅本，亦�.愿不敢通外廷。顧天壽以樸率，恒爲夏國祥所給，頗推讓之，故政漸歸國祥，天壽以虚名爲諸奄長。所部勇衛士，皆斥私資，爲視朝儀衛，亦尫羸無能爲有爲。天壽事上三載，尚少過失，而內臣恇懦畏死，不知遠計。上棄肇慶幸梧州，失東粤，遂蒙塵不返，亦天壽致之也。

四年正月，隨上走南、太，入安龍。密敕之獄，與吉翔表裏爲奸。徐極等劾之，上敕廷臣議罪，天壽、馬雄飛逃貴陽。十八人獄成，天壽偕鄭國至朝房，械吴貞毓等。張福禄、全爲國求救於太后，天壽直入禽二人坤寧宮外。太后、后稍問之，天壽怒目呵徑出，自是內外大權盡歸天壽、吉翔。天壽諂事孫可望，凡可望所欲爲者，無不先意爲請。可望敗，以憂死。

志道金，不知何許人。扈紹宗汀州死。

李國泰，大興人。上幸南寧，與中官李文芳、沈嘉熙、貢昇從趙臺迎駕。天壽死，代掌司禮監。性倔强，吉翔有過，嘗毆之。後共樗蒱，歡言無間，遂爲心腹，相與作奸。上在緬

甸，李定國屢疏迎駕，國泰惟恐或至，日牢籠文武。凡欲某職者，稱門生。又與吉翔合奏大臣三日不舉火，上擲皇帝之寶，令碎之給從臣。典璽李國用叩頭不奉詔，國泰等竟鑿以分餉，擁資自贍不顧。任國璽請東宮開講，進宋末賢奸利害書，國泰惡而去之。王祖望、鄧居詔各具疏劾，國泰曰：「爾上千萬本何用？」其恣睢如此。後死咒水之禍。

夏國祥，寧國人。善恣容，稍讀書。聞安宗喜外嬖，乃自宮求入內廷。南京亡，事紹宗爲少監。已走粵西，因龐天壽，與吳敏並補文書房司禮監。國祥工狐媚，有寵於王太后，遂驟驟奪大權。馬吉翔諂事兩宮，專制國事，結國祥爲援。凡吉翔所欲行，皆因國祥達太后，必於上行之。永曆二三年間，外廷稍持法紀，國祥不能盡如其意，日泣奏太后，謂金堡等把持裁抑，詆毀兩宮，挾李成棟父子爲勢，心不可測。太后習聽之，遂切齒堡等。王化澄因王維恭結納之，國祥日稱化澄忠謹。上棄肇慶，幸梧，逮治堡等，起用化澄，卒至傾亡，皆國祥爲之也。

同邑江國泰，亦自宮入南京求用，與國祥比衡，受意旨，通賄賂。閫外陳請，非因國泰達國祥不得旨，以是四方鎮將益輕朝廷，瓦解以亡。國祥故無賴子，瀕亡不悟，貪權勢，行讒毀，津津自喜，天壽已乃惡之，無能制也。上在肇慶，梧屬糧稅聽上徵用，廣東上徵京倉

及金花銀爲國用，顧皆内臣操其出納，户部無所關預，日就虚糜，乃至欲募從駕軍而不可得。每聞敵警，哨探無人，惟聽吉翔及内臣之意而已，皆國祥主之也。後與趙進賫敕諭孫可望，被殺於養利。國泰隨扈入緬，繞道暹羅，説使效順，助兵、助金銀糧幣。後自經死。

進，大興人。崇禎二年，家人運大石，盜帑十四萬餘，爲張鳳翔所劾。上再幸肇慶，爲司禮秉筆太監。同時黄河清，掌司禮監；馬鳴圖奉敕聯絡姜瓖於山西，漆身吞炭以行，永曆四年正月，進總監川、黔諸軍恢剿。皆不知所終。

張福禄，大興人。印綬太監。全爲國，衡陽人。御前管事隨堂太監。昭宗在安龍，孫可望謀篡位，勢岌岌，私語福禄、爲國曰：「可望無復人臣禮，奸臣馬吉翔、龐天壽爲耳目，寢食不安。近聞李定國直搗楚、粤，俘誅陳邦傅，報國精忠，久播中外，軍聲丕振。將來出朕於險者，必此人也。且定國與可望夙隙，欲密撰敕命官賫馳行營，召之護衛。而曹能圖之否？」福禄、爲國聞而涕泣，即薦徐極、林青陽等，並傳旨諸臣。敕成，持入用寶。後事露，鄭國入宫收福禄、爲國、劉衡及乾清宫提督李寬然，鐵索繫出，酷刑拷鞫，予凌遲。臨刑，福禄、爲國曰：「我輩生不能誅吉翔、天壽、可望三賊，死當作厲鬼殺之，以除國害。」慷慨大罵死。衡，杖一百免。

劉八，大興人。崇禎時太監。永曆六年，李定國命千總張九、趙文學、徐有功窺閩、浙虛實，八遇之浙江。八年二月，至廣西，謁定國，授把總。九轉江西，至潯州，見文學。定國再命八、九假爲商賈入江西、山東、北京，行至廣州，阻於清兵，九回潯州又見文學。文學以三千人駐潯。九年，九至廣州招八。清侵廣西，八、九至南寧，轉忠誠、梧州。文學遊天津通判，十一年在北京被執死。

李崇貴，南城人。益府副承奉。爲昭宗東宮典璽。清兵迫安龍，李定國命自貴陽兼程馳滇京告急，請上移蹕，扈從緬甸。李國泰用事，崇貴曰：「自古帝王壞在吾輩。幼侍讀書，止誘作戲，後登大寶，必不明正道，可嘆也。」國泰聞而甚之。楊在進講，上賜之坐，崇貴以爲非禮。次日，亦賜崇貴坐。辭曰：「今雖亂世，禮不可廢，異日將有謂臣欺幼主者。」自是每講，崇貴乃外出。後晋司禮監，死咒水。

同時，中官侍東宮者，楊德澤，字虛倫，麻城人。父鎮泰，武進士，陝西副總兵，一門死難。德澤少爲劉正國義子。及侍東宮，賜今名。咒水禍作，飢餓三日，冒死取水食物進上，與諸內臣野蔬以食。王皇后崩，縞素送葬。上在滇京，入文書房，值本章匣。楊監筆記紀狩緬事甚悉。

又商昇，字雲峯，永清人。崇禎末官司禮監掌印。北京亡，入山爲道士，名復初，未幾卒。

邊永清，字震圉，滿城人。饒心計。天啟時提督忠勇營、御馬監。崇禎十一年，分守薊鎮西協。國亡，入勞山。永曆七年，海時行反正，説南奪洪承疇兵不成，則入湖廣合忠貞營。時行敗歿，永清爲道士。

楊紹慎，字修我，亦中官，入山爲道士，名元默。

趙之璞，字連城，大興人。出曹化淳之門，管惜薪司，爲僧廣安門外天寧寺。談遷訪問孝哀事。

董元，平定人。崇禎末尚膳監，東宮近侍，爲僧觀音寺，假兵符逐寇全城。

雷飛鳴，司禮監，南司房，國亡負販。

范述古，字養民，襄陽人。工詩。崇禎末爲東宮伴讀。北京陷，跡東宮、永定二王不得，爲道士華山，築復庵西峯，與王弘撰遊。

袁禄，興平人。崇禎時中官，爲僧華山。

門朝棟，臨潼人。幼事李盡忠。天啟中，乾清宮近侍，蟒玉。魏忠賢用事，歸居秦邸二十年。國亡，爲圃戲。又二十年卒。

姚在洲，不知何許人。崇禎時中官。北京亡，依王時敏太倉卒。

王永壽，大興人。天啟時中官，不入魏忠賢黨。熹宗張后以國事詢之，因陳楊漣、左光斗之誣。熹宗崩，后主迎立威宗，命宣言於朝。北京陷，請后自經殉國。入清，有任妃者，故忠賢養女，僞稱后，世傳后不死。永壽見任妃曰：「此僞也。」手指之吶吶詈不止，妃亦識永壽，泣下，后誣始白。國亡後，爲僧西山。

惟一，大興人。崇禎時中官，爲僧鄢陵，與閻爾梅交。

錢守俊，不知何許人。崇禎時中官，給事承華宮，侍陳妃，管長樂宮金鐘。北京亡，爲道士蘇州，往來嘗熟致道觀。

蹇而泰，字文定，昆明人。諸生，以鑒古得幸。

犁支，不知何許人。與舒城余湛善。戴名世欲因訪問故事。

盱眙有中官某，年九十餘。國亡，僧服守祖陵，奠掃如禮，痛哭終其身。

南明史卷一百十七

列傳第九十三

無錫錢海岳撰

姦臣

木實將撥，必蠹其中；日月外暈，或蝕其裏。古未有孅兒在朝而家居能不敗壞者。士英好貨逢君，大鋮陰狡譎詭，吉翔彌縫譞巧，仰狼抗無上，二張、楊、劉、李、賀，鷹擊毛鷙，郭、蒲之徒，柔媚取容，尤齷齪不足比數。跡其交悍將以要盟，挾天子爲奇貨，望風投拜者榮，剛直不阿者挫。社鼠城狐，懷私植黨，鋤害忠良，白日爲夜，上下易位，冠履倒置，處堂燕嬉，措火不戒。蝮蛇梟獍之性，罪浮於杞、檜，雖寸斬磔棺，不足贖也。迨負虎不下，魚爛不顧，計無復之，則崩角馬首，認賊作父；或雖能一死，是猶匹夫匹婦自經溝瀆而已。昔孔子作春秋而亂臣賊子懼，其法在懲惡而勸善。史於善者既書之，不善者亦書之，庶使後人

見善如不及，見惡如探湯，存是非之公，褫姦人之魄。懲既往，戒將來，作姦臣傳。

馬士英　子錫等　劉僑　田生蘭　周崇極　周之夫　李誠矩　阮大鋮　水佳胤　郭如闇　周昌晉等　袁弘勳　徐復暘　虞廷陛等　陳爾翼　劉光斗　王璲　黄家鼐　陳以瑞　陶崇道　虞大復　季寓庸

張捷　子伯駿　黄耳鼎　陸朗　袁本盈　楊維垣　劉孔炤　馮大任　李沾　馮可宗　蔡忠等

張孫振　馬吉翔　弟雄飛　吕爾璵　錢匡　郭承昊　蒲纓　賀九儀　狄三品等　張明志　三有德　田仰

馬士英，字瑶草，新貴人。萬曆四十七年進士。授南京户部主事，遷郎中，出爲嚴州、河南、大同知府。崇禎初，轉陽和副使。尋以僉都御史巡撫宣府。任事甫一月，檄取帑金數千餽遺權貴，爲鎮守太監王坤所發，削職遣戍。時阮大鋮以逆案失官，與士英同年會試，同寓南京，相得甚歡。周延儒内召，大鋮要以援己，謝不能，則舉士英屬之。十五年，鳳督高斗光被逮，遂起士英兵部右侍郎代之，招降河南畔將劉超。超故四川總兵，爲士英舊好。既降，猶佩刀自衛，士英笑曰：「若已歸朝，安用此！」手解之，乃縛以獻俘。中原兵起，數有防堵功：復廬州，城舒城，屯壽州。十六年，命黄鼎、劉僑、田生蘭、周崇極、周之夫、周文

江復麻城，斬湯志傳，復黄陂，救汝寧；屠師覽復陳州、沈丘。太原陷，抗疏經畫東南，自任江北援剿，以史可法專理陪京、上游，錢謙益開府江、浙扼海道。疏入而北京陷。

南京大臣議紹述，慮安宗修怨三案，主立潞王常淓。安宗初至淮安，士英欲居擁戴功，徇大鉞謀，遣使上謁，啟援立意；復發使密使約勳臣、鎮將，得許諾。士英致書徐弘基，言已傳諭將士奉福王至南京；亦使人約可法於浦口。諸大臣倉卒不敢異議，遂奉王監國。廷推閣臣，劉孔炤主士英，乃擢東閣大學士、兵部尚書、副都御史，總督如故。士英日夜冀內召，聞命大愠，自請入朝。不待詔旨，率兵船千二百艘至江上，上疏早正大位，并以可法始議七不可立之書奏。即命入閣，而出可法督師淮揚，於是士英權震中外矣。尋加武英殿。陳開國大計：一迎聖母，二葬皇考，三立中宮，四禮諸藩。又曰：「恢復有四：曰吳三桂宜即鼓勵接濟，則金聲桓可使，因三桂款建虜，使爲兩虎之鬥。馬紹愉當陳新甲時，曾使建，昔之下策，今之上策也。曰江北諸將、淮上之師可收山東，合三桂、徐籌安慶之師收楚、豫，合左良玉。如劉洪起、蕭應洲、沈萬登、李皭遇等，皆可連絡。曰良玉如收荆、襄，則有窺秦之勢；如駐武昌，則自陽、羅、麻城、固始、潁、宿、徐，可與江北指顧相連。其副總兵盧光祖爲籌略，乞宣諭與高傑、劉澤清諸鎮分汛聯合。曰趙光遠補四川總兵，不盡其用，宜改敕印，授以招討經略陝西，招集邊丁屬夷，以塞蜀口，復漢中，此外分東、西川爲二撫，擇人

而任；楚撫何騰蛟爲川湖貴鄖總督，俾開白帝之路，提荆、襄之衡，□督可易而爲撫。」報聞。再加建極殿。上以擁戴功，深德之，委任心膂。而士英爲人貪鄙、無遠略，亟思樹黨，首薦大鋮知兵，用中旨授兵部侍郎。廷臣力爭之不獲。

良玉初奉監國詔，令黄澍入賀，陰伺朝廷動静。澍陛見，面數士英奸貪不法，且言「嘗受僞官周文江重賄，題請參將」諸款。上意頗動，諭士英暫避位。士英佯引病，而賂田成、張執中言之於上，仍慰留之；命澍速回楚。初，劉僑以罪併家屬遣戍，降張獻忠。比良玉復蘄、黄，澍持之急，而士英納其賄復職，即令許澍臟。又嗾宗室盛濃言澍陵逼宗室，已隨出疏糾之。擬旨逮治，澍乃匿良玉軍中，陰令衆譁索餉，爲救己地。袁繼咸代奏申理，始免。由此與良玉成隙。

當是時，士英復加太保、中極殿，掌文淵閣印，充首輔，獨理機樞。重修三朝要典，命戚臣李誠矩奏請取要典始末付史館，因加誠矩太子太保，日惟鋤正人、進凶黨爲務。内則中官成、執中、屈尚忠輩，外則勳臣朱國弼、柳祚昌、劉孔炤及鎮將劉澤清、劉良佐等，相倚作奸，漫無顧忌，而一以大鋮之言是聽。有所舉行薦劾，則大鋮主其謀，令其黨上章，而士英亦旨引之。賕賂公行，朝綱紊亂。

初，士英陳恢復，力主南北分疆，左懋第北使，以清爲可款，不修戰備。及陳洪範歸，奏

和議不成，清必南牧。士英曰：「强弱何嘗，赤壁三萬，淝水八千，一戰而江左定；況今國家全盛，兵力萬倍於前，廓清底定，直旦暮耳。」與客談禪、鬥蟋蟀，羅舊院歌妓進御，置疆事不問。既連逐高弘圖、姜曰廣、張慎言、劉宗周、呂大器諸不附己者，凡逆案中楊維垣、虞廷陛一流得盡起，其死者悉予贈卹；餘如張捷、唐世濟等，皆用之以爲爪牙。

大鋮初入，諸正猶存，舉朝以逆案相攻，憾甚；已見北京從李自成者，頗多傅會清流，因定從逆之罪。於是光時亨、周鍾之獄起；而其他大僚畔降負重垢者，厚賄入，輒立復官致要地。河南張縉彥者，以本兵首從自成受職，詐言集義勇收復列城，士英即授原官總督河北、河南。其女弟夫越其杰，以貪謫戍，起爲河南巡撫。以書佐趙體元、厮役趙文室爲都督同知總兵，威柄等士英。江浦林翹，自矜數學，立授中書，未半歲而躋左都督。李毓新以布衣薦知兵，躐職方主事。李元功以便嬖升中府僉書。國用匱乏，大興搜括。佃練湖，放洋船，瓜、儀掣鹽，蘆洲升課，税及酒家。張如蕙憂歸，至留其攜資充餉。又令各府州縣童子捐免府州縣試，行納貢佐工例；追蔭起廢，别向士英投納。

時清兵南下，中原盡陷，烽火通宿遷、邳州，可法以聞，士英大笑。楊士聰問故，曰：「君以爲有是耶？此史公妙用，爲叙功稽算地耳。」

比有北來太子事，朝士指爲僞，都人譁然以爲真。可法與諸鎮及御史交章論救，請研

審。上以之示士英，士英反復詳辨，且言：「臣愚，宜更窮究主使，與臣民共見而棄之。」頃又有故妃童氏至京，送錦衣衛監候，士英頗進勸，言：「謂非至情所關，誰敢冒死認陛下敵體。」獄既具，上出兩案獄詞，宣示中外，而衆論益藉藉，謂士英等朋奸導上滅絶倫理。澍在良玉營，因日夜言太子冤狀，請引兵除君側惡；良玉亦上疏請全太子，斥士英奸。不報。良玉乃移檄遠近，舉兵而東。士英令内官守十三門，勳臣守長安諸門，禁官眷出京；遣大鋮、孔炤會朱大典、黄得功軍截江分禦，撤江北劉良佐等兵從之西上。清兵乘虚逼徐州，抵亳、泗，可法飛章告急。李之椿、姚思孝言良玉非畔，請毋撤江北兵，亟守淮、揚；可法復奏言之。士英内怯於良玉，堅不應。越日，上諭：「江北防兵且不可撤。」士英指思孝等瞋目厲聲曰：「若輩東林，皆良玉死黨，爲之遊説，欲縱其入犯耶？清兵至，猶可議款；若良玉兵至，吾君臣獨死耳。吾君臣寧死於清，不可死良玉手。異議者斬。」上默然，無如何也。會良玉抵九江病卒。報至，士英忻然，大鋮、孔炤方虚奏捷音邀爵賞，百官相賀，朝堂賜宴。

清兵窺揚州，上命鄭鴻逵自金山進，澤清、王永吉、田仰同高傑部援之。士英不發一旅，惟票旨下部，故南京寂然。及揚州陷，大江無一舟渡，南北耗絶。久之，兵部始得報。士英恃大江天險，清兵不能飛渡；詞臣云，清兵畏熱，必不敢南。城守無備，轉官予蔭，如無事然。清兵攻鎮江，鴻逵張帆東遁。龍潭驛卒報清兵筏濟，礮中京口城，去其四堞；士

英不之信。最後，楊文驄令箭至，言城上礮發，江筏糜碎。士英因笞驛卒而重犒楊使，由是警報無復至者。

弘光元年五月，清兵由老鸛河渡，京城戒嚴，集文武朝堂會議，大臣竊竊偶語，則相約納款也。士英始知爲張孫振所誤，孫振往見，叱而不納。上出狩翌日，士英以黔兵二千餘人爲衛，馬二百匹，金杯爲鈴，駝珠寶無算，聲稱扈太后，由蕪湖徑廣德入浙江。廣德知州趙景和閉門拒之，士英破城，殺景和。抵杭州，守臣以總兵府爲太后行宫。劉宗周、熊汝霖痛責士英當從駕，士英無以應，惟日盼江上之捷。不數日，大鋮、大典、方國安俱踉蹌至，則得功兵敗死，上已蒙塵。欲挾太后垂廉，請潞王常淓監國，改撫按兵衛從。而清兵已薄城下，常淓降，士英遂走東陽，寄家口於巍山趙氏，以兵屯錢塘清溪，距杭城十里立五營。清兵追躡之，斬五百級。聞魯王以海監國紹興，上啟請謁。張國維首劾其誤國十大罪。王思任於士英初至浙時，出疏歷數其罪，致書勸令自刎以謝天下。至是，魯諸臣又堅拒之，乃東依方國安嚴州。清兵擊之姚江，兵潰，士英蓬首跣足而走，止存一褌。無何，令方國安師與大鋮合營，重渡錢江，屯内江、新壩，規杭城。士英心切立功以邀王知。及戰，大敗，溺死者無算。既乃收餘衆於江東赭山、朱橋、范村，縱肆剽敚，士英深銜魯君臣勿納之怨，密與國安計，將劫王入閩，王脱去。及清兵渡江，擁殘卒新昌山中，求入閩，七疏福京自理。紹

宗以其罪大，諭守關將士拒之。鄭芝龍、方國安疏言：「士英不即北降，立太祖子孫，罪可貰。」不得已，命充事官，俟收杭州復官。疏付史館，存俟公論。江上潰，清兵追士英，其從兵葉承恩等降，並報士英披薙爲僧入太湖。清貝勒勒克德渾至寺執之，與右都督趙體元及部將四十八人斬於杭州，市人臠切之以飼犬。

士英工詩好古，江上間關，猶日吟詠，攜黃公望長江萬里圖自隨；作畫皆高遠，世醜其人，不爲重也。

子：錫，字伯和，弘光時以白衣逕授都督僉事總兵，督勇衛營。非其父所爲，士英鈎黨，泣諫不得，先歸，後賣卜南京。鑾留侍士英，怙惡負勢，募死士伏皇城，伺刺九重密事，擾及小民，至無可告。清兵渡江，被殺。

僑，字東卿，麻城人，侍郎天和孫，世襲錦衣衛。萬曆二十年武進士，授北鎮撫司。魏忠賢屬陷汪文言，僑受葉向高、黄尊素教，止坐文言一人。忠賢大怒，削籍歸。崇禎初，起五城左都督，加太子太傅。命訊易應昌、喬允升之獄，知二人端方，力保全之。上好聽察，僑曰：「耳目難信。」忤旨謫戍。獻忠入楚，以玉杯古玩由周文江進之，除指揮使。良玉復蘄、黄，削髮逃去。已與黄鼎、田生蘭、周崇極起兵，推玉峯山侍郎周之夫爲主。至是，送黄金三千兩、女樂十二人士英，得復官。同時，錦衣指揮僉事于之英管西司房，徐同貞管街

道，張鳳翔子翕之掌南鎮撫司。大鋮逮陳貞慧下詔獄，將加害，僑與馮可宗書曰：「東林後人，無故殺之，起大獄，紀綱、門達事可鑒也。」可宗心動，遂得寬縶。南京亡，不知所終。

生蘭，麻城人。萬曆三十四年舉於鄉，主事。

崇極，字無所，麻城人。萬曆三十七年舉於鄉。歷安溪、南陵知縣，貴州僉事。苗畔，御史命治之，與冠帶，相戒勿犯。

之夫，麻城人。萬曆三十五年進士，推南禮部郎中、温州知府，累擢侍郎。

李誠炬，漷縣人。穆宗孝定皇后從子，都督同知。疏薦朱繼祚、謝啓光、余煌、吴孔嘉。

阮大鋮，字集之，懷寧人。萬曆四十四年進士。有才藻，機敏猾賊。初授行人。天啟元年，遷户科給事中，改吏科，以憂歸。時左光斗讜直有聲，大鋮以同里故，倚以自重。四年春，吏科都給事中缺，大鋮次當遷，光斗招之。而趙南星、高攀龍、楊漣等謂察典近，大鋮輕躁不可用，欲用魏大中。大鋮至，補工科，心憾之，陰結奄黨，寢推大中疏。吏部不得已，更上大鋮名，即得請。自是依附魏忠賢，與楊維垣、倪文煥、霍維華爲死友。造百官圖，因文煥以達忠賢。然畏東林攻己，不一月，遽告歸，大中遂掌吏科。大鋮憤甚，私語所親曰：「我猶善歸，未知左氏何如耳！」光斗旋削籍。逾年，汪文言獄起，漣、光斗、攀龍等先後死，

大鋮以太常卿召至京，奉忠賢惟謹；而默慮其禍，每入謁，輒厚賂閽者還其刺。居數月，復乞歸。崇禎改元，忠賢誅，大鋮私擬二疏：其一專劾崔呈秀、忠賢；其一以七年合算，謂天啟四年後亂政者忠賢，而翼以呈秀，四年前亂政者王安，而濟之東林。函其稿馳示維垣，且言：「時局若大變，則上專劾疏；脱未定，可上合算疏。」時維垣方指東林、崔、魏併爲邪黨，與倪元璐相詆，得之大喜，爲投合算疏以自助，聞者切齒。尋起光禄卿，毛羽健劾其黨邪，罷去。二年，欽定逆案，論徒，贖爲民。終威宗之世，廢棄不用，鬱鬱失志。

會皖中被兵，大鋮乃避居南京，傾資延納遊俠，選事之流多附之，談兵説劍，坐客常滿。比邊警日急，希得以邊才召。時周鑣、顧杲、楊廷樞、吴應箕、沈士柱、黄宗羲、萬泰等，皆復社中名宿，聚講南京，惡之甚，草留都防亂公揭逐之，列名者百四十人。大鋮懼，始閉門謝客，獨與馬士英爲莫逆交。周延儒再召，次揚州，大鋮輦萬金爲壽，求湔濯。延儒以己再召，爲東林所推，難之。無已，乃以士英屬，士英因得起家。既與韓贊周暱。北京陷，中貴人之南奔者，得徧交歡。福王初至淮上，大鋮告士英曰：「福王，神宗親孫，倫序最近。國方有難，先立功高。當今天下清議歸史公，君握重兵於外，若不早圖，將爲人副。當又約黄得功、劉良佐，與之分功，再招高傑、劉澤清以佐之，兵執在我，史公無能爲也。然後，我與君左提右挈，挾天子以令東南，千載一時，機不可失。」士英徇其請，固達定策功。

安宗立，初非諸大臣意。大鋮與羣奄私言東林當日之所以危太皇太后、皇考者，使備陳上前。又使通州副總兵王伯時疏言：「神宗時，諸臣借言國本，必欲傾陷恭皇及孝寧太后於不測，後受朋奸陷害，身處危疑攢鏃之地者三十年。今皇上承統，報復當不在闖後。」以潛傾史可法等。羣奄復亟口譽大鋮才，上固心識之。迨士英柄國，即以邊才薦，奏稱：「臣至浦口，與諸臣面商定册，大鋮從山中致書於臣及劉孔炤，戒以力掃邪謀，堅持倫序，臣甚韙之。」並白其向日附璫贊導無實跡，璫敗案門籍，治附者罪，而大鋮獨無名，可證也。遂命假予冠帶陛見。見即上聯絡、控扼、進取、接應四策及防江、二合、三要十四隙疏，其言娓娓可聽；並自白孤忠被陷狀，至痛哭，極詆孫慎行、大中、光斗爲大逆。於是姜曰廣、吕大器、萬元吉、郭維經、詹兆恒、羅萬象、陳子龍、常延齡及諸御史、部郎等，交章劾大鋮逆案巨魁，不可用。士英爲之力辨，反攻曰廣等護持局面。遲回月餘，竟取中旨起兵部添設右侍郎。劉宗周、熊汝霖固爭之，俱不聽。旋命兼僉都御史，巡閱江防。未幾，轉左侍郎。弘光元年二月，晉尚書，巡江如故，築江上鴨磯諸堡。

大鋮既得志，悉召逆案維垣、張孫振、唐世濟、楊兆升、水佳胤、郭如闇、周昌晋、袁弘勳、徐復楊、虞廷陛、陳爾翼、劉光斗、王璲、黄家鼒、陳以瑞、陶崇道、虞大復、季寓庸等數十人，臚置選曹言路，排擠善類。尋作正續蝗蝻録、蠅蚋録，蓋以東林爲蝗，復社爲蝻，諸和從

者爲蠅爲蚋。比有狂僧大悲之獄，乃密與張孫振謀，更造十八羅漢、五十三參、七十二菩薩之目，統千餘人，冀以前主潞議及東林、復社諸賢，一網畢之，引史可法、高弘圖、姜曰廣爲首，海内人望搜羅幾盡，潛納僧袖中，嗾中官張榮將窮治其事，以興大獄。朝士皆自危，賴士英不欲驟發大難，僅坐僧妖言律斬而止。

先是，南京刊布防亂公揭，周鑣主之，大鋮憾次骨。及得志，則曰：「彼言逆案，吾立順案以對之。」以李自成國號順也。劾士英窮治鑣從弟鍾從自成受職，法當連坐。又以雷縯祚力阻定策，與鑣倡立疏藩之説，併逮下獄。時大鋮雖居兵部，職巡江，顧一切軍事不問，惟阻撓六部權，專以結黨斂賕、濁亂黜陟爲務。威宗小祥，設壇望祭畢，諸臣將散，大鋮始傳呼至，號哭先帝曰：「致先帝殉社稷者，東林也。不盡殺東林，無以對先帝地下。今陳名夏、徐汧俱北降矣。」士英急掩其口，曰：「毋！徐九一見有人在。」九一，汧小字也。

士英初以前好，言無不從。及吏部尚書缺，廷議將用張國維，大鋮乃密邀内奄取中旨，特授張捷，士英瞠眙累日，始怨之。大鋮與袁繼咸有夙嫌，力請減裁江楚兵餉，左良玉兵由此起。大鋮讀其檄，有誣陷周、雷語，復揚言左兵實周、雷召之，亟請勒二人死。上遊事急，乃與孔炤謀，集師西拒，巡撫湖江口扼剿，并撤江北兵防，謂：「寧亡於清，不可亡於左，我且用清兵以殺左。」加太子太保。而清兵已逼南京。上出狩，晋大鋮東閣大學士督師。

車駕蒙塵，大鋮棄衣冠，由太平投朱大典金華。士民傳檄逐之，乃送諸方國安軍，而士英已先在。大鋮至，則掀髯抵掌談兵自負，國安信且喜。已復扇攻金華，大典幾爲國安所窘。士英以南京之壞，半出其手，而己受惡名，至是有所論辨，頗與矛盾。

潘映婁降清爲杭州同知，其家屬留台者，匿方端士所，杭、越書訊往來不絕。大鋮與映婁同中江社，交深，因映屢通降表於清，以江東虛實告。馮銓降清特爲相，以大鋮投誠早，遂薦軍前内院。隆武二年，清兵渡錢塘，士英走台。大鋮説降國安，同陷金華自效，大張告示，内言：「本内院雖中明朝科甲，實淹滯下僚者三十餘載，復受人羅織，插入魏黨，遂遭禁錮，抱恨終身。今受大清特恩，超擢今職。語云『士爲知己者死』，本内院素秉血性，明析恩仇，將行抒赤竭忠，誓捐頂踵，以報興朝。恐爾士民識暗無知，妄議本内院。出示特揭，使衆知悉」云云。先在金華時，嘗與大典閱城，至西門，有新築土未堅，大鋮識之。至是，用巨礮專攻之，城即破，士民屠戮無孑遺，藉洩檄討之恨也。

清兵入閩，大鋮從至仙霞嶺，有微疾，同行者請留調攝，大鋮艴然曰：「吾雖老，尚能挽强射生，奈何言若是！」已而曰：「嘻，此必東林、復社來間我也。」軍中初弗解東林、復社爲何語，曰：「子行矣，非敢有撓也。」翌日，全軍度嶺，大鋮下馬而徒，趫捷若猱，以鞭稍指騎者曰：「若輩少壯男子，顧不及一老秃翁？」矜眄矍鑠，軍中頗壯之。既過五通嶺，則喘急，

氣息不相屬，忽墜馬仆嶺下，身首異處。僕尋得之，繫其首馬上，購棺無所得。越數日，始舁板扉上。天暑，屍蟲四出，僅存腐骨矣。

佳胤，字向若，鄞縣人。天啟二年進士。歷江西道御史，迭劾兵部尚書梁廷棟、總兵楊國棟及劉僑、張道濬，又疏請吏部將逆案不平者明告，謫行人副。轉儀制郎中，出爲湖廣督學副使，所拔多名士。調建寧僉事，靖白蓮寇。改羅定，峒人以借耕爲名，懷不軌。預折其謀，驅之出境，民賴以安。旋爲鄉人所訟，罷歸。安宗立，起尚寶丞。

如闇，字章弢，廬陵人。萬曆四十一年進士。自南京吏部主事升吏科給事中。安宗立，改户科。

昌晋，字晋然，鄞縣人。萬曆四十一年進士，授東莞知縣。天啟中，以廣東道御史巡按福建，風采卓著，墨吏多解綬去。凡有司膺薦者，例有餽金，卻之。安宗立，疏糾楊汝成、宋之繩、曹溶，遷太嘗太僕少卿。尚少排陷，於逆黨中以寬厚稱。隆武時，歷通政使、副都御史，擢工部右侍郎。子致泰，字開文，工詩，貧死。

弘勳，字堯夫，慈谿人。萬曆四十七年進士。以賄維垣，官廣東道御史。崇禎初，受徐大化指，劾孫慎行、左光斗，薦孫之獬。已黨大鋮、維垣，訐劉鴻訓肆爲奸利。四年，給事中葛樞疏劾得參將胡宗明三千金、主事趙建極千七百金，分屬梁廷棟、王永光。事露，廷棟亦

劾之，罷歸。又以隱匿賦役，貽害地方，逮治。安宗立，起故官，請起罪廢傅櫆、高捷、史垄、陳殷、張文郁，追論三案及焚要典諸臣，首及已故王之寀、孫慎行、楊漣、左光斗，見存吳甡、鄭三俊，乞敕正罪，附和者一併勘議，末及管紹寧不亟搜要典，袁繼咸公然忤逆，罪甚無赦。上命已之。未幾，轉大理丞、少卿。弘勳無賴，實憒憒不解事，日請究諸臣得罪孝寧太皇太后、先莊妃者。清兵入鎮江，猶喧呶不已。

復楊，字見初，武進人。萬曆四十四年進士。授南昌知縣，調豐城、莆田，遷陝西道御史。天啟時請毀講學書院，以絶黨根，改江西道。安宗立，誣訐夏允彝匿喪，以周、雷爲成濟，晉太僕少卿。助大工軍餉。

廷陛，字乾陽，嘉興人。萬曆四十四年進士。授徽州推官，累轉吏科工科給事中。魏忠賢勢張，有要典既成紛囂宜事一疏，挽救良苦。尋爲璫削奪，且疏糾孫居相，力薦李三才，遥結史証，乃削籍。而逆案中誤謂趙南星尤枉。改兵科、吏科左，典江西鄉試。未行而南京亡。屠象美起兵，首助餉。子相堯，字在欽，崇禎十五年舉於鄉，清徵不應。

爾翼，字羽飛，會稽人。萬曆四十四年進士。官工科給事中，出爲廣東參議，轉官禮吏科給事中，薦崔呈秀爲本兵，請五城邏東林餘孽。忠賢將敗，王守履二疏，攻其頌璫有「内外諸臣心，廠臣之心」語，削籍。安宗立，用趙之龍薦，起吏科給事中、太嘗少卿。魯王監

國，擢副都御史，命開礦處州、金華。

光斗，字暉吉，武進人。天啟五年進士。自紹興推官遷廣西道御史，巡視屯田督餉，以貪謫戍。後起河南道，陞大理右丞，疏請鑒别大臣，衰朽庸鈍者自退；又糾吳邦臣、陳名夏、方允昌提問。

璲，字元佩，廣安人。尚書德完子。選貢。歷順天治中、南京户部江西司主事，督嘗德銅差，轉新餉司郎中。招太僕少卿，出爲左江僉事。弟珣，事别見；璠，順寧知府。

家鼐，字元中，崇明人。以太學生授序班。安宗立，遷鴻臚卿。

以瑞，字麟定，進賢人，萬曆四十七年進士。麗水、漳浦知縣，遷雲南道御史、大理寺副，攻門户甚力。忠賢祠成，拜伏盡禮，他日入佛殿，則長揖。忠賢聞，曰：「我大於佛耶！」遂削籍。崇禎初，復官，參錢謙益科場事。弘光時，改河南道，張孫振欲與掌道，以嗛糾不應而止。已疏陳溫體仁清忠，并薦黄承昊、陳獻策、郭必昌，旨命嚴核。

崇道，字路升，會稽人。萬曆三十八年進士。天啟初，自掖縣知縣遷户科給事中。錢千秋獄，陳溫體仁欺罔求勝。改兵科，首劾梁廷棟，言：「廷棟數月前一監軍耳，倏而爲巡撫、總督、本兵，國士之遇宜如何報？乃在通州時，言遵、永易復，良固難破，自以爲神算，今何以難者易、易者難？且嘗請遣行官，隨敵追擊，以爲此報主熱血。今偃然中樞，熱血何銷

亡也？謂制敵不專在戰，似矣而伐謀。」以條陳漢、唐黨禍降職。起荆南副使，命諸生黄良辰破寇當陽、遠安尖山。轉廣東參政、福建左布政使。

大復，字來初，金壇人。萬曆三十五年進士。歷崇安知縣、南京禮部郎中、江西提學僉事、台州副使。弘光元年五月，海門兵畔，攻黄巖、台州，大復被執，推官潘映婁遁。

寓庸，字因是，泰興人。天啟二年進士。歷餘姚、臨海、祥符知縣，遷吏部主事。鑽營無恥，坐建魏忠賢祠削籍。

佳胤等於南京陷，璲於廣西陷，降於清；光斗與莊廷會迎清兵入嘗州；家鼒於南京亡，與通判吴縣周荃同爲清安撫，至蘇州，爲楊文驄所誅，荃遁免。

張捷，字赤函，丹陽人。萬曆四十四年進士。授山陰知縣，遷河南道御史。泰昌元年，疏論中官，以譏切王安。天啟元年，薦董應舉等十二人，皆人望。論姚宗文排陷熊廷弼罪，又請卹遼陽死事諸臣。所建白多可稱。四年，趙南星出爲江西副使，不赴，自是嫉東林次骨。其冬，魏忠賢勢大熾，諸以年例外遷者，盡復故官，捷亦還爲御史，轉太僕卿。尋忤忠賢，削籍。崇禎三年，起大理卿，歷左副都御史。明年，擢吏部右侍郎，調左。捷故仇東林而與周延儒友善，驟引居要地。延儒敗，改附温體仁爲羽翼。御史粱雲構劾其憸邪，上不

聽。吏部尚書李長庚、左都御史張延登罷，體仁、王應熊謀之捷，將用故兵部尚書吕純如。上御平臺，諭羣臣各舉所知。應熊目捷，捷遂舉純如。上以純如麗逆案，「不宜舉」。捷猶言之，上命退。科道交章論劾，卒以體仁、應熊力，置不問。先是，捷所親賀儒修爲成都知縣，捷屬巡按劉宗祥令舉卓異，中有「時事漸非，借内傾外，中饑披猖，朝政苛急」諸語，而宗祥廉，儒修墨吏，疏劾削籍逮治。捷遂大恨。後川中州縣多陷，詔議宗祥罪，捷欲重繩之。宗祥遽以捷私書上聞。上大怒，責捷回奏。捷震悚，詞極哀。上怒不解，詔除名議罪，坐贖徒。

安宗立，劉澤清首薦捷，馬士英繼之，廷議多持不可；徐弘基特疏薦，乃以内傳復故官。章正宸以内批非制，爭之不得。徐石麒罷，阮大鋮密邀内奄取中旨，以捷代之，加太子太保。捷既爲諸奸用，悉奉其指揮。首奏體仁清忠謹恪，復文忠謚。諸麗逆案及謀翻逆案被譴者，盡起用。文選郎中劉應賓挾馬、阮勢，納賄無虚日，捷畫諾而已。南京亡，選人有納賄者，擁其輿索償。捷被逼走雞鳴寺，以佛幢自縊。丹陽東林寺僧懷璧，視其死，乃去。或曰，聞百姓毆王鐸，懼禍及，自盡死。僕某，殯殮畢，爲僧。監國魯王紹興，錦衣司房梅鄖臣疏陳捷死事狀，欲請卹，不果。

子伯駿，字範我，任通政經歷，博雅工山水。

時同以中旨起者：黄耳鼎、陸朗、袁本盈。

耳鼎，字以實，蘄水人。崇禎十年進士。授中書舍人，累遷廣西道御史。崇禎末，命巡按陝西。未赴，安宗立，巡上、下江。

朗，字開先，上元人。崇禎四年進士。官户科給事中，舉守令之賢者協治浙漕，飛輓以濟。已耳鼎轉南瑞副使，朗轉僉事，以交内官留用。耳鼎訐石麒朋謀，暗害劉宗周，妄議從逆。朗訐徐石麒巧詐文貪，宋周迂腐託正。尋復同訐姜曰廣、石麒、宗周結黨欺君，把持朝政，無人臣禮，各予告去。

本盈，江寧人。朝天宫道士。進春方得幸。方以人參飼羊，羊飼犬，細切犬肉，和草飼驢，候驢合，割其勢，爲藥進御。上服之，御宫人，多巨創死。累升太嘗少卿，黄蓋雙棍。南京亡，皆降於清。

楊維垣，字斗樞，文登人。萬曆四十四年進士。天啟時，官雲南道御史，疏參王之寀、張差挺擊案，刻孫承宗柳河之失。疏頌魏忠賢，有「廠臣忠，廠臣不愛錢，廠臣爲國爲民」之語，升太僕少卿。威宗即位，乃並詆東林、崔、魏爲邪黨。崇禎八年，出爲下荆南副使；以逆案遣戍淮安。北京亡，與鄉官岳鍾秀、馮汝綽，貢生王奠民守新安。安宗立，馬、阮用事，

錢謙益阿其意，疏頌維垣等冤，起通政使。維垣請重頒三朝要典，言：「張差風顛，強坐爲刺客者，之寀也。李可灼紅丸，謂之行鴆者，孫慎行也。李選侍移宮，造以垂簾之謗者，楊漣也。劉鴻訓、文震孟止快驅除異己，不顧誣謗君父，此要典重頒不可緩也。」又請雪三案被罪諸臣。於是已死之劉廷元、呂純如、黃克纘、霍維華、徐景濂、王永光、許鼎臣、徐紹吉等，贈謚蔭祭葬，徐大化、徐揚先、章光岳、岳駿聲、范濟世、徐卿伯、楊所修、劉廷宣、姜應麟、陸澄源、王紹徽、徐兆魁、喬應甲、王德完，贈蔭祭葬，各有差；未死之郭如闇等十三人，原官起用，朝政大壞。尋有北來太子事，維垣颺言於衆，謂駙馬王昺姪孫之明，貌似太子。馬士英等因襲其言入奏。擢左副都御史，加太子太保。都人爲之語曰：「馬、劉、張、楊，國勢速亡。」南京陷，偕二妾朱、孔衣冠自縊死。子彭齡，事別見。

劉孔炤，字復陽，青田人。誠意伯基十二世孫。傾側機辨，遇事風生。天啟時襲伯。崇禎中，首參侯恂以媚溫體仁。體仁欲去倪元璐，募劾者，以操江爲餌，衆皆不應，孔炤乃劾元璐冒封，得僉都御史、提督操江，掌右軍都督府，給三萬金治舟械。

初，孔炤祖尚忠繼娶胡生萊臣，孔炤父藎臣爲出婢莫出。尚忠歿，萊臣應襲，以幼，爲藎臣所冒；藎臣歿，孔炤又冒之，胡出揭不當奪嫡。及官操江，竟捕萊臣斃之獄，并弒胡。

威宗崩，南京議紹述，孔昭依附馬士英，詈呂大器不得出言搖惑。史可法以太子存亡未卜，倘南來，奈何？孔昭曰：「今日既定，誰復敢移。」及廷推閣臣，孔昭攘臂欲入閣，可法謂本朝無勳臣入閣例，孔昭勃然曰：「即我不可，士英有何不可？」又議起廢，衆推鄭三俊、劉宗周、徐石麒；孔昭特舉阮大鋮，可法曰：「此先帝欽定逆案，毋庸議。」坐是構怨。可法出，孔昭益無忌。

孔昭故善大鋮，必欲起之。因詔有「逆案不得輕議」之語，張慎言持正不可奪。孔昭約湯國祚、趙之龍謀逐之。慎言條議酌用北來諸臣，薦吳甡、三俊，上命甡陛見。是日早朝畢，孔昭呼九卿科道於廷，大罵慎言曰：「雪恥除凶，防江防河，舉朝臣子，當全副精神注此。乃今日推官，明日陞官，排忽武臣，專選文臣，結黨行私。薦甡、三俊，悖成憲，真姦臣也。」叱聲徹殿陛，因出袖中匕逐慎言於班，曰：「殺此老姦。」慎言避，班行大亂。韓贊周大聲叱曰：「從古無此朝儀。」孔昭約匕伏地，痛哭曰：「慎言舉用文臣，不及武臣，囂爭不已。」上曰：「文武宜和衷，何得偏競！」乃出。復疏言：「臣讀前詔內，罪廢各官、逆案內、計典贓私，俱不得輕議，惟置封疆失事於不言。今日禍及君父，傾頹廟社，封疆之罪，猶當追論，以正國法，而於擬議詔款中仍留此一段之肺肝，以再誤陛下，天下事尚忍言哉！」又言：「先帝無聲色遊幸之好，神仙土木之費，飭法明刑，鋭心雪恥。緣諸大吏營私黨惡，票

擬之中暗伏機關，聲氣之中，黨同非類，事權功令，盡濟其貪殘之用。廉恥喪而人心散，大勢土崩，重不可反。迨賊騎臨城，主亡國破，殉節僅數人；其餘從逆，盡爲美官。今潛逃南中者，大率皆受僞命，爲賊作内應；否則，北走胡，南走越耳。慎言不驅除殺攘，且汲汲議用，又以誤國罪臣巧爲推轂，勢不盡傾宗社不止。」終言：「慎言原懷貳心，告廟定策，阻難姦辨。乞大奮乾斷，收回牲陛見之命，重處慎言誤國之罪。」

士英、大鋮謀逐姜曰廣，孔炤以誹謗先帝、誣衊忠臣李國楨，詆曰廣爲黨人。慎言、曰廣相繼去，於是盡起逆案諸臣。薦降臣錢位坤、貪官馮大任；奏吴三桂父子效忠，宜加殊禮。南渡之禍，自此始。

是年冬，上諭孔炤功在社稷，加太傅，晉侯。疏辭。弘光元年，請汰内地監紀、贊畫與借名加級各武弁。蔡奕琛入閣，孔炤欲援徐達爲中書右丞例並相，以輿論交譁而止。大鋮盡雪逆案；孔炤亦言：「當炤雪專爲陰行贊導原無實跡者言耳。如獻媚有據，豈應翻案！」上命從之。威宗忌辰，諸臣祭哭失聲，孔炤昌言曰：「阻駕致帝崩者，光時亨，今霜露已移，而祝息猶存，何以慰在天之恫？」因各大哭。左夢庚東下，命禦之江上。

南京危，斬關走太平。上至，閉門不納，旁皇江次，以至蒙塵。

蕪湖陷，與總兵上官某、胡來貢以太平、伏波、火攻、後勁諸營殘兵三千，掠舟順流向嘗

熟，聲言奉義陽王朝墠起義。至蘇州，遇清兵楓橋。旗鼓顧某、伏波營總兵沈某中矢死，遂滿載白糧入海。弟總兵孔修降清。魯王監國，晉孔炤誠國公。不受，以衆屯處州。紹宗獎其深明大義，命同楊文驄援衢州，屯温州江北。來貢、姚永昌亂兵害顧錫疇，項兆龍迎清兵，孔炤復入海。

永曆三年八月，昭宗晉荆國公，命册封三桂，未行。七年三月，率子永錫，與張名振復京口，駐崇明。明年正月，復至觀音門，泊金山。再入海死。

女適嘉定侯周大用子，不改適，守節終。永錫自有傳。

大任，嘉定州人。萬曆四十七年進士，威縣知縣，以賕私狼藉，孔炤推爲卓異。

李沾，字公受，嵩江華亭人。崇禎元年進士。歷慈谿、惠安知縣，遷南京吏科給事中，與劉孔炤善。馬士英主立安宗，吕大器持筆不下，沾奮袂厲聲曰：「禮莫大尊君，兵莫先衛主。衆議僉同，公獨持異。沾請得以頸血濺公衣矣。」

張慎言掌吏部，以王重舊銓諂事，召之。沾初遷南京，謂重外之，至是頌言重不可用，嘗受我四十金。慎言曰：「起家三十年，贄多十二金，間或倍之，安得至四十金乎？」後遷怒大器，上勦臣憤激有因疏，云：「當迎立時，大器沮難。」復劾之削籍逮治。又於長安街徧

張匿名帖，指謗吴甡、劉宗周。擢太常少卿，提督四夷館。以力薦錢謙益，爲陳良弼所劾。沾覬覦卿貳，居恒憤憤，因自誇定策功，再晋太子太保、左都御史。以七品官半載躋宫孤，明世所未有也。

馮可宗捕得江陰人行賄於沾者，士英請勿問。中官張執中用事，一日足病，士英以下候之，沾撫足而泣。執中曰：「苦無置足處。」沾出，爲繡縟裝如偃月狀進之。會有北來太子事，承士英指，令較尉戒太子必直言王之明。及審，不應。唱上拶，世咸冤之。南京亡，微服詣趙之龍求庇。後與子愫降於清。愫舉於鄉。

可宗，益都人。崇禎末以太子少保都督僉事提督巡捕營，史可法疏改錦衣衛。安宗立，掌衛，加左都督，與都督蔡忠、僉書趙世臣、掌刑指揮許世藩，皆爲馬、阮爪牙。可宗好交結，進上麗姝，權寵日甚。居惟以園林聲伎自娱。南京亡，降於清。永曆元年，坐王道士義師事死。子世本，任指揮。

忠，字懷直，江寧人。官狼山副總兵。崇禎十七年四月，平通州明鐸、湯槐、楊茂、史雲龍、蘇如式民變。

世臣，不知何許人。以准狀拘人削籍。

張孫振，字公武，霍山人。崇禎元年進士。授歸安知縣，遷兵部主事，考選改河南道御史，巡視中城、蘆溝橋、皇城，以剛介稱。出按山西，大閱武備。寇至，值隆冬，疊冰爲城，刻木爲礮，禦却之。以妄劾袁繼咸逮問，尋坐逆案遣戍。安宗立，起四川道。顧錫疇奏削温體仁謚，孫振劾爲居官狼藉，持論乖僻，致仕，因復體仁謚。并劾祁彪佳奸貪，連及吴甡、鄭三俊、劉宗周，宗周遂罷去。害沈宸荃守正，用年例出之。旋掌河南道。

孫振貪横，與馬、阮比，陵厲出李沾上。有御史某乞差者，面屈二指，孫振以爲二千，開顔許之。次日，奉金二百至，孫振對客大言曰：「若堂堂御史，賄差當糾。」某失聲走。第宅八區，充牣財賄，馬士英不及。一時壞法亂紀事，無不爭先爲之，臺綱始掃地矣。

弘光元年，擢太僕卿。阮大鋮密與作正續蝗蝻、蠅蚋諸録，以傾東林、復社及主立潞王常淓之有名者，而潛納僧大悲袖中，疏言：「大悲本是神棍，故作風僧，必有主使。」將窮治興大獄。又糾解學龍賣法侮文，革其職。誣袁繼咸通左良玉，訐吴适爲東林謫派、復社渠魁，逮下獄。周鑣之獄，大鋮謂無死法，而孫振必欲殺之。錢增曰：「鑣非從逆。」孫振曰：「必以門户誅之。」鑣竟死。較尉四出，捕諸名士，善類爲空。清兵迫，猶請命吏部將京師五品下官員，炤嘉靖萬曆元年例會官考察。南京亡，降清，過市。市人曰：「若非前訊周鑣掩面號呼爲逆賊而申申詈者耶！今亦作此顔何？」已以極駡士英得免。

馬吉翔，字建明，文安人。本京師遊猾，通文墨，工將迎挾持，充内監門下長班。已以武舉從高起潛軍，冒功授都司，荼毒軍民，無所不爲。尋以賄累遷香山參將、東安副總兵、廣東都指揮使。弘光時罷官。陳邦傅執靖江王亨嘉，命同副總兵袁繼文獻致福京，並解軍餉行在。以應對敏捷，遷錦衣都督同知總兵，奉敕勞湖南軍，招李錦等無功。

閩亡，走肇慶。會昭宗立，與定策。事王坤、龐天壽，皆得歡心，遂歷僉書指揮使、左都督掌衛事。從駕全州，與劉承胤比，脅上幸武岡，封文安伯。與天壽盜寶封龍英州土官趙維英龍英伯。

清兵迫奉天，與禮部員外郎劉肇昌奉駕出城門。不啟，以利斧毀扃鎖出。甫過二渡水，諸臣未半濟，浮橋斷，無馬者追不及，皆爲清兵所殺。車駕自慶遠南走苗峒，所攜止黄袱數事、金璽一。蒙塵草莽，宮嬪徒步，從臣皆青布帕首，跣行四散，惟吉翔在。各部諸司事，悉一人掌之。上不能騎，吉翔奉輦步從，夜則通夕巡警。吉翔妾侍太后左右，賜號勤敏夫人。太后與上遂加眷倚，晉侯，入内閣，掌絲綸房。高象柳行在票擬，皆出吉翔手。駕幸南寧，道阻，溯十八灘返桂林，御舟遇淺水，吉翔輒力挽之，上爲之墮淚。

吉翔守禦桂林，遽操大政。其幕客吕爾璵，狹邪子也，稍知文義，相與内結奄寺，市權納賄。瞿式耜疏請攬大權，親正人，上嘉納之。吉翔因夏國祥愬太后，謂式耜間己，不容皇

上有患難親臣。式耜言遂不用。

桂林兵亂，上幸平樂，吉翔備布袍行轎，扶掖而抵南寧。吉翔恃有內主，雖委票擬於內閣，文武升授章奏，必關會然後行止；不合其意，輒以硃批改票。復通邦傅爲外援，王化澄倚之爲重。時有「馬皇帝」之稱，勢出瞿式耜、嚴起恒上矣。廣東反正，式耜請出桂林節制江、楚、黔、蜀，吉翔懼式耜，與化澄力勸東幸。其後楚師解紐，何騰蛟僨敗，皆吉翔釀之也。

上在肇慶，吉翔猶執朝權，錢匡爲其鷹犬。李成棟爲諸將請封，吉翔爲市恩計，持章御前，立報可命下；成棟惎之。金堡奏吉翔不當與國政，吉翔愬上切責。又劾罷爾瑌、匡，吉翔愈怒，挑邦傅與堡訐奏。邦傅辭詘，起恒從中裁制，吉翔少戢，以是怨堡、起恒。時上立三扈衞：李元胤督禁旅，天壽督勇衞，吉翔督戎政。吉翔部兵二千人，皆市井烏合。起恒請設御營庫，練親軍從征，以劉遠生協理戎政，堡監紀。吉翔惡其分己權也，嗾國祥以寧聖宮旨，取庫金糜之，事遂寢。吉翔屢於太后及上前言堡等把持，太后及上惑之。又間言式耜、起恒挾持，使不得有爲，不如化澄忠愛。上素薄化澄，至是乃嚮用之，而疏式耜、起恒，言多疑沮。

永曆四年，南雄陷，吉翔蜚語元胤、杜永和心叵測，且要駕爲降資；兩宮震恐。吉翔欲殺堡、逐起恒、奪式耜兵柄；而欲邦傅脅上幸梧，逼朝廷處分，遂嗾國祥以太后駕先登舟，

要上必行。起恒、式耜交諫，不聽。吉翔念詔獄且興，而己欲避其名，乃請留肇慶，遂除兵部尚書，加太子少保，督守南廣，且收四姓兵，以錦衣衛印授康永寧。上至梧州，堡下衛掠治；化澄復入直，訐奏起恒。起恒求去，又以于元燁督楚、粵師，奪式耜權，以至於亡，皆吉翔力也。

吉翔外巽内慘，以曲謹奉太后。凡所欲爲，皆令國祥達太后，令必行。

吉翔督馬寶、馬應龍駐兵三水不進，日與邦傅縱酒，遥執朝政，置廣州不恤。永和困久不能支，吉翔師潰於清。遠、應龍降清，清兵復西走平、梧。上幸南寧，吉翔乘砲舡自三水運至。砲舡者，上所御，此吉翔日就籌備應急者也，駛行迅速，諸臣追不及。未幾，吉翔見上，小帽叩首。時連雨天凍，百官飢無人色，吉翔隨上獻四千金散給之。上幸新寧，遽拜東閣大學士，留守南寧，羣臣大駭。上命發二十四土司兵。其後上自漱湍西幸，以廣南土司儂紹周上貢得免困阨。

上在安龍，仍掌戎政。孫可望勢盛，吉翔告天壽曰：「今日天命已歸秦王，須早結納，爲退步計。」可望命曹延生、胡正國至行在，吉翔、天壽私與結盟，謀逼禪位。可望惡吴貞毓，嗾冷孟銋、吴象鉉、方祚亨交章劾之，上寢之。吉翔曰：「此徒費紙筆。今具啟秦王，以内外事盡付戎政、勇衞，大權歸我等，相爲羽翼，貞毓何能爲耶！」已而可望諭吉翔、天壽，

內外機務歸戎政、勇衞，中外惶懼。胡士瑞等連章發其奸，上怒，吉翔求救於太后以免。上不堪迫辱，密敕李定國入衞，以吉翔朝夕在側，黨羽布列，命出謁興陵。吉翔聞有密敕至定國營，遣汪錫元偵之，又命指揮周景龍赴行在。有劉議新者，意吉翔預謀，告以狀，大懼，屬吉翔弟雄飛賂提塘王愛秀求援。愛秀、吉翔先復白可望。可望疑吉翔與謀，吉翔證林青陽、周官事亟。於是徐極等交章劾吉翔欺君賣國，上敕議罪。雄飛、天壽逃貴陽，鄭國械吉翔至安龍，與諸臣面質。吉翔厚賂國，且獻幼女爲妾，十八人之獄成。吉翔謂后必知情，嗾蕭尹陳往古廢后事，將廢之。后泣訴乃已。

定國惡吉翔甚，既幸滇京，特請詔逮治。吉翔日媚靳統武、金維新，言前事爲他人嫁禍，願見晋王訴心曲，死不恨。定國召見，叩首頌勳德，千古無兩，青史留芳，吉翔得望顏色，死且不朽，其他是非怨苦，俱無足辨。」定國悦，吉翔日在左右，媚無不至，遂復薦以兵部尚書、文淵閣大學士，入閣辦事。上不得已許之。已又督師交水。吉翔既挾定國以要君，又假上寵以動定國，不一月而內外大權舉歸掌握矣。

十二年，清兵迫，上議移蹕。劉莁請幸建昌，吉翔不然，主去永昌。上刻期幸建昌。吉翔與其婿楊在議曰：「上爲川人所惑，堅主幸蜀。萬一移蹕蜀中，文安之必來迎駕，此老剛正，非扶、雷比，我安能不避賢路乎？老身如退，則衣鉢又安能及賢壻乎？且入蜀，則程源

等必據要津，我輩内無金維新之助，外無晉王之援，倘安龍附孫逆之事發，我等舉家無噍類，而賢婿亦窒礙矣。」吉翔弟雄飛曰：「事已至此，莫若于今晚會維新，具道其墳墓親屬皆在滇中，安可去蜀？即翔、飛等交結已久，何肯遠去？莫若苦勸晉王堅走永昌，事不可爲，則幸緬國；若可爲，返滇更易。若晉王猶豫，則説以蜀中爲袁宗第、郝永忠之穴，能保諸勳聽晉王節制乎？」維新，滇人，督理晉王之軍事者，秩吏部侍郎。晉王爲維新等所動，上始決幸緬。

十三年正月，行至布領，百官乏困，吉翔、雄飛私議曰：「我等百千謀議，方得車駕幸緬，今從官相隨又已至此。日後得有寧宇，上意必悔不早入川，在廷又持文墨議我兄弟。今護衛平陽侯右協孫崇雅與我極爲同心，莫若先示意，使之妄傳追逼，則乘輿今夜必兼程入關，一過關，便將從官盡行劫掠，則彼輩東奔西竄，流離萬狀，必無有從駕者矣。」二十六日晚，崇雅兵大肆劫掠，從臣多畔去者，上遂出關入緬。緬人請從官勿佩戎器，吉翔遽傳旨從之。

及駐井梗，酣歌縱博，呼梨園千户黎應祥演劇。應祥泣曰：「行宫在近，聖躬不安。且國破家亡，流離至於此極，力圖恢復之不暇，尚行此忍心事乎？小人扈駕出奔，爲國亡不願作虜，非爲演戲而來，雖死不敢奉命也。」朝議遣使齎敕如白文選營。鄧凱請行，吉翔恐暴

其過惡，私謂緬人曰：「凱無家，去則不還矣。」止之。文選卒以不得命走孟艮。沐天波謀奉上出緬、入定國營，邀吉翔議。吉翔曰：「如此我不能復與官家事，諸公爲計可耳。」事不果。時舉朝醉夢，吉翔以尹襄、顧存兒爲心腹，招權納賄如平時。潘璜傾險，日以鬼神惑上，吉翔娶以女。無何，吉翔通賄事發。初在滇京，元江那嵩圖總督敕印，開緬甸爲省，備行幸，許賂吉翔金八千，吉翔以欲獨肥，故延之。然蒲纓已代輸百金，後事不成，乃許之。衆議償半，始已。十四年，吉翔請碎御璽給從官，上怒罵曰：「吉翔、李國泰二奴，各約衆以朕作人情，逕日賭博飲酒，揮金如土，今乃碎國寶，分較錙銖，良心何在耶？」十五年三月，錦衣衛趙明鑑謀誅吉翔，奉太子出緬。吉翔誣以結盜投緬，殺天波、王啟隆家人李成、傅愛。七月十八日，緬人請飲咒水，設宴海中對山望海樓。天沐辭，吉翔獨曰：「蠻族敬鬼重誓，可往也。」諸臣乃行。及至，禍作。吉翔、國泰叩首乞命。緬人曰：「此大壞人也，速殺。」衆刃交下，立爲葅醢。吉翔一女聞變，哭曰：「不知吾父爲何等事，雖死，人猶罵之。」遂投繯死。

雄飛，武舉。官廣州副總兵，晋都督。爲人恣睢，請託必先通。緬人邀大臣過河議事，雄飛奉命往。緬人問神廟時事，不能答。出所藏敕書與今敕較，璽文少異，以爲僞。又以黔國公征南將軍印驗之，乃信，而蠻人不恭之漸自此始。後擢副都御史。死咒水。

爾璵，假稱舉人，爲吉翔狎客。自中書舍人内批逕遷御史。

匡，字光夏，丹徒人。本金聲桓書記，因吉翔亦授御史。堡劾，遁免。

郭承昊，泰和人。尚書子章孫。任錦衣千户。崇禎間，諂事内豎，累官至太子太傅、都督同知。十三年，與彭士望營救黄道周、解學龍之獄。二人廷杖，預戒於尉曰：「二公忠臣也，若使上有殺諫臣名，入若等罪，莫贖矣。」尉受指，故雖杖而不傷。十四年，奉命賜薛國觀死。北京亡，南歸。隆武初，謁福京，以積資掌錦衣衛。福京亡，走粤，附擁戴，加左都督，仍掌錦衣，與王坤、馬士翔比。從駕全州，結劉承胤，管東司房，封遵化伯。承昊挾寶玉金幣巨萬，女樂十餘人，饋承胤、吉翔，相爲奸利，江、楚無賴求仕進者皆附之。已與總兵薛友德、岳養心、王鳳翔、田雲龍、王進忠、閻運泰、郭民性、向文學、孫先捷、郭惟荐、張大壽、羅九成、温彦功、張身乾、唐龍、徐文安、謝佳芳、薛三用、蔣斌、藍世隆、薛澡龍、楊國楨、蔣賡、嚴泰極、黄國華、孫鳳鳴、朱沖雪等，隨承胤降於清。後承昊被殺。

蒲纓，建水人。熟伍法。從兄綸，永曆元年正月以幾千人屯連州朱岡，戰死永州，纓突圍出。與胡一青、趙應選東援江西，敗於袁、吉，回守湖南，大掠新寧，索餉圍江華。累官都

督總兵，挂剿虜將軍印，封綏寧伯，協守桂林，敗清兵，進攻全州。何騰蛟立先登格，賞千金。纓率兵四鼓先登，以後者少却，乃不克，已墮西門入。桂林陷，瞿式耜被執，間出勒兵，兵潰逃。尋掌後府，黨於馬吉翔。密敕至李定國營，上臨軒試士，授蔣乾昌等官。纓曰：「周官之行，皆此輩密謀。如馬公報秦王，則此輩死無日矣。」吴貞毓等被逮，纓與冷孟鉦逼上速具主名。無何，下廷議。與張佐辰等耳語，卒置十八人於死。從幸緬甸，與沐天波謀奉駕出者，梗不果。日與太監楊國明於西華門大開博市，晝夜呼盧。上焚其居，博如故。後死咒水。

賀九儀，鄖縣人。爲孫可望總兵。永曆五年二月，率總兵張勝、張明志、朱養恩、楊威以五千人入衛南寧，修行宫田州，請上駐蹕。以前不允可望王封者，切齒朝士，害嚴起恒、張載述、劉堯珍、吴霖洩忿，舉朝惶怖。馬吉翔、龐天壽叩請之，曰：「前主請封，之數人實阻之。此大奸臣，留之適足誤國，故奉令來誅之耳。」朝廷不得已，遂封可望。已譖楊畏知於可望，挾還黔，殺之。明年冬，清兵逼，將移蹕，朝臣議不決，九儀悖然曰：「秦王請上移滇、黔，故命臣扈。今諸臣異議，詎能負此重任？」遂拔營大掠走。上留之不得，猶封保康侯。七年十二月，復奉天、新寧、城步、寶慶。宋、戴二營攻益陽、辰州，魯國道復慈利。八

年九月，九儀屯奉天。十一年，攻新寧，可望召之去。上將自安龍幸滇，命留守南寧。十二年三月，命將閻惟龍復橫州。五月，沅靖陷。七月，奉天、城步陷，以總兵曹友、王得功合李亞兵萬人攻賓州，敗績，劉三傑、張明旺、張宗元、劉雲戰死，差官鄧希聖降清，晉廣國公。可望畔，遣使招降，九儀怒擊之。十三年三月，清兵至，斬其招降副將傅家忠。尋棄南寧，以師從李定國。迨上幸緬，全師自廣南渡九龍江，會定國孟連。其妻子爲吴三桂所得，作書使九儀僕李登雲招之，乃邀白文選將張國用、趙得勝僞宴定國誘獻之，定國不往。定國召入城，亦不至。越日，九儀謁，詰之語塞，乃誅登雲，杖九儀百四十，次日創死。部將李維明入滇告密於清兵，與左勇將軍都督僉事何起龍、左司總兵都督僉事楊朝欽、爵標參將何大勝、前協副總兵楊某、左協遊擊陳貴、副總兵林君元，以兵七百三十八人、馬百二十一，及都司李維賓、守備唐得勝，先後降於清。

狄三品，臨汾人。孫可望部將。永曆四年十月，以外後營屯石阡。五年十二月，可望命與將軍高文貴、黑邦俊以三千人迎駕入安龍。初居皈朝土司，上命召土官民回復業。六年十月，劉文秀還滇，命以總兵挂將軍印，代文選屯嘉定。時四川以成都爲邊，嘉定爲大鎮。嘗隆吉、王學祐起兵洪雅徐村，羅矮子起兵峨眉，林可貴赴兵邛州，皆爲三品所併。七年正月望，與賀天雲以數千騎取黎州，殺馬亭，破文胤元，胤元走名山。二月，董北鑾突入

蘆山，焚掠甚慘，三品擊之，相距二月乃去。八年八月，回雲南，封德安侯。與九儀同惡相濟。十二年二月，坐可望黨，降伯。清兵入滇，與王安、郝邦俊渡金沙江走建昌，馮雙鯉走雅州。三品受三桂密指，令禽雙鯉，並招川南諸將。十三年八月，與都督同知馮萬保、張明志、丁有才，總兵王有德，遊擊向葵，誘執雙鯉降於清，封抒誠侯。

明志，山東人。材官，守舒城，降張獻忠，從可望東歸，官總兵。

有德，一名偏頭，中部人。

田仰，字百源，思南安化人。萬曆四十一年進士。歷授汶上知縣，歷四川僉事，調轉浙江，遷廣東糧餉參議，入爲尚寶卿、太僕少卿。甫十月，用賄劉鴻訓，崇禎元年遽以僉都御史巡撫四川。未幾，坐貪墨爲田時震劾，謫戍。

仰，故劉孔炤私人。安宗立，馬士英入相，孔炤欲專任仰，去史可法，遂起兵部右侍郎、副都御史、總督漕運、巡撫淮、揚。劉澤清營窟淮安肆掠，仰不能制，屢疏爲請餉，命通融措辦。旋追論先朝桃紅壩功，加尚書，兼命防河。可法被圍，擁兵八千不救。揚州陷，棄淮安，遇清兵三里橋、海安湖口橋，戰敗，以水陸兵數千、舟千，自安東入海。

南京亡，與沈廷揚奉義陽王朝墠監國，爲總督，以舟師駐崇明。隆武元年七月，命蘇宗

轍復通州、如皋、海門。九月，攻福山，不克。十月，監國魯王召爲東閣大學士。部兵日事劫掠，嘗與鄭遵謙爭餉譁於朝，部將李士璉拔刀斫遵謙，殺其兵三百人，遵謙奔殿上呼救我。内官客鳳儀又助仰，兵巷鬥，遵謙脱歸小亹。王命廷臣解之，乃已。明年，江上潰，以衆萬人走福京，封海忠伯，屯兵浦城山中。永曆元年四月，以衆三千人降於清。一夕，爲清兵所坑。

南明史卷一百十八

列傳第九十四

無錫錢海岳撰

畔臣一

封疆之臣，與地存亡；郡縣之吏，與城存亡；謀人之國，國亡則死；謀人之軍，軍敗則亡，此人臣之通義也。余聞明南京之亡，公侯將相伏地郊迎，時大雨如注，清豫王多鐸前導過，麾之不敢起；馬蹄蹴之，不敢起；清兵以馬箠擊進賢冠，作閣閣聲，仍不敢仰視。及聞命勞之，羣叩頭歡呼萬歲。其後福京、滇京代卿、世禄、臺閣、專閫、守土文武，作壺漿筐篚之迎者，莫不皆然。又聞黔中人，歲時貢象，守土者入山曰：「朝廷詔汝禁衛，將官汝。」象俯首貼足，如許狀，即馴行，無捕也。一象許，不及進而國亡，清徵之不至。守者語曰：「今天子神聖，薄海知天命有歸，帶甲者以軍降，守土者以城降，異類敢抗天子耶？」不從者，則

死火礮。」象聞之，伏礮下。

嗚呼！諸臣入參密勿，出受心膂，平居或高談名節，自附清流，一旦臨難，推刃中國，呵堯罵舜；或首施反側，地朝爲明，則褰裳而臣明，地暮爲清，則屈膝而臣清，如趨市然。惟利所在，視亡國如弈棋，以職守爲傳舍，非徒不愧，反詡明哲。此直覆載所不容，生靈所仇疾，狗豕不食其餘。靦然人面而爲之，彝倫如之何不攸斁，乾坤如之何不易位哉！卒之鳥盡弓藏，身家不保；其得苟全首領，以瓜蒂歕鼻艾黃炙額終婦人手者，亦如浮雲之過眉睫，而成清嘉績，爲春秋罪人，貽萬世詬厲。以視一時足側焦原、手搏彫虎、歷久而彌馨者，其死生輕重榮辱爲何如？然則，爲畔者可以鑒矣。今於畔降之臣，悉正其罪名而著之篇，庶使求名不得，欲蓋彌彰，正綱嘗，遏亂萌，或不無小補云爾。

蔡奕琛 胡麒生　**唐世濟**　**李喬**　**鄒之麟** 朱之臣　方拱乾　**黎玉田** 盧世漼　趙繼鼎　李讚明　**黃澍** 李藻　嚴繩光　侯定國　張奐　**朱國弼**　**柳祚昌** 李祖述　孫維城　湯國祚　方一元　焦夢熊　郭祚永　張承志　齊贊元　夏尚忠　葉思敬　駱循理等　**劉澤清** 張文光　王天爵　盛黃　柏承馥　馬化豹　賈漢復等　范鳴珂　劉景綽　孫枝秀　丘俊孫　賈開宗　沈豹等　王相業　李棲鳳　高歧鳳　韓尚亮　**常應俊** 任暄猷　劉忠等　馮用　錢世熹　盧九武等　劉大受等　**陳洪範**

馬紹愉

蔡奕琛，字韞仙，德清人。萬曆四十四年進士。授工部主事，遷文選員外郎，上破情面戒和同疏，請於出缺之先後，投供之早遲，剔除隱弊，羣狙不能上下其手，庭無羔雁，門無雜賓，雖故人薄䠶亦擯之，一時銓政爲肅。歷編修、驗封郎中、提督四夷館、太常少卿、順天尹、大理卿、刑部右侍郎。後坐薛國觀黨，論戍。

安宗立，馬士英欲薦之，恐不容於清議，命錢謙益言之。疏有「魁壘男子」語，奕琛見之不悅，曰：「我自宜録用，何藉錢薦？」未幾，遽以中旨起吏部。涖任，即上疏自辨，言：「向者偏及風聞，牽連謙益，今休休雅量，盡釋前猜，引臣共濟，方愧深嘆爲不可及。臣獨何心，敢留成念。然當日力阱臣欲以受吴中彦賄相加者，實謙益也。」人兩哂之。

弘光元年正月，晋左侍郎、東閣大學士，入閣辦事。時京卿添註，朝班日多，奕琛陳推陞、取選、除授數事，又請停止事例，嚴汰邊方僉事、内地監軍贊畫。以向掌銓衡，諳練諸弊，故票擬詳明，選政少清。二月，擢禮部尚書，加太子太保、文淵閣。日修私憾，置國事封疆不問。初，奕琛在籍，以案爲左光先、吴适會鞫，至是與阮大鋮同心排光先。左良玉檄至，無奕琛名。劉孔炤曰：「政府疑公，禍且不測，盍早自圖。」遂密揭适受良玉指，請先靖

輦轂孽。廷議殺适，會清兵至，乃免。上出狩，大臣會議中府，奕琛袖中出十二款，内有「通城不許放礮」語。五月十三日，清兵營南京大教場，奕琛、王鐸率百官跪迎。多鐸予食飲，席地噉之。命百官上名册，不至者逮加皮鞭。奕琛、鐸同點名。十七日，導清兵入皇城，旋放歸。永曆八年卒。

同邑胡麒生，字聖游，崇禎元年進士。授行人。坐北闈關節削籍。安宗立，起故官，遂附奕琛。疏訟逆案冤，辨温體仁誣。歷禮部主事、兵科給事中。清兵至杭州，獻户籍以降。

唐世濟，字美承，烏程人。萬曆四十年進士。授寧化知縣，遷江西道御史，巡按淮揚。山東、廬、鳳水旱蝗災迭至，民多就食淮、徐，因設粥廠，請旨漕折六萬濟之，全活者十餘萬人。調督理漕儲，巡視京營。天啟元年，以僉都御史巡撫南贛。軍呼庚癸，馭之得平。已轉南京刑部右侍郎，改兵部左。璫禍熾，入都不往，爲梁當環所糾，魏忠賢矯旨閒住。崇禎初，起故官，以疏劾監軍高出放歸。五年，擢南京右都御史。時延綏兵起，上言流寇有四：一亂民，一驛卒，一饋黎，一難氓，宜分别勦撫。上是之，下陳奇瑜行之。起故官，入爲左都御史。九年，清兵圍京師。上召問方略，因奏破格用人。十一月，清兵退，羣小欲借邊才翻逆案，温體仁主之，謝陞佐之。世濟附體仁，先薦霍維華，隨疏揚言曰：「如臺省中以逆案

事見罪者，即先以此殪之。」臺省果相顧不敢糾。上以維華名麗逆案，世濟蒙蔽，下獄。明年，羣臣劾體仁，世濟坐戍邊。弘光元年正月，以原官召，管右都御史事，加太子太保。南京陷，降於清。卒年八十。

李喬，字世臣，興化人。大學士春芳曾孫，嗣宗弟。萬曆四十七年進士。授靈寶知縣，調祥符，革羨餘贖鍰。遷儀制主事、郎中，出爲山東督學副使，以公明稱。崇禎時，歷河南按察使、右布政使，陝西左布政使。軍事旁午，以一人理餉，軍實無乏。七年，擢僉都御史巡撫。寇勢張，率兵千人剿撫，斬三千級。明年二月，寧羌、西和不守，坐庸懦、玩寇、棄城嚴逮，匿免。弘光元年四月，起兵部添設右侍郎。李沾去，自爲都御史。清兵渡江，南京戒嚴，朝臣馬士英、王鐸、蔡奕琛、陳于鼎、張捷、陳盟、張有譽、錢謙益、李沾、唐世濟、楊維垣、張孫振、錢增、趙之龍等集清議堂。喬與世濟曰：「即降志辱身，亦所心甘。」後跪降於清。多鐸示城中薙髮，薙武不薙文，薙兵不薙民。喬獨先薙易服，多鐸斥其無恥。

鄒之麟，字臣虎，武進人。萬曆三十八年進士，授工部主事。與錢謙益友善，輕薄負才名，急富貴姤軋。初隸浙黨，劾廷臣，語侵方從哲，因謫上林典簿，改附齊黨，求銓部不得，

爲亓詩教所斥，大恨，揚言齊人張鳳翔爲文選，必以年例斥姚宗文、劉廷元，齊、浙遂失和。已又與浙黨唐世濟等攻東林異己，爲時論所棄。安宗立，以劉澤清薦，起尚寶丞，歷應天府丞。涎僉院缺，與阮大鋮同計訐郭維經，代爲左僉都御史，擢左副都御史。南京陷，迎降於清。王鐸點諸降臣名，之麟不應，謙益爲周旋，得無恙。之麟厚酬之，事後猶稱「我不臣二姓」，洋洋自得。清廢不用，歸卧小樓，隱書畫以終。

當清兵入南京，百姓争設香案，黄紙大書「大清萬歲」、「順民」於門。一時同降者，兵部添注左侍郎等，其餘部曹寺司下僚投職名者如蝗，不可勝計。

朱之臣，字無易，成都人。萬曆三十二年進士。歷德安知府、貴寧副使、江西布政使，以清政稱。遷南京鴻臚卿，與史可法合檄勤王。弘光時，自太嘗卿擢刑部右侍郎，再擬六等從逆諸臣罪，請絞上提問，流下撫按究擬。

方拱乾，字肅之，桐城人。崇禎元年進士，改庶吉士。歷詹事、東宫講官、經筵直講。北京陷，降於李自成。自成敗，南歸。附馬士英，仍起故官。

黎玉田，字函中，乾州人。崇禎元年進士。授儀封知縣，調沈丘，平鮦陽盜。調杞縣，歷保定、昌平僉事，有城守功。十一年，以副都御史巡撫保定。十二年，坐多盜被逮。十五

年，起巡撫遼東。十二月，清兵圍寧遠，與吴三桂固守卻之，疏請内徙。十七年，晋右都御史。北京亡，與三桂引清兵入關，敗李自成真定，南走德州。安宗立，誤傳玉田與三桂借兵興復，加太子少保、兵部尚書，充大行山陵使。七月，清兵至，與上柱國、少師、禮部尚書、建極殿大學士謝陞及盧世㴶、趙繼鼎、李讚明降。清命王鼇永招撫山東。

世㴶，字德水，德州人。天啟五年進士。授户部主事，調禮部。崇禎末，以雲南道御史巡漕，值久旱河涸，盜賊充斥，疏數十上，切中漕弊，皆報可。遷太僕卿，歸。自成兵去，斬德州、故城、景州、武邑、東光置官。安宗加工部右侍郎，充大行山陵使。國亡，楅衣循髮，歌泣無聊。清官，以病辭。

繼鼎，德州人。天啟二年進士，廣西道御史。

讚明，字揚休，德州人。崇禎十三年進士。推官、真定知府。

黄澍，字仲霖，歙縣人。崇禎十年進士。授開封推官，以固守功，擢江西道御史，巡按河南，振濟難民，多所全活。上賜周王恭枵三萬金，澍乾没二萬七千有奇，寄衛輝庫。十七年三月，潞王南下，銀爲卜從善所得，知府文運衡發其事。旋改四川道，巡按湖廣，監左良玉軍。命與惠登相規復襄陽。

弘光元年六月，同太監何志孔入朝，求召對。既入見，面糾馬士英權奸誤國，淚隨語下。上大感動，顧高弘圖曰：「澍言是也，先生識之。」召至御座前，澍益數其罪，士英不能辨一語，跪求處分。適跪澍前，澍以笏擊其背，曰：「願與奸臣同死。」士英號呼曰：「陛下視之。」上搖首不言，良久，謂澍曰：「卿且出。」上私諭韓贊周曰：「馬閣老宜自退避。」士英遂移疾出。已，賄奄人田成、張執中等，復入。澍陳：「士英有可斬之罪十。今日言亦死，不言亦死。言則士英必殺臣；不言而苟且偷生，臣不死賊，必死兵。鈞是死也，冒死以言，乞下臣言五府六部九卿科道，從公參議。如一言涉欺，即誅臣以爲嫉功害能、巇誣大臣之戒。如臣言不謬，亦乞立誅士英，以爲奸邪誤國、大逆不忠者之戒。臣爲言官，明知害之所在，與死爲鄰。職掌所關，不敢不言。士英即旦夕殺臣，臣甘之如飴。」疏上，命回楚恢復。澍連上十疏，略言：「自古無奸臣在朝而將帥能立功於外者。陛下内秉精明，外采輿論，國人皆曰可殺則殺之，毋因一時之才情博辨，誤信小人，使黨羽既豐，禍患驟至。」又曰：「正人君子，乞陛下師事數人，以樹儀表，使輦轂之下，含污結舌，邪佞閉氣，無所容其樹黨庇奸之私，而後討國門以外之寇無難。」又曰：「自奄竊神器以來，實釀今禍。附逆之人與薦逆之人，皆有奸心，乞懸之日月，以除魍魎。」上屢諭赴楚，乃去。

宗室盛濃誣澍毁制辱宗，貪賄激變。中旨逮澍。緹騎入良玉軍，左夢庚斬之。次年，

良玉遂舉兵矣。良玉卒，隨夢庚降於清。

澍面斥士英，海内義澍所爲，聲譽雀起。澍與金聲善。澍入清，紿聲曰：「吾所以苟活清軍中者，則以有所自爲。」聲以爲古亦有僞降、終反正者，且善澍平日，弗疑。澍乃引清兵執聲，導清兵攻陷徽州，徽人無不唾駡。後官閩南道，涎鄭成功積儲，陷中左所。未幾，罷死。

同時李藻，字鑑明，陽城人。天啟元年舉於鄉。荆西參議。弘光元年四月，在沔陽降於清。湖西僉事嚴繩光、得勝營副總兵張九儒、彭國胤，參將許棟梁在巴東；副總兵張文富在荆門；及侯定國在武昌；攸縣教諭袁奐在棗陽，於隆武元年十一月降於清。

繩光，字羽宜，棗陽人。選貢。九江推官，從良玉復萍鄉、萬載。入清，薦不赴。

定國，字正君，蒲圻人，武生，精騎射，從曾櫄軍，受重創甦。洪承疇官置水師參謀。

奐，字蔚每，副貢。安宗立，上長江戰守事宜，不報。

朱國弼，夏邑人。撫寧侯謙七世孫，萬曆時襲封。天啟初，領中府。楊漣首劾魏忠賢得罪，國弼憤甚，亦論其不法，乞速賜處分。忠賢怒，停歲禄。崇禎初，守備南京，總督京營。温體仁枋國，私唐世濟，逐二御史，專威福，劾其徇私及受霍維華賂，令世濟發端，而己

陰受其成。詔逮國弼門客及繕疏者下獄，奪爵。十七年，起提督漕運，鎮守淮安，加太子少傅。北京陷，擅取閩解京銀十萬行，路振飛爭之，不聽。

安宗立，以定策功，晋保國公，班勳臣首。疏乞賜券、增禄、世襲，中軍胡茂華募兵二千，自浦口渡江奉命，不允。以不預會推，上言：「間者兵部會推勳武臣，而九卿科道與議；獨吏部枚卜會推，臣等不問。此後必約見任諸勳，虛公商榷，列名上請。」詔以「朝廷設官，各有職掌，即閣部不得相侵，會推五府，出何典制？」已之。尋與劉孔炤條陳新政：一吏部用人，必勳臣商榷；一各部行政，必勳臣面定；一皇上圖治，必勳臣召對。又請核勳臣世系，不容倖襲。設家丁營，歸户部給餉。以振飛舊嫌，尤力排之，誣爲不納上舟。國弼庸暗，日惟依附馬、阮，恣睢狼戾，彈擊郭維經等以媚之。與太子少保總督京營戎政忻城伯趙之龍，沈湎酒色，國事益壞。

解學龍定六等從逆諸臣罪，國弼疏劾曰：「先帝大變，實殉社稷，則凡我臣子，即當共殉。若復污僞命，不但忍先帝，更仇皇上，是李賊固賊，而從賊之臣亦賊也。既已爲賊矣，又安分差等哉！即强以六等分之，亦皆失當。如陷虜諸臣，姑暫免收孥，限三年定奪是矣。其第一等見在從逆者，止云俟緝獲正法，不言收孥，豈從逆之罪轉出陷虜下，抑姑留逆孽爲彼交通地也，此失刑者一。二等仍擬緩決，如光時亨、周鍾獻下江南策，妄覬首功，曷嘗肯

爲須臾之待，而仍以緩死縱之，何待於二賊厚，而於先帝薄也，此失刑者二。三等擬贖絞，云止欠一死，非有他腸，如項煜等欲爲李賊之管仲、魏徵，是以子糾、建成視先帝矣，而云無他腸，可乎？侯恂既負有封疆從逆二罪，即宜加等，而反以後罪略前罪，是污僞轉爲減死之路矣；且贖徒止可贖雜犯死罪，徒非爲此輩議，此失刑者三。四等擬贖戍，如宋學顯等，或是服辜，若渉法媚賊之梁兆陽，何止僅麗此款，豈錢神有靈，可使中興無法耶？此失刑者四。至存疑另議一項，内開癸未庶吉士，應赴考功，核別奏奪。據部疏前云何瑞徵，受僞令可知，即有一二從他官授者，與京官何別，豈猶欲今日降調用之耶？徒開倖門，使濟濟臣工，與李賊僞官同朝，辱莫大焉，此失刑者五。如已奉旨録用者，果其見有事任，尚可以後效責之，如巧立名目，今姑爲免死之牌，旋且爲灰燃之藉，野心滑路，正未可保也，此失刑者六。毋亦見彼保救僞節度使武愫者，未嘗不儼然風化之堂，亦未嘗一挂糾彈之口，遂敢冒清議爲之，致使屢旨詰責，忽化褒嘉乎？換日移天，可怪可駭。」疏上，上命再擬。改領左府。

清兵迫南京，推爲留守。之龍已先三上書許定國，言京城空虛，請速渡，當以京城獻矣。上出狩，大臣會議中府。應天諸生問戰守計，國弼曰：「今上棄社稷去，大義已絶，不足云皇帝矣。京城兵餉無一可辦，諸生更有何術，會意可也。」遂偕之龍等文武數百員、馬步兵二十餘萬畔降於清，内庫銀絹米服玩弓刀俱以籍獻。清遂以洪承疇經畧南方，侍郎巴

山、貝勒勒克德渾、都統葉臣分鎮南直。之龍事見清史。

柳祚昌，字奕蕃，懷寧人。融國公升九世孫，萬曆時襲封安遠侯，加太子太師。崇禎末，官中軍都督府僉書。安宗即位，參張名振貪狡。馬士英力持門户，排斥正人，祚昌疏言：「皇上中興應運，奸臣陰懷兩端。問誰朝衣冠，謁見他藩於京口驛前，而儼然推戴者，詞臣徐汧也。汧自恃東林渠魁、復社護法。狼狽相顧，則有復社之凶張采、華允誠，至貪至横之舉人楊廷樞。鷹犬先驅，則有極險極惡之監生顧杲。皇上定鼎金陵，而彼且安然爲討金陵檄，所云『中原逐鹿，南國指馬』，是何等語？乞大奮乾斷，立逮汧，革去廷樞、杲舉監，先行提問。其餘徒黨，容臣次第指參，恭請斧鉞。」旨令已之。已與阮大鋮比，特薦知兵，起侍郎。自乞侍經筵；請以定册功爵賞士英，不允。復陳擁戴功高，上斥之。南京亡，降於清。

時勳戚同降者：魏國公徐胤爵、隆平侯張拱日、臨淮侯李祖述、懷寧侯孫維城、靈璧侯湯國祚、永康侯徐弘爵、定遠侯鄧文郁、鎮遠侯顧鳴郊、寧晋伯劉允極、南和伯方一元、東寧伯焦夢熊、成安侯郭祚永、惠安伯張承志、駙馬齊贊元等。

祖述，字孔肩，盱眙人，岐陽王文忠十一世孫。北京亡，南歸，以祖券免死，減禄三之

一。同時，勛衡朱元臣，減俸二年。

維城，東勝人。淶國公鏜八世孫。疏請吴甡、鄭三俊，加太子太傅。

國祚，鳳陽人。東甌王和九世孫。嘗捐資建魏忠賢生祠，加太子太保。

一元，全椒人。南和侯瑛五世孫。爲李自成所殺於北京公侯伯十五人請卹，加太子太保。

夢熊，字毅之，廣寧人。東寧侯禮五世孫。掌南京前後府，改掌中府。南京亡，散家財，悲憤卒。

祚永，合肥人。興國公亮七世孫。太子太保。

承志，永城人。惠安伯昇七世孫。糾陸康稷，奉旨詰責。後居靖江，以鄭成功通書死。

贊元，高陽人。天啓五年尚遂平長公主。安宗予千金，晋太子太傅。力言劉孔炤擁戴有功，賞不足酬。

夏尚忠，字懷耿，廬江人。任百户。授南京都司、都指揮僉事，守歸德，有平盗功，調揚州游擊、參將、南京神機七營副總兵、加右柱國，卒年七十二。子斗光。

葉思敬，來安人。諸生。神機營參將。

駱循理，字我天，六安人。武舉，百户。屢官徐州守備、天津遊擊、浦口參將。汝欽恭，

團營參將。舒章，石埭人。武舉，南京大教場遊擊。皆降於清。

劉澤清，字鶴洲，曹縣人。以將材授遼東寧前衛守備，遷山東都司僉書、參將。崇禎三年，清兵陷鐵廠，欲據以絶豐潤糧道，援守三屯總兵楊肇基遣澤清禦之。未至鐵廠十五里，遇清兵，力戰，自辰至午不決，得濟師，轉戰至遵化夾擊，遂得入城，擢副總兵。六年，陞左都督總兵。孔有德反，接戰萊州，傷指走，尋復登州。九年，京師戒嚴，統兵入衛，加太子太師。十一年，守兗州，清賂金十萬，去城而走。十三年，山東大饑，民相聚爲寇，命會楊御蕃剿捕。澤清白面朱脣，甚美，將略無所長，惟聲色貨利之好。嘗率五千人渡河救汴，次柳園、陳橋。壁壘未成，李自成來爭，相持三日，互有殺傷，忽拔營去，惶遽奔迸，士卒爭舟，多溺死。十七年二月，移鎮彰德，不奉詔，而虛報捷；命扼真定，又不從，大掠臨清南下，所至焚劫一空。給事中韓如愈嘗疏論澤清不法事，澤清賂以重幣，不納，加誚讓。至是，如愈以催餉過東昌，澤清遣兵害於道，無敢上聞者。北京陷，澤清大掠，走淮安，鳳陽參將戈士凱奏之。董學禮將自成敕與澤清、劉伊盛等，不受。

安宗立，以澤清、黄得功、高傑、劉良佐爲四鎮。澤清封東平伯，轄淮、海十一州縣，駐淮安，經理山東。以張文光監其軍，贛榆知縣方來商爲監税。良佐亦封廣昌伯，轄鳳、壽九

州縣，駐臨淮，經理陳、杞，命子澤屯六安，尋攻臨淮不克，移駐壽州。澤清自云先帝已封伯而詔不達。是冬，獨晉侯。

時武臣各佔封地，賦入不以上供，恣其所用，封疆兵事置不問。澤清干預朝政，排擠異己，所言尤狂悖。上初立，即援靖康故事，請以今歲五月改元，請宥周延儒助餉贓銀，請禁巡按不得訪拏追贓，請嚴緝侯恂父子，又薦北降臣錢位坤、黃國琦、施鳳儀、時敏，朝廷皆曲意從之。已復與馬士英比，疏攻吕大器，而薦張捷、鄒之麟、張孫振、劉光斗，及在逃督撫王永吉、郭景昌。劉宗周嘗劾四鎮跋扈狀，澤清遂具疏痛詆之，言：「宗周勸往鳳陽，爲謀不忠，料事不智；抗疏稱孤臣，無禮；陰撓恢復，不義；欲誅臣等激變士心，召生靈之禍，不仁。」疏未下，復草一疏，并署得功、傑、良佐名上之，言：「諸臣往以梃擊、紅丸謀害皇祖母、皇考；今歲迎立時，又力戴疏藩，誣詆聖德。非臣等與士英、朱國弼歃血訂盟，書約史可法擁戴，則天位久屬他人。宗周謀危聖躬，已見於駐鳳陽一疏。鳳陽無城廓，止有高牆。陛下新承大統，欲安置於烽火凶危之地，此必非宗周一人逆謀，乃姜曰廣、吴甡合謀也。曰廣心雄膽大，行詭言堅，不快陛下之得位，故密通死黨宗周，先翦除内外擁戴諸忠，然後迫劫乘輿遷居耳。乞逮曰廣、甡、宗周三奸，付法司，明正其謀危君父之罪。如甡等入京，臣等即渡江赴闕，面詰其奸，正春秋討賊之義。」疏入，舉朝大駭。先是，澤清録草示傑，傑曰：

「我輩武臣，乃預朝事耶？」得功亦馳奏不預聞，士英尼之不上。可法不平，以諸鎮不知入告。澤清聞之，即言：「疏實已出，而良佐知狀。」可法駁議：「是何居心？」朝廷不得已，温詔解之。澤清益横，選義坊之健者入郡，肆掠於野。王天爵倔强，不予通，命從子之檜襲殺之。或謂澤清：「敵來則若何？」曰：「吾戴今上，此地供吾休息。萬一有事，則擇江南一善地去耳。」

澤清粗解文義，費千金構水閣，招諸生吟咏歌頌，奉請安流寓諸生於淮安府學，以便科舉。而性殘忍。平居蓄兩猿。一日，宴其故人子，酌酒金甌中，呼猿捧之，跪送客。客以猿狀猙獰，逡巡不敢受。澤清笑曰：「若怖乎？」命取囚來，撲階下，剜其肝腦，和酒置甌中，付猿捧之前，飲嚼立盡，顔色自若。嘗與副總兵劉孔和有違言，即拉殺之。搆淮安守邱磊於可法，致之死。初與傑善，弘光元年傑卒，即與得功、良佐謀分其衆，朝議不許，乃於其間大治淮邸，極土木之盛，以鐘鼓美人充之。

清兵陷宿遷、海州，請沿河築牆，與王燮分守，以鄭昌爲狼山副總兵。聞左良玉兵起，託名勤王，大掠而東。清肅王豪格書招，不應。都統準塔自山東而南，敗傑兵沛縣李家樓，入徐州，户部分司盛黄走。陷邳州，邳宿同知魏執中降。五月二十二日，清兵復南，敗副總兵高佐、遊擊高雅水師宿遷。二十三日，陷睢寧、沭陽。二十四日，陷桃源。二十五日，再

陷宿遷、安東，攻清河。並時，豫王多鐸圍揚州。命合良佐率兵四萬、舟千餘往援，遇清兵黃、淮、清三河口，相持對岸。準塔分兵繞濟上遊。二十八日，趨淮安，副總兵、參將二人見執死，官民牛酒犒師。澤清率弟副總兵澤洪，總兵柏承馥、馬化豹，副總兵、參將、游擊賈漢復、阮應兆、張思義、劉旺、韓應傑、艾懷英等，官四十、兵萬一千人，大掠席捲，謀入海，會大風飄舟，不果。近與王永吉、張文光、范鳴珂、劉景綽、孫枝秀、丘俊孫、賈開宗等降於清。

清兵繼陷通、泰，副總兵邵隆芳、姚文昌走紹興。

尋劉良佐亦退南京，大掠；與總兵劉澤泳，副總兵沈豹、曹虎、王啟元、鄧汝功、彭永年、林中瑜，參將周祚新、李奎、黑登奎、崔有功、李從杰、劉雄、侯自剛、吳登奎，游擊胡守金、劉光先、夏守道、花伯勛、成九英，都司劉應元、劉仲得、寧明遇，守備張珍年等二萬人，降於清，且劫駕自效。偵上行在，挾之上馬。上諭加刃，曰：「保無他也。」上遂蒙塵。

澤清，清封子爵；澤洪，封男爵，居北京。永曆二年五月，曹縣李化鯨起兵；澤清莊頭程萬占招兵千人攻單縣，不克。八月，澤清使人往東平，貽書兄澄清，從子之幹、之檜、繼先嚮應。九月，事露被殺。

文光，字譙明，祥符人。崇禎元年進士。歷曲沃、丹徒、中牟知縣。從周王恭枵守開封有功，遷兵科、吏科給事中，出爲監軍淮海，擢太僕寺少卿，加太子少保。

天爵，字太素，青縣人。崇禎十二年武舉。

黄，項城人。天啟四年舉於鄉。

承馥，字雄蘭，定遠人。

化豹，德州人。

漢復，字膠侯，曲沃人。武進士，臨安副將。應兆，濟寧人。

鳴珂，字鴻磐，宣府人。恩貢。耀州知州，以拒寇功，歷徐州、淮安知府。

景綽，字練溪，内江人。崇禎十年進士。山陽知縣，史可法薦監紀推官，擢副使。

枝秀，天啟元年舉於鄉。鞏縣教諭，擢魚臺推官，遷山東監軍僉事，史可法薦督糧參議。

俊孫，字德俊，淮安山陽人。崇禎十六年進士，户部主事督餉淮上。

開宗，字静子，商丘人。諸生。爲孫傳庭所重，澤清薦孔目參軍。

豹，上元人。虎，廣寧衛人。啟元，江都人。祚新，大同人。奎，昌平人。守金、光先，榆林人。應元，睢州人。仲得，遼東人。明遇，汜水人。珍年，臨清人。

又王相業，字雪樵，榆林人。拔貢，工詩文。以鳳泗副使監傑軍。

李棲鳳，字彩梧，涼州人。以都督同知總兵挂平羌將軍印，使甘肅。隨可法駐睢寧，救

邳州，回守揚州，與弟棲鸞、高歧鳳、韓尚亮，先後降於清。

歧鳳，涼州人。恩貢。授睢寧知縣，禦袁時中，破之，安集有功，累遷淮安僉事。

尚亮，字繼川，徐州人。副總兵。

良佐，事見清史。

常應俊，項城人。本革工，目不知書。安宗自睢陽出亡，負行風雪中數十里脱難，授福府護衛副千户。及即位，福府長史黄秉石，贈參事；陶椿齡，擢尚寶卿；書堂官陶瀚六人，舊人王鐸弟鏞、從子無黨，授錦衣指揮僉事；護從壯士司馬亮等，都督僉事；睢州民白可儉、周用裔、周光美，睢陽民迎駕李承胤，淮安諸生杜光組、杜光紹、杜義昌及黄魁、孫昌祚、于國寶、田惟芝、丘樾子、王業成、李厚、王琳，各指揮僉事；李天培，指揮同知；千户趙祥，指揮；曹國棟、牛寬、王文學、黄政、黄芳、劉有錫，各千户；屠夢龍，副千户；楊承德、承恩、永惠、杜鏘及河南承差李胤蘭，各百户。魏棟及厮役百餘人，皆以扈從勞乞恩，予錦衣指揮使升轉世蔭有差。應俊巡轉左都督，猶以爲未足，加太子太保，封襄衛伯。疏薦許定國實心恢復，因命給印。童妃之獄，疏陳隨上潛邸，童氏皇嗣絶無影響。弘光元年四月二十三日，同王鐸督師出鎮。南京亡，與任暄猷、劉忠、馮用、錢世熹、盧九武、孫得勝、龐天

泰、李自春，先後降於清。應俊，永曆元年五月，坐王道士義師事被殺。

暄猷，字美君，臨漳人，寧遠侯礼裔孫。李自成兵起，團鄉兵自保。弘光時，授左都督總兵，襲伯。入清，成進士。

忠，榆林人。自成封平南伯。歸附，授總兵。與總兵高進忠、黄中邑，參將張希尹，以崇明降於清。後與降將劉麟圖、鄭嘉楝、李朝雲、韓文、許得功，俱封男爵。進忠，永曆元年以反正事爲僕馬良玉所首，死於北京。

用，字春華，揚州通州人。總兵。

世熹，字用晦，五河人。拔貢，授副總兵。入清，亦成進士。

九武，梓潼人。與得勝皆以參將，加桐標營副總兵，守桐城。兵不戢，部將李大有勸飭兵，不應，殺之。安宗幸太平，九武命中軍龐天泰應黄得功蕪湖，降清。九武、得勝與中軍左國禄、千總等七人被執，至南京死。九武妻常，井死。自春，安慶副總兵，與撫標監紀通判陳希明同降。

又副總兵劉大受、胡章，遊擊孟國樑，都司楊國永，先於崇禎十七年自南京解糧北京，降於清。

陳洪範，字東溟，遼東人。萬曆四十六年武舉。天啟初，授高臺遊擊，調紅水河，升參將，留任。歷陝西行都司掌印。甘州西路劉漢兵破銀定諸虜黑水河。坐事謫官慶雲參將，調開原，以恇怯罷。尋復以總兵鎮守居庸。威宗立，改南京右都督府僉事，兼提督大教場。崇禎二年，清兵入塞，請入援，以其遼東人，止之，以右都督鎮守浙江。四年初，調昌平。五年，孔有德反，以兵三千援萊州，自平度進。六年二月，克登州水城，有德遁，論功加太子少師。七年，自請調插漢，旨促赴登州，鎮登、萊。清兵攻宣、大，回守居庸、昌平。十年，朝鮮告急，挂平虜將軍印，以兵八千進耀州北岸。清兵攻皮島，走廣鹿島，革職。明年正月，因緣内臣起，挂平賊將軍印，從熊文燦軍，與左良玉大破張獻忠鄖西。九月，再大捷雙溝營，斬二千級。

初，獻忠爲總兵王威部將，自良、涿噪，犯法當斬，洪範爲延綏參將，一見異其貌，力請王威釋之。獻忠感再造恩，於軍中刻栴檀爲洪範像，稱謂父母，每飯必祝。至是，迭敗創甚，聞官兵有陳將軍，喜曰：「此豈吾故人耶！」詗之是，遂飾名姝、備美珠文幣進，曰：「蒙大恩不及報，公豈遂忘耶？願以部隨馬足自效。」獻忠遂受洪範撫。後以文燦操縱失所，復畔去。轉左都督。

十二年，會周遇吉剿淅川，招降許可變、胡可受，擊李自成南陽李公店不利。自鄖會楊

嗣昌襄陽，輕信五營兵，幾致被俘，以疾免。尋起鎮登、萊。北京變聞，黄得功約勤王，不赴。安宗即位，疏陳一代興亡。馬士英薦提督沿海五鎮水師。劉澤清、高傑留駐瓜州、泰興。請使清自效，加太子太傅，與副總兵艾大選、李思萱從左懋第北行。清命居四夷館，洪範無言。議見多爾衮禮，請全國以全身，非屈膝不可，欲以國書畀禮部，懋第不許。剛林與懋第爭辨，洪範曰：「我爲爾攝政王破走闖賊，又爲先帝發喪，今上命齎書幣數千里來通好謝，何得以兵恐？果欲用兵，詎得相阻，但我以禮來，反以兵往，非攝政王發兵本意。況南直水鄉，胡騎能保必勝耶？」懋第南歸，止滄州。清許封洪範爲侯。洪範已盡洩南中虛實，請南爲間招澤清等，而留懋第勿遣。清乃追還懋第，洪範獨返。入見，言清兵旦夕南牧，得功等通北；又請加恩北使諸臣。上命往史可法軍前，給假徑去。南京亡，潞王常淓命使清，許割南直四府以和。洪範陰召清兵直趨杭州，常淓不知所措，遂挾以同降。

馬紹愉，字太和，遂寧人。萬曆三十一年舉於鄉。歷寶應、武康、旌德知縣，遷行人。陳新甲薦職方主事，從洪承疇贊畫關外練兵事。承疇議且戰且守爲持久策，紹愉與張若麒力言我兵可戰，請分兵四路同攻清營。新甲惑其言，命剋期促戰，致大敗，杉山不守。紹愉

以漁舟逃還，疏承疇失計，以圖自免。十五年春，謝陞主款，屬新甲微言於上。新甲因薦紹愉，加郎中，假二品服往，上深祕之。外廷不知紹愉與參將李御蘭等之寧遠使清。清請敕爲信，復請於朝，得敕。清以敕爲改邊吏自作，且語不恭，非誠意於和者。紹愉以聞，己留塔山候朝命。清兵進攻，紹愉諭止之，清不聽。城垂陷，清兵衛之出。城中兵民自火死，無一降者。

崇禎十七年，馬士英薦紹愉曾爲陳新甲使清，命復以太僕卿、職方郎中，加禮部右侍郎北使。陛辭言及款事，曰：「往使瀋陽日，入杏山，虜解寧遠圍。至瀋陽議撫，嘗以舊例仍減往額四十七萬金歸奏。先帝命故輔周延儒具書，遣大臣偕往。延儒畏百官紛紜，伏地不應，款局遂格。如款成，必無今日。」上問何以不成？曰：「使者再往，則款矣。主者陳新甲以言官劾棄市，故輟。」後與贊畫王言、孫正强，副總兵張有才、楊逢春、劉英等降於清。

南明史卷一百十九

列傳第九十五

無錫錢海岳撰

畔臣二

黃鳴俊 子天復等 吳春枝 陳王謨 吳士耀 王國冕 曾道唯 李覺斯等 王應華 顧元鏡
關捷先 王之臣 葉廷祚 伍瑞隆等 陸元璣 何宗鼐等 鄭瑄 郭必昌等 丁胤甲 郭煒 錢震
瀧 黃志美 鄭芝龍 弟芝豹等 王之富 張岳 吾必奎 沙定洲 何吾騶 黃士俊 子
昌禎等 楊邦翰 梁應材 吳以連 丁魁楚 車任重等 蘇文聘 張佐辰 蔣御曦 扶綱 孫順
胡顯 徐心箴 黃復生 吳楚才 李恕 吳起鳳 唐文燀 官純胤 魯禹謨 周應運 范應旭 趙如郯
向維時 蔣鳴臯 倪巽生 葉之馨 楊嗣先 史文 孫爾韜 張文光 童天閎 萬翺 袁彭
年 戴國士 李懋祖 傅上瑞 馬鳴鑾等 毛壽登 吳李芳 黃性震 傅爲霖 施明良等

黄鳴俊，字啟甸，莆田人。萬曆四十七年進士。授諸暨知縣，緩徵薄罰，停平大獄。調會稽，遷禮部主事、員外郎，督殿工。時魏忠賢勢張，鳴俊不與通。出爲浙江督學僉事，改任杭嚴副使，南直糧儲參議。周延儒以私迎，逐避，銜之，調山東督糧。已以僉都御史巡撫浙江，剔奸振災，禁債帥，汰虚伍，頒營制，練火器，氣象一新。崇禎十七年，李自成攻北京，命遊擊鄭天鴻率鋭卒五千人勤王，至鎮江，爲馬士英所阻。威宗崩聞，遲不發喪。是年五月，永康人以天主倡亂，縉雲知縣陳鴻飛、永康知縣單世德斬其渠，平之。是年八月，許都黨丁汝璋、許嘉應重畔，陷義烏，攻金華，不克。杭州把總何永懃、金良洪以千人攻義烏，鳴俊以二千人至，卒坐罷。

紹宗立，起兵部右侍郎、尚書、東閣大學士，倚之爲重臣。命自温州諭魯王，留福寧不進。及金堡至，同定進討計。命郭熺師出分水關，以中軍都督僉事鄭有亮、監軍光禄少卿朱子覲兵自金華直走臨安，合姚志卓復杭州，已駐衢州。疏薦義師曹明遠、汪志稷等七人，解獲降官鍾淑哲至行在誅之。清都統圖賴兵迫，退入關。上怒，逮其子職方主事天復下獄，而命建寧府羈鳴俊。懼，請奮自效。上幸汀洲，隨扈被執，降於清，授五品官，一夕慚憤死。

子天翼，字升公，隆武二年舉天興鄉試，任中書舍人，以文名。

吴春枝，字元葶，宜興人。崇禎十年進士。歷平湖、海鹽、嘉善知縣，以機警稱。弘光時，遷湖廣道御史；改河南道，巡按福建，加太嘗卿，掌道。迎立紹宗，擢兵部右侍郎、僉都御史，巡撫福、延、建、邵，赴福寧，聯絡温、處、台、寧、紹、金、衢。上賜敕曰：「上遊關係不減關中、河内，朕倚卿以蕭何、寇恂之任。」春枝疏請内外諸臣毋濫給劄付，以重名器；又陳國務止爭呼吸，急先持危。忠誠急，駐邵武，陳三關分守，須兵萬三千人，隨征兵將一萬，須預措半年糧。先資撻伐，後駐江西，收拾人心。尋糾劾不職邵武通判陳王謨、古田知縣吴士耀、汀州知府王國冕，爲紗帽下虎狼，罷之。隆武二年正月，晉東閣大學士，命練丁壯。上幸汀州，留守浦城。八月，降於清。尋爲僧普陀終。

王謨，茂名人。恩貢。

士耀，字雉南，四會人。天啟四年舉於鄉，終虞衡主事、郎中。

國冕，字禹服，南昌人。萬曆四十六年舉於鄉。

曾道唯，字元魯，南海人。萬曆三十八年進士。授刑部主事，轉郎中，凡會審大獄，皆持正論，孤介自守，不交權貴。出爲嘗鎮副使，改青州、武德，晉山東按察使，以病歸。天啟初，起湖東、撫州副使，轉江西右布政使，以魏忠賢用事，不赴。崇禎間，再起浙江，調湖廣

左布政使。適流寇披猖，單車涖任，催餉解運，遂有湖南之捷。時楚府將軍、中尉禄米外，庶宗口糧悉多虚僞，道唯釐剔濫冒，歲省帑數萬金。未幾，以親老乞休。唐王聿鐭稱帝，擢户部尚書、東閣大學士。廣州陷，與李覺斯等降於清。李成棟反正，命召用，未及赴卒。

覺斯，字伯鐸，東莞人。天啟五年進士，改庶吉士。歷禮科、兵科給事中。三殿工成，疏頌魏忠賢功德，劾劉鴻訓。忠賢敗，改户科，奏薦東林諸臣，疏參十孩兒、五虎、五彪，遂下倪文煥於獄。錢龍錫論辟，力以國體爲言，得減死爲戍。遷應天丞，轉南京太僕卿。崇禎九年正月，高迎祥、張獻忠以衆十餘萬攻滁州，覺斯悉力固守，大敗之，留都得安。歷順天府尹、工部侍郎、刑部尚書。十三年，以讞黄道周獄輕，嚴旨切責；再擬，謫戍煙瘴上。以其失出，削籍歸。張家玉兵起，籍其家，卒年八十四。子鴻，字弋何，工詩草，去諸生隱。

王應華，字崇闇，東莞人。崇禎元年進士。歷武學教授，工部主事，禮部員外郎、郎中，出爲甯紹副使，招撫海寇。轉浙江督學副使、福建按察使。弘光時，遷光禄卿。以諳堪輿，充大行山陵使，未赴，命領兵入衛。紹宗立，擢禮部右侍郎，平羅浮山寇。

顧元鏡，字朗生，烏程人。萬曆四十七年進士。官池州知府，募建齊山閬亭，藝杏花村杜牧圮址，修九華山志，人稱風流太守。轉池太副使，調漳南參政。弘光時，陞嶺西參政，

擢廣東布政使。

關捷先，字寧後，南海人。崇禎七年進士。歷上饒、廬陵、萊陽知縣，撫字振饑，修學開河，建倉築城，所至有聲。遷吏部主事、郎中，北京亡，歸。紹宗立，起郎中，出爲副使。汀州變，諸人倡議尊唐王聿𨮁爲帝。元鏡主以親、以賢、以貌三宜立說尤力。聿𨮁建號，起應華兵部尚書，元鏡兵部右侍郎、禮部尚書，捷先吏部尚書，皆以東閣大學士入直。捷先小有才，便筆札，蘇觀生倚之，嘗語人曰：「内有關捷先，外有楊明競，强敵不足平也。」廣州陷，與王之臣、葉廷祚、伍瑞隆及廣州知府陸元璣、潯州推官許德生等降於清。元鏡復椎髻號於市曰：「大清天兵至此，汝百姓今安枕矣。」又出示：「恭惟大清皇帝應運而興，天兵臨粵，逆藩授首。」清兵之入，咸謂元鏡實召之。

李成棟反正，諸人復歸順。應華，授光禄卿，後爲僧名函諸，字言者。元鏡，嘗昭宗監國，授户部右侍郎，命辦廣州糧餉，至是召原官。捷先，授廣西布政使。桂林陷，再降於清，後隱西樵。

王之臣，建昌人。崇禎十六年武進士，累官都督僉事、錦衣衛指揮使。聿𨮁立，封忠惠伯。後隨成棟反正，仍官錦衣，扈從安龍卒。

廷祚，萬曆三十八年進士。太嘗寺卿擢户部右侍郎。

瑞隆，字國開，香山人。天啟元年鄉試第一，歷待詔，户部主事、員外郎，管倉場，河南副使，亦授工部右侍郎。後從鼎湖僧道丘遊，卜築鳩艾山中不返。詩寄意深遠，畫亦名家。弟瑞俊，字有開，廩生，中書舍人，能詩。

元璣，紹興山陰人。諸生。

又始興縣丞何宗鼒、典史張嘉謨，於永曆元年正月降於清。

鄭瑄，字漢奉，侯官人。崇禎四年進士。自户部郎中出爲嘉興知府，爲政簡静，興革順民，濬城隍，築官塘，民爲祠以祀，配前五賢守，稱六賢祠。遷寧紹副使。十五年，以僉都御史巡撫應天，開練河以通運道。十六年春，張獻忠破蘄、黄，將侵池、寧，窺南京。瑄戒各邑及水陸兵結營要路堵之，已與鄭崑貞力持其間，事乃定。

安宗即位，劉澤清兵數萬欲渡江，三吴士民呼吸變亂，瑄駐江上，致書澤清、高傑止兵，不應。尋内調大理卿，罷。

迎立紹宗，擢刑部左侍郎，晋工部尚書。建天壇，爲郊天大禮及親征儀仗樂器。造御前令箭三十；大銀鉞斧四柄，上龍頭、末龍尾，鉞上龍吞口，硃柄，畫金龍纏柄五尺；又爲

寶纛，繡文曰「天子之命」，執駕官員添石青翠色天層上，以稱翠華之名。爲人庸愞，薦人皆以賄得。嘗爲鄭成功請發鳥銃，上以全無執裁，惟請朕躬爲推卸地，何無骨力至此。扈從汀州，中途逃回福京。清兵入，首迎跪沙中竟日，博洛不爲禮，徐乃令起曰：「而官在明何如是大乎，余不便用也，速去。」未幾死。

後瑄降者：

郭必昌，字懋豐，晉江人。天啟五年進士。授杭州推官，剖决如流，宿案風掃。魏忠賢生祠建，不列名。遷廣西道御史，巡按印馬屯田，巡視中城。畢自嚴下獄，因熱審減刑，論救出之。劾罷山西巡撫宋統殷。按浙江，黜陟不爽，疏救馬思理、高倬、周鑣。調湖西參政，袁州近楚，增雉堞，核軍實，寇爲引去。隆武中，黨鄭芝龍。芝龍惡張肯堂以親征進勸，薦必昌代爲僉都御史，巡撫福建，奪其兵。尋擢兵部尚書，命代北伐將，步卒先發，受事不出三關一步。福京陷，遁歸，爲清説芝龍、丁胤甲、郭熚、錢震瀧、黄志美同降。弟必春，天啟元年舉於鄉，禮部主事。

胤甲，字高薦，晉江人。崇禎十三年進士。授中書舍人。以書法名，詞命多出其手。安宗立，遷浙江道御史、主客郎中，提督四夷館。卒年八十。

熚，字闇生，晉江人。尚書如楚子，崇禎三年舉於鄉，山西道御史。

震瀧，仁和人。崇禎四年進士，建寧知府。踞門求用，爲博洛所斥。

志美，字令士，晉江人。熙胤子，崇禎十二年舉於鄉。

鄭芝龍，字飛皇，南安人。世爲府掾。七歲，戲石，中知府蔡善繼冠，執訊之，奇其貌而釋之。長有膂力，蕩佚不喜讀書。附海船至日本，有婦翁氏悦之，遂聘焉。海澄人顏思齊者，亡命日本，與芝龍謀取其國，事露歸。與其黨二十八人出没臺灣、金、厦間。思齊死，衆禱諸天，擲甌得聖筊而甌不破者，立爲主帥。芝龍三擲而甌不破，遂以爲主。

天啓六年三月，犯金、厦。四月，犯靖海。當事者以善繼有拋石不責之恩，擢泉州巡海道，芝龍詣降。而巡撫朱欽相第令繳舟械，候安插。弟芝虎説芝龍曰：「此欲散我黨羽耳。」乃揚帆去。崇禎元年，犯銅山，敗都司洪先春；犯金門，獲遊擊盧毓英，芝龍縱之還，且曰：「朝廷苟一爵相加，東南可高枕也。」都督俞咨皋，大猷子，大調兵船會剿。衆議避之粤東，芝龍曰：「咨皋，膏粱紈袴，徒讀父書，何足懼哉！」大破之浯嶼，咨皋遁入厦門。於是縱横沿海，莫敢問者。熊文燦徇泉州知府王猷之請，遣毓英招之，遂降，授遊擊，積官至都督同知總兵；芝虎，雷廉參將。

劉香之亂，按察使曾櫻以百口保芝龍。芝龍感激，八年四月，合粤兵擊香於四尾遠洋，

香勢蹙，自焚溺水死，芝虎亦戰歿。既平香，獨有南海之利，商船出入諸國者，舶納資三千金，得其符令乃行。芝龍遂以海利交通朝貴，浸以大顯。尋櫻調討賊湖南，平之。

安宗立，封南安伯，調兵六千人入衛，歸其弟鴻逵統領。無何，南京陷，鴻逵自鎮江入海，道遇紹宗，遂奉以入閩。與陳霸、張進、張明振、辛一垠、顧乃德請監國，匡復中興。晋太師、平虜侯，掌戎事。鴻逵、芝豹、彩，亦侯伯。子森功，賜國姓，名成功。開府天興，坐見九卿，入不揖，出不送。一門勳望，聲燄赫然。會賜宴大臣，芝龍欲位首輔上，黄道周以祖制爭之，終先道周，芝龍嗾諸生劾道周。上行郊天禮，稱疾不從，何楷劾其無人臣禮，又逐之。繇是文武益不睦，時政事決於鄭氏。芝龍上戰守事宜，言：「仙霞關外合設守兵十萬、戰兵十萬，以今冬簡練，明春分出浙東、江右。都兵二十餘萬，餉不及半。」遂開助餉事例，并預征賦税，大鬻官爵。趣使出兵，則以餉絀爲辭。張肯堂北伐，行有日矣，尼之不果行。及上親征，以芝龍留守福京，司轉餉，兼掌宗人府印。芝龍無已，乃請以鴻逵出浙東，彩出江右。度關未五百里，即疏報餉竭而還。

時江、楚迎蹕疏相屬，上決出汀入贛，與湖南爲聲援。芝龍欲挾上自重，使軍民數萬遮道號呼，擁駕不得前，迭表請回京。上不得已，駐延平。芝龍屢薦姻婭舉人某爲山東道御史，理軍屯；門生葉正法等爲户部主事，皆口授御前，上不盡從。已以端午，率標下官兵鬥

舟西湖，旗書「欽命藩王」。題奏文移僭稱「監國留後」。詔以「福京任二王居守，卿以勳臣爲留後，無『監國』字，速改正。」又命增兵將守江山，壯衢聲援，不可卸遠調之擔，自撤藩籬。芝龍請餉一百五十六萬，上諭：「國促民貧，錢糧止有此數。所請，即竭三省之力不足。從未有關籬不固而止於家門堵牆者，此理甚明。今議以兵三萬守關，一萬守腹，不復可增。如有別議旁撓，是彼蒼不助中興，朕亦惟有退避賢路而已。」尋皇子誕生，晉泉國公，改平國。福京宮工成，猶歲加祿米五百石、蔭子。

先是，魯王監國紹興，自福京頒詔，懾於大義，有去號意。芝龍思挾魯王脅朝廷，密啟「立唐非夙願，許內應。」王爲所搖惑，因不奉詔，且以公封之，於是角立之勢益堅。陳謙奉使至，上怒，下獄。芝龍與有舊，疏救不聽，即命殺之，繇是震恐。

芝龍田園徧閩、廣，枋政後，以練餉爲名，閩、粵正供外，捐輸百萬歸之，增置莊倉五百餘所，富幾敵國。駑馬戀棧，無心經遠。及清黃熙胤招撫福建，許以閩粵總督、王爵啖芝龍。端王博洛、都統圖賴、貝子屯齊兵自衢州、廣信二道入，芝龍遂因熙胤子志美密款。金華陷，揚言海寇來犯，令守關將施天福、都司柯符盡撤兵還安平城，仙霞嶺二百里竟爲空壁。八閩不守，車駕蒙塵，芝龍力也。

未幾，芝龍舟泊南臺，移福京北庫火藥兵器，火北庫，巨礮震發如山崩。芝豹亦棄泉

州，共保安平城，以待清兵；然猶懼以擁戴紹宗爲罪。博洛以書招之，曰：「我之所以重將軍者，以能立唐藩也。人臣事君，必竭其力，力盡不勝天，則投明而事，建不世勳，此豪傑之舉也。今兩粤未平，鑄閩粤總督印以待。」芝龍得書大喜，即劫其衆奉表出降。

成功諫曰：「閩、粤不比北方，得任意馳驅。若憑險設伏，收人心以固其本，興販各港以足其餉，選將練兵，號召不難矣。夫虎不可離山，魚不可脱淵，離山不威，脱淵則困，願大人思之。」芝龍拂袖起，成功出告鴻逵。鴻逵壯之，入語芝龍曰：「夫人生天地間，如朝露耳，能建功立業、垂名異世，則亦時不可失也。兄當國難之際，位極人臣，苟時事不可爲，則弟亦不敢虚鼓脣舌。況兄帶甲數十萬，舳艫塞海，糧餉充足，輔天子以號召天下，豪傑自當響應，何委身於人？此弟爲兄所不取也。」芝龍曰：「北京之變，天下鼎沸，亦秦失其鹿，故清得而逐之。今已三分有二，若振一旅而敵天下之兵，恐亦不量力也。乘其招我，全軍歸命，棄暗投明，擇主而事，古豪傑亦有行之者矣。」鴻逵曰：「然亦不可不爲之慮。」芝龍曰：「人以誠待我，我以誠應之，何疑焉！」時成功已率所部走金門，芝龍召同行，復書拒之。芝龍嗤其狂悖，率五百人詣博洛於福京。相見握手甚歡，折箭爲誓，遂薙髮，宴飲三日。博洛謂内院諸人曰：「芝龍桀黠多智，今大軍不來，而單騎至此，實有觀望意。縱之去，恐有意外憂；不如乘夜挾之北上，則蛇無頭，其餘無能爲矣。」乃分隸五百人各旗，令莫能相見。

夜半，忽拔營起。芝龍曰：「吾子弟素非馴良，今擁兵海上，脱有不測，奈何？」博洛曰：「此無與爾事，亦非吾慮所及也。」芝龍既北行，部將王之富、張岳及總兵二十，副總兵四十一，參將、游擊七十二，馬步兵六萬八千五百人降於清。鴻逵、成功獨建義海上不屈。芝龍入北京，封同安侯。永曆八年，以招成功不得下獄，囚寧古塔。僕尹大器首其父子交通狀。黄梧謂：「不殺芝龍，則成功之心不死，諸將投誠之志不堅。」十三年七月，遂并子渡、恩、蔭、默，家屬無少長俱死。

芝豹，字玄公，芝龍弟，官水師副總兵。紹宗立，授左都督，封澄濟伯。芝龍降，獨奉母居安平城，與施天福同守。博洛掠安平，斂子女財帛棄城遁外海。以堂於施郎，郎降，不自安。芝莞死，永曆七年清招之，乃降。後囚寧古塔死。

之富，字仁吾，鍾祥人。隆武時總兵，與咸陽人張自欽從芝龍屯厦門。

岳，字嵩侯，偃師人。以武勇，累官福建總兵。

吾必奎，元謀人。世襲知縣，以罪久廢。天啟四年，平炎方驛寇亂，授守備。五年，安效良糾水、藺二酋入犯，堅守以老其師，同副總兵袁善夾擊，前後五戰，斬級三百四十有奇，死鳥銃者無算，賊遁去。崇禎四年，屯臨安，討阿米土酋普名聲。名聲，故馬者哨哨頭，水

烏之亂，與沙源、必奎俱奉調破賊有功。已從御史傅宗龍援黔。及宗龍憂歸，名聲亦回阿迷土州，日驕恣。後巡按趙洪範至臨安，率兵迓之，戈甲數里。洪範惡之，貽書巡撫王伉，謂其養癰。伉亦習聞其不法。時寧州土官禄溾與名聲互訐。人傳伉欲剿名聲，名聲懼，乃詐爲溾家人訴名聲於伉，覘虛實，伉果有即討之言，乃反。伉調黔、蜀兵會討，進阿迷。名聲使人以重賄誘必奎，必奎遂與源、名聲結納。名聲被圍，使謂必奎曰：「君不聞兔死狐悲之語乎？阿迷平，行及元謀矣。」必奎然之。時必奎在調中，先登，與名聲接戰，陽敗走，王師辟易，遂大潰，伉全軍歿。名聲死，必奎桀驁益甚。

會張獻忠入川，沐天波恐，命參將李大贇以二千人會屯會川。二人不和，大贇以必奎陰事上告。初，沐府阮呈麟用事，練達，善待諸夷，故數年安静。天波母惎之，用劣生余錫朋，殺呈麟。必奎不能堪，乃於隆武元年九月反，陷定遠、湄潭、武定、禄豐、楚雄、姚安。天波調各土司進剿。十月，大贇、定洲、禄永命、龍在田、楊祖、刁勳合圍必奎，必奎自刎，元謀平。

沙定洲，阿迷人。普名聲部將。名聲死，妻萬氏撫有其衆。萬淫而狡，嘗召部下丁壯入侍，其將沙源之子定海、定洲皆與之私。久之，無以服衆，竟贅定海爲壻。已復厭其樸

陋，而定洲年少白晳，乃殺定海而贅定洲。名聲子服遠恥之，遂分寨以居。未幾，服遠憂抑死，定洲遂兼爲阿迷土司。隆武元年，吾必奎反，定洲實同謀。奉調定洲會勦，授參將。至則必奎已誅，殊失望。

定洲自以徒來無功，逡巡城外不即歸。有奸民饒希之、余錫朋嘗往來沐天波第中，以貨寶玩爲名，累負天波金巨萬，無以償，因詣各土司營，誇天波富敵國。定洲心動，陰結城中參將張國用、袁士宏，都司阮韻嘉、余廷珍等爲應。隆武二年，道臣萬希聖，舉人張嘉賓、熊一舉附之。以十二月朔入城辭行，輒呼噪焚劫。天波逸，定洲遂盡得沐氏所有，盤踞會城，衆號二十萬，劫吳兆元題升副總兵代天波鎮滇，節制漢夷；至禄豐，執前大學士王錫衮，皆不屈，拘之別室，奪其印，以僞疏入告福京，遂行府事。萬氏聞定洲之亂，驚曰：「吾家當敗此賊手。」謀自至省，執以投誠。既至，見定洲聲燄赫然，尊若王者，又大喜。

定洲遂悉兵追天波。時楊畏知以金滄副使監軍駐楚雄，請天波西走永昌，使楚雄得爲備，爲首尾牽制之策，天波從之。定洲至楚雄，城閉不得入。畏知紿之曰：「若定永昌還，朝命當已下，吾當以禮見之。」定洲果去，遣其黨王朔、李日芳等分陷大理、蒙化，屠殺萬計。還圍武定，推官陶光胤固守，攻四十餘日乃去。二年，定洲聞楚雄設守，又迤東龍在田、禄永命各自完保，因不敢至永昌，還犯楚雄，不能下，引去。東犯石屏，在田禦卻之。轉犯寧

州，破之，永命自殺。乘勢陷嵋峨，土官王克猷走死。在田聞之懼，與許名臣棄城趨大理，於是迤東諸縣盡陷。乃復引兵犯楚雄，城守益堅，終不能克。

會孫可望等繇遵義入黔，在田使人告急。永曆元年三月至滇，定洲解楚雄圍，禦之革泥關，大敗。乃命參謀杜思明殺錫袞，遁歸阿迷。可望西徇諸郡，而分遣李定國徇迤東，攻定洲部目李阿楚於臨安。阿楚力拒，穴地砲轟破之，阿楚赴火死，兵猶巷戰。定國怒，執城中紳衿兵民屠之，都七萬八千人，而焚縊陣亡者不與焉。將襲阿迷，聞晉寧有警，還師屠之。可望既據有全滇，益自尊大。佴革竜者，定洲之老巢也，有九山最險，硐名溪烏，其外巢曰大莊，夷目黑虎守之，其戰也，口銜雙刀，手舞大刀，所向無前。劉文秀圍之，久不下。時定洲自居佴革竜，其下湯嘉賓、陳長命亦各據一山，相去數十里，爲連絡之勢，外通安南，以固諸蠻心。一日，宴集嘉賓營，定國偵知，率兵掩至，圍以木城，絶其水道。三閱月，諸蠻懼，出降。二年八月，遂禽定洲、萬氏、嘉賓、一舉、黑虎，凡沙氏之屬數百人，械送會城，聲其罪，剥其皮，號令通衢，滇人靡不稱快。初，沙亂由萬氏，滇人疑其爲夏姬。及就俘，魋黑奇醜，莫不大笑。

何吾騶，字龍友，香山人。萬曆四十七年進士，改庶吉士。崇禎初，官左春坊，充經筵

講官，嘗進講畜馬乘二節，至「無如之何」句，正色起奏，上嘉歎之。會纂修神宗實録成，歷侍讀學士、詹事、禮部右侍郎。六年，拜尚書、東閣大學士，與文震孟、温體仁同入直。體仁擬旨，必商震孟，有改必從。震孟曰：「温公虚懷，何奸也？」吾騶曰：「此人機深，詎可輕信。」七年，加文淵閣。體仁謀斥給事中許譽卿，吾騶助震孟爭之，同罷歸。

隆武元年，以原官召。與鄭芝龍議事，輒相牴牾。二年五月，晋吏、兵二部尚書、建極殿，大學士。上將幸汀，吾騶有足疾，命内官李國臣臨視賜藥。紹宗崩，立唐王聿𨮁於廣州。初，吾騶奉命守關，尋命率三千人入扈，以挾重貲，聞警即棄駕走廣州。上待二日，遂及蒙塵。清兵既假其旗號，襲陷汀州，入廣州，衆謂吾騶兵導之，以是並惡吾騶。城陷，又不能死。乞修明史，書何騰蛟爲賊，鏤板行世。時人於是有「吾騶修史真羞死」之語。李元胤執禮門下。

已李成棟反正，元胤爲吏部尚書，薦起原官召用，力加少傅，以李權、楊鐘、王沁及御營副總兵陳凱爲鷹犬。張尚、林有聲伏闕爭之，皆奪職。袁彭年雖嘗與同降，顧薄其爲人，時方掌西臺，金堡、丁時魁劾其老不知止，領甲十重，吾騶意彭年所使嗾。御史賀康年參之，彭年疏侵吾騶。王航祥爲通政使，結李用楫疏攻彭年，互訐章日數十上。閣臣票擬，稍有左右，輒亦入白簡，閣中至數日無人。上使馬吉翔解之，卒不止。吾騶與夏國祥交通，再爲

堡、趙昱所劾，不自安，引疾乞休。太后召吾騶、堡諭曰：「邊事方殷，先生不矢公協和，乃同朝水火邪？」吾騶引罪，歸而杜門，留之不返。上厭之，永曆三年聽之去。尋命督師三水。吾騶之出，亦無仕宦意，特欲一入綸扉而蓋前愆，塗飾鄉里耳目。廣州再陷，薙髮降。久之死。

黄士俊，字玉崙，順德人。萬曆三十五年進士第一，授修撰，累遷禮部尚書。崇禎九年，拜東閣大學士。明年，加文淵閣兼户部，予告歸。父母俱在堂，人以爲榮。十七年正月，以柱國、武英殿召；隆武時，再以原官召，皆未赴。福京亡，立唐王聿鐭廣州，遂命入直。廣州陷，降於清。李成棟反正，丐疏薦入朝，上重違其請，姑敕以吏部尚書、文華殿召之，偕何吾騶同參機務。以故相，位瞿式耜、嚴起恒上。諸殿閣，惟文淵閣上有印，進呈文字則用之，居首揆者司其封掌。上在粤，式耜掌之；及幸象州，時遽，式耜不及繳。既幸肇慶，起恒班式耜後，而式耜方留守督師，起恒實首揆也。式耜方欲繳印付起恒，聞吾騶、士俊入，遂不果。起恒故有欽賜圖書印，進呈文字。及發紅本閣票下科，而吾騶、士俊爲上所厭薄，無所賜，皆以白版行。時揆席紛囂，疏未拜稿，先商票擬，落旨拂情，詰難紛至。入直者袖中輒備底簿，未定諉云内改；又日出拜客，客必候面，殊以爲苦，士俊獨安之。吾騶

去，士俊以柔順爲上所留，而耄不能決事，票擬失當，爲丁時魁所屢駁。士俊泣語人曰：「老夫於諸公爲前輩遠甚。老夫叨鼎甲時，諸公尚皆未生，今乃相窘如此！老夫亦何所負於國家，所少者惟一死耳。」聞者哂而憐之。上自肇慶出幸，百官倉皇就道，士俊坐閤中不去。從扈德慶，目疾甚，上念其老，乃加少傅，令回籍再召。廣州再陷，士俊年八十二矣，薙髮降於清。閱三年卒。

子昌禎，字符昇，崇禎九年舉於鄉，任主客主事、太嘗卿；昌祺，字符鼎，任虞衡主事，督造兵器，卒，贈光禄卿；昌禧，任中書舍人。

時同降者：

楊邦翰，字具臣，南海人。崇禎四年進士。授行人，遷溧水知縣，省徭均賦。分較南闈，得士稱盛。歷工部主事、員外郎，清操練達。出爲漳州知府，兵變，開誠撫諭，咸遵約束。歷開封、湖東僉事、廣西提學、江西按察使、河南左布政使，革火耗，損公費，豫人德之。乞終養歸。安宗立，起太僕卿。成棟反正，李元胤薦詹事。上西幸，歸里卒。

梁應材，字瑶石，陽春人。天啟二年進士。歷進賢、蕪湖知縣，修學宫、隄堰，拒陋規。遷車駕主事，轉文選員外郎，持銓清，拒不受貨賄。晚年詩酒，不入城市卒年七十六。

吴以連，字拔之，南海人。崇禎十年進士。授户部主事，督理易州、保定糧儲，釐剔積

弊一清。已督運山海關，催輸有法，軍需克濟，因條陳籌邊五策。轉員外郎，乞歸。簪冠野服，吟咏自適，卒年七十三。

丁魁楚，字光三，永城人。啟睿從父。萬曆四十七年進士。授主客主事，遷郎中，出爲大名副使、山東按察使。崇禎四年春，以僉都御史巡撫保定，言張我續爲逆黨遺奸，下理追贓。七年，擢兵部右侍郎，代傅宗龍總督薊、遼、保定。清兵入塞，守紫荆、雁門，以失機遣戍。十一年，納餉援例得歸。總兵劉超之畔，劫魁楚與衆紳爲疏訟冤，魁楚計款之，超平，敘功復職。安宗立，會推總制，馬士英得重賄，乃起故官，兼副都御史、總督河南、湖廣，兼巡撫承天、德安、襄陽。已復命何騰蛟仍撫湖廣，詔魁楚他用。會沈猶龍自兩廣總督入爲侍郎，魁楚竟代其任，尋加兵部尚書。

紹宗即位，以故官協理戎政，命隨蘇觀生經畧楚、豫。洪承疇，同年友，書招力拒。靖江王亨嘉反，魁楚自以巨舟西上，一戰覆其師，并檄陳邦傅等執之，盡得其金幣珍寶，封平粤伯，賜尚方劍，便宜行事，力辭不允。

汀州變聞，與瞿式耜等擁戴昭宗肇慶，晉兼吏部、東閣大學士，掌戎政；再晉太子太保、武英殿。與内臣王坤相表裏，中外失望。先是，紹宗舊輔觀生遺魁楚書，欲共擁戴，魁

楚慮其以故相居已上，力拒之，覲生乃立唐王聿鏄廣州，治兵相攻。

魁楚貪於財，積資無算。式耜拉義師，自捐五千金，欲魁楚助萬金，不可。至是，用中軍總兵蘇聘妻父鍾鳴遠爲岑溪知縣，將以寄帑焉。成棟逼肇慶，魁楚遽奉上幸梧州。明年正月，肇慶陷，上幸平樂，魁楚因王鎮、徐海、徐泓入岑溪北科。會連城寇吴洪將攻城，魁楚檄兵援之，戰葛石坡，洪敗。上幸潯州，魁楚謀變。二月，清入岑溪，魁楚輜重累多，舳艫相屬，成棟以十八騎追及之。聘欲斬追騎以逃，不許。俄而事洩，十八騎因殺聘及壯士。成棟遺書誘之，乃率標兵千餘人、舟三百艘，齎黄金二十萬、白金二百四十餘萬降。成棟款之舟中。一夕，録其家數百人，凡男子無少長皆殺而投之河，盡取其帑賄。惟一妾過船，躍水死。

同時總兵車任重、郝時登、劉昌業、趙繼宗、李志義，副總兵董武周、林之瀛、王師、張去度、李其忠、林爵、吴之蕃、楊永福、孔正學、郝時芳、嚴森，自廣州；參將李明珍，自肇慶；參將鍾良弼，自新興；通判支萬奇、王志孚，自高州降於清。

又蘇文聘，廣東人。内閣中書舍人，從魁楚軍，受瓊崖參將浙人白斌賄絡，事不詳。

張佐辰，平溪人。崇禎十六年進士。授驗封主事，轉員外郎。貌醜陋，陷事馬吉翔、龐

天壽，供其指揮，人稱「判官」。昭宗再幸肇慶，遷文選郎中，累擢太常少卿、吏部右侍郎，署尚書。密敕之獄，與蒲纓、冷孟銋、宋德扆、蔣御曦等承鄭國意，佐辰票旨，擬張鐫等死，自後益黨於吉翔。永曆十年，吉翔引爲尚書、東閣大學士，與扶綱同入直。隨扈滇京，與吉翔表裏奸貪，輜重山積。上西狩，先火假帛數百端，餘悉散諸友。從至趙州去，遁入大理山中。姚安陷，率孫順、胡顯，及尚寶卿楊楨幹，知府范春龍等二百餘人降於清。

御曦，錢塘人。刑部主事。

綱，字允嘗，都匀人。崇禎七年進士。累官大理正、文選員外郎，亦黨吉翔、天壽，樸魯、貌不揚，人稱「小鬼」。上再幸肇慶，遷考功郎中，旋擢太嘗卿。永曆八年，晉禮部尚書。十年三月，兼兵部、東閣大學士，晉文淵閣。爲人庸懦，日飲無度。清兵至滇京，扈經永昌，以兵劫不前，與徐心箴、黃復生，及庶吉士吴楚才，僉都御史李恕，主事吴起鳳，中書舍人唐文煇、許成，行人季俾，官純胤，都事魯禹謨，雲南按察使周應運，貴州參議范應旭，副使趙如郊，貴陽知府向維時，尋甸知府蔣鳴皋，澂江知府侯國相，景東知府倪巽生，廣西知府包佳胤，知州姚雲、陳大猷，路南知州葉之馨，曲靖推官王家植，大理推官魯名儒，臨安通判戴天命，澂江通判高士魁，知縣陳起鵬、楊嗣先，南寧知縣馬天來，尋甸知縣胡世英，將軍林得勝、王玉隆，都督同知總理鹽稅史文，提督總兵劉之扶，總兵劉玉田、鄭啟明、王宗臣，副總

兵朱文彩、朱文盛、孫爾韜，張虎部副總兵趙來慶，親軍指揮僉事王國貞，貴州遊擊張文光等一百五十九人降於清。上崩滇京，葬衮冕於所居落乍堡旁，朝夕展謁，足跡不入城市卒。

順，字蒨溪，綿州人。崇禎十年進士。歷安吉、絳州知州。大計，循例上書帕劉宗周，被劾削籍。起户部浙江司員外郎、郎中，出爲永州知府，調辰州，遷參議。隆武二年，監湖南鄉試。永曆七年，轉廣西左布政使，與右江道喻以珍，皆受孫可望命。八年，提督雲南學政，加太嘗卿。黨於馬吉翔，自僉都御史歷兵部右侍郎、左侍郎，户部尚書，調兵部，兼經筵講官。王尚禮欲内應，與沐天波急召尚禮入朝，以兵防之。

顯，字元一，井研人。崇禎十六年進士。候選北京，降於李自成。南歸，授行人、兵科給事中，副馬吉翔册封高必正等，已出入浙、閩、楚、黔。至平西壩李吕春軍，贊屯涪州，蓐兵食，與相展應。歷都給事中、太嘗少卿。以黨孫可望，謫先禄寺少卿，旋擢户部右侍郎。入清，從父世安在台輔，諷出不應，卒年七十二。弟穎，諸生，與妻死張獻忠難。

心箴，思南人。崇禎十五年舉於鄉。隆武初，以兵部司務疏陳三可惜四可憂。永曆時，自車駕郎中，出爲永昌知府，轉雲興督學副使。

復生，黄岡人。拔貢。滇海副使、光禄寺少卿。

楚才，字英人，永新人。拔貢。廬山知縣，遷雲南推官改。

恕，字相如，四會人。選貢。永曆元年七月率花山忠義拒清。歷兵部郎中、鶴慶知府擢。

起鳳，襄陽人。貢生。

文煇，仁和人。恩貢。武定推官改。

純胤，黄岡人。恩貢。

禹謨，字天命，雲南人。

應運，長沙人。選貢。

應旭，臨川人。恩貢。自臨安安龍知府副使擢，與任之聰皆無賴，黨可望、吉翔、天壽。

如郊，字南中，涇縣人。

維時，巴東人。以軍功薦。

鳴皋，□州人。永曆九年舉於鄉。

巽生，字順五，安縣人，拔貢。姚安知府調。

之馨，巴縣人。永曆十一年舉雲興鄉試。

嗣先，鶴慶人。

文，荆州衛人。功貢。掌後軍都督府。

爾韜，渠縣人。太學生。

文光，巴縣人。武舉。

童天閎，施州人。崇禎三年舉於鄉。弘光時，以推官請纓，授職方主事，歸里調募土漢兵入衞。南京亡，謁福京。軀幹魁偉，言論誇誕，紹宗悅之，遷僉都御史，監御營軍，總督南、贛恢勦。昭宗立，召户右侍郎，從扈奉天，與劉永胤比。永曆元年五月，遽擢户部尚書。奉天陷，歸施州。四年四月，謁上梧州。吳貞毓欲逐晏清，天閎與貞毓相結納，擬貞毓旦夕遷吏部，則己復户部。時天閎方宅母憂，適二十五月，遂亟欲除喪，自著禫論。謂禫者淡也，孝子之心，至是而可以淡，則除喪受王事，正其時矣。見者莫不憎笑之。起刑部。桂林陷，欲歸施州，道阻，遂降於清。

萬翺，字九皋，南昌人。崇禎十六年進士。授杭州推官。城陷遁，從萬元吉軍，以兵部主事累遷兵科給事中。忠誠陷，江、楚紳士義民團聚不下，翺聯絡其間。金聲桓反正，與丘文舉爭爲兵部尚書。轉太僕卿，監江西義軍，已擢兵部右侍郎。江西再陷，召赴行在。王化澄罷相怨望，因結翺爲朋黨。時樞政陵替，閫外無所稟承，顧以冒功請敕印黄劄者，皆有

餽遺；勳帥陳請非分，亦有私賄，翱輒垂腴焉。化澄入直，晉尚書。胡欽華挾賄爲孫可望請王封，翱力主之，嚴起恒堅不從，翱再三執奏恫喝。永曆四年六月，疏陳十事。兩粵陷，上幸潯南，匿武宣山中，已乃乞降於清。

李定國復桂林，翱出見。定國以其短小輕佻，且曾屈節，待之薄。翱因自陳主可望王封爲己功，尤爲定國所厭惡，乃言於庭曰：「萬尚書國之大臣，宜加優禮；然曾詿誤，未奉明旨復職，故不便與抗禮。」聞者咋舌，翱故施施無愧色。十三年與巡撫陳德容及舉人李春秀及彭萬夫，自偏沅降於清。翱官僉事，德容官青州道。

袁彭年，字介眉，公安人，主事宏道十子。崇禎七年進士。授淮安推官，以法鉤致陳啟新，褫衣杖之，繇是知名動朝列。遷禮部主事，疏論周延儒之罪，請告歸里。

安宗立，起禮科給事中，遇事敢言，與陳子龍、吳适、章正宸齊名。宗室統鑚訐姜曰廣，彭年曰：「祖制，中尉必具啟親王，給批賫奏；若候考吏部，則與外吏等，應從通政司封進。今何徑何竇，直達御前，宜加禁戢。」馬士英欲以從逆爲驅陷東林名，疏請誅逆，言：「從逆諸臣，强半是正人君子之流。」彭年抄駁，言：「從逆姓名，傳播不一。僉人乘間陽爲正人口實，陰爲逆黨解嘲。借今日討逆之微詞，爲異日翻逆之轉語，不至淆國是而傾善類不已。」

用是爲馬、阮所深忌。尋復東廠，彭年疏言：「高皇帝時不聞有廠。相傳文皇帝十八年始立東廠，命內臣主之，此不見正史。惟大學士萬安行之，亦不聞特以緝事著。嗣後一盛於成化，然西廠汪直踰年輒罷，東廠尚銘有罪輒斥。再盛於正德，邱聚、谷大用相繼用事，逆瑾肆虐，天下騷然。三盛於天啟，魏璫之禍，幾危社稷，近事之明鑒也。自此而外，列聖無聞。夫即廠衛之興廢，而世運之治亂因之。頃先帝亦嘗任廠衛緝訪矣，乃當世決無不營而得之官，中外亦有不脛而走之賄。故逃網之方，即從密網之地，而布奸僞之事，又資發奸之人以行。始猶帕儀交際，爲人情所有之嘗，後乃贓賄萬千，成極重難返之勢。豈非以奧援之途，愈秘而專；傳送之關，愈曲而費乎？究竟刁風所扇，官長不能行法於胥吏，徒隸可以迫脅其尊上，不可不革也。」疏入，嚴旨責其狂悖沽名，謫浙江按察炤磨。

紹宗立，召掌吏科，疏陳中旨宜慎、隨事抄參、以題復歸部院等五款。上命申飭臺規，加太嘗卿。

彭年以伉直負重望，然挾術數，工揣持，不能淡於權勢，故死生大節，無足取者。福京亡，降於清，李成棟薦爲廣東提學僉事。會江西反正，彭年縱臾成棟應之，擢左都御史掌院事，加太子少保。

彭年嫻典制，喜操切。金堡、丁時魁亦以其素望，稍引重之，遂與李元胤、劉湘客、堡、

時魁、蒙正發結爲死黨，把持朝政。既官總憲，則請釐綱紀、慎黜陟、重名器，爲激厲忠義之用。首疏參宗室謀㙉、錢臣、呂爾璵混跡臺端，宜速斥。諸躐級者皆喘恐遁去，羣失職者皆怨。彭年又自恃反正功，求入相不得，嘗論事上前語不遜。上責以君臣之義，彭年勃然曰：「倘去年此日，惠國以鐵騎五千鼓行而西，君臣之義安在？」上變色，大惡之。初，彭年爲吴其靁疏劾，上不問。何吾騶入政府，彭年恥與爲伍，疏攻之。吾騶去，彭年亦不自安。會母喪，言於衆曰：「吾受恩深重，何得苦守三年，虚度歲月，願丁艱不守制。」王太后亦惡之，宣敕：「丁艱不守制，是何朝祖制？」彭年窘甚，月餘，乃去佛山。南雄陷，請敕督李元胤軍。上至梧州，吴貞毓等交攻五虎。有詔，彭年有反正功，置勿問，而逮堡等下獄。獄成，彭年、元胤至行在，疏言：「臣與四人同罪，不當獨從寬宥。」請自詣廷尉，優詔答之。

廣州再陷，獻犒軍銀八百兩於清，泣訴當年之降，迫於成棟，乞左授通判。清將揮而去之，遂爲僧，名今怍，字高齋，抑抑死。

戴國士，字初士，瑞州新昌人。天啟七年鄉試第一。解學龍巡撫江西，降禮與交。學龍以薦黄道周被逮，國士經營其間，因以清流自標榜。南昌陷，降清爲辰沅道。已見江西反正，遂舉沅州歸順，上疏稱比例部院舉人，謂：「袁彭年爲總憲，曹燁爲樞部，臣始末視彭

年、燁，宜得如二人官。」中旨以硃斥其銜。以彭年力薦，擢僉都御史巡撫偏沅。永曆三年五月，沅州再陷，復降於清，自言通權變以緩明兵，保全土地人民。尋被殺，没其家。

同時有李懋祖者，字裕昆，鐵嶺人。寧遠伯成梁曾孫，廪貢。歷平度知州、衡永僉事，降清爲陝西布政使，署廣西巡撫，守永州。何騰蛟攻圍七月，堅守不下。太倉馬廷鸞，故知縣，亦與城守，與將王應舉爲内應，執懋祖以獻。永曆二年十二月，械送桂林。瞿式耜流涕讓之曰：「汝素受國恩，奈何生爲背畔之人，死爲不義之鬼？今日復何言！」懋祖曰：「天下人皆降，豈獨懋祖？」式耜曰：「天下人皆不爲懋祖，敵其奈我何？」懋祖詞窮，遂磔之，民爭啖其肉，須臾而盡。

傅上瑞，字禧徵，濟南武定人。崇禎十三年進士。授武昌推官，署知府。張獻忠渡江，監軍江北。武昌陷，何騰蛟薦爲長沙僉事，轉下湖南參議，晋太僕卿。騰蛟集僚屬盟長沙，上瑞請立十三鎮。命以僉都御史巡撫偏沅，招標將胡躍、吴勝、陳紹堯兵五千餘人守平江、瀏陽。上瑞家人自山東來，盛稱山東縉紳降者皆得膴仕。上瑞意動，遂棄平江，託言入衛，自醴陵南走寶慶，駐沅州，盡撤瀏陽、醴陵兵，猶累加兵部尚書。永曆元年八月，清兵至，遂舉軍降，清兵因屠沅州，偏橋、鎮遠亦陷。踰年，金聲桓反正，清慮其爲應，與劉承胤並斬武

昌市。

馬鳴鑾，字雍甫，黄巖人。以掾授崇安丞，歷興安知縣、全州知州、桂林僉事，以僉都御史巡撫廣西。桂林陷，降清，除布政使。子上襃，字中畏，横州知州；上選，恩貢，灌陽知縣，亦降清。

毛壽登，字恭則，公安人。兵部右侍郎羽健子。超貢。車駕主事，改工部，遷御史，與劉湘客、范六吉齊名。劉承胤請封郭承昊等伯爵，疏駁之，奪職。瞿式耜薦有謀略、耐勞苦，請給敕印監王進才、馬進忠軍。自何騰蛟殁後，楚兵星散，請纓監督者，如吴李芳以及用翰林兼部院銜者，凡十餘人，皆無一兵可將，求附於諸將寓食而已。壽登過柳慶，爲陳邦傳將曾海虎、楊晚所劫，印信誥敕一空。進忠標薛總兵被殺，式耜誅海虎。後入堵胤錫軍。永曆三年六月，擢兵部右侍郎、僉都御史、總督勳鎮恢剿兵馬。黄燦殁，代監王光興軍。爲人庸誕，無忠義志，不能輯和諸將，日縱臾光興納款。光興卒爲所惑，同降於清。

李芳，字茂孫，邵陽人，崇禎十二年舉於鄉。敏達有才，自監軍僉事擢編修、左都御史，監進忠軍，説馬寶助之。因斬尼堪事，定國疏薦總督滇、黔。兵敗入山。李定國出師，桂林再陷，入山。洪承疇薦用。

黄性震，字元起，漳浦人。少爲道士。累官僉事，與總兵張勝降清。永曆三十三年正月，以平海十便説清總督姚啟聖。啟聖大悦，就漳州衛開修來館，性震主之，招海上文武兵民。文官降者，以原銜題請，照職推補；武官降者，换劄保見任，視兵多寡以定官。兵民全髮降者，人五十兩；短髮者，人二十兩；願入伍者入營，捐征徭，給糧米；願歸者回籍，不許强豪欺陵，宿怨報仇。且有先以長髮領賞畢，逃出復以短髮降受金者，又有屢以短髮投誠誑賞者。給賞者識之，啟聖曰：「投降可佳，責一人，則堅彼逃回之心。」賞不問，又多縱反間，以此降者相繼。後終太嘗卿。

同時傅爲霖，字石漪，南安人。從鄭鳴駿降清，爲松江通判。有機智，巧言語。後歸家，陳繩武薦爲賓客司使清。已與施明良同謀，劫鄭經以畔。明良事洩，恐禍及，首其事。鄭聰惡之，心不安，與令史陳典煇令其從子榮見啟聖，以銀萬兩、劄數百歸。又結副總兵蔡愷，總兵高壽、建威後鎮朱友北謀内應。友北、吕運、吴芳、葉任首其事，禽爲霖等，詞連懷安侯沈瑞。馮錫範問爲霖，令引欲扶瑞降清。經命陳慶傳瑞廷鞫，瑞曰：「自到東寧，兢業不交一人，不預一事，結姻出先王意。今日爲霖攀及，夫何言！」復與六官議，瑞果不預外事；爲霖供僅云事成扶爲首，不可以莫須有定讞。錫範曰：「此人將來爲禍，必除之絶後患。」遂寸磔爲霖等，收其家，以白練勒瑞及其弟珽死。二人投繯，珽左瑞右。珽忽下，瑞

問：「何爲？」斑曰：「人以五倫爲重，今雖死，不可以弟先兄，況兄侯也，又爲長，而敢居右，以滅倫哉！」卒相向死。軍民皆爲流涕。

明良，本名固，字亥世，同安人。清副將。經西征，復思明，與施齊以舟師反正，授援勦前鎮，改亢宿鎮，又薦齊爲羽翼。經惑其言，日馳射酣飲達旦。明良通啟聖，予金二萬，許執經獻島，受公封。明良曲意媚馮錫範，力薦其才，日用事。永曆三十四年正月十三日，經偶出，見烏驢，美其肉味，明良立宰烹上。經大悦，留飲，因言劉國軒欲填潯尾港進兵事。明良謂流急不可平，請明早巡視高崎，欲以劫降。翌日，明良載旨酒、烏驢肉從。經不告諸將赴會。是夜，劉國軒請謁不得，追及高琦，明良失色歸。國軒使偵者入内地，明良請辭。呂運訐其奸謀，經命明良、齊回東寧。爲霖再陳其事，經命陳慶追斬二人遼羅，沈明良子馨偉、副將田香五、僉事王捷、都事施典國等七十三人於海，族其家。副將施琦、施廷輔得脱。

齊，字齊世，晉江人，郎子，清副將反正，改名王世澤，授女宿鎮。

南明史卷一百二十

列傳第九十六

無錫錢海岳撰

畔臣三

劉承胤弟承永　唐勝四　唐虞會　高光映　劉魯生　鄒枚　周師冲　鄭應昌　陳邦傅子曾禹
胡執恭　沈原渭　張立光等　何允中　茅守憲　龍文明　陳安國　李潔　李士璉黄應杰　汪瑞儀
劉炳　張道瀛　王興　梅應芳　孫崇雅　李如碧　王會　楊威　廖魚　楊武　吴子聖　章桂芳　高啟隆
王朝欽　劉之復　任夔道　馬寶等　塔新策　劉偁　黎啟明　佟養甲張善　劉顯名　孫可望
張虎張勝　王尚禮　王自奇　關有才等　高恩　程萬里　康國臣　閻鍾純　方于宣　任僎　朱運
久　宋之普蘇壯　張士楚　謝三賓　方國安馬漢　俞玉　方任龍　郭士捷

劉承胤，字定一，上元人。酗酒有膂力，爲南樞黄克纘所重，題洞庭守備，轉澎湖游擊。崇禎中，調湖廣援征剿，升參將。行軍手持鐵棍，重六十四斤，先聲所至，萬人辟易，號曰劉鐵棍。余應桂薦副將，管撫標中軍，移貴州，剿萬山、雙溝、八排、兩江、爛泥、横嶺諸峒蠻夷，擢黎平總兵。十六年，武岡袁有志反，害岷王企鏗，稱王，年號天順。承胤以天柱知縣石之鼎、通道知縣計甲爲監紀，會同知田華國，督鎮標唐勝四、靖州總旂戈保大進攻，禽磔之，脱王世子禋洸於難，并以女妻之。亂平，盡得岷府奇寶器玩。張獻忠破寶慶、武岡，承胤以輕騎距之，殲其衆。十一月，與張先璧、黄朝宣復寶慶，乘亂截粤餉十五萬募兵，遂雄視湖南。兩河陷，欲入衛南京，馬士英止之。十七年十一月，城步苗反，典史朱萬邦追之被創，承胤復以衆平之。岳州之戰，承胤一軍先走，何騰蛟受李赤心等降，遷太子少保、右都督，挂平蠻將軍印，鎮武岡，兼管黎、靖，擅西南財賦，金錢充積，有軍三萬人，漸驕肆。騰蛟在長沙時，徵其兵，怒不應，馳入黎平，執騰蛟子文瑞，索餉數萬。文瑞以正詞折之。承胤欲加辱，文瑞拂衣去，訴之騰蛟。騰蛟度不能制，反責之，遺書承胤，以釋其意，命章曠親行，請封定蠻伯，且與爲姻。

先，福京陷，湖南文武欲立禋洸監國。承胤曰：「王我壻也，若議監國，是使天下後世笑我欲以女爲皇后也。」乃致書瞿式耜，翊戴昭宗，晋侯。

永曆元年正月，上幸桂林。梧州陷，決意幸楚。承胤與參將唐虞會具疏迎駕。兵科給事中劉堯珍以事過武岡，語不合，承胤拳毆之。張同敞、傅作霖責之曰：「爾具疏迎駕，而得罪朝臣，何也？」承胤乃置酒請罪。其後謁上全州，倨侮無人臣禮，廷辱都御史楊喬然，喬然去，遣兵掠之於道。李若星爲吏部尚書三日，承胤掣之，不得有所爲，若星大駡去。朝廷初亦以爲武人粗魯無足責，且嘗逐檀權之司禮監王坤，而面叱周鼎瀚爲奄寺鼻息；聞桂林警，遣兵三千赴援；好禮文士，束兵有紀律，故或以此多之。既晉上柱國、安國公，總督戎政，賜尚方劍，任二子世錦衣指揮。母壽辰，上錫詩章金帛。與馬吉翔相表裏，漁獵貨財，專權恣肆。士大夫之不卹廉隅者，皆介以進，童天閟、高光映庸闒而躐九卿，劉麕生目不識丁而授侍讀，鄒枚以小吏而登憲司一品，賜金章。臺省郎署，尤猥雜不堪。風聞四近，於是江、楚問白丁無賴，爭赴行在求仕。又請封吉翔等三人爲伯，毛壽登、吴德操、劉湘客、萬六吉持不可。承胤怒，請上予四人廷杖，既縛之行在午門外，復爲申救，免杖奪職。時六部九卿科道頌承胤功德者，疏無虚日。

桂林之捷，式耜請返蹕，承胤乃大掠桂林，揚言桂林已陷，式耜降，劫上幸武岡，升爲奉天府。衆號十萬，敕命號令自出；内閣票擬先閲後進，事皆決於承胤。

初爲騰蛟門下，至是嫌騰蛟出己上，欲奪其權，請用爲户部尚書，專領餉務；且以長沙

陷，奏解騰蛟兵柄，上弗許。騰蛟辭朝，廷臣郊餞，承胤伏甲襲之，趙應選、胡一青力戰殲其衆，承胤諱之。既先璧擁潰兵數萬疏請入朝，且劾承胤，承胤懼，乃請命騰蛟駐衡州督師。堵胤錫復疏劾承胤，且及截殺騰蛟事，而赤心諸部亦欲就食湖南，承胤益懼，計非堵胤錫不能制之，乃疏請加胤錫大學士，駐長沙；稍自斂戢。

八月，清兵陷嘗德、寶慶，且逼奉天，上恐，召承胤謀之，命以大將軍總統全楚恢剿。承胤力任戰守，戒弗輕移蹕，遂身率精騎四萬出陡溪，編樹營柵，列營柵外里許。承胤一彈中之敵，日傷以十百計，晚則三吹三砲後銜枚待之，歷三日夜，砲殺滿兵百數。孔有德計無復之。獻策者曰：「不須弓砲，惟以小布袋盛火藥，燃而擲之，營柵必破。」有德然之。承胤營柵皆茅覆，火燃遂不支。兩營柵已破，猶於橋側砲擊，當前一虜將墮馬。

有德駐屯五里外寺中，招承胤劫駕降。上疑而察之，則知承胤已密議投降，乃與輔臣吳炳議，由古泥幸柳州。時城閉不通，吉翔責承胤弟承永，不應。承胤母曰：「兒不肖，自陷其身，豈有復陷上理？」命開城門，上乃倉卒出狩。承胤竟與邵陽伯周思沖、新化伯高清浩、城步伯鄭應昌，副總兵張勤、蕭遠，舉城降清。大學士吳炳、兵部尚書傅作霖等死之。

有德詢上安在？承胤命將偵，駕今早方行。又詢何往？曰城步。命騎二百追過岔路口，上甫去五里許。及至城步，大駕實未至，遂引清兵追上至古泥而返。

有德居其衆武昌。後其部將陳友龍反正，清疑其與通。明年四月，承胤及傅上瑞眷口百人、部衆五六萬人，不問老幼男女，皆殺於市，而没其資。祖母李，水死；子起鵾八歲，亦死。

承永，永曆元年二月封武岡伯。

勝四，靖州人。

虞會，黎平人。

光映，五開人。崇禎三年舉於鄉。歷漳平、廣通知縣。昭宗蒙難永州，與俞灤扈從，升工部左侍郎。

魯生，湖廣人。隆武二年以貢生廷試，選庶萃士。黨於承胤，自稱編修。

枚，字馬卿，景陵人。副貢，以史學徵。

師忠，蕭山人。

應昌，武周人。武舉，左都督總兵。

陳邦傅，字霖寰，紹興山陰人。有口辨，善逢合，以賄中武科。父事職方司吏胡執恭，居中爲援引。歷潯梧參將，守潯州。隆武時，楊國威從靖江王亨嘉反，邦傅守柳州，與執

恭、柳慶參將陳可觀，贊畫毛可求定計誅金鼎。會焦璉誅國威，邦傅以結丁魁楚，録首功，遷都督同知，挂平蠻將軍印，尋封富川伯。昭宗即位，以擁戴功，晉思恩侯，守平樂。

邦傅膏粱狹邪，儒冠大袂，侈拜揖以爲容。兵五千人，皆市井老弱。李成棟陷梧州，二月，邦傅棄平樂，使參將闕維藩守平樂，而自赴柳州。平樂陷，走廣遠。陽朔舉人黎獻引清兵於平樂薙髮，招桂林城外降。上在桂林，瞿式耜留蹕，邦傅日進危言趣幸楚。部將劉用楚大掠桂林。邦傅復永淳，斬知縣劉天福。三月，復貴縣，斬知縣楊于庭。前鋒參將沈文崇、李甲、周澤、廖鳳、維藩合銃兵萬人，大破清兵潯州厚禄山。四月，命游擊郭勇復容縣，屠之。別將劉鴻烈圍鬱林，遇清騎，驚潰走潯州，斬武宣知縣車君乘。八月，復欽、廉。上再幸桂林，調援楚，邦傅無以應，益交馬吉翔，有求輒俞旨。旋迎上駐南寧，命恢剿兩廣，再晉慶國公，加少師，賜雲鶴服，充班首官。邦傅生未嘗見敵，徒以奉上爲奇貨，位百僚上，遂執朝權。與王化澄、吉翔相比，廣散劄付，賣官鬻爵。

成棟逼潯、横，邦傅懼，遣沈原渭齎土地甲兵籍，并請獻上爲降贄。成棟反正，邦傅獵爲己功。已而成棟使至，知原渭事，歸報，成棟大怒，邦傅使至，不爲禮，盛兵仗，俾叩首不起，數邦傅罪以辱之，且欲發降狀。吉翔彌縫之，乃止。

上將東幸，邦傅留駕潯洲，乃因吉翔求世守廣西，視雲南沐氏。化澄當敕，已諾允之，

中書舍人張立光於謄黄時，易稱「居守廣西，便宜專銓除糧稅」。上既東幸，邦傅遽稱「世守」。式耜疏駁：「粤西一隅王土，邦傅輒稱世守，將置車駕何地？」廷議移罪立光。立光奏取敕視之，果無「世守」及「視沐氏」語。邦傅訴功曰：「倘元年二月，無臣父子血戰潯、梧三晝夜，焉有今日？」上面赤不能答，第云：「補本來。」邦傅由是氣沮，然專南、太七府土漢地，置有司，徵貢賦如故。滇、焦、楊、馬兵在桂平無食，式耜徵糧柳、潯，抗不應。日肆侮朝臣，拳毆户部主事王渚死。

時永淳李雅、横州徐彪、鬱林梁士奕功多，見惎於邦傅，擁兵阻孔道。邦傅攻之，師覆，因屠南寧。金堡、成棟劾之，邦傅遂怨式耜、堡、成棟，思賊害之。忠貞營屯梧，邦傅欲倚之蹂兩廣，併瞿、李軍，脅朝廷拜李自成妻爲母，以舅事高必正，日夕縱臾犯駕。必正、李赤心不允，邦傅恚恐，與執恭謀通孫可望，逐必正、赤心、成棟，逼式耜，殺堡，乃鑄秦王寶，詐上命封可望，敕書曰：「朕率天下臣民尊禮如古仲父，秦王總統天下兵馬錢糧，節制各文武，生殺不待奏聞，以監國親王體統，令旨行事，百官稱臣以聽。」堡等下獄，嚴起恒罷相，嗔必正不附己，以副總兵姚春登襲其老營。必正欲西上，敕諭和好戮力。欲去南、太，需可望入，而己避其名，乃請援東。時潮州告急，命之赴援。邦傅自潯州入朝。上責其逗留，又稱乏餉。上予銀萬兩，與柏爲寶、馬寶擁兵數萬，次三水不進。已聞廣州圍，又敗於清遠。

僞封事露，邦傅憂懼不知所出，復歸梧，詭云入衛。會廣州陷，命守潯、梧。邦傅先使人款清，飛帆西還，欲犯駕。上已幸南寧，舟衝雨過不及，遂劫服御及百官舟在後者，以鹵駕僭陳營中。時焦璉自賀旋師永安，邦傅僞約連兵守。璉不爲備，夜攻殺之。與潯州總兵李時、方有聲，副總兵鄧景，監軍道楊兆文，潯州知府何允中，降於孔有德，請引兵南寧劫駕，連陷平樂、慶遠，上遣使諭以順逆，不聽。

子曾禹、鳴雷。曾禹，永曆元年柳州土總兵覃鳴珂與守道龍文明閧，上南狩，曾禹以禁軍二千人護蹕象州，預票擬。成棟反正，下敕有「再造諸勳之手，朕拜諸勳之賜」句，遠近笑之。掌錦衣衛，歷副都御史，封文水伯。繼欲得南寧，與趙臺治兵相攻。巴東王儼鉦在城，爲之和解。李定國復桂林，執邦傅、曾禹致可望，數其矯詔懷奸畔上迎降之罪，磔於市，傳首黔、楚，見者莫不快之。

執恭，紹興山陰人。本京師遊棍，慣造私印假劄，犯大辟。自北京亡，入貴州督標，采硝廣東，投邦傅，爲贊畫中軍用事，書奏任司代草，凡邦傅妄潛事，皆所啟也。永曆二年八月，冒軍功封武康伯，守泗城，與雲南接壤。楊畏知自滇入朝，爲可望請王封。執恭知故，欲自結強援，與邦傅言，請先矯命封可望秦王，范金百兩爲印，填所給空敕齎往。可望命總理提塘宣諭四十八寨土司。執恭恐可望使謝事露，阻遣使詣闕，乃馳報邦傅求敕旨以實其

言。畏知至，事露下獄。執恭上請封因時制宜疏，留中。遂賂化澄，請封如其僞敕。朝封可望澂江王，可望遣使梧州問故，知其詐，留居湄潭。後邦傳父子磔，可望命臨視，驚悸死。子欽華，事別見。

原渭，吴江人。以諸生從邦傳軍。邦傳使齎籍款成棟，行至梧州，聞反正信，焚籍挐小舟晝夜倍道歸，揭旗於牆曰「招安粵東」。謁上，陳已說成棟反正事成回報。成棟使乘巨舟逆流上，右江漲，不得猝達，上信之，遽擢僉都御史，聯絡兩廣，再齎成棟速駕，奏至，賜宴殿前，加副都御史。

立光，崑山人。魯傳子。諸生。新寧知縣，坐敕事罷。後舟覆象州死。子豳，字述部，入清不應試。

允中，仁和人。天啟二年進士。漢中推官，擢文明知縣。永曆五年四月，以冒升通政使，廷杖瘐死。

茅守憲，字可求，紹興山陰人。邦傳妾父。貪婪便佞，官贊畫，封寧端伯。永曆四年，上幸梧州，以兵入衛。邦傳降，脅繳敕印，尋悔恨死。

文明，雒容人。天啟四年舉於鄉。自保定知縣累遷右江參議，以計殺覃裕春。永曆元年十月，以僉都巡撫柳州，爲覃鳴珂逼去。

陳安國，字寧宇，沔縣人。諸生。爲執恭弄童，庸懦闒茸。歷監軍僉事，永曆三年十二月封懷遠伯。四年二月，屯鬱林。後降於清。

李潔，瑞昌人。諸生。邦傅監軍僉事，轉廣西副使。

李士璉，字西樵，吉安人。主事魁春子。幼習舉業不成，退習兵法。弘光時，爲田仰中軍總兵。南京亡，與荆本澈奉義陽王朝墠海上，監國魯王命挂開原將軍印。紹宗立，遷都督同知御營前鋒，挂討虜將軍印，加太子太保，鎮惠州。隆武二年冬，至長樂，與閻□宋等自保山迎趙王由棪監國，自稱兵部尚書、東閣大學士。永曆元年三月三日，清兵至，執由棪降李成棟。成棟反正，除監軍僉事、惠潮參議，兼海道參政。升廣東布政使，未任，遷太僕卿，仍鎮惠州。時尚可喜、耿仲明頓兵吉安，士璉與惠州總兵黄應杰密款。四年正月，滋陽等十三郡王將走入海，士璉與黄應杰僞迎入惠，與知府林宗京收其護衛三百人，盡殺之，因弑諸王妃子，導清兵入鎮□關。未幾病死。

應杰，榆林人。成棟部將，從入廣東。與副將李定國陷河源、龍川、長樂、興寧、永安，與副將方國榜守惠州。成棟反正，封奉化伯。

時與士璉、應杰先後降者：汪瑞儀、劉炳、張道瀛、王興、梅應芳、孫崇雅、李如碧、王

會、楊威、廖魚、楊武、吴子聖、章桂芳等。

瑞儀，字雲舉，□海人。崇禎元年武進士，萬元吉部將，有膂力。隆武末以總兵援忠誠。永曆初，爲左都督四川成都中軍，封始興伯，守南雄。三年冬，清兵迫，棄城走連陽，降清。

炳，字焕之。

道瀛，商丘人。以總兵鎮東莞，封鹿邑伯。永曆四年六月，清兵陷清遠峽，與清遠參將鄺文龍、南雄副總兵覃養志降。

興，延安人。封興寧伯。十二年五月，敗績開州倒流水，與子總兵友臣，及左都督總兵挂定虜將軍印王明池，總兵朱尚文、張伏成、楊士誠、李友才、張宏、羅志奇、李貞虎、周永福、馬承德、張颺，僉事劉文濬，以七千人降於綏陽。

應芳，安岳人。官平寇總兵。十三年降於四川。

崇雅，四川人。永曆時封平陽侯、右協副總兵。十三年春，上幸布嶺，吉翔與謀劫文官，而暮夜不辨，自上及貴人宮嬪等無不掠，文武將吏在後者不敢前進。四月，與游擊陳報國、郭之芳、張玉、葉世先、張應虎，以二千人自南甸降。

如碧，字翠白，合州人。崇禎十五年武舉。永曆時封公安伯。十三年五月，與高啟隆、

王朝欽、劉之復，及將軍林得勝、王玉隆，總兵劉玉田、盧朝陽，各以兵二千餘、馬三千，自麗江邊外降。

會，鄗縣人。封武功伯，晋岐山侯。六月，與總兵趙武、任夢道、鄧望功、萬致元、王敬、韓天福、王朝興、曠世宰、胡九鼎，以四千一百十五人降。隨清入緬，詐言定國迎駕，上慰勞之。

威，字振宇，雒南人。有武勇。李自成兵起，固守不下。北京亡，以衆入四川，授總兵。六月，以二千人詣羅思降。

魚，封丘人。封陽武伯。八月，以兵六百、馬百五十降。

武，字子緯，河南人。總兵，挂征蠻將軍印。李定國磨盤山之敗，與梁傑收其餘兵三千人。九月，與將軍劉啟明，以官九十、兵三千八百九十六人、馬二千二百、象四，自騰越邊外降。明年，吴三桂召至滇，與其中軍雷必達同斬於市。

子聖，永曆十年六月封懷仁伯，十二年晋封懷仁侯。從幸永昌，降伯。六月，復永昌，執張應升。十月，以兵六百十四人、馬二百五十七降。

桂芳，字仲立，安岳人。征廣西楚播有功，以總兵鎮沅興，挂恢剿將軍印。十五年降。

啟隆，綏德人。封宜川伯。

朝欽，瀧川人。都督僉事總兵。

之復，巴縣人。總兵。

夔道，永川人。

又馬寶，封淮國公。十三年五月，與將軍塔新策、劉偁、徐廷威、李貴、焦宏曹、賀天雲、曹福德、蔡得春、劉國泰、王然、羅思忠、張從仁、單泰徵，副總兵賈文學、顧進陞、余應俸、高明、何祥圖、黎啟明、孫志高、江瓊、田可久、馬之貞，以兵四千三百三十七人、馬千四百七十一自瀾滄江外降。寶後從吳三桂起兵被殺，事見清史。

新策，安塞人。

偁，西安三水人。

啟明，字美卿，祁陽人。

佟養甲，字陸海，遼東人。崇禎間，詭名董源，繇提塘驟遷左都督總兵。弘光初，賄馬士英，提督南直鹽法。清兵南下，勸士英畔附，不應。揚州亡，迎降，復姓名，隨博洛陷閩、廣，轉兩廣總督。有鄭廷球者，降清，殘害諸紳，廣東既定，養甲斬之以謝衆，籍其家，珠珥盈十箱，他物不可計。李成棟密謀反正，南雄知府胡奇故從養甲辦事，詗知之，告，不爲備。

會忠誠急，成棟脅之，不得已歸順，封襄平伯，授兵、工二部尚書，掌左府。初，陳子壯起兵見執，養甲寸磔之，投骨四郊。至是，命爲諭察使，同僚挫辱之。愧欲死，居恒鞅鞅不肯任事，以兵歸成棟，退居廣州。間令人齎表北行自理，約内應，爲李元胤邏者所得。成棟密奏，召理樞政，疾辭再三。元胤説之出楚，大悦，幾得擁衆北去。因請西出師，元胤密奏，上允之，賜尚方劍，總督楚、粤。舟次都城驛，元胤疏其畔形已露，遂命便道祭興陵。元胤以總兵張善率禁兵夜薄舟次，矢集蓬窗，乃寤，與同降之巡按御史劉顯名及親丁數百人俱伏誅。降兵三千人在梧州，都督張世新、張祥以十萬金犒之，伏發皆死。

善，字次亭，遼東人。龍門守備，挂將軍印。反正，授東莞參將。後在瀾滄江外降於清。

顯名，遼東廣寧人。貢監。東强知縣擢。

孫可望，本名可旺，米脂人。幼窮困，爲人執鞭。數日返，不見其母，訟其鄰於官。官怒曰：「汝未以母託鄰人，汝母自他適，安所知。」杖之。可旺逃赴河南，久之歸張獻忠。每遇敵，能率所部堅立不動，軍中號「一堵牆」。左良玉追及獻忠襄陽，矢著頷，貫左手，刃及其面，可旺力救得免，故獻忠尤喜之，以爲義子。李定國、艾能奇、劉文秀皆呼爲

兄。既入蜀，封智勇伯，挂平南監軍印，加太子太傅，節制天下文武。已挂平東將軍印，稱東府，督二十營兵馬。獻忠欲盡屠蜀人，可望流涕陳請，刎頸先百姓死。獻忠嘗酒醉手刃諸子，謂可旺曰：「明三百年正統，天意必不絶之。我死，爾即歸明，毋不義。」

未幾獻忠敗死。可望、定國等率餘衆數千，由順慶南奔，所至殺馬而食，馬盡食人，遂陷重慶，屠之。走綦江而南，所至殺掠如故。衆無主欲散，乃相推可旺，稟約束。下令自今非接鬥，不得殺人。已入遵義，王祥遁，秋毫無犯。至烏江，敗楊吉兵，一夜爲浮橋濟，大掠貴陽。

時雲南苦沙定洲亂，龍在田遣使告急。因詐稱黔國焦夫人弟，舉兵復仇，滇人延頸望之。既自威清平壩破定洲於革泥關，屠曲靖。遇福京所遣太監孫興祖調定洲兵入衛。方至，迎入上坐，定復明討沙還沐爵，因傳檄雲南，去故號，復故姓，稱明將軍，連下安寧、師宗，進逼楚雄。楊畏知拒戰禄豐，兵敗，投水不死。可旺以畏知同鄉，甚重之，下馬慰曰：「吾爲討賊來，願相與共扶王室，非有他也。」畏知要以三事，皆許諾，且折箭以誓，用是定迤西八郡。別遣定國定迤東八郡。

可旺爲人多智計，頗知書，外雖唯唯，内計兵强，根本既堅，遂有自據之志。既有雲南，恥名不雅，改爲可望，自稱平東王。任僎、方于宣倡議尊爲國主，制鹵簿，定朝儀，設六卿。

以雷躍龍爲相，用甲子紀年，撤呈貢、昆陽二城磚石爲王府，毁民居萬楹，作演武場，收各路工技，悉歸行伍。可望謀竊大號，然定國輩猶儕視之，遇事相抗。可望謀之王尚禮，乃説能奇、文秀曰：「我兵雖多，號令不一，衆議以平東爲主，若何？」能奇然之。諏日赴演武場，定國先至，放礮升帥字旗。可望詰之，尚禮請責旗鼓。定國曰：「我與汝兄弟耳，何如是？」衆力解之。可望登座，欲予定國杖，定國愈喧。白文選抱持之曰：「請勉受責。一決裂，則我輩必各散，爲人所乘矣。」尚禮等亦力持之，杖五十，可望復相抱哭，令取定洲自贖。定國心憾之，既併蠻部，聲勢益强，可望不能制，僭竊之念於是乎沮。嘗慨然曰：「我輩汗馬二十年，破壞天下，張、李究無寸土，而清享漁人之利，甚無謂也。我當挈天下還之天子，一雪此恥。」又聞李赤心、李成棟亦加封爵，念同輩不相下，得朝命庶可相制。畏知憤可望僭妄，喜其革面，因而慫慂之；會錢邦芑亦以書來招。

永曆三年春，可望命盧名臣由鎮遠取辰州，文選取靖奉，文秀取洪雅、嘉定，而自在貴州策應未發。謀之沐天波、畏知，乃遣畏知、龔彝赴肇慶，獻南金百兩、琥珀四方、名馬十匹，用方幅黄紙書表，不奉朔、不建朔，并請王封，辭頗驕悖。金堡七疏爭之，皮熊、王祥亦疏言其不可。議久不決，畏知力言封之便，乃封可望景國公，賜國姓，名朝宗，以趙昱爲使，與畏知、彝同入滇。昱知可望必不受，謀之堵胤錫，承制改封平遼王，易敕書以往。

始可望乞册封，謂不允，即提兵入寇。陳邦傅謀挾劫天子，胡執恭請先矯命奉爲秦王，總録天下文武將吏兵馬錢糧，專制四方，行大元帥事，公侯閣部以下皆稱臣，啓旨行事，不必關奏朝廷；并製龍袍、翼善冠、琢龍玉帶齎往。可望大喜，就臣禮，五拜叩頭，舞蹈呼萬歲。所部皆賀，土司修貢獻。命使以蠟書通鄭成功海上，約會師中原。已聞朝議未決，私詰執恭。執恭誑之曰：「此敕印乃太后與皇上在宫中私鑄者，外廷諸臣實不知也。」既，畏知、昱齎平遼王敕書至，可望駭，不受，曰：「我已得秦封。」畏知曰：「此僞也。」執恭曰：「彼亦僞也。所封實景國公，敕印故在。」可望怒，下畏知、執恭於獄。

四年，可望使人通鄭成功者，偕監國魯王使者，自安南謁行在。八月，遣總兵常榮、葉芑龍，中書舍人楊惺光，率兵五百至梧州，報出師。旨曰：「孔有德入犯武、漢，盤據長、岳，卿其帥鋭師出楚，建瓴直下，廓掃中原，以奏光復。」可望復貢金萬兩、良馬百匹，又以四萬金賄朝貴。馬吉翔請封爲澂江王，使者謂「非秦王不敢復命」。嚴起恒、文安之力持之，且請卻所獻金馬。會高必正入朝，召使者責之，議遂寢。而可望稱秦王如故，馳金龍牌鈔敕册文，徧調土漢專征。已構宫殿雲南，黄屋雙闕，出入建葆羽，日月旗、孔雀扇、曲柄幢蓋，乘金龍步輦，改雲南爲雲興，雲南府爲昆明府，昆明縣爲昆海縣，設行營護衛，自稱曰「孤」、曰「不穀」，文書下行曰「秦王令旨」，各官上書曰「啟」，其下稱之曰「國主」。

八月壬午朔，師發雲南。九月，命定國回守雲南，自至貴州，害富順王平槐等；執皮熊，奪其兵；征黎平、酉陽苗、瑶，留總兵高陞鎮守。令貴州所屬文武呈繳濫劄，無敢抗者。惟郭承汾等六人不從，可望怒曰：「爾欲死，不與爾良死。」縛六人於地，驅劣馬數十蹴踏之，籍其家，陳屍平越四門，以怖不順者。

已聞袁韜殺楊展，始有圖蜀心。使王自奇、文秀、文選分道陷四川，於是祥、馬進忠、王進才、張先璧、張登貴、莫宗文、楊光謙、王洪典、林得勝、曹紅頭之軍，皆爲己屬，有衆八十萬、馬萬匹、象數十頭，勢傾天子矣。

是年十一月，桂林、廣州相繼陷，上幸南寧。清兵日逼，乃命劉蒞封可望冀王。至平越，不得入。畏知勸可望拜命，僎力主不開讀。復使畏知至南寧，乃真封可望秦王。而可望怒不能待，邀安之都匀，奪所齎封川中諸將敕印，遣其將賀九儀、朱養恩、張勝、張明志率兵五千稱迎扈，殺起恒、楊鼎和等。畏知刻可望，留相。可望使指揮鄭國召而殺之。然既獲秦封，心甚慰，隨遣惺光至南寧表謝；晋惺光大理卿。

五年九月，上倉卒自南寧幸新寧，可望遣總兵狄三品、陳國能、高文貴以兵三千迎蹕。六年正月，上次廣南，可望又遣總兵王愛秀齎表，言：「臣以行在孤露，再次迎請，未奉允行。然預慮聖駕必有移幸之日，故遣兵肅清道路。廣南雖云内地，界鄰安南，夷情叵測。

惟安隆所爲滇、黔、粤三省會區，城郭堅固，行宫修葺，糧儲完備，朝發夕至，莫此爲宜。」上遂幸安隆。時百官扈衛死亡潰散殆盡，文武從者百許人。可望以張應科總理提塘。吉翔、龐天壽輸誠可望，行在纖悉馳告。范應旭爲知府，乘輿服御百官廪餼，一切關白，而可望復上書：「有人或謂臣挾天子以令諸侯，不知彼時尚有諸侯，諸侯亦尚知天子，今天子已不能自令，臣更挾天子之令以令何地，令何人？」其恣睢類如此。上尋命吴之俊齎璽書至貴慰勞可望，可望疏謝。

三月，聞吴三桂兵入川，孔有德兵出河池入黔，可望始决意北伐，出兵八十萬，四川造舟二千，鎮遠造舟千餘，並命安南貢馬，蠟書通成功、張名振海上，經略中原。奏以定國、馮雙鯉出全州，文秀、王復臣、文選出叙州、重慶。

七月，定國復桂林、永、衡，聲威大震，不復受可望節制。可望心惡之，密令雙鯉等退師，欲陷定國於死。十一月朔，可望次沅州，總兵高鳳翔、徐廷威屯辰州，復城步。定國獨戰衡州不支。清偵諸軍攜貳，以貝勒屯齊等陷衡、永。

可望已奏請封定國西寧王，遣于宣、惺光齎敕并犒師萬金往矣。復追還之，曰：「孤今出師入楚，當面安西大慶宴，奏皇上敕書以光寵之。」召定國赴沅州議事。定國辭不赴，貽書責以大義。可望怒曰：「定國以忠臣義士自居，而致我於何地耶？」賞亦不行。文秀入

蜀，亦所向克捷，追躡三桂於保寧。以輕進敗，可望責令罷職閒住。諸將既以定國故不服，又以廢處文秀太過，怏怏有怨心。可望怒定國甚，欲自將擊之。七年二月，遂至靖州。其駕前軍以桂林之捷不得一當爲恨，謂敵殊易與，亦勸可望親立大功以服衆。諜知屯齊統領佟圖賴兵屯寶慶岔路口，乃合兵十萬，雙鯉將左，文選將右，楊武、馮萬保殿後，可望自將中軍，輕騎襲清兵。時陰雨連綿，行三日，於三月十六日始至周家鋪、頓子嶺，清兵出不意，驚潰。可望易之，甫斬數人，即掠馬。佟圖賴還軍搏戰，望可望中軍建龍旗、列鼓吹，麾兵逕突之，可望大敗，回寶慶，以郭有名守楓木嶺，武、雙鯉守奉天，王玉隆守辰、沅。精鋭挫衂瀕盡，湖南置吏悉撤。清兵亦不敢追，引歸。四月，可望檄兵回貴，清兵入寶慶。是役也，民入山谷不出，謂避安，民兵多餓死者。屯齊兵十餘萬人，零、東、奉、邵，搜山破寨，無一得免。七月，可望至奉天。八月，回貴陽。十二月，命九儀屯之，副總兵楊文屯新寧、城步，與清以紫陽河爲界。可望慮諸軍有圖己者，既不嚴督諸軍前戰，諸軍亦以駕前軍奮欲立功，不願與併力，以致於敗。

先是，僎尊可望爲國主，將設六部、翰林官，而慮人議其僭，乃以范鑛、馬兆羲、僎、萬年策爲吏、户、禮、兵尚書，並加行營之號，又以南韶道薛宫爲鴻臚，後又以程源代年策。而僎最寵，與于宣三疏勸進，可望以人心未附，令待上入黔議之。上久駐安龍，月食脱粟，塗葦

薄以居。將吏承可望意，挾彈射鳥，直入宮門；文吏乘輿呵殿過之不下，陵逼日甚。吉翔、天壽諂附可望，謀脅上禪位。上贈可望父以上四世爲宣、定、恭、穆四王，立廟雲南，命吉翔持節頒敕。已可望自設內閣、六部官，鑄八疊印，盡易舊印，改衛小諸所爲縣。于宣又爲可望立太廟，享太祖高皇帝主於中，獻忠主於左，而右則可望祖父也。擬國號曰後明，擇期僭立。以冕小不可御，自寅至未，大雨如注，雷霆交作，不懌而止。

上聞之益懼，與吳貞毓等謀齎密敕召定國入衛。事洩，八年三月可望遣鄭國至安龍，械貞毓等嚴鞫之。獄具，矯詔曰：「朕以眇躬，纘茲危緒，上承祖宗，下臨臣庶，閱今八載，險阻備嘗，朝夕焦勞，罔有攸濟。自奉、衡、肇、梧，以至邕、新，播遷不定。茲冬瀨湍倉卒西巡，苗截於前，敵迫於後，賴秦王嚴兵迎扈，得以出險，定蹕安龍，獲有寧宇。數月間捷音疊至，西蜀、三湘以及八桂，洊歸版圖。憶昔封拜者纍纍若若，類皆身圖富貴，任事竟無一人；惟秦王力任安攘，毘予一人。二年以來，漸有成緒，朕實賴之。乃有罪臣吳貞毓等，包藏禍心，內外連結，盜寶矯敕，擅行封賞，貽禍封疆。賴祖宗之靈，奸謀發覺，隨命朝臣審鞫。除賜輔臣吳貞毓死外，其張鐫、張福祿、全爲國等，同謀不法，無分首從，宜加伏誅。朕以頻年患難，扈從無幾，故馭下之法，時從寬厚，以至奸回自用，盜出掖廷。朕德不明，深自刻責。此後大小臣工，各自洗滌，廉法共守，以待昇平。」可望既殺貞毓等，復奏言：「皇上

既將諸奸正法。李定國，臣弟也，剿敵失律，法自難寬。方責圖功，以贖前罪，而敢盜寶行封，是臣議罰諸奸以爲應賞矣。臣部諸將士，比年來艱難百戰，議賞議罰，惟臣專之。前已具疏付楊畏知奏明，可復閱也。憶兩粵並陷時，駕蹕南寧，國步既已窮蹙，加之叛爵焚劫於内，强敵彎弓於外，大勢岌岌。卒令駾喙潛跡，晏然無恙，不可謂非賀九儀等星馳入衛之力也。又憶瀨湍移蹕時，危同累卵，諸奸力阻幸黔，堅請隨李元胤。使果幸防城，則誤主之罪，寸磔豈足贖乎？茲蹕安龍三年矣，才獲寧宇，又起風波，豈有一防城、一李元胤可以再陷聖躬乎？臣累世力農，未叨一命之榮，升斗之禄，亦非原無位號，不能自雄者也。沙定洲以雲南畔，臣滅定洲而有之，又非無屯兵之地，難於進攻退守者也。總緣孤憤激烈，冀留芳名於萬古耳。即秦王之寵命，初意豈覬此哉！臣關西布衣，據彈丸以供駐蹕，願皇上卧薪嘗膽，毋忘瀨湍之危。如以安龍僻隅，欲移幸外地，當備夫馬錢糧護送，斷不敢阻，以蒙要挾之名。」

時可望憾定國益深，定國亦恐其來襲，因出師雷、廉。攻廣州敗績，九年二月，退保南寧。先是，可望聞廣州之敗，遣雙鯉、九儀襲定國柳州，不勝。至是，復遣總兵關有才、劉鎮國、劉啟明等以兵三千再往，定國破之於田州。

時洪承疇經略湖南，議守永、寶，以困可望。可望力保靖、奉，貴州少安。可望乃治宮

殿貴陽，開科取士，自寶慶至滇遍置行宫十餘所，以備巡幸，塗飾以欺黔人。

已聞有才敗，知定國必至安龍，命文選、周自貞將兵劫駕入貴州。文選雖爲可望用，不直其所爲，輒與定國連和，奉上幸雲南。文秀亦怨可望，與盟而入。可望命楊維先疏請駐蹕曲靖，不許。

上既入滇，定國、文秀、文選以功進爵，而可望心腹尚禮、自奇、九儀、張虎等，亦皆進公侯。又遣虎歸可望妻子貴州以安之。會上再命文選議和，可望拘留之，奪其兵，而遣朱運久入滇京，假名議和，與尚禮、自奇謀内應。十一年二月，封進忠嘉定王、雙禮興安王。

八月朔，可望反大言上負義，定國、文秀謀逆，舉兵犯闕；釋文選而禮之，以爲大招討，馬寶爲先鋒，合兵六萬餘，留高恩等貴陽，自奇、有才屯楚雄，計令二人走永昌，定國、文秀必分兵追之，可望可長驅。十八日，渡盤江。九月朔，至交水，列三十六營，去曲靖三十里，滇中震動。定國、文秀衆才數千，不敵，議奉駕出狩，未決。時文選反正已久，寶、進忠、維興亦皆心歸朝廷。文選再出將，實出諸人謀，定國未及知也。忽文選率所部拔營來歸，定國、文秀遂成師以出。初，可望見文選跳，議退兵，寶止之，勝亦請身任。可望大悦，語勝曰：「滇京軍馬盡出，城内空虚，爾率寶、武大定選鐵騎七千，連夜間襲之，尚禮、彝爲内應。爾一入城，則定國、文秀知家口已失，不戰自走矣。」寶夜入定國營言之，且曰：「明日決戰，

遲則無及。」定國大驚，夜告諸將。十九日天未明，拔寨起。文選率騎衝維興營，維興開壁迎之入，進忠以四營來歸，合兵繞出可望陣後。可望不及備，十四營潰，定國揮兵大進，諸營皆歡呼迎晋王，所向瓦解。十月朔，可望自里橋、嵩林走霑益，又渡烏撒，跳貴陽，從騎止十餘人。命雙鯉守威清要隘，約曰：「追至，則發三礮。」文秀追及普安，尚遲疑不敢進，雙鯉發礮以紿之，可望遽挈妻子十五六人出城，輜重婦女悉被掠。過鎮遠、平溪、黔興，守將閉門不納，惟太僕卿、靖州道吴逢聖率所部迎之。狼狽走長沙，命惺光赴寶慶向承疇乞降。越三日，文選追至，可望至奉天，伏兵截之。清封可望義王。踰年，隨獵射死，謚恪順。

先是，可望在貴，清以李國英駐保寧、辰溪、阿爾津駐荆州，承疇經略湖廣、雲貴、兩廣，駐長沙，李率泰督兩廣，尚可喜等分駐肇慶，遇王師出湖南、川北、廣東者，則力拒之，退亦不窮追。以可望百戰之餘，地險兵悍，姑以雲貴、川東、南爲其甌脱地。可望既降，諸將吏士知虚實險易盡輸於敵，摇摇無固志。可望復以手書誘部曲，言己封親王，貴寵無比；諸將降，予厚爵，非他降將比，惟定國一人不赦。清遂大發兵二十萬向雲、貴，國之亡也，可望有力焉。

可望奉上出狩，承獻忠之後，諸將爲所撫用，初不知有朝命。既據滇、黔，專封拜，文武臣多受命者。自定國奉上入滇，多反正。武臣惟張虎、張勝、王尚禮、王自奇、關有才、高

恩、程萬里、康國臣、閻鍾純等，始終黨逆；文臣則方于宣、任僎、朱運久爲尤著云。

張虎，聊城人。護衛將軍，掌錦衣衛。四年，隨劉文秀下川東，聯絡劉體仁、三譚等，授前將軍。六年十二月，復辰州，回守雲南。上入滇京，封淳化伯，晉東昌侯。自以位在諸人下，甚悒悒。時可望妻子在京，未敢爲逆。上欲歸其妻子，白文選言於李定國曰：「今王尚禮、王自奇擁兵輦下，虎尤奸黠，日伺左右，禍且叵測。今與孫可望議和，必上親遣虎行，乃無反復耳。」上召虎至後殿，拔首金簪賜之曰：「和議成，卿功不朽，必晉公爵，此簪賜卿爲信，見簪如見朕也。」虎至黔，則謂可望曰：「上雖在滇，端拱而已，大權舉歸定國。定國所信者，文則金維新、龔銘，武則靳統武、高文貴。人無固志，可唾手取也。」繳所封侯印，曰：「在彼不受，恐生疑忌。臣受國主厚恩，豈敢貳哉！文選受國公之職，已爲彼用矣。」取賜簪示可望曰：「上賜此簪，令臣刺國主，許封二字王，臣何敢不以上聞。」可望信之，怒益甚，遂日夜謀犯闕。交水之敗，與可望相失數日，率殘兵回貴陽，文秀已先入，詰之曰：「陛下賜汝金簪議和，何從有行刺之説？」虎無以答，解赴滇京。上告廟，御門獻俘，磔之。

張勝，湖廣人。西勝營總兵，迎駕入安龍。與馬寶同將孫可望駕前軍，勇猛絶人，封漢川侯。交水之役，白文選拔營走曲靖，可望大驚欲退。時寶已返正，慮回黔謀洩，大言曰：

「我衆十倍於彼，奈何以一人爲進退，豈我輩非人乎？」勝曰：「某一人足禽李定國矣。」可望大悦，曰：「諸將如是，吾復何憂！」令勝、寶、大定以勁旅七千、精騎二千，自嵩林上方出尋甸、嵩明，襲兔兒關，叩滇京。兼行至嵩明，拟翌日攻京，寶縱火各處，使百姓驚傳，滇京知備。勝抵大東門，門扃不得入，而交水報捷旗見於金馬碧雞坊下，惶恐，火城外民居，走渾水塘，遇定國，列陣死戰，定國幾不支。忽寶於陣後連發大礮，勝兵死十七八，單騎走霑益亦佐山中。餒甚乞食，部將李承爵誘而縛之。勝罵曰：「汝何畔我？」承爵曰：「汝畔天子，吾何有於汝乎！」解京，與其黨趙珣，皆剝皮示衆。

王尚禮，固原人。獻忠中軍都督，提督五城兵馬，文武官吏衙門軍民人等，一應地方事情，悉記裁決處分。獻忠死，孫可望、李定國、艾能奇、白文秀權相埒，可望謀竊大號，尚禮爲之主謀。説能奇推平東爲帥，自是可望得專制諸將。封固原侯，隨文秀守滇。可望甚定國，命籍其眷，及文武兵士婦女配營卒，又汰其糧餉，尚禮請止之，密以金致定國妻，得不乏。性凶暴，日以殺戮爲事，繫獄者無大小罪皆死。晚與僧無穹遊，格其非心，向善信佛，印經施散，創立小東寺。與中軍丘維良、旗鼓孫志高、標官徐應長鑄銅鼎於雞足山。晉保國公，而陰與可望相呼應。勝襲京，尚禮將内應，沐天波知其情，挾之入朝。天波善流星鎚，是日攜袖中，恐左右變，出舞縱横盤擊，觀者披靡。尚禮曰：「吾檻虎，不煩公攘臂也。」

可望敗，定國入京慰之，終不自安，一夕憂懼死，上猶予贈卹，賜塋東門外歸化寺。

王自奇，葭州人。獻忠後軍都督。隨可望入滇，殺昆明、晉寧、昆陽、呈貢士民避難者數萬人於滇池。授總兵，挂靖虜將軍，以三萬人入川，破李占春、于大海。已與劉文秀守滇，封夔國公，移守楚雄、姚安。嘗醉殺定國總兵徐祐，懼，引五千人渡瀾滄江，據永昌，去滇京二千里，以故可望犯滇時不相聞。關有才劫定國，至永昌赦之，單騎走橄欖坡，爲追兵所斬。

關有才，永壽人。歷官都督總兵。李定國斬尼堪，可望命隨馮雙禮密殺定國不果。定國入扈安龍，可望命偕王自奇率劉靖國、劉啟明十三營十五萬人拒之，且火安龍以西軍實。定國兵皂衣甲，書「捷取」字，有才驚爲清兵，遁走。已封永壽伯。交水之役，與張明志率軍隨自奇走，定國自將，大破之瀘江，禽有才及總兵王顯明、李定、李順、張文明，獻俘滇京。有才凌遲，四人梟首，明志反正。時清兵入貴州，不及援，故逆黨平而貴州陷矣。顯明，山東人，以材官自舒城降獻忠。

高恩，長安人。右都督火器兵總兵。

程萬里，字飛揚，休寧人。總兵。

康國臣，沁源人。都督同知總兵。從可望降清，導清兵攻滇。

閻鍾純，延安人。總兵。與杜甲守宜良。已與駕前軍總兵劉崇貴、閻臣尋，霑參將楊春入黔，終事不詳。

方于宣，字神生，新貴人。隆武元年舉於鄉。授兵部主事，調禮部，使岷府。孫可望入滇，于宣與在籍御史任僎倡議尊可望爲國主。于宣歷簡討、編修，謀逼上禪位。未行而定國以兵衛上入滇。于宣言於可望曰：「上在滇，定國輔之，人心漸屬於彼，國主宜正大統，則人心自定矣。」已張虎回黔，于宣侍側，因請間，左右遥窺之，但見于宣叩頭跪奏，可望頷首許可之狀，莫知其所獻何策也。出謂其私人曰：「國主登九五，我爲首相，已親許我矣。」又爲可望修史，可望將反，于宣時爲提學試黔興、靖州，表題有「擬秦王出師討逆大捷」語。又爲可望奉獻忠爲太祖，作本紀。又嘗言：「帝星明井度，秦王當有天下。」晉翰林學士。既聞可望敗，則馳書錢邦芑，欲糾義旅禽可望以獻，廷杖戍邊。國亡，縳至滇京，與晉府中書王徽先求入吳三桂軍爲書辦，後以僧終。

任僎，字文升，建水人。萬曆四十年舉於鄉。才明敏，官至河南道御史巡江，疏言：「錢糧比較不可不專，收納不可不稽，積弊不可不革，屯官不可不核。」坐劾温體仁，以年例出爲□□知府，轉河西僉事。可望入滇，倡議尊奉，鑄興朝通寶錢。上幸安龍，可望將入朝，勸勿行。又爲可望括近省田地、鹽井之利，以官四民六分收。自僉都御史累升禮部尚

書。僎九年先病死，定國入滇，追論其諂逆罪，籍其家，戮其屍，子孫戍邊。

朱運久，石阡人。崇禎十五年舉於鄉。宗室容藩亂蜀，爲僞湖廣巡撫。容藩敗，又爲可望通政使。上入滇，可望遣入京議和，運久遽黄蓋大轎入城，無復人臣禮，上亦未敢問也。上幸緬甸，入姚安，爲土司所殺。

宋之普，字今礎，沂州人。僉都御史鳴梧子。崇禎元年進士。歷兵科給事中，黨薛國觀，嘗入勞永嘉金，代爲營幹登撫，言路譁然。尋劾侯恂、宋學顯以媚温體仁。鳴梧遂棄官歸里，終身引爲大垢。又順謝陞指，訐奏同官許可卿把持朝政，可卿遂削籍。後袁愷糾國觀賜死，之普借事傾愷，愷因罷去。繇是士論薄之。累遷僉都御史、太僕少卿、左副都御史、户部左侍郎。識監國魯王於兖邸。魯王南下，扈從有勞。安宗立，力疏起錢謙益、劉宗周，幾取容門户，爲章正宸糾參。夤緣張孫振、黄耳鼎，議起用，以見惡於劉澤清乃止。魯王監國天台，拜兵部右侍郎、東閣大學士，首入閣。從幸紹興，晉尚書，獨司票擬。羣臣疏諫不宜以私恩怠公義，不聽。王之仁復訐之普貪污不職，之普亦不自安，乃召方逢年。是年九月，乞罷。

同召者，蘇壯，字陽長，濮州人。崇禎四年進士。授内黄知縣，修城池，儲軍器。調黎

陽，遷汝寧知府，蠲民田租，勿急催科，歲饑發米以振，民多全活。新潁土寇起，平之。治河令下，當編丁夫萬人，再三爲民請，得減半。轉睢陳副使，與知府吴士講從周王恭枵守開封。後從魯王天台，以僉都御史巡撫蘇嵩。王幸紹興，擢刑部尚書。江上潰，之普、壯與知縣張士楚同降於清。之普後爲嘗州知府死。

士楚，字仲開，績溪人。崇禎十三年進士，秀水知縣致仕。

謝三賓，字象三，鄞縣人。天啟五年進士。授嘉定知縣，爲均田以均役，裁劑得其平。吴淞湮塞，濬新涇、陳華濱、黄姑塘、夏駕浦、吴淞所城濠，澤及旁邑。遷陝西道御史，力爭逆案不可輕翻；劾陝督楊鶴主撫云：「崇禎四年寇陷中部，中部兵增，慶陽撫成，中部之賊寧自天降？」下巡按吴甡核奏，逮下獄。五年，孔有德圍萊州，疏言：「成事在人，了此不過數月。」即敕監軍事。至昌邑，請斬失律王洪、劉國柱，詔逮治。熊明遇坐主撫罷，復抗疏請絶口勿言撫事，未幾圍解。咍高起潛、劉澤清，冒朱大典功，轉太僕少卿，憂歸。登州平，三賓没賊營金數百萬，家富耦國，有以告李自成者。其後北京失守，子于宣官行人，拷獨酷，死。

杭州亡，議寧波起義兵，推三賓爲主，不應。錢肅樂舉義，命助餉，亦不應。西至江上，

見博洛迎降。害肅樂所爲，貽書王之仁曰：「諂諂訿訿，出自妄庸六狂生，而肅樂和之。將軍以所部來，斬此七人，事定矣，當以千金壽。」會之仁中悔，致書肅樂，請自效。翌旦，會諸鄉老演武場，袖出三賓書朗讀，責之。三賓奪書，之仁怒，因問曰：「是當誅以釁鼓否？」長刀夾之下，三賓哀號跪階下，請輸萬金助餉，乃已。肅樂、之仁將赴江上，三賓潛招兵翠山，欲引清兵。以莊元辰城守，不敢動；不得已，以衆迎魯王天台。魯王在紹興，三賓賂戚畹張國俊，起兵、工部右侍郎，隆武元年十二月遽拜禮部尚書、東閣大學士，入閣辦事。時國俊外倚方、王，內通客、李二奄，與馬、阮朋比，共齮齕肅樂，假勸輸義餉名，侵蝕里中軍需。

三賓反復不持士節。初欲殺六狂生，自度不容清議。既江上潰，又降於清，益決裂，刊揭自言：「前歸命之早，而爲之仁所脅，今幸得反正見天日。」思徼功進取。時山寨義兵起，三賓廣行賄。中途，賺取華夏帛書，首告變，五君被縶。三賓曰：「盈城士大夫仇我矣，當一網盡之。」於是復上變，名捕株連者百餘人；而三賓亦爲人所訐下獄。清道孫枝秀豔其富，欲并殺之而取其室，乃使人上書告之；又使人密語夏曰：「三賓，汝怨家，可力引之，當爲汝報仇。」及共鞫，夏曰：「咄嗟，此乃反面易行首款之小人，而謂不忘大明，吾死不瞑矣。」三賓踞旁，搏顙謝曰：「長者，長者！」六狂生既先後死，三賓金亦爲枝秀勒取其半。三賓忿，賂巡按發枝秀墨事，罷之。然清薄其爲人，卒不用，憔悴以死，年七十九。

方國安，字磐石，諸暨人。少無賴，盜牛，爲族人所逐走，奔固原陸夢龍，以卒伍從左良玉剿寇。崇禎十年，官副總兵，隸朱燮元，守大方、水西，斬化沙。尋被困，突圍出，諸堡悉陷。

十二年，張獻忠窺大寧，從邵捷春拒險破之。未幾，敗於湯家壩。與譚弘再捷三尖峯、黑水河。

十三年，與張令大捷坌溪、千江河，進柯家坪。令深入，國安走。獻忠入川，守大昌三十二隘。部將張茂選、覃思岱不協，楊嗣昌殺茂選，兵不服，委去，寇從此入，諸軍驚潰。寇既陷夔關，國安截之於譚家嶺、小嶺子、七菁坎、乾溪。獻忠趨達州，國安亦至。獻忠渡河，國安不能制，獻忠遂長驅西入。遷水師總兵，自廣元再敗獻忠梓潼。嗣昌會諸將順慶，不至。獻忠至漢州，國安避之去，獻忠乃大掠什邡、綿竹、安縣、金堂，全蜀大震。

十四年，丁啟睿大合兵豫、楚，命爲前鋒。十五年，圍李自成郾城，敗走襄陽。從良玉救開封，潰朱仙鎮，入楚。

十六年，以都督同知，挂平蠻將軍印，恢剿湖廣。自成破德安，退漢口。以襄陽、承天失，與陳可立皆革職，隨楚撫立功。與毛顯文以兵七千守蘄州。顯文副總兵王世泰移九江，國安合副總兵徐懋德、馬士秀，破獻忠黄石港，援興國；再合諸生程天一復大冶，斬六

百級；與易道三復黄州。會顯文、常國安、郎啟貴、于自成、段鳳翔、秦天禄連營鴨蛋洲、陽邏堡。國安先進金沙洲，吴敏師以廣濟鄉兵合四十八寨數萬人來會，國安、馬進忠、王允成、監軍道王瓆復武昌、漢陽、沔陽，追至金口，斬程雲飛，復承天。獻忠至臨湘，命方元科屯蒲圻，復岳州、袁州。獻忠北上，國安在武昌，與楊文富拒戰江中，敗績，岳州、武昌再陷。十七年，與進忠復長沙。

安宗立，依馬士英起故官，爲良玉所糾，拔營走湖南。士英與良玉隙，遂招東下，隸高起潛。士英疏加右都督，挂鎮南將軍印，鎮江浦；同時授狄應奎副總兵。應奎者，自成將，殺權將軍路應科，挈印來歸者也。尋移池口備良玉。良玉兵起，倉皇東走。

上自蕪湖將幸杭州，命爲先導，封鎮夷伯，衆猶三萬人、馬千匹，號十萬。經涇縣、寧國至杭州。清兵招之降，國安碎其牌，屯御教場。清兵北去，據要害擊敵。欲奉潞王常淓監國，不許。杭人恨士英入骨，并畏國安兵暴，閉城不容入，且供箭清兵，在城内索國安兵以獻，約清兵襲之。國安知人心不足恃，聞士英登舟，追及與合師。清兵大至，與裨將王慶甫戰湧金門不利，欲自金華還江、楚，據上流。向朱大典索餉四萬不應，圍之經月。監國魯王傳旨至再，始解，還屯嚴州。命與兄子總兵元振及馬漢水陸馬步五萬人出富陽，斬章京阿布圖，一軍屯金村嶺；兄子元龍屯朱橋；元科沿江立營，自朱橋至轉塘口數里。先，嚴州

木賈遁，大木蔽江下，國安取樹堅栅，左江右山，以一面東下栅阻橋，首尾相射，腹深入，列舟爲木譙，如卻月形。王定沿江防汛，國安晉侯。

命從子應龍出餘杭，元科出六和塔，自率師江上策應。隆武元年七月，命俞玉總兵方任龍、俞龍、董萬會、方端士軍義橋。八月，萬人渡江，元科直趨六和塔，戰清風亭，兵却。越三日，清兵自六和塔來攻，國安浮江身自督戰，自晨至晡，敗績，高祥執死。九月既望，清騎自清風亭、横山至，逼營門，斬殺相當，國安奏大捷。尋清兵薄栅，國安兵潰，焚六和塔而退，於是專以舟師拒戰，不復至江西岸矣。

二十六日，祀錢江，王病命代，不至。翌日，乃命張國維行禮，陳盟襄事。清兵併力攻餘杭，應龍不支，被執死。城陷，龍、萬會亦戰死。富陽繼陷，國安、劉穆兵走，副總兵二、參將二、遊擊五戰死。十月，與王國斌、趙天祥會國維等破清兵江中，清兵退入杭城，追至草橋門。

紹宗亦晋鎮夷侯。十一月，王再晋荆國公，賜尚方劍，便宜行事。王勞軍西興，築壇冠山頂，拜鎮夷大將軍，節制諸軍。列帥櫜鞬山下以次上，戎卒二十萬，旌旗數十里，發令聲動江谷，杭州震動。國安所部四十八營，貴州土漢選鋒，紅帕首，工擊刺，皆可阻擊百萬，故清軍無一能渡突其營，而其偏裨日馳騶清，清輒驚去，浙東倚以自强。

然國安先鋒才，寡進取遠略，無大功服衆。自挾兵勢，首敦請以士英入閣辦事，羣臣沸騰，百姓罷市。以俞玉主軍事，縱兵剽掠，民多怨苦；又内結戚臣張國俊，恣睢反側，用是疆事日壞。

上命金堡聯絡江上師，入其軍，國安執之。人叩其故，曰：「此鄭芝龍意。」因出芝龍書，曰：「今我釋之去，勿入閩，入閩必殺之。我不敢得罪鄭氏。」時大軍雲集，正兵食正餉，義兵食義餉。國安司餉者至殿陛大譁，兵士露刃，卒并取義餉。義兵無所仰給，有至行乞者。會士英、阮大鋮來嚴州。大鋮復嗾疏糾東林孫嘉績、林時對、沈履祥，言極狂悖。

國安兵數敗江上，擬反攻杭州，國安且曰：「吾且渡江走馬看六橋。」十二月二十四日，諸軍剋期入杭。清命諸生四人僞降，設伏以待。國安悉兵徑進西湖山中。清副將張膽軍從萬嵩嶺、五雲山、白塔嶺截其軍前之精鋭不得出，後無救者，遂大敗，死者三千餘人，副參遊守官丁被執者五百六十人，國安痛哭歸。無何，任龍、史標、裘尚奭以輕進，舟膠沙上，賴監紀潘澄礮矢發得免。

二年三月，清集艨艟於江中。上命陸清源犒江上師，國安殺而奪其餉，並出檄數上罪，閩、浙益成水火，以迄於亡。

五月，博洛以五萬騎至杭，帳六和塔上下數十里，巨礮擊七條沙，日夜不絶，方營厨竈

盡碎。國安嘆曰：「此天奪我食也。」氣大沮。二十七日，清兵攻富陽北峯山，守將潘茂斌敗。二十八日，桐廬陷，國安部卒私負鹽涉江，就清營貿易，爭直鬨，卒反走，清兵十餘人追至半江岸。總兵方國泰醉，妄呼曰：「韃子至矣。」營中皆驚。水營皆艤舟東岸，國泰即火舟走。國安營望見，以爲清兵至，各火營突奔，火漲燭天，頃刻而盡。清望江東火起，七條沙營不聞刁斗，未解所謂。遣人自富陽偵之，并無一兵，直至七條沙，亦空營。猶以爲諸軍退長河頭，設計誘敵。再偵之，亦爾，急還報。乃於二十九日，從富陽渡江。夏暵水涸，清騎數百首尾渡，營柴溝。國安聞報，傳令諸軍盡棄戰船，散將士。江上諸營未動，國安兵眷塞越城。晚，王東行。明日，國安方至，猶云死守。日暮，清兵始抵河橋，江上諸營聞之，一時俱潰。副總兵余大貞、監紀詹起麟攻淳安皂河鋪、瓦窑埠戰死，參將嚴翼、都司程三省、守備程其文、把總孫之華、贊畫韋國蕃等降清。六月朔，清兵畢濟，午至紹興，國安以騎萬六千人六日走台州，火二日夜。馳啟王，請屯黄巖爲後圖，不許。疏上入閩，不許。意劫王爲進身地，不濟則入滇、黔。遣人守王，守者病，王得脱。時國安兵食尚足一戰，清兵迫，國安將自刎，將士救之不得死。清許封西平王來勸降，國安遂於八日見博洛，與元振降清。將士憤惋，折弓矢投刃者相繼。國安隨清兵陷金華，勒令招諭閩中下四府。國安又陰附密疏於上，言：「清兵無幾，今分守各隘及諸部皆臣兵，上若以閩兵進攻，臣即以諸兵反正。」

復遺書芝龍請夾攻。芝龍降清，上其書。博洛招見，出書示之，一門死延平市。總兵郭士捷自龍游；國泰及總兵屠埒龞、方元選等八人，自處州降清。

馬漢，不知何許人。國安標前鋒，封平虜伯。紹興亡，從扈舟山卒。

俞玉，字季霖，會稽人。武舉。國安中軍官、左都督，封安定伯。逼死馬權奇，爲人所惡。江上之戰，教國安焚船拔營走。紹興亡，死難。

方任龍，諸暨人。封靖南伯，後執死。

郭士捷，東陽人。武昌副總兵，從國安屯襄陽，升都督同知總兵；從兄士聯，都督僉事，同降於清。

引用書目

明實録
國榷
罪惟録
石匱書明張岱　抄本
石匱書後集
明史稿明萬斯同　抄本
行朝録
明季遺聞
明季遺聞拾遺明鄒漪　抄本
自靖録考畧
南忠記
東山國語
國壽録
雪交亭正氣録
皇明四朝成仁録
殉難忠臣録明彭孫貽　抄本
江人事
謏聞隨筆明張怡　抄本
謏聞續筆
明史紀事本末補編
明亡述畧
難遊録
三峯傳稿
甲申後亡臣表明彭孫貽　抄本

殘明事蹟備採明李介　抄本
明季大臣年表明徐樹丕　抄本
三朝宰輔年表明沈東生　抄本
三朝封爵年表明沈東生　抄本
明儒學案
南渡録明李清　抄本
中興實録明馮夢龍　弘光刻本
南渡紀事明姜曰廣　抄本
聖安紀事
弘光實録鈔
金陵野鈔
南都時事明顧炎武　抄本
時務權書佚名　弘光刻本
監國新政記明文震亨　抄本
聖主中興全盛兼三録明何光顯　弘光刻本

過江七事
江南聞見録
淮城日記
淮城紀事
京口揚州變畧
潯陽紀事
青燐屑
維揚殉節紀畧
揚州十日記
三大忠行實明顧苓　抄本
南都死難紀畧
北使紀畧
孤臣碧血録
瀨江紀事本末
句吴外史明朱明德　抄本

木居士憤言明李模　抄本
吴城日記佚名　抄本
蘇城紀變
甲行日注
盡忠實録佚名　抄本
崑山殉難録明曹夢元　抄本
玉峯完節録明張立平　抄本
貞烈傳明朱貞善　抄本
東塘日劄
嗒史明王煒　抄本
惕齋聞見録
上海亂畧明莫秉青　抄本
江陰城守記
江上孤忠録明黄晞　抄本
澄江守城記明季承禹　抄本

樵史明何冷　抄本
右僉都御史祁公傳明謝晋　弘光刻本
先大夫世培府君殉節述明祁理孫　班孫　弘光刻本
南福兩京實録明李沂　抄本
思文大紀
隆武紀畧明戴笠　抄本
閩事紀畧
路文貞公行狀明歸莊　抄本
孤臣述明許令瑜　抄本
青門節義録明謝杲　抄本
愍忠録佚名　抄本
孫烈士傳明施世傑　抄本
做指南録
贛州乙丙紀實明易學實　抄本

湖西遺事
虔臺逸史
太僕行畧
嶺上紀行
客舍偶聞
丙戌紀事明潘馴　抄本
隆永兩朝統紀明鄭逢玄　抄本
所知録
天南逸史明瞿共美　抄本
行在陽秋
永曆實録
兩粤新書
粤滇紀録明阮旻錫　抄本
嶺表紀年明魯可藻　抄本
皇明末造録明金鐘　抄本

天南紀事明胡欽華　抄本
天南紀事明王孫蕑　抄本
殘明紀事
蒙難記明李永茂　抄本
兩廣紀畧
兩粤夢遊録
亂離聞見録
三湘從事録
孤臣泣血録明吴晋錫　抄本
武岡播遷始末明郭象雲　抄本
永州野史畧明易三接　抄本
永州忠鬼録明易三接　抄本
江右紀變
江變紀畧
化碧録

瞿留守傳明劉遠生　抄本
臨桂伯瞿稼軒傳明劉湘客　抄本
顯考稼軒府君行實明瞿嵩錫　抄本
桂林留守始末佚名　抄本
粤行紀事
庚寅始安事畧
桂林田海記
安龍逸史明滄洲漁隱
安龍逸史明屈大均
安龍紀事
風倒梧桐記
朱容藩亂蜀始末明楊在　抄本
黔記明文安之　抄本
定番殉難紀事明王睿　抄本
滇南外史
滇寇紀畧佚名　抄本
尋親紀程滇還日記
孫可望脅王始末犯闕始末明楊在　抄本
興兵始末入緬始末佚名　抄本
扈從日録明鄔昌琦　抄本
狩緬紀事明劉茝　抄本
求野録
也是録
楊監筆記
瀝膽將軍遺事記明陳起相　抄本
魯春秋
尊攘畧明錢肅圖　抄本
監國紀年
海東逸史
浙東紀畧

浮澥記明馮京第　抄本
航澥遺聞
舟山始末佚名　抄本
雜記明張在宥　抄本
莆變紀事明余颺　抄本
留補堂三纂乙酉以來殉國十二人傳明林時對　抄本
海東餓夫傳
錢忠介公葬録
楊氏葬録
過宜言
餘生録明張茂滋　抄本
靖海紀畧
從征實録
靖海志明彭孫貽　抄本

海上見聞録
北征紀畧
閩海紀畧佚名　抄本
甲乙事案明文秉　抄本
大事記明沈國元　弘光刻本
明季甲乙兩年彙畧明許重熙　抄本
甲乙國變録
甲申日記
甲申紀事明馮夢龍　弘光刻本
甲申核真畧
甲申紀事北歸紀
闖賊犯北罪狀
北變紀事
再生紀畧
再生記異録

孤臣紀哭明程源　抄本
定思小記
燕都志變
甲申傳信録
甲申燕都紀變實録
國諱忠奸録
甲申忠佞紀事
燼宫遺録
流寇長編明吴殳　抄本
懷陵流寇始終録
流寇志明李確　抄本
流寇志明彭孫貽　抄本
從戎始末兵燹始末
出劫紀畧明丁耀亢　抄本
蒙難偶記劫餘偶記卧拈偶記客途記異明鄭與僑　抄本
中州戰畧明高謙　崇禎刻本
守汴日志
汴圍濕襟録
孤兒籲天録明楊山嵩　崇禎刻本
存漢録明高斗樞　抄本
桐畔紀異潘江　康熙刻本
明季日記明姚甲　抄本
桐變日録明蔣臣　康熙刻本
荒書
紀亂
蜀難叙畧
灉湏囊
記事畧
山城紀事明王開禧　抄本

啟禎剥復録
啟禎見聞録
啟禎野乘
啟禎野乘二集明鄒漪　康熙刻本
烈皇小識
崇禎遺録明王世德　抄本
崇禎長編
崇禎朝紀事
崇禎閣臣行畧明陳盟　抄本
先朝遺事明鄒之麟　抄本
三垣筆記
舊京遺事
留都見聞録明儲懋端　抄本
留都見聞録明吴應箕
幸存録
續幸存録
汰存録
柴庵憶記明吴甡　抄本
明季實録
慟餘雜記
棗林雜俎
荷鍤叢談
定陵注畧明文秉　抄本
先撥志始
兩朝從信録明沈國元　抄本
三朝實録明李遜之　抄本
三朝野記
三朝大議録
甲乙記政録續丙記政録續丁記政録新政明
徐肇台　崇禎刻本

四朝大政録
三朝要典明顧秉謙　天啟刻本
兩朝識小録
明名臣言行録明徐開任　康熙刻本
明朝小史
陸子史稿明陸圻　抄本
野史無文
玉光劍氣集明張怡　抄本
東林事畧明吴應箕　抄本
東林始末
東林點將録
東林同難録明楊坤　抄本
復社姓氏
復社紀畧
復社紀事明華渚　抄本

成仁譜
山陽録
思舊録
懷舊集
松陵文獻明潘檉章　康熙刻本
姑蘇名賢小記
姑蘇名賢續記
吉州人文紀畧明賴良鳴　康熙刻本
畿輔人物考
紹興鄉賢世次録明唐元經　順治刻本
中州人物考
楚寶
剖肝録
葉天寥自訂年譜
蕺山年譜

侯忠節公年譜
黄石齋年譜
法幢自訂年譜明林增志　抄本
金正希年譜
堵文忠公年譜
季重自叙年譜明王思任　順治刻本
自訂小寒山子年譜
陳子龍自訂年譜
查東山年譜
白雲道者自述明張怡　抄本
語嵩禪師語録
天工開物
無聲詩史
經國雄畧明鄭大郁　弘光刻本
玉堂薈記

談往
破夢閒談明沈壽世　抄本
嗇庵隨筆
薛諧孟筆記
祁忠敏公日記
韻石齋筆談
説夢
樵書明來集之　康熙刻本
南行偶筆明來集之　康熙刻本
書事七則
天香閣隨筆
鈍吟雜録
容膝居雜録
月蟬筆露
南吴舊話録

丙申日記明顧開雍　抄本
景船齋筆記
夢言佚名　抄本
闡義
太白劍
北遊録
山中聞見録
海濱外史
廣陽雜記
廣東新語
絳雲樓書目
汲古閣書目
百歲堂書目
明進士題名碑
明清史料甲乙丙丁戊己編

史料叢編
史料叢刊
林確齋文鈔明朱議霶　康熙刻本
史忠正公集
太古堂集明高弘圖　抄本
泊水齋文鈔
可經堂集明徐石麒　順治刻本
中丞詩集明練國事　崇禎刻本
撫江奏牘明何應瑞　崇禎刻本
劉蕺山集明劉宗周　康熙刻本
蘭雪堂集明王心一　順治刻本
傲雪堂集明申紹芳　抄本
賜誠堂集
寅清疏草明張元始　順治刻本
侯忠節公集

樸庵疏草 明姚思孝　順治刻本
燕園文集 明葛徵奇　順治刻本
夏文忠公遺稿 明夏允彝　抄本
秦弱水集
蘿石山房集
左忠貞公集
左忠貞公謄稿
卬否集 明梁以樟　康熙刻本
無他技堂稿 明蔣臣　順治刻本
六柳堂集 明袁繼咸　抄本
方孩未全集
作求堂集 明曾化龍　崇禎刻本
宜焚全稿督撫疏稿 明祁彪佳　抄本
祁忠惠公集
青霞館集 明吴麟瑞　抄本

澤畔吟 明周燦　順治刻本
太霞集選 明杜文煥　崇禎刻本
玄聞閣詩草 明申繽芳　抄本
文嘻堂集 明朱芾煌　康熙刻本
槐川堂留稿 明王夢鼎　抄本
靜遠堂集 明秦堈　順治刻本
亦園全集 明孫棐　順治刻本
吴吏部集 明吴本泰　順治刻本
春雨草堂集 明宮偉鏐　康熙刻本
勳卿文集 明范鳳翼　抄本
會秋堂文集 明宋曹　順治刻本
休那遺稿
青巖文集 明王之楨　抄本
明陽山房詩稿
雲液草 明陸奮飛　崇禎刻本

影園詩文稿明鄭元勳　乾隆刻本
官石人稿雪鴻洞續稿官撫辰
螢芝集明張明弼　順治刻本
濯足庵文集明張怡　抄本
穀園文集明楊彝　抄本
樸巢詩文選明冒襄　康熙刻本
王煙客集
山香集明馬壬玉　雍正刻本
假庵集明歸昌世　抄本
減庵文集明王挺　抄本
白茅堂集
瑶光閣集明黄端伯　乾隆刻本
葛中翰遺集
王湘客文集明王若之　順治刻本
幾亭全書明陳龍正　康熙刻本
王節愍公遺集
五石居詩鈔明陳紹英　抄本
雪屋集明孫永祚　順治刻本
錢仲子初集明錢默　崇禎刻本
河村文集
葛坡草堂集明韓國植　崇禎刻本
詠懷堂集
醒美堂集明水佳胤　崇禎刻本
拜環堂集明陶宗道　崇禎刻本
尊水園集畧明盧世潅　崇禎刻本
溯園文集明賈開宗　康熙刻本
黄漳浦集
路文貞公集
慤書敬日堂集明蔣德璟　崇禎刻本
甌安館集明黄景昉　崇禎刻本

友清堂文集明林欲楫　抄本
熊魚山先生文集
柴庵疏集明吴甡　弘光刻本
寶綸堂集明傅冠　崇禎刻本
謝文貞公集明謝德溥　康熙刻本
楊忠節公遺集
石倉詩文集明曹學佺　抄本
文直行書詩文選
緑雪樓集明熊明遇　順治刻本
葛司農遺集明葛寅亮　康熙刻本
雲隱堂詩集文集明張鏡心　康熙刻本
淨香池稿明賀世壽　崇禎刻本
靜儉堂集明熊化　順治刻本
瞻六堂集
叡專堂集明錢繼登　康熙刻本

曹宗伯集明曹勳　順治刻本
素園遺書
浪跡集明曹履泰　康熙刻本
空齋遺集明鄭賡唐　康熙刻本
保閒堂集續集
懸榻編明徐芳　康熙刻本
藏山閣外編
三垣疏稿
春浮園集明蕭士瑋　順治刻本
喻園集
安閩疏畧明陸青原　順治刻本
天傭子集
九煙先生遺集
容庵疏稿存稿明許令瑜　抄本
天愚山人詩文集明謝泰宗　康熙刻本

重編燹餘集
遠遊篇明周嬰　弘光刻本
長興伯遺集
天愚老人遺集明黄毓祺　抄本
金忠節公集
錦鱗詩集
墨山草堂集明萬元吉　抄本
陳節愍公奏議
洵美堂集
閣古古集
松龕疏稿存稿明錢嘉徵　康熙刻本
璞庵集
竹石居詩
懷古堂文集明胡時忠　順治刻本
淳村先生詩文集明曹元方　抄本

章柳州集明章世純　康熙刻本
此觀堂集明羅萬藻　康熙刻本
吴票中全集明吴玉爾　抄本
江止庵遺集明江天一　康熙刻本
肆雅堂集明孫臨　乾隆刻本
存遠齋詩草明胡甲桂　抄本
寒石先生文集
道山堂集明陳軾　康熙刻本
夏節愍公集
恥躬堂文集詩集明彭士望　康熙刻本
樹廬文鈔
蟫窩集明黄以陞　弘光刻本
亭林文集詩集餘集
六松堂文集
榆墩集明徐世溥　康熙刻本

陳士業先生集
雅似堂集
湘帆堂集明傅占衡　康熙刻本
寶綸堂集明陳洪綬
寒支初集二集
夕陽寮存稿明阮旻錫　抄本
王中祕集明王鳴雷　抄本
寶忠先生遺稿
樓山堂集
野獲園集明歐陽鉉　順治刻本
梁節愍公遺集明梁于涘　抄本
坻場集明曾益　弘光刻本
蓮鬚閣集
端明堂疏草明李覺斯　崇禎刻本
間古齋集明杜肇勳　順治刻本

虞山集明瞿式耜　抄本
瞿忠宣公集
邢襄題稿樞垣初刻
撫虔議草明李永茂　抄本
王文毅公詩文集
浮山文集明方以智　康熙刻本
郭些庵遺集明郭都賢　抄本
陳禮部存稿明陳子壯　崇禎刻本
陳文忠公遺集
石井山房文集明姜曰廣　抄本
二雲遺書明曾櫻　抄本
宛在堂集
何忠誠公遺書
堵文忠公集
章文毅公詩集

揭蒿庵先生集
内省齋文集
退思堂焚香日録明李陳玉　崇禎刻本
北燕巖集
大錯和尚遺集
二峯侍郎詩文集
石庵尚書詩文集
曹司馬集明曹燁　康熙刻本
客滇集明汪郊　抄本
姑山遺集明沈壽民　康熙刻本
嶧桐集
芑山文集
霜崖集
嶺海焚餘
徧行堂集

平水集明陳起相　抄本
張文烈公集
陳巖野先生全集明陳邦彦　康熙刻本
蹇愚集
張忠烈公遺集
王忠孝公全集明王忠孝　抄本
鈞璜堂存稿
涂子一杯水明涂伯昌　抄本
王大司馬遺詩明王熻　抄本
環中堂文集明方孔炤　抄本
金雙巖中丞集明金光宸　抄本
左侍御奏議
劉子長庵文集明劉泌　抄本
愛蓮軒集明劉蒞　抄本
素園遺稿

陶密庵詩文集
初學集
有學集
投筆集
延平二王集
中州草堂遺集
曾二懷遺書明曾植　抄本
吴大身先生遺集明吴灝之　乾隆刻本
青箱集明王貴德　抄本
居易軒詩文鈔
湫帚集明吴中蕃　抄本
東有堂集明萬日吉　順治刻本
澮生詩文鈔明高應雷　抄本
壺山集明陳孝威　康熙刻本
癡山集明陳孝逸　康熙刻本

寒木居詩鈔
明夷草明林溶　抄本
蔬堂詩文集明曹胤昌　抄本
方玉堂集
閬園四部稿明李明睿　康熙刻本
薑齋詩文集
田間詩集文集明錢秉鐙　康熙刻本
藏山閣稿
燕峯文鈔
孤雲亭文集明向文焕　抄本
石村文集明郭金臺　抄本
高霞堂集明車以遵　抄本
道援堂集明屈大均　康熙刻本
翁山詩集文鈔明屈大均　康熙刻本
翁山詩外文外

獨漉堂集
耳鳴集明王邦畿　崇禎刻本
海雪集箋
天叫集明陳佐才　抄本
元氣堂詩集文集明何吾騶　抄本
廓園集明毛壽登　抄本
張忠敏公集忠敏公遺文
孤忠遺稿
寒江集寒香集青精草青留草明陳函輝　崇禎刻本
小寒山子集明陳函輝　崇禎刻本
陳寒山子文
洞山文集明劉中藻　抄本
錢忠介公集
莞爾集明張肯堂　崇禎刻本

章格庵遺書明章正宸　抄本
天問閣集
張蒼水集
余忠節公遺文
王季重文集明王思任　崇禎刻本
十願齋集明吴鍾巒　順治刻本
蘆中全集明余颺　抄本
敬亭集
南雷文案文定文約
明鶴草堂集明林時對　抄本
在澗樓集明徐之垣　抄本
倘湖遺稿明來集之　康熙刻本
亦園集明孫棨　抄本
囊雲文集
兵垣奏議

安雅堂文集
陳忠裕公全集
知畏堂集明張采　崇禎刻本
敬修堂釣業
留庵詩文集明盧若騰　抄本
居易堂集海外遺稿明林垐　抄本
棄草文集二集明周之夔　抄本
蟛蜞集明林嵋　抄本
王侍郎遺著
馮侍郎遺書
妙遠堂集明王豐　抄本
柳潭遺集明王自超　康熙刻本
東農草堂文集明錢肅圖　抄本
擊鐵集明薛敬孟　康熙刻本
容庵詩集辛卯集文集明孫爽　康熙刻本

流覽堂殘稿明姜垓　抄本
悟香集霜鏡集辟塵集四課明陸賢　順治刻本
甲乙雜著
存笥草明錢爾登　順治刻本
蓮蕊居士詩選
林涵齋集
書帶草堂文集明鄭溱　康熙刻本
碩薖集清王禹謙　順治刻本
紫芝軒稿明祁班孫　順治刻本
惲遜庵先生遺稿
朱舜水文集
闇齋文集
爲可堂集明朱一是　康熙刻本
嫏嬛文集
張子文粃詩粃明張岱　抄本

續騷堂集
節必居遺稿明劉曙　抄本
吞月子集
留補堂集
一笑堂集明謝三賓　康熙刻本
賜餘堂集
銓曹奏畧明李日宣　崇禎刻本
春星草堂集明杜士全　崇禎刻本
餘廉堂集明吴履中　康熙刻本
留垣奏議
黄侍御疏稿明黄宗昌　康熙刻本
王少司馬奏議明王家禎　順治刻本
漕撫奏疏明郭尚友　天啟刻本
答問草明郭尚友　萬曆刻本
鄭中丞益樓集明鄭二陽　崇禎刻本

賜閑堂集明王象晋　順治刻本
隴首集明王與胤　順治刻本
翠筠亭集明石文器　順治刻本
華榕外集西湖行吟詩駢剩語草角逸言明曾隨瑒　崇禎刻本
堆山先生文集
霞上緒言明汪珂玉　抄本
蓮山堂集
拙存堂逸稿明冒起宗　順治刻本
心遠堂集明王永積　康熙刻本
龍溪集明趙士亮
農山文集明卓爾康　抄本
浪泊甲乙集明龔立本　抄本
蘧廬稿選明韓上桂　天啟刻本
天益草堂遺集明馮元仲　康熙刻本

孫忠靖公集
蔡忠烈公遺集
楊文弱集
陳忠貞公集
黄陶庵集
陸桴亭先生遺書
確庵文鈔續鈔
愧訥集
偶然云集
愚庵小集
一木堂集明黄生　康熙刻本
谷簾先生集
甌香館集
織簾居文集明顧夢麟　乾隆刻本
十峯草堂集明錢肅潤　抄本

吴赤溟先生文集
力田遺稿
觀物廬焚餘稿明潘檉章　抄本
西廬文鈔
聖雨齋集
真冷堂集
茂緑軒集
獨善堂集
古調堂集明張養重　康熙刻本
舟車集
白田文集明王巖　抄本
陋軒集
邵山人詩集
居易堂集
春草閒房詩文集明金俊明　抄本

曉庵詩文集
歸玄恭文鈔續鈔
卧龍山人集明葛芝
愚谷詩稿明徐開任　抄本
鈍吟全集
鶴鳴堂集
江泠閣集
蜕草疣草紅牙集明賀裳　康熙刻本
嵞山集明方文　康熙刻本
隰西草堂集
青巖詩文集明許楚　康熙刻本
晚聞堂集
陪集明方中通　康熙刻本
種書堂遺稿明查士標　乾隆刻本
三峯文集明萬應隆　雍正刻本

石臼集
香草堂集明龔賢　康熙刻本
平庵詩集明李沛
鸞嘯堂詩文集明李沂　康熙刻本
酩酊堂集明陸廷掄　康熙刻本
一老庵文鈔近稿
桐庵文稿
陶園删定詩集文集明徐晟　康熙刻本
懷古堂詩選明楊炤　順治刻本
徐元歎先生殘稿
塔影園集
霜猿集玉沙集明周同谷　抄本
鴻逸堂稿明王艮　康熙刻本
葵園集明呼谷　抄本
默庵遺稿

溪亭集明嚴衍　抄本
采隱草傍秋庵文集
釋柯集南村稿明蕭詩　康熙刻本
吴日千先生集
繡江集明范樹鏃　抄本
詠歸堂集
輞川詩鈔明王澐　抄本
藏密齋文集明朱二采　抄本
冰雪吟明張以謙　稿本
焉文堂集明黄家舒　抄本
晴江閣文集
南村集
木崖集明潘江　康熙刻本
餘生詩稿明戴本孝　康熙刻本
天經堂集明余藩卿　康熙刻本

街南文集續集明吴肅公　康熙刻本
高雪堂集明王環石　康熙刻本
悟秋草堂集
觀復堂集
仁節先生集明陶琰　抄本
寒香館遺稿
吴不官詩集
甓湖草堂文集近集明吴世式　康熙刻本
林古度詩選明林古度　康熙刻本
即庵詩文集
南窗草存文存明薛鎔　康熙刻本
大江集二集明陳衍　崇禎順治刻本
嘯碧樓集明戴揚烈　康熙刻本
雪僧詩稿明潘遠　抄本
天潮閣詩文集

擔當遺詩
脈望齋詩草 明劉聯聲 抄本
賴義士集
夏峯先生集
紫峯集
用六集
五公山人集 明王餘佑 康熙刻本
張子詩選
聰山文集
花王閣賸稿 明紀坤 抄本
秋壑吟 明李孔昭 乾隆刻本
楊園集
乾初先生集 明陳確 抄本
潛齋先生集 明應撝謙 康熙刻本
繭窩雜稿 明沈昀 康熙刻本

省軒文鈔翼雲山人文鈔
學園集 明沈起 抄本
待軒遺集 明張次仲 崇禎刻本
祇欠庵集
拜鵑堂集 明潘問奇 康熙刻本
白雲集 明張賁 乾隆刻本
威鳳堂偶録 明陸圻 康熙刻本
思古堂集潠書
東江草堂集 明沈謙 康熙刻本
采菽堂詩集 明陳祚明 康熙刻本
稽留山人集 明陳廷會 康熙刻本
徐孝先詩
孫宇台集 明孫治 康熙刻本
燹餘稿 明陸彥龍 康熙刻本
茗齋集

采山堂集
蜃園集
蕭林集明錢棻　康熙刻本
董若雨詩文集明董説　抄本
旅堂詩文集
雁樓集明徐士俊　康熙刻本
南肅堂申酉集明李式玉　康熙刻本
霞舉堂全集明王晫　康熙刻本
張秦亭文集明張丹　康熙刻本
十笏齋詩鈔明徐繼恩　康熙刻本
辛齋詩鈔明陸嘉淑　康熙刻本
谷水集明胡夏客　雍正刻本
賁趾山房集明陸啟浤　康熙刻本
謙齋文集明蔡仲光　乾隆刻本
歲星堂文集明徐緘　康熙刻本

斯友堂集
固亭遺稿明朱用調　康熙刻本
春酒堂文集
杲堂文鈔續鈔
石園文集
雪翁詩集
愚囊稿
惢泉文恒明聞性道　康熙刻本
莽蒼園文稿
祝子遺書
息賢堂集
嚴逸山先生文集明嚴書開　康熙刻本
謝程山遺書
楷園文集明孔鼎　康熙刻本
仰止堂集明鄧履中　康熙刻本

半庵文稿明李騰蛟　康熙刻本
草亭文集明彭任　康熙刻本
丘邦士全集
四炤堂集
愛琴館集願學集明陳允衡　抄本
水田居士文集
懷葛堂集
榴館初函集選
虎溪漁叟集明劉命清　抄本
竹裕園筆語明李日滌　抄本
犀崖文集雲湖草堂集明易學實　乾隆刻本
石莊先生集明胡承諾　康熙刻本
藕灣全集明張仁熙　抄本
變雅堂集
些山集

周藿園集明周士儀　康熙刻本
瀨園文集明嚴首昇　順治刻本
之溪老生集明先著　康熙刻本
蒯緱館文集
千山詩集明韓宗騋　抄本
大樗堂集
紀夢編年
咸陟堂集
選選樓遺詩明岑徵　康熙刻本
丹九遺稿明林際亨
遥峯閣集
羽飛文集明胡奉旍　抄本
霜紅龕集
桑松風集
蒿庵集

觀物齋詩文集明趙士喆
徐稽庵詩選明徐夜　康熙刻本
織齋文集明李焕章
放鶴園草
東海集
峒齋偶存
古調堂初集明馬之驦　順治刻本
二曲集
艾陵文鈔
砥齋文集
槲葉集
溉堂全集
二楞庵詩卷明通潤　康熙刻本
寄巢詩明道源
懶齋别集明通門　康熙刻本

完玉堂詩集明元憬　順治刻本
南來堂集
瞎堂詩集
光宣臺集
个山集
海棠居稿
殘明册府拾遺明金邦柱　抄本
列朝詩集
吾炙集
啟禎二朝遺詩明陳濟生　順治刻本
同人集
文瀫明錢肅潤　順治刻本
離憂集
懷舊集
龍眠風雅明潘江

詩持
同岑初集
明文海明黄宗羲　抄本
明文授讀
姚江逸詩
詩慰明陳允衡　康熙刻本
過日集

以上明人撰述

明史稿
明書
明史
綱目三編
明紀
明紀輯畧
明通鑑

楚詩紀
姜貞毅先生挽章
二介文集
鎌山草堂詩合鈔明王光承　王光烈　抄本
三異人集明林説　林尊賓　紀許國　康熙刻本
綏安二布衣詩鈔明丁之賢　朱國漢　康熙刻本
寧都三魏集

明季事畧述注清張軾　抄本
小腆紀
小腆紀年
南明綱目
爝火録
明季北畧南畧
五藩實録

大清實録
南疆逸史
南疆繹史
南天痕
汗青録佚名　抄本
明末忠烈紀實清徐秉義　抄本
明名臣盡節録佚名　抄本
殷頑録清楊陸榮　康熙刻本
續徵獻録清曹溶　康熙刻本
殘明表忠録佚名　抄本
重麟玉册佚名　抄本
忠義録隱逸録清朱溶　抄本
續表忠記二續表忠記清盧宜　康熙刻本
史外
留溪外傳

勝朝殉節諸臣録
成仁集清賀儀　抄本
闡幽彙記清馬樹華　抄本
小腆紀傳
勝國傳畧清沈梅史　抄本
明逸史殘鈔佚名　抄本
皇明遺民傳
明紀本末國書
明史紀事本末
續明紀事本末
四藩本末
三藩紀事本末
殘明大統曆
殘明宰輔年表
三朝閏餘年表佚名　抄本

明督撫年表
殘明百官簿佚名　抄本
明季湖南殉節諸臣傳清鄧顯鶴　抄本
越殉義傳清陶亦魯　乾隆刻本
明季見聞輯録佚名　抄本
夢言佚名　抄本
清史稿
四王合傳
東華録
滿名臣傳
漢名臣傳
宗室王公表傳
儒林傳
文苑傳
貳臣傳

逆臣傳
清史列傳
聖武記
國朝耆獻類徵
國朝學案小識
文獻徵存録
漢學師承記
碑傳集
疇人傳
畫徵續録
聖安排日事跡佚名　抄本
南都大畧清沈鳴　抄本
福王小史佚名　抄本
二王紀佚名　抄本
人妖紀佚名　抄本

福人録佚名　抄本
金陵紀事佚名　抄本
江表遺事清許尚質　抄本
南都藎言録佚名　抄本
勝朝殉揚録
揚州殉難觚
揚城殉難録
平吴事畧
海虞被兵記
七峯遺編
海角遺編
虞書
商州司馬事畧清顧師軾　抄本
歷年記
乙酉紀事

王席門雜記
江上遺聞
江陰守城記
江陰殉難實跡清李維漢　抄本
江陰節義畧
愚忠録佚名　抄本
孤忠後録清祝純嘏　抄本
江陰忠義恩旌録
臨安旬制記
隆武遺事
東南紀事
乙酉涇城紀事清左冕　抄本
戴重事録
蘇爵輔事畧
蔣大鴻小傳

劉公旦死義記
存信編清沈佳　抄本
西南紀事
粤滇紀畧清九峯居士　抄本
刦灰録
見聞隨筆
湘潭脱難録
龍南紀事佚名　抄本
定南紀事佚名　抄本
安龍本末
滇緬録佚名　抄本
庭聞録
楊忠文先生實録
忠文靖節編
李氏三忠事跡考證

詹忠節公傳
牧齋遺事
平南王元功垂範清尹源進　康熙刻本
滇粹
魯監國載記清彭穎　抄本
魯之春秋清李聿求　稿本
螳臂録清丁業　抄本
明季正氣録清張廷琛　抄本
及闕編清朱觀賓　抄本
成仁録清郭肇昌　抄本
明季海寧殉節始末佚名　抄本
閩海見聞録清陳睿思　抄本
莆變小乘清陳鴻　抄本
舟山紀畧
東村紀事

六經堂遺事
平定浙東紀畧清王自遠　抄本
延平始末佚名　抄本
臺灣鄭氏始末
延平忠節王始末
臺灣外紀
海紀輯要
臺灣紀畧
臺灣通史
閩中紀畧
榕城紀聞清海外散人　抄本
金壇公是録
金壇獄案
辛丑紀聞
至誼堂實紀清李鍾準　康熙刻本

梁宫保壯猷紀清吴偉業　順治刻本
平定海寇紀畧
僞鄭遺事
海寇記
靖海記
靖海紀事
平閩記
江浙兩大獄案録佚名　抄本
文字獄檔案
范氏記私史事佚名　抄本
莊氏史案本末佚名　抄本
老父雲遊始末
平定三逆方畧
平吴録
吴逆始末記

甲乙史佚名　抄本
綏史佚名　抄本
綏寇紀畧
續編綏寇紀畧
鹿樵紀聞
國變難臣鈔
甲申北都覆歿遺聞清黄巍赫　抄本
甲申野史彙鈔清全祖望　抄本
甲申朝事小記佚名　抄本
甲申滄州紀事
歷年城守記
僞官據城記
馘闖小史
豫變紀畧
大梁城守記

張獻忠本末
蘄黄四十八寨紀事
雅安追記
後鑒録
蜀碧
客滇述
蜀破鏡
井蛙雜記
蜀龜鑑
交山平寇本末
崇禎雜録
山書清孫承澤　抄本
二申野録
崇禎五十宰相傳
東林紀事本末

東林列傳
東林別乘
社事始末
復社姓氏補録
復社姓氏傳畧
望社姓氏考
帝里明代人文畧
金陵通紀
金陵通傳
吴郡名賢圖傳贊
國朝甫里人物志清徐達源　抄本
同里先哲志續清章夢陽　抄本
虞邑先民事畧清王慶藻　抄本
婁東耆舊傳清程邃　抄本
彭城錢氏文傳

太原王氏傳畧佚名　抄本
宜興鄉評備考清楊懷遠　抄本
桑梓見聞録
邗記
廣陵事畧
寶應耆舊傳
昭陽述舊
梓里舊聞
續南宫舊德録
桐城耆舊傳
八閩人物志清吴鳳擧　抄本
滇事總録
滇小記
滇雲歷年傳
明滇南遺民録

滇南碑傳集
滇繹
大清畿輔先哲傳
海寧鄉賢録
嘉禾徵獻録
烏青文獻
甬東正氣集
國朝天台耆舊傳
東越儒林傳
金華徵獻畧
湖北舊聞録
湖北詩徵傳畧
船山師友記
勝朝粵東遺民録
廣州鄉賢傳

明季東莞五忠傳
中宿文獻録彙編 清白熾勳 抄本
昭忠録 清白熾勳 朱昶 抄本
明季潮州忠逸傳
中州先哲傳
南陽人物志
甘寧青大事記
大越史記
申氏世譜
丹陽荆氏宗譜
無錫華氏宗譜
泰興朱氏宗譜
白洋朱氏宗譜
餘姚姜氏宗譜
餘姚朱氏宗譜

慈谿孫氏宗譜
冒嵩少憲副年譜
劉忠介公年譜
奉常公年譜
華節愍公年譜
冒巢民徵君年譜
顧亭林先生年譜
白耷山人年譜
何忠誠公編年紀畧
先考田間府君年譜
王船山年譜
牧齋先生年譜
鄭成功年譜
徐俟齋年譜
萬年少年譜

鄭桐庵先生年譜
歸玄恭年譜
張楊園年譜
李蜃園年譜
張鐵橋年譜
孫徵君年譜
閱世編
消夏聞記清顧公燮　抄本
研堂見聞雜記
瑣聞録別録
秋燈録
野老漫談佚名　抄本
五石瓠
觚賸
柳南隨筆

蓴鄉贅筆
今世説
松下雜鈔
寄園寄所寄
仁恕堂筆記
曠園雜志
緒南筆譚
花笑庼雜筆
履園叢話
微尚録
發幽録
吹網録
鷗陂漁話
稗史助談
薈蕞編

越縵堂日記
嶺海見聞
嶺海叢述
洱海叢談
旅滇聞見隨筆
霞外攟屑
骨董續記
楚庭稗珠
千頃堂書目
禁書總目
違礙書目
銷毀抽毀書目
培林堂書目
經義考
華延年室題跋

二十二史劄記
玉山朱氏遺書
擬山園選集清王鐸　康熙刻本
息齋集金文通公集清金之俊　順治康熙刻本
菉居文集清張縉彦　崇禎刻本
梅村家藏稿
雪堂先生文集清熊文舉　順治刻本
大中丞苗晋侯先生文集清苗胙工　順治刻本
薪齋集二集清吕陽　崇禎順治刻本
石園全集清李元鼎　康熙刻本
棲雲閣集
青溪遺集
石雲居文集清陳名夏　順治刻本
東村集清李呈祥　順治刻本
抱真堂稿清宋徵璧

林屋文稿清宋徵輿　抄本
讀史亭文集
李勤襄公撫督秦蜀奏議
孟忠毅公奏議
張襄壯公奏議
怡曝堂集清蔣鳴玉　順治刻本
學古堂集清韓詩　順治刻本
知還堂集清李芳蘊　康熙刻本
楚村詩文集清丘石常　康熙刻本
丁野鶴集清丁耀亢　康熙刻本
醉白堂集
清止閣集清趙進美　康熙刻本
香草堂集清劉自燁　康熙刻本
與袁堂集清陳殿桂　康熙刻本
瀑音碧桃箋逸存清苗蕃　崇禎刻本

貽安堂詩集文集清金漸皋　抄本
遯園文鈔清李贊元　康熙刻本
秋水集
睡隱堂集
青箱堂文集
西河全集
壯悔堂集
西北之文
改亭文集清計東　康熙刻本
吕晚村文集清吕留良　雍正刻本
安雅堂文集清宋琬　順治康熙刻本
湖海樓集
張文貞公集
鈍翁類稿
居業堂集

有懷堂存稿
健松齋集清方象瑛　康熙刻本
讀書堂全集
受祺堂文集
尤全堂全集
方望溪文集
鈍齋文集清方孝標　抄本
西陂類稿
遂初堂集
南山集
杜溪先生文集
午亭文編
帶經堂集
愚山全集
青門類稿

桂留堂集
大觀堂集
寒松堂全集
六瑩堂集
海日堂集
梧園文集清吴農祥　抄本
果堂文集
西溟文集
秋錦山房集
安序堂文鈔
寒村詩文選清鄭梁　乾隆刻本
七頌堂文集
鐵莊文集
願學堂文集
卧象山房文集

託素齋文集
己畦文集
解春集
四照堂集清盧紘
遯庵文集
在陸草堂集
存研樓文集
汲亭文鈔
强恕齋文鈔
栩栩齋集
賀天山文集
惜抱軒集
梅崖居士集
筠庵文集
句餘土音

鮚埼亭集
第六絃溪集
邃懷堂集
道榮堂集
蓮龕集
二十七松堂文集
名山藏清葛筠
學文堂集
乘餘集
依歸草
思復堂文集
小峴山人文集
南村草堂文鈔
秋室先生集
鐵橋漫稿

天岳山館文鈔
朱九江先生集
𪆀麟堂稿
秋思草堂遺集
遺愁集
明詩綜
明詩別裁
明詩紀事
國朝詩別裁
天下名家詩觀初二集清鄧漢儀　乾隆刻本
四百家遺民詩
晚晴簃清詩滙
江蘇詩徵
國朝金陵文鈔
金陵詩徵

京江耆舊集
曲阿詩綜
錫山文集
梁溪文鈔
梁溪詩鈔
江上詩草
七十二峯足徵集
松陵詩徵
婁水文徵
婁東詩派
明練音練音續集
清練音初集
嘉定詩鈔
松風餘韻
松江詩鈔

青浦詩傳
廣陵詩事
揚州足徵録
白田風雅
海陵文徵
五山耆舊集
崇川詩集
崇川詩鈔彙存
桐舊集
宛雅
小山嗣音
全閩明詩傳
莆風清籟集
射鷹室詩話
滇南文畧

滇南詩畧
滇詩拾遺
滇詞叢録
永昌府詩文徵
畿輔詩傳
兩浙輶軒録
國朝杭郡詩輯
檇李詩繫
國朝湖州詩録
越風
諸暨詩存
續甬上耆舊詩
三台詩録
金華詩録
縉雲文徵

江西詩徵
南昌文徵詩徵
永新詩徵
廣濟耆舊詩集
湖南文徵
常德文徵
沅湘耆舊集
資江耆舊集
蜀明詩選
國朝全蜀詩鈔
蜀雅
廣東文獻
粤東詩海文海
嶺南詩鈔
粤臺徵雅録

南海百咏續編
海雲禪藻集
黔詩紀略
黔詩粹
播雅
黔風舊聞録

以上清人撰述

萬曆大明一統志
嘉慶大清一統志
乾隆江南通志
近代江蘇通志稿
嘉慶江寧府志
光緒江寧府志
乾隆蘇州府志
嘉慶蘇州府志

國朝山右詩存
山左明詩鈔
國朝山左詩鈔
即墨詩乘
中州文徵
中州詩鈔

同治蘇州府志
光緒松江府志
康熙常州府志
乾隆鎮江府志
光緒淮安府志
嘉慶揚州府志
同治揚州府志
同治徐州府志

嘉慶太倉直隸州志
嘉慶海州直隸州志
弘光州乘資
光緒通州直隸州志
光緒海門廳圖志
同治上元江寧縣合志
光緒句容縣志
光緒溧水縣志
光緒高淳縣志
光緒江浦稗乘
光緒六合縣志
乾隆吴縣志
近代吴縣志
乾隆長洲縣志
乾隆元和縣志

光緒崑新兩縣合志
光緒常昭合志稿
近代常熟縣志
乾隆吴江縣志
光緒吴江縣續志
乾隆震澤縣志
光緒華亭縣志
乾隆婁縣志
光緒婁縣續志
光緒奉賢縣志
光緒金山縣志
光緒川沙廳志
同治上海縣志
近代上海縣續志
近代南滙縣志

光緒青浦縣志
光緒武進陽湖縣合志
光緒武陽志餘
嘉慶金匱縣志
光緒無錫金匱縣志
光緒江陰縣志
近代江陰縣續志
道光宜興荆溪合志
光緒宜興荆溪縣新志
光緒靖江縣志
光緒丹徒縣志
近代丹徒縣續志
光緒丹徒縣志摭遺
近代丹陽縣志
嘉慶溧陽縣志

光緒溧陽縣續志
近代金壇縣志
宣統山陽縣志
光緒阜寧縣志
光緒鹽城縣志
近代鹽城縣志
光緒清河縣志
光緒安東縣志
近代泗陽縣志
光緒江都縣志
光緒甘泉縣志
道光儀徵縣志
光緒高郵州志
咸豐興化縣志
道光寶應縣志

近代寶應縣志
道光泰州志
嘉慶東臺縣志
近代銅山縣志
嘉慶蕭縣志
同治蕭縣續志
乾隆碭山縣志
光緒豐縣志
近代沛縣志
咸豐邳州志
同治宿遷縣志
光緒睢寧縣志稿
近代太倉州鎮洋縣志
州乘備采　抄本
壬癸志稿

光緒嘉定縣志
近代嘉定縣續志
光緒寶山縣志
近代寶山縣續志
光緒崇明縣志
光緒贛榆縣志
近代贛榆縣續志
康熙沭陽縣志
道光如皋縣志
同治如皋縣續志
光緒泰興縣志
吴門表隱
吴門補乘
百城煙水
太湖備考

甫里志
陳墓志
周莊鎮志
澉墅關志
木瀆志
光福志
洞書　抄本
汾湖志
平望志
同里志
黎里志
盛湖志
儒林六都志　抄本
湖隱外史
淞南志續志

真義志　抄本
唯亭志
五茸志逸　抄本
滬城備考
黄渡鎮志
張堰志
干巷志
朱涇志
蒸里志
安亭志
錫金考乘
錫金識小録
泰伯梅里志
瓜洲志續志
寶應縣圖經

新瀏河志
崇川咫聞録
攝山志
寶華山志
靈巖志畧
鄧尉山聖恩寺志
馬蹟山志
東林書院志
五畝園志
光緒安徽通志
近代安徽通志
康熙安慶府志
道光徽州府志
嘉慶寧國府志
乾隆池州府志

乾隆太平府志
嘉慶廬州府志
光緒續修廬州府志
光緒鳳陽府志
乾隆潁州府志
光緒滁州直隸州志
光緒和州直隸州志
光緒廣德直隸州志
同治六安直隸州志
光緒泗虹合志
近代懷寧縣志
道光桐城縣志
近代潛山縣志
近代太湖縣志
近代宿松縣志

乾隆望江縣志
近代歙縣志
道光休寧縣志
光緒婺源縣志
同治祁門縣志
嘉慶黟縣志
道光黟縣續志
嘉慶績溪縣志
光緒宣城縣志
道光涇縣志
近代南陵縣志
近代寧國縣志
嘉慶旌德縣志
道光旌德縣續志
嘉慶太平縣志

光緒貴池縣志
光緒青陽縣志
乾隆銅陵縣志
近代石埭縣志
宣統建德縣志
嘉慶東流縣志
乾隆當塗縣志
近代蕪湖縣志
康熙繁昌縣志
嘉慶合肥縣志
光緒廬江縣志
光緒續修舒城縣志
嘉慶無爲州志
道光巢縣志
乾隆鳳陽縣志

嘉慶懷遠縣志
光緒定遠縣志
光緒壽州志
光緒鳳臺縣志
光緒宿州志
乾隆靈璧縣志畧
道光阜陽縣志
同治潁上縣志
同治霍丘縣志
光緒亳州志
近代太和縣志
近代蒙城縣志
近代渦陽縣志
近代全椒縣志
道光來安縣志
乾隆含山縣志
康熙建平縣志
近代英山縣志
光緒霍山縣志
光緒盱眙縣志稿
康熙天長縣志
光緒五河縣志
歷陽典録
黄山志
道光福建通志
近代福建通志
乾隆福州府志
乾隆泉州府志
光緒漳州府志
同治延平府志

康熙建寧府志
光緒邵武府志
乾隆汀州府志
乾隆福寧府志
康熙臺灣府志
乾隆永春直隸州志
道光龍巖直隸州志
同治淡水直隸廳志
光緒澎湖直隸廳志
近代閩侯縣志
同治長樂縣志
乾隆福清縣志
近代連江縣志
道光羅源縣志
乾隆古田縣志

光緒屏南縣志
近代閩清縣志
近代永福縣志
乾隆莆田縣志
乾隆仙遊縣志
道光金門志
道光晋江縣志
康熙南安縣志
道光惠安縣志
乾隆安溪縣志
近代同安縣志
道光厦門志
乾隆龍溪縣志
光緒漳浦縣志
乾隆銅山志 抄本

乾隆南靖縣志
近代長泰縣志
康熙平和縣志
康熙詔安縣志
乾隆海澄縣志
近代雲霄縣志
近代南平縣志
道光順昌縣志
乾隆將樂縣志
近代沙縣志
乾隆尤溪縣志
道光永安縣志
近代建甌縣志
道光建陽縣志
嘉慶崇安縣志

光緒浦城縣志
近代松溪縣志
近代政和縣志
咸豐邵武縣志
光緒光澤縣志
近代建寧縣志
乾隆泰寧縣志
光緒長汀縣志
近代寧化縣志
康熙清流縣志
康熙歸化縣志
乾隆連城縣志
同治上杭縣志
康熙武平縣志
道光永定縣志

近代霞浦縣志
光緒福鼎縣志
光緒福安縣志
乾隆寧德縣志
康熙壽寧縣志
近代平潭縣志
乾隆德化縣志
乾隆大田縣志
道光漳平縣志
光緒寧洋縣志
嘉慶臺灣縣志
乾隆鳳山縣志
道光彰化縣志
感豐噶瑪蘭廳志
康熙諸羅縣志

臨汀彙考
鼓山志
武夷山志
道光雲南通志
光緒雲南通志
光緒續雲南通志稿
近代雲南通志
康熙雲南府志
嘉慶臨安府志
道光徵江府志
道光廣南府志
道光開化府志
乾隆東川府志
光緒東川府續志
光緒普洱府志

康熙大理府志
康熙楚雄府志
光緒鎮南府志
光緒永昌府志
光緒順寧府志
光緒麗江府志
乾隆廣西府志
康熙武定府志
康熙元江府志
光緒鎮雄直隸州志
光緒永北直隸廳志
乾隆景東直隸廳志
道光昆明縣志
雍正富民縣志
近代宜良縣志

近代晋寧縣志
光緒呈貢縣志
雍正安寧州志
光緒羅次縣志
康熙禄豐縣志
道光昆陽州志
康熙易門縣志
光緒嵩明州志
咸豐南寧縣志
光緒霑益州志
近代陸涼縣志
近代羅平縣志
雍正馬龍州志
道光尋甸州志
光緒平彝縣志

近代宣威縣志
近代建水縣志
近代石屏縣志
嘉慶阿迷州志
康熙寧州志
道光通海縣志
乾隆河西縣志
康熙嶍峨縣志
乾隆蒙自縣志
近代蒙自縣志稿
道光新平縣志
康熙河陽縣志
近代江川縣志
乾隆新興州志
近代路南縣志

康熙師宗州志
乾隆彌勒州志
近代恩安縣志
道光威遠廳志
康熙廣通縣志
近代定遠縣志
康熙南安州志
光緒姚州志
道光大姚縣志
康熙黑鹽井志
乾隆琅鹽井志
光緒白鹽井志
乾隆元謀縣志
近代祿勸縣志
近代大理縣志稿

道光趙州志
光緒雲南縣志
咸豐劍川州志
光緒浪穹縣志
雍正賓川縣志
光緒雲龍州志
光緒鶴慶州志
康熙劍川州志
光緒騰越廳志
康熙雲州志
近代昭通縣志
近代龍陵縣志
滇考
滇繫
雲南備徵志

雞足山志
光緒畿輔通志
光緒順天府志
光緒保定府志
光緒永平府志
乾隆河間府志
光緒天津府志
乾隆正定府志
乾隆順德府志
光緒廣平府志
咸豐大名府志
乾隆宣化府志
光緒遵化通志
乾隆易州直隸州志
光緒直隸趙州志

光緒趙州屬邑志
道光深州直隸州志
道光直隸定州志
近代良鄉縣志
咸豐固安縣志
光緒永清縣志
近代安次縣志
康熙香河縣志
光緒通州志
乾隆三河縣志
乾隆武清縣志
乾隆寶坻縣志
光緒寧河縣志
光緒昌平州志
康熙順義縣志

近代密雲縣志
康熙懷柔縣志
近代涿縣志
近代房山縣志
近代霸縣志
近代文安縣志
光緒大城縣志
康熙保定縣志
道光薊州志
近代平谷縣志
同治清苑縣志
乾隆滿城縣志
乾隆安肅縣志
近代徐水新志
光緒定興縣志

光緒新城縣志
光緒唐縣志
乾隆博野縣志
乾隆望都縣志
光緒容城縣志
雍正完縣志
光緒蠡縣志
近代雄縣新志
乾隆祁州舊志
光緒祁州續志
嘉慶束鹿縣志
雍正高陽縣志
乾隆新安縣志
康熙盧龍縣志
同治遷安縣志

光緒撫寧縣志
同治昌黎縣志
光緒灤州志
光緒樂亭縣志
近代臨榆縣志
乾隆河間縣志
近代獻縣志
雍正阜城縣志
乾隆肅寧縣志
乾隆任丘縣志
道光任丘續志
近代交河縣志
光緒寧津縣志
乾隆景州志
光緒吴橋縣志

光緒東光縣志
光緒故城縣志
同治天津縣志
同治静海縣志
光緒青縣志
乾隆滄州新志
光緒南皮縣志
近代鹽山新志
咸豐慶雲縣志
光緒正定縣志
光緒井陘縣志
光緒獲鹿縣志
光緒元氏縣志
同治靈壽縣志
同治欒城縣志

咸豐平山縣志
同治阜平縣志
乾隆行唐縣志
光緒贊皇縣志
近代晋縣志
光緒無極縣志
光緒藁城縣志
光緒新樂縣志
光緒邢臺縣志
乾隆沙河縣志
道光沙河續志
光緒南和縣志
同治平鄉縣志
光緒巨鹿縣志
近代廣宗縣志

光緒唐山縣志
道光内丘縣志
近代任縣志
光緒永年縣志
同治曲周縣志
同治肥鄉縣志
乾隆雞澤縣志
唐熙廣平縣志
乾隆邯鄲縣志
近代成安縣志
近代威縣志
近代清河縣志
同治磁州志
同治元城縣志
乾隆大名縣志

光緒南樂縣志
近代清豐縣志
乾隆東明縣志
光緒開州志
嘉慶長垣縣志
同治增續長垣縣志
雍正魏縣志
光緒玉田縣志
光緒豐潤縣志
光緒淶水縣志
光緒廣昌縣志
乾隆冀州志
近代冀縣志
光緒南宫縣志
近代新河縣志

嘉慶棗强縣志
同治武邑縣志
乾隆衡水縣志
乾隆柏鄉縣志
乾隆隆平縣志
嘉慶高邑縣志
康熙臨城縣志
近代寧晋縣志
光緒深州風土記
道光武强縣志重修
乾隆饒陽縣志
康熙安平縣志
同治深澤縣志
光緒曲陽縣志
道光萬全縣志

近代宣化新志
乾隆赤城縣志
康熙龍門縣志
光緒懷來縣志
光緒蔚州志
同治西寧縣志
光緒懷安縣志
光緒保安州志
光緒延慶州志
雍正浙江通志
光緒杭州府志
光緒嘉興府志
同治湖州府志
光緒寧波府志
乾隆紹興府志

光緒台州府志
光緒金華府志
康熙衢州府志
光緒嚴州府志
乾隆温州府志
光緒處州府志
光緒定海直隸廳志
光緒玉環直隸廳志
光緒錢塘縣志
康熙仁和縣志
乾隆海寧州志
海昌備志
光緒海寧州志稿
光緒富陽縣志
嘉慶餘杭縣志

光緒餘杭縣志稿
宣統臨安縣志
近代於潛縣志
近代新登縣志
近代昌化縣志
光緒嘉興縣志
康熙秀水縣志
光緒嘉善縣志
海鹽縣續圖經
光緒海鹽縣志
光緒石門縣志
光緒平湖縣志
咸豐當湖外志
光緒桐鄉縣志
光緒烏程縣志

乾隆歸安縣志
同治長興縣志
近代德清縣志
道光武康縣志
同治安吉縣志
光緒孝豐縣志
光緒鄞縣志
近代鄞縣通志
光緒慈谿縣志
光緒奉化縣志
光緒鎮海縣志
近代象山縣志
近代南田縣志
近代定海縣志
嘉慶山陰縣志

康熙會稽縣志
近代蕭山縣志
宣統諸暨縣志
光緒餘姚縣志
光緒上虞縣志
同治嵊縣志
近代新昌縣志
康熙臨海縣志
光緒黄巖縣志
康熙天台縣志
光緒仙居縣志
同治寧海縣志
嘉慶太平縣志
光緒太平縣續志
光緒金華縣志

光緒蘭谿縣志
道光東陽縣志
嘉慶義烏縣志
光緒永康縣志
嘉慶武義縣志
光緒浦江縣志稿
近代湯谿縣志
嘉慶西安縣志
近代龍遊縣志
同治江山縣志
光緒常山縣志
光緒開化縣志
近代建德縣志
光緒淳安縣志
乾隆桐廬縣志

近代遂安縣志
近代壽昌縣志
光緒分水縣志
光緒永嘉縣志
嘉慶瑞安縣志
光緒樂清縣志
近代平陽縣志
同治泰順分疆録
近代麗水縣志
光緒青田縣志
光緒縉雲縣志
近代松陽縣志
光緒遂昌縣志
光緒龍泉縣志
光緒慶元縣志

咸豐雲和縣志
光緒宣平縣志
同治景寧縣志
塘棲志
楓涇志
湖録
南潯鎮志
新塍志
菱湖志
烏青鎮志
四明談助
溪山見聞雜録
岱山志
成仁祠録
柯山小志

天台山志
孤嶼志
康熙西江志
光緒江西通志
同治南昌府志
同治饒州府志
同治廣信府志
同治南康府志
同治九江府志
同治建昌府志
光緒撫州府志
同治臨江府志
光緒吉安府志
同治瑞州府志
同治袁州府志

同治贛州府志
同治南安府志
光緒南安府志補正
道光寧都直隸州志
同治南昌縣志
同治新建縣志
同治豐城縣志
同治進賢縣志
同治奉新縣志
同治靖安縣志
同治武寧縣志
同治義寧州志
光緒鄱陽縣志
同治餘干縣志
同治樂平縣志

道光浮梁縣志
同治德興縣志
同治安仁縣志
同治萬年縣志
同治上饒縣志
同治玉山縣志
同治弋陽縣志
同治貴溪縣志
同治鉛山縣志
光緒廣豐縣志
同治興安縣志
同治星子縣志
同治都昌縣志
同治建昌縣志
同治安義縣志

同治德化縣志
同治德安縣志
同治瑞昌縣志
同治湖口縣志
同治彭澤縣志
同治南城縣志
同治新城縣志
同治南豐縣志
近代南豐縣志
同治廣昌縣志
同治瀘溪縣志
同治臨川縣志
同治崇仁縣志
同治金谿縣志
同治宜黄縣志

同治樂安縣志
同治東鄉縣志
同治清江縣志
同治新淦縣志
同治新喻縣志
同治峽江縣志
宣統廬陵縣志
光緒泰和縣志
光緒吉水縣志
同治永豐縣志
同治安福縣志
同治龍泉縣志
同治萬安縣志
同治永新縣志
同治永寧縣志

近代寧岡縣志
乾隆蓮花廳志
同治高安縣志
同治上高縣志
同治新昌縣志
近代鹽乘
同治宜春縣志
同治分宜縣志
同治萍鄉縣志
同治萬載縣志
同治贛縣志
同治雩都縣志
同治信豐縣志
同治興國縣志
同治會昌縣志
同治安遠縣志
光緒長寧縣志
光緒龍南縣志
同治定南廳志
近代大庾縣志
同治南康縣志
光緒上猶縣志
光緒崇義縣志
光緒瑞金縣志
道光石城縣志
廬山志
疏山志畧
青原志
宣統湖北通志
康熙武昌府志

乾隆漢陽府志
光緒黃州府志
康熙安陸府志
光緒德安府志
光緒荆州府志
光緒襄陽府志
同治鄖陽府志
同治宜昌府志
同治增修施南府志
光緒施南府志續編
同治荆門直隸州志
同治江夏縣志
光緒武昌縣志
同治嘉魚縣志
同治蒲圻縣志

光緒咸寧縣志
同治崇陽縣志
同治通城縣志
同治興國州志
同治大冶縣志
光緒大冶縣志續編後編
同治通山縣志
近代夏口縣志
光緒漢陽縣志
同治漢川縣志
光緒孝感縣志
同治黄陂縣志
光緒沔陽州志
光緒黄岡縣志
光緒蘄水縣志

光緒羅田縣志
光緒麻城縣志
光緒黄安縣志
光緒蘄州志
同治廣濟縣志
光緒黄梅縣志
同治鍾祥縣志
光緒京山縣志
康熙潛江縣志
光緒潛江縣續志
康熙景陵縣志
道光天門縣志
同治當陽縣志
同治遠安縣志
同治安陸縣志

道光雲夢縣志畧
光緒雲夢縣續志
光緒應城縣志
同治隨州志
同治應山縣志
光緒江陵縣志
同治公安縣志
同治石首縣志
同治監利縣志
同治松滋縣志
同治枝江縣志
同治宜都縣志
同治襄陽縣志
同治宜城縣志
近代南漳縣志

近代棗陽縣志
近代穀城縣志
光緒光化縣志
光緒續輯均州志
同治鄖縣志
同治房縣志
同治竹山縣志
同治竹谿縣志
同治鄖西縣志
同治保康縣志
同治東湖縣志
光緒歸州志
光緒長陽縣志
光緒興山縣志
同治巴東縣志

道光鶴峯州志
同治光緒鶴峯州志續修
咸豐長樂縣志
同治恩施縣志
同治宣恩縣志
同治來鳳縣志
近代咸豐縣志
光緒利川縣志
同治建始縣志
漢口雜談
嘉慶湖南通志
光緒湖南通志
乾隆長沙府志
道光寶慶府志
乾隆岳州府志

嘉慶常德府志
乾隆衡州府志
道光永州府志
乾隆辰州府志
乾隆沅州府志
乾隆永順府志
同治澧州直隸州志
嘉慶郴州直隸州志
光緒靖州直隸州志
同治桂陽直隸州志
同治乾州直隸廳志
光緒鳳凰直隸廳志
宣統永綏直隸廳志
道光晃州直隸廳志
同治長沙縣志

光緒善化縣志
光緒湘潭縣志
光緒湘陰縣志
同治湘鄉縣志
同治寧鄉縣志
同治益陽縣志
同治瀏陽縣志
同治安化縣志
同治醴陵縣志
同治攸縣志
同治茶陵州志
光緒邵陽縣志
同治新化縣志
同治城步縣志
光緒武岡州志

光緒新寧縣志
光緒巴陵縣志
同治臨湘縣志
同治平江縣志
光緒華容縣志
同治武陵縣志
近代桃源縣志
同治龍陽縣志
嘉慶沅江縣志
同治衡陽縣圖志
同治清泉縣志
光緒衡山縣志
光緒耒陽縣志
同治常寧縣志
同治安仁縣志

同治酃縣志
光緒零陵縣志
同治祁陽縣志
光緒東安縣志
光緒道州志
光緒寧遠縣志
光緒永明縣志
同治江華縣志
嘉慶新田縣志
同治沅陵縣志
乾隆瀘谿縣志
道光辰溪縣志
近代溆浦縣志
道光芷江縣志
同治黔陽縣志

同治麻陽縣志
近代永順縣志
光緒龍山縣志
同治保靖縣志
同治桑植縣志
光緒古丈坪廳志
光緒安鄉縣志
光緒石門縣志
近代慈利縣志
同治安福縣志
同治永定縣志
光緒永興縣志
嘉慶宜章縣志
光緒興寧縣志
同治桂陽縣志

同治桂東縣志
同治綏寧縣志
嘉慶通道縣志
光緒會同縣志
同治臨武縣志
同治藍山縣志
同治嘉禾縣志
南嶽志
蓮峯志
嘉慶四川通志
同治成都府志
道光重慶府志
道光保寧府志
康熙順慶府志
光緒敘州府志

道光夔州府志
道光龍安府志
道光寧遠府志
嘉慶雅州府志
咸豐嘉定府志
光緒潼川府志
光緒綏定府志
嘉慶眉州屬志
嘉慶續眉州志畧
光緒瀘州直隸州志
同治資州直隸州志
同治綿州直隸州志
同治忠州直隸州志
同治酉陽直隸州續志
同治直隸理番廳志

嘉慶敘永直隸廳志
光緒續修敘永廳永寧縣合志
同治成都縣志
近代華陽縣志
近代雙流縣志
近代温江縣志
同治新繁縣志
嘉慶金堂縣志
同治金堂縣續志
近代新都縣志
同治郫縣志
光緒灌縣志
光緒彭縣志
近代崇寧縣志
光緒簡州志

近代崇慶縣志
道光新津縣志
同治漢州志
嘉慶什邡縣志
同治什邡縣續志
近代巴縣志
道光江北廳志
近代江津縣志
光緒長壽縣志
光緒永川縣志
光緒榮昌縣志
道光綦江縣志
近代南川縣志
近代合川縣志
近代涪陵縣志

光緒銅梁縣志
光緒大足縣志
同治璧山縣志
光緒定遠縣志
近代閬中縣志
近代蒼溪縣志
道光南部縣志
乾隆廣元縣志
道光昭化縣志
近代巴中縣志
道光通江縣志
近代南江縣志
近代劍閣縣志
近代南充縣志
光緒西充縣志

光緒蓬州志
同治營山縣志
同治儀隴縣志
光緒廣安州志
同治渠縣志
近代大竹縣志
道光鄰水縣志
光緒岳池縣志
嘉慶宜賓縣志
光緒慶符縣志
近代富順縣志
同治南溪縣志
嘉慶長寧縣志
同治高縣志
同治筠連縣志

同治珙縣志
光緒興文縣志
同治隆昌縣志
乾隆屏山縣志
光緒屏山縣續志
嘉慶馬邊廳志畧
光緒奉節縣志
光緒巫山縣志
近代雲陽縣志
同治萬縣志
咸豐開縣志
光緒大寧縣志
光緒江油縣志
道光石泉縣志
同治彰明縣志

光緒西昌縣志
咸豐冕寧縣志
光緒鹽源縣志
光緒會理州志
光緒越巂廳志
近代名山縣新志
近代滎經縣志
康熙蘆山縣志
咸豐天全州志
嘉慶清溪縣志
嘉慶樂山縣志
近代峨邊縣志
宣統峩眉縣志
嘉慶洪雅縣志
光緒洪雅縣續志

光緒夾江縣志
近代犍爲縣志
近代榮縣志
近代威遠縣志
近代三台縣志
光緒射洪縣志
光緒鹽亭縣志
近代中江縣志
近代遂寧縣志
道光蓬溪縣志
光緒蓬溪縣續志
道光安岳縣志
光緒安岳縣續志
道光樂至縣志
光緒樂至縣續志

近代眉山縣志
近代丹棱縣志
嘉慶彭山縣志
光緒青神縣志
近代邛崍縣志
近代大邑縣志
光緒蒲江縣志
近代瀘縣志
嘉慶納谿縣志
近代合江縣志
道光江安縣志
光緒資縣志
咸豐資陽縣志
光緒内江縣志
光緒仁壽縣志

光緒井研縣志
同治羅江縣志
道光德陽縣新志
光緒德陽縣續志
同治安縣志
近代綿竹縣志
咸豐梓潼縣志
道光茂州志
乾隆保縣志
近代達縣志
光緒東鄉縣志
近代宣漢縣志
光緒太平縣志
同治新寧縣志
道光城口廳志

近代酆都縣志
光緒墊江縣志
光緒梁山縣志
乾隆酉陽州志
光緒秀山縣志
光緒黔江縣志
光緒彭水縣志
光緒雷波廳志
近代松潘縣志
道光石砫廳新志
九姓司志 抄本
峨眉山志
道光廣東通志
光緒廣州府志
同治韶州府志

光緒惠州府志
乾隆潮州府志
道光肇慶府志
光緒高州府志
道光廉州府志
嘉慶雷州府志
道光瓊州府志
道光南雄直隸州志
光緒崖州直隸州志
雍正羅定直隸州志
同治連州直隸州志
光緒嘉應直隸州志
道光佛岡直隸廳志
同治南海縣志
光緒南海縣志

同治番禺縣志
宣統番禺縣續志
咸豐順德縣志
宣統東莞縣志
康熙從化縣志
咸豐龍門縣志
宣統增城縣志
道光新會縣志
同治新會縣續志
近代香山縣志
嘉慶三水縣志
光緒新寧縣志
光緒清遠縣志
嘉慶新安縣志
近代花縣志

光緒曲江縣志
近代樂昌縣志
光緒仁化縣志
嘉慶翁源縣新志
□□乳源縣志
道光英德縣志
乾隆保昌縣志
近代始興縣志
乾隆歸善縣志
乾隆博羅縣志
道光長寧縣志
道光永安縣三志
乾隆海豐縣志
同治海豐縣志續編
乾隆陸豐縣志

嘉慶龍川縣志
雍正連平州志
同治河源縣志
乾隆和平縣志
光緒海陽縣志
光緒潮陽縣志
乾隆揭陽縣志
光緒揭陽縣續志
光緒饒平縣志
雍正惠來縣志
同治大埔縣志
嘉慶澄海縣志
乾隆普寧縣志
光緒豐順縣志
乾隆南澳志

道光高要縣志
同治續修高要縣志稿
光緒四會縣志
乾隆新興縣志
道光陽春縣志
道光陽江縣志
光緒高明縣志
道光恩平縣志
道光廣寧縣志
道光開平縣志
道光鶴山縣志
光緒德慶州志
道光封川縣志
康熙開建縣志
光緒茂名縣志

光緒電白縣志
光緒信宜縣志
光緒化州志
光緒吴川縣志
光緒石城縣志
康熙合浦縣志
道光欽州志
近代靈山縣志
嘉慶海康縣志
道光遂溪縣志
宣統徐聞縣志
咸豐瓊山縣志
光緒澄邁縣志
宣統定安縣志
同治文昌縣志

光緒會同縣志
近代瓊東縣志
宣統樂會縣志
光緒臨高縣志
康熙儋州志
光緒昌化縣志
道光萬州志
道光陵水縣志
道光東安縣志
道光西寧縣志
近代赤溪縣志
道光陽山縣志
近代連山縣志
咸豐興寧縣志
道光長樂縣志

嘉慶平遠縣志
乾隆鎮平縣志
佛山鄉志
佛山忠義鄉志
五山志林
羅浮山志
丹霞志　抄本
鼎湖山志
嘉慶廣西通志
乾隆柳州府志
道光慶遠府志
嘉慶平樂府志
乾隆梧州府志
光緒潯州府志
乾隆南寧府志
雍正太平府志
光緒鎮安府志
光緒鬱林直隸州志
光緒歸順直隸廳志
嘉慶臨桂縣志
同治興安縣志
近代靈川縣志
近代陽朔縣志
嘉慶全州志
近代全縣志
近代灌陽縣志
光緒永寧州志
近代永福縣志
道光義寧縣志
光緒平樂縣志

光緒恭城縣志
光緒富川縣志
光緒賀縣志
近代荔浦縣志
道光修仁縣志
近代昭平縣志
光緒永安州志
同治蒼梧縣志
光緒藤縣志
光緒容縣志
近代岑溪縣志
同治懷集縣志
道光博白縣志
嘉慶北流縣志
近代陸川縣志

乾隆興業縣志
嘉慶續興業縣志
近代桂平縣志
光緒平南縣志
近代貴縣志
近代馬平縣志
乾隆雒容縣志
近代柳城縣志
道光羅城縣志
道光融縣志
近代來賓縣志
同治象州志
近代武宣縣志
光緒賓州志
光緒遷江縣志

光緒上林縣志
近代宜山縣志
道光天河縣志
近代河池州志
近代思恩縣志
近代南寧縣志
近代隆安縣志
乾隆橫州志
近代永淳縣志
光緒新寧州志
近代上思縣志
乾隆武緣縣志
近代武鳴縣志
康熙左州志
康熙養利州志

光緒寧明州志
嘉慶西隆州志
近代西林縣志
嘉慶龍州紀畧
光緒百色廳志
宣統龍勝廳志
近代宜北縣志
西延軼志
白山司志　抄本
棲霞寺志　抄本
乾隆貴州通志
近代貴州通志
道光貴陽府志
咸豐安順府志
乾隆鎮遠府志

道光思南府志
光緒思南府續志
光緒石阡府志
康熙思州府志
光緒思州府續志
光緒銅仁府志
光緒黎平府志
道光大定府志
乾隆南籠府志
咸豐興義府志
道光遵義府志
光緒續興義府志
光緒平越直隸州志
道光松桃直隸廳志
光緒貴定縣志稿

乾隆開州志
康熙定番州志
道光廣順州志
光緒永寧州志
道光安平縣志
光緒普安廳志
近代都勻縣志稿
近代麻哈縣志
乾隆獨山州志
光緒清平縣志
光緒荔波縣志
近代八寨縣志稿
嘉慶黄平州志
光緒餘慶縣志
光緒湄潭縣志

近代甕安縣志
乾隆開泰縣志
光緒古州廳志
道光印江縣志
乾隆玉屏縣志
乾隆清江廳志
光緒天柱縣志
近代施秉縣志
近代大定縣志
光緒水城廳志
道光平遠州志
光緒平遠州續志
光緒黔西州志
近代普定縣志
近代安南縣志

光緒平壩縣志
光緒畢節縣志
近代綏陽縣志
光緒正安州志
光緒仁懷廳志
近代桐梓縣志
康熙平溪衛志書 抄本
康熙清浪衛志畧 抄本
谷水舊聞
桑梓述聞
光緒山西通志
乾隆太原府志
乾隆平陽府志
乾隆蒲州府志
乾隆潞安府志

乾隆汾州府志
雍正澤州府志
近代朔方道志
乾隆寧武府志
咸豐寧武府續志
乾隆大同府志
雍正朔平府志
光緒平定直隸州志
光緒忻州直隸州志
光緒續刻直隸霍州志
乾隆解州全志
光緒直隸絳州志
光緒沁州直隸州志
乾隆保德直隸州志
光緒隰州直隸州志

光緒綏遠志
道光陽曲縣志
道光太原縣志
同治榆次縣志
光緒太谷縣志
光緒祁縣志
光緒徐溝縣志
光緒清源縣鄉志
光緒交城縣志
光緒文水縣志
光緒岢嵐州志
雍正嵐縣志
乾隆興縣志
光緒興縣續志
光緒臨汾縣志

光緒襄陵縣志
近代洪洞縣志
光緒浮山縣志
光緒太平縣志
近代岳陽縣志
光緒曲沃縣志
光緒翼城縣志
光緒汾西縣志
乾隆鄉寧縣志
光緒鄉寧續志
光緒吉州志
光緒永濟縣志
近代臨晉縣志
光緒虞鄉縣志
同治續修猗氏縣志

近代萬泉縣志
光緒榮河縣志
光緒長治縣志
光緒長子縣志
光緒屯留縣志
近代襄垣縣志
光緒潞城縣志
光緒黎城縣志
道光壺關縣志
光緒壺關續志
康熙平順縣志
光緒汾陽縣志
光緒孝義縣志
光緒平遙縣志
光緒介休縣志

雍正石樓縣志
近代臨縣志
光緒永寧州志
康熙寧鄉縣志
乾隆鳳臺縣志
光緒鳳臺縣續志
同治高平縣志
同治陽城縣志
光緒陵川縣新志
光緒沁水縣志
道光偏關志
嘉慶五寨縣志
道光大同縣志
光緒懷仁縣新志
乾隆渾源州志

光緒續修渾源州志
乾隆應州續志
光緒應州再續志
雍正陽高縣志
光緒天鎮縣志
乾隆廣靈縣志
光緒廣靈縣補志
康熙靈丘縣志
光緒靈丘縣補志
雍正朔州志
康熙馬邑縣志
光緒壽陽縣志
光緒盂縣志
乾隆樂平縣志
近代昔陽縣志

同治靜樂縣志
雍正定襄縣志
光緒定襄縣補志
光緒代州志
光緒五臺縣志
光緒繁峙縣志
光緒崞縣志
道光趙城縣志
嘉慶靈石縣志
光緒續修靈石縣志
近代解縣志
近代安邑縣志
光緒夏縣志
乾隆平陸縣志
光緒平陸縣續志

咸豐芮城縣志
近代聞喜縣志
光緒河津縣志
光緒稷山縣志
光緒絳縣志
光緒垣曲縣志
光緒沁源縣續志
近代武鄉縣新志
雍正遼州志
光緒榆社縣志
光緒和順縣志
同治河曲縣志
光緒蒲縣志
光緒大寧縣志
康熙永和縣志

宣統山東通志
道光濟南府志
乾隆兗州府志
嘉慶東昌府志
咸豐青州府志
光緒登州府志
乾隆萊州府志
咸豐武定府志
乾隆沂州府志
嘉慶曹州府志
道光濟寧直隸州志
近代濟寧直隸州志
乾隆臨清直隸州志
乾隆歷城縣志
近代歷城縣志

道光章丘縣志
近代鄒平縣志
乾隆淄川縣志
嘉慶長山縣志
康熙新城縣志
近代桓臺縣志
近代齊河縣志
康熙齊東縣志
近代濟陽縣志
嘉慶禹城縣志
同治臨邑縣志
道光長清縣志
道光陵縣志
乾隆德州志
光緒德平縣志

乾隆平原縣志
光緒滋陽縣志
乾隆曲阜縣志
光緒寧陽縣志
光緒鄒縣志
光緒泗水縣志
道光滕縣志
光緒嶧縣志
康熙汶上縣志
康熙陽穀縣志
光緒壽張縣志
宣統聊城縣志
康熙堂邑縣志
光緒博平縣志
宣統茌平縣志

宣統清平縣志
光緒莘縣志
近代冠縣志
近代館陶縣志
宣統恩縣志
光緒高唐州志
光緒益都縣圖志
乾隆博山縣志
道光博興縣志
乾隆高苑縣志
近代樂安縣志
嘉慶壽光縣志
嘉慶昌樂縣志
近代安丘縣志
光緒諸城縣志

近代臨淄縣志
光緒臨朐縣志
道光蓬萊縣志
同治黄縣志
近代福山志稿
光緒棲霞縣志
道光招遠縣志
康熙萊陽縣志
同治寧海州志
光緒文登縣志
乾隆威海衛志
光緒海陽縣志
道光榮成縣志
光緒掖縣志
道光平度州志

乾隆濰縣志
光緒昌邑縣志
道光膠州志
光緒高密縣志
同治即墨縣志
光緒惠民縣志
乾隆青城縣志
近代陽信縣志
近代無棣縣志
乾隆樂陵縣志
道光商河縣志
咸豐濱州志
光緒利津縣志
光緒霑化縣志
光緒蒲臺縣志

近代臨沂縣志
嘉慶郯城縣志
光緒費縣志
嘉慶莒州志
宣統蒙陰縣志
道光沂水縣志
光緒日照縣志
乾隆泰安州志
近代泰安縣志
光緒肥城縣志
光緒新泰縣志
近代萊蕪縣志
道光東平州志
道光東阿縣志
光緒平陰縣志

光緒菏澤縣志
近代單縣志
道光城武縣志
道光鉅野縣志
光緒鄆城縣志
光緒曹縣志
近代定陶縣志
宣統濮州志
嘉慶范縣志
道光觀城縣志
近代朝城縣志
近代濟寧縣志
同治金鄉縣志
光緒嘉祥縣志
光緒魚臺縣志

近代武城縣志
乾隆夏津縣志
乾隆丘縣志
雍正河南通志
乾隆續河南通志
康熙開封府志
乾隆歸德府志
乾隆彰德府志
乾隆衛輝府志
乾隆懷慶府志
乾隆河南府志
嘉慶南陽府志
嘉慶汝寧府志
乾隆陳州府志
道光汝州全志

光緒陝州直隸州志
光緒光州直隸州志
光緒祥符縣志
宣統陳留縣志
乾隆杞縣志
乾隆通許縣志
道光尉氏縣志
嘉慶洧川縣志
道光鄢陵縣志
同治中牟縣志
乾隆蘭封縣志
乾隆儀封縣志
乾隆鄭州志
近代鄭縣志
乾隆滎陽縣志

乾隆滎澤縣志
近代汜水縣志
道光禹州志
近代密縣志
乾隆新鄭縣志
近代河陰縣志
光緒商丘縣志
宣統寧陵縣志
光緒鹿邑縣志
近代夏邑縣志
光緒永城縣志
光緒虞城縣志
光緒睢州志
光緒柘城縣志
嘉慶安陽縣志

光緒臨漳縣志
乾隆湯陰縣志
乾隆林縣志
乾隆武安縣志
嘉慶涉縣志
光緒内黄縣志
乾隆汲縣志
乾隆新鄉縣志
近代新鄉縣續志
乾隆獲嘉縣志
順治淇縣志
道光輝縣志
康熙延津縣志
順治胙城縣志
嘉慶濬縣志

同治滑縣志
順治封丘縣志
康熙封丘縣續志
康熙考城縣志
道光河内縣志
乾隆濟源縣志
嘉慶濟源縣續志
道光修武縣志
道光武陟縣志
光緒孟縣志
乾隆温縣志
乾隆原武縣志
乾隆陽武縣志
嘉慶洛陽縣志
乾隆偃師縣志

光緒宜陽縣志
乾隆新安縣志
近代鞏縣志
嘉慶孟津縣志
乾隆登封縣志
近代洛寧縣志
近代澠池縣志
乾隆嵩縣志
光緒南陽縣志
乾隆南召縣志
乾隆唐縣志
道光泌陽縣志
乾隆桐柏縣志
光緒鎮平縣志
乾隆鄧州志

咸豐淅川廳志
乾隆新野縣志
康熙内鄉縣志
康熙裕州志
道光舞陽縣志
同治葉縣志
康熙汝陽縣志
嘉慶正陽縣志
康熙上蔡縣志
乾隆新蔡縣志
康熙西平縣志
乾隆遂平縣志
近代確山縣志
乾隆信陽州志
乾隆羅山縣志

近代淮陽縣志
近代商水縣志
乾隆西華縣志
宣統項城縣志
乾隆沈丘縣志
近代太康縣志
光緒扶溝縣志
道光許州志
近代臨潁縣志
乾隆襄城縣志
乾隆郾城縣志
近代長葛縣志
嘉慶魯山縣志
同治郟縣志
道光寶豐縣志

道光伊陽縣志
光緒靈寶縣志
近代閿鄉縣志
光緒盧氏縣志
乾隆光山縣志
乾隆固始縣志
光緒息縣志
嘉慶商城縣志
雍正陝西通志
近代續修陝西通志
乾隆西安府志
嘉慶延安府志
乾隆鳳翔府志
嘉慶漢中府志
康熙延綏鎮志

道光榆林府志
乾隆興安府志
嘉慶興安府續志
咸豐同州府志
光緒同州府續志
乾隆直隸商州志
乾隆續商州志
乾隆直隸邠州志
光緒綏德直隸州志
嘉慶長安縣志
嘉慶咸寧縣志
近代咸陽縣志
近代興平縣志
宣統涇陽縣志
近代臨潼縣志

光緒渭南縣志
光緒藍田縣志
乾隆鄠縣志
近代盩厔縣志
雍正高陵縣志
光緒高陵縣續志
光緒富平志稿
光緒三原縣新志
乾隆醴泉縣志
嘉慶耀州志
乾隆同官縣志
光緒孝義廳志
道光寧陝廳志
近代安塞縣志
乾隆甘泉縣志

道光安定縣志
咸豐保安縣志
乾隆宜川縣志
道光延川縣志
近代延長縣志
嘉慶定邊縣志
光緒靖邊縣志稿
光緒鳳翔縣志
光緒岐山縣志
近代寶雞縣志
嘉慶扶風縣志
宣統郿縣志
光緒麟遊縣新志草
光緒汧陽縣志
乾隆隴州志

近代南鄭縣志
道代褒城縣志
康熙城固縣志
光緒洋縣志畧
道光西鄉縣志
光緒定遠廳志
光緒鳳縣志
光緒寧羌州志
光緒沔縣志
道光畧陽縣志
光緒畧陽縣續志
光緒佛坪廳志
道光留壩廳志
近代横山縣志
嘉慶葭州志

光緒葭州續志
道光神木縣志
乾隆府谷縣志
嘉慶安康縣志
光緒平利縣志
光緒洵陽縣志
光緒白河縣志
近代紫陽縣志
道光石泉縣志
乾隆漢陰縣志
光緒塼坪廳志
光緒大荔縣志
咸豐朝邑縣志
乾隆郃陽縣志
近代澄城縣志

乾隆韓城縣志
嘉慶韓城縣續志
康熙華州續志
乾隆華州再續志
光緒華州三續志
乾隆華陰縣志
光緒蒲城新志
乾隆白水縣志
康熙潼關衛志
嘉慶潼關廳續志
乾隆鎮安縣志
乾隆雒南縣志
嘉慶山陽縣志
乾隆商南縣志
光緒乾州志稿

嘉慶武功縣志
光緒永壽縣志
同治三水縣志
乾隆淳化縣志
宣統長武縣志
道光鄜州志
嘉慶洛川縣志
嘉慶中部縣志
雍正宜君縣志
光緒米脂縣志
道光清澗縣志
道光吳堡縣志
華山志
乾隆甘肅通志
宣統甘肅新通志

道光蘭州府志
康熙臨洮府志
康熙鞏昌府志
乾隆慶陽府志
乾隆甘州府志
乾隆涼州府志
乾隆寧夏府志
乾隆西寧府新志
光緒固原直隸州志
光緒重纂秦州直隸州新志
光緒階州直隸州志
宣統化平直隸廳志
光緒皋蘭縣志
道光金縣志
宣統狄道州志

近代渭源縣志
道光靖遠縣志
康熙河州志
康熙隴西縣志
康熙安定縣志
道光會寧縣志
光緒通渭縣志
近代漳縣志
道光寧遠縣志續刻
同治伏羌縣志
乾隆西和縣志
康熙岷州志
光緒洮州廳志
嘉慶華亭縣志
乾隆靜寧州志

康熙隆德縣志
乾隆莊浪縣志
光緒平遠縣志
光緒海城縣志
乾隆合水縣志
乾隆環縣志
乾隆正寧縣志
康熙寧州志
近代東樂縣志
道光山丹縣志
乾隆武威縣志
近代鎮番縣志
近代永昌縣志
乾隆古浪縣志
乾隆平番縣志
乾隆涇州志
近代重修崇信縣志
順治靈臺縣志
道光鎮原縣志
乾隆肅州新志
近代高臺縣志
道光敦煌縣志
乾隆玉門縣志
嘉慶靈州志
道光中衛縣志
光緒秦安縣志
乾隆清水縣志
光緒禮縣新志
嘉慶徽縣志
道光兩當縣志

光緒文縣志
乾隆成縣志
宣統新疆圖志
以上方志

光緒哈密廳志
乾隆盛京通志